ちくま学芸文庫

増補 革命的な、あまりに革命的な

「1968年の革命」史論

絓 秀実

筑摩書房

目次

増補　革命的な、あまりに革命的な

「1968年の革命」史論

第I部　ニューレフトの誕生

第一章　「歴史の必然」からの自由がもたらされた時

イントロダクション

「世界革命は、これまで二度あっただけである。一度は一八四八年に起こっている。二度目は一九六八年である」（イマヌエル・ウォーラーステイン他著『反システム運動』）。

われわれの史論は、直接には、この言葉に導かれているといってよい。マルクスの『共産党宣言』が刊行されたのと同年の、ヨーロッパの一八四八年革命についてはここではさしあたり問わずに、である。狭義には全共闘運動とも呼ばれる、日本における「一九六八年の革命」を、今なお続く「世界革命」の一環として位置づけ直すことが本書の目論見にほかならない。そしてさらには、六八年革命を保証し準備した――あるいは、逆に六八年革命に触発された――「六八年の思想」を、とりあえず「日本」という場に限定しつつ抽出してみることが、われわれの目的である。

だから、ウォーラーステインの名前は、そのトバ口を開けるための便宜的なものに過ぎないともいえる。お望みなら、その名前を他の者のそれに代えてもかまわない。たとえば六八年を決定的な歴史的結節点とするジャン＝フランソワ・リオタールの『ポストモダンの条件』からでも、蓮實重彥の東大総長演説集『知性のために』からの言葉であっても、それはさしつかえない。彼らの名前は、他の者の名前とともに、これからもこの史論において何度か登場することになろう。それらはウォーラーステインという名と同様、部分的な参照先としてである。付言しておけば、われわれの視点も、ウォーラーステインや蓮實と同様に、今なお日本において支配力をふるっている「戦後」というパースペクティヴ（広義の「一九四五年革命説」）――それは、われわれの「反戦」＝「反米」意識をも規定する――への批判をも内包している。

本書は時間軸に沿って通史的に記述するというスタイルを採ることにはこだわらない。また、六八年にかかわる多くの政治的・文化的事象を網羅的に取り上げることもしない。われわれの目的は、あくまでさしあたり日本における六八年革命の核心をなす「事件」と「思想」の輪郭を描き直すことにあるからである。

別段、個々にあげつらわないが、少なくとも日本においては、六八年革命はあまりにもおとしめられ過ぎている。数年前に編纂・刊行された『全共闘白書』なる六八年世代（いわゆる「全共闘世代」＝「団塊の世代」）への愚劣なアンケート集を一瞥すればただちに知られるように、あるいは近年にいたるその種の文学的・記録的書物を見てもわかるように（単なる一例としてに過ぎないが、連合赤軍事件に素材を仰いだ立松和平の小説『光の雨』を見よ）、日本における六八年革命は、それを体験した六八年世代の者からさえ、いまだに「挫折」といったイメージによって語られている。全共闘＝ニューレフトは権力の悪に対して純粋な正義感から反抗を開始したが、体制の厚い壁の前に挫折を余儀なくされ、ついには「連合赤軍事件」（一九七二年）をシンボリックな頂点とする「内ゲバ」によって自壊していった、という次第である。[注1]それは、明治期初期の「自由民権運動」から一九六〇年安保にいたる近代「青年」運動の挫折の延長上にイメージされており、哀惜されるばかりなのだ。この種の「挫折」のイメージは、文学的にも、かつて平野謙が唱導した「人民戦線史観」、すなわち「昭和十年前後」における文学的人民戦線の大戦時における挫折が戦後派によって復活し――すなわち、「一九四五年革命」によって復活し――持ちこされたとする「第二の青春」（荒正人）的歴史観をはじめ、今なお多くの者を規定しているといってよい。

「戦後」思想の意義を探って、その可能性の核心を鶴見俊輔と小田実《まこと》に求めた、小熊英二の浩瀚な『〈民主〉と〈愛国〉――戦後日本のナショナリズムと公共性』にあっても、そこにおいて徹底的におとしめられているのが六八年とその思想にほかならない。確かに、六八年が単にロマン主義的反抗とその挫折としてのみ括りうるものであるなら、小熊の論も正鵠を射ていよう。

しかし、六八年が今なお持続する世界革命であるとは、それが圧倒的な「勝利」以外の何ものでもないということなのだ。六八年への批判が必要だとすれば（実際に必要なのだが）、それは何よりも、その勝利を「挫折」と見なさせてしまう歴史的な光学に対してであり、その今日的な帰趨なのである。どこまで可能であるかは知らないが、本書は徹底して肯定的な史論たることが目指されている。

だが、われわれはウォーラーステイン（ら）が掲げる「世界システム論」と呼ばれる歴史観や、日本においても見られる、その変奏された史観から距離を置くことになろう。その理由について簡略に触れておくべきである。

ウォーラーステインの歴史観は九〇年代以降の今日、一九八〇年代にその理論的同志でもあった、『リオリエント』の著者A・G・フランクから西欧中心主義であるとの批判がなされ、「世界システム論」内部での論争が生起した。ウォーラーステインやフランク、そしてサミール・アミンらの名前によって知られ、八〇年代においてはそれ相当の影響力を誇った「従属理論」については、日本における六八年革命の理論的参照先の一つであった「第三世界論」や、岩田弘の『世界資本主義』ともかかわって、この史論で後に触れることになろう。

それはともかく、オリエントへの視点の転換――すなわち、「リオリエント」――をうながすフランクによれば、資本主義世界システムの発生をヨーロッパに見いだすウォーラーステインの（そして、その「師」であるアナル派歴史学の総帥フェルナン・ブローデルの）歴史観は、中国やイスラーム、東南アジア、日本その他の豊かな地域《リージョン》を考慮の範囲から排除したものに過ぎないとされる。世界システムの真のヘゲモニーは、少なくとも一八〇〇年あたりまではアジアとりわけ中華帝国にあったというのである。それ以降の時代の、今日にまでいたる西欧のヘゲモニーは単に一過性のものであり、再びアジアのヘゲモニーが勃興する可能性は十分にあるというのが、フランクの批判の骨子である。この視点は、少し前までのいわゆる「アジアの奇跡」と呼ばれる経済成長を背景に信憑をえていたようにも見え、また、今日のアメリカ経済のグローバリズムによってリアリティーを失いつつあるかのようにも見える。更には、今日の中国が「世界の生産工場」としての相貌をあらわしつつあることにおいて、再び三たび世界資本主義における中国の位置が議論の的になりつつある。(注2)

しかし、われわれはこの論争に立ち入らない。その理由は、それがわれわれの史論の範囲をこえ、能力と知識をこえるというだけではない。「リオリエント」といった視点の転換を思想的に可能にしたものこそ、フランクもその著書で援用するサイードの『オリエンタリズム』(原著は一九七八年)である以上に、「東風が西風を圧する」と言った毛沢東＝「文化大革命」の気風が覆った一九六八年それ自体だからである。つまり、カルチュラル・スタディーズやポストコロニアリズムといった今日流行のアカデミズムの淵源をなしているサイードの著作が可能となったのも、そして、フランクのグローバルな「実証」を促したのも、これまた六八年なのである。それは、いわゆる「第三世界論」が失効し、毛沢東（主義）がいかに愚劣なしろものであるかが「実証的」に暴露されたとしても変わる事態ではない。

六八年に淵源する「リオリエント」的歴史観は、今日、サミュエル・ハンチントンの――二〇〇一年九月一一日に際して改めて想起されることになった――よく知られた「文明の衝突」論にまで影響を及ぼしているかのようだ。ハンチントンによれば、冷戦体制崩壊以降の時代において、イスラームと中国という二つの文明こそが西欧文明への脅威をなしつつあるという。その圧倒的な力量を、西欧文明は阻止することができないと予測される。問題は、西欧をいかにしてそれらの野蛮さから防衛するかだ、ということになる。これは、グローバリズムやIT革命といった「先進」資本主義国を覆っているアジテーションの裏にひそむ、ニヒリズムの表現ではある。「文明の衝突」論はフランクが批判するように、今日における西欧中心主義の一ヴァリエーションだが、逆にいえばハンチントンのごとき合衆国政府中枢の政策に関与した「保守派」政治学者さえ、六八年革命がもたらした思想的転回から無縁ではいられないことの証しであるともいえよう。ハンチントンの著書『文明の衝突』が、ブローデルやウォーラーステインを参照先としていることも、そのためにほかなるまい。

川勝平太や入江隆則といった人物によって近年流布されている日本文明論、環太平洋文明論なども、この「リオリエント」的視点転換の一変種と見なすことができよう。フランクのそれが六八年革命に淵源するオリエンタリズム批判＝西欧中心主義批判という物語《ナラテイヴ》から発想されたものであるのに対して、それらは逆に、ナショナリスティックな「オクシデンタリズム」（逆オリエンタリズム）のナラティヴに回収される傾向を持つ。端的に言って、日本における「リオリエント」的視点転換は、それを可能にしたのが六八年革命であることに全く無自覚であり、それゆえ夜郎自大にも堕しかねないオプティミズムを斥けえないでいることは否定しがたい。

もちろん、日本の歴史学における「リオリエント」も、六八年革命やその「思想」と密接に関係している。それは、その嚆矢であった網野善彦の歴史学が、七〇年代以降にもたらしたインパクトを見れば知られよう。日本における西欧中心主義的歴史観の牙城たる日本共産党＝講座派史学から出発した網野のそこからの脱却は、まさしく「リオリエント」的転回にほかならなかった。それは図らずも（？）、定住に対するノマド、農業に対する商業、国家に対抗する（「悪党」と呼ばれる）戦争機械、条里空間（農業）に対する平滑空間（河川・海洋貿易）といった、『千のプラトー』においてドゥルーズ／ガタリが抽出してみせた「六八年の思想」と呼応することになったのである。そのことこそが、いわゆる網野史学の強度をかたちづくったといえる。それが、六八年以降の時代において、網野史学がジャーナリズムを席巻した理由でもあろう。網野の「リオリエント」的転回の端緒となり、それを世に知らしめた出世作『無縁・公界・楽』が刊行されたのは、サイードの『オリエンタリズム』が刊行されたのと同じく、一九七八年であった。

おそらく、そのことに自覚的な網野自身は、その「リオリエント」的視点転回が、夜郎自大なオクシデンタリズムへと帰結することには、きわめて禁欲的である。川勝や入江もその近傍にある「新しい歴史教科書をつくる会」＝「自由主義史観」を意識し、近年の網野が、「日本」という国家の古代からの歴史貫通性に対して、不断に疑問を表明しているのもそのためであろう。しかし、それは同時に、近年の網野史学がかつてのインパクトを失いつつあることとも関係している。

網野史学は日共＝講座派からの脱却の試みとして成立したが、それは即ちマルクス主義的「前衛」からの離脱が民俗学的下層「民衆」への視座の転換によって保証され癒されるという、日本においても繰り返されてきたパターンを踏襲するものであったのである。周知のように、一九三〇年代のコミュニズムからの「転向」現象の簇生以降、日本の「良心的」マルクス主義者たちの一部は、柳田国男の民俗学へと接近した。これもまた、「リオリエント」的現象の一つとはいえる。

かかる現象は、六〇年安保の「挫折」以降のニューレフトにも、そして、六八年の後にさえ生起した。しかし、それはいかにも退屈な反復ではないか。そのような「リオリエント」は「六八年の思想」の画期性と世界性を隠蔽することにしか寄与しない。六八年の

「勝利」とは、一九五六年の「スターリン批判」において露呈した「前衛」の失効に対して、それが単なる「擬制の終焉」(吉本隆明、『民主主義の神話』所収)ではなく、いかなる意味でも「真の前衛党」なるものが不可能であることを現実的に実証してしまったところにある。だとすれば、「前衛」に対して「民衆」に就くといった態度は、「民衆」の対立項としての、ありうべき「真の前衛党」をひそかにではあれ前提にして可能なものに過ぎない。真の「前衛」のみが、「民衆」の真の姿を表象しうるはずだからである。西欧中心主義と「リオリエント」という世界システム論内の論争を、われわれが宙に吊っておくゆえんである。

あるいは、これについても宇野弘蔵や岩田弘を論じる後の章で論述することになろうが、ウォーラーステインの世界システム論がヨーロッパにおいて発生した産業資本主義に視座を定位するのに対して、フランクのそれが古くからの商人資本主義のグローバルな展開に視点を置いていることも、日本における「六八年の思想」の問題と深くかかわっている。フランク/ウォーラーステイン論争のかなめの一つに、ヨーロッパ以外の国で、なぜ日本が早くから資本主義化したのかという問題がある。「プロテスタンティズムの倫理と資本主義の精神」(マックス・ウェーバー)が不在であるはずの日本で、なぜ資本主義が可能だったのかという、「日本資本主義論争」における古くからのアポリアである(日本資本主義論争における一方が、西欧モデルに依拠した講座派史学である)。その問題に解答を与えるのが本書の目的ではないし、また、われわれの任でもないのはもちろんだが、ここで指摘しておきたいのは、その日本資本主義論争から批判的に距離を置く視点をえて成立した宇野弘蔵のマルクス経済学（いわゆる宇野経済学）が、フランクとはまったく異なったコンテクストから、商人資本主義の「優位」を主張したということである。宇野が言うところのマルクス『資本論』の「純化」、あるいは同じことだが、「価値実体論」に対する「価値形態論」の重視という視点が、それである。価値実体論すなわち労働価値説は、労働を「抽象的人間労働」と見なしうるような近代ヨーロッパではじめて成立した、産業資本主義段階においてのみ適応可能な概念であり、価値形態論とは古来からの――労働価値がたがいに等しくないような――共同体間の貿易においてすでに作動しているものである。つまり宇野は、もちろん自覚せずにではあろうが、すでにその理論作業において、ある種の「リオリエント」を敢行していたとさえ言えるのだ。同様の傾向は別途、岩田弘についても言える。

宇野の書物は日本における六八年革命の担い手たる学生の「必読書」であった。後に触れる六〇年安保の学生たちも、宇野経済学に依拠していたのである。それは一九七〇年代にいたって、まさに日本における「六八年の思想」の嚆矢ともいうべき柄谷行人の『マルクスその可能性の中心』へと継承されていく。柄谷もまた、六〇年安保時の最年少の学生アクティヴィストであった。

フランクとウォーラーステインの論争も、抽象化して見れば、価値形態論と労働価値説のどちらにウエイトを置いて『資本論』をとらえるかという問題と類比的なのだ。しかしそれは、六八年世界革命というパースペクティヴを揺るがすものではない。むしろ、その革命が内包している思想的パースペクティヴに含まれるものなのである。

粗略ながら、以上が冒頭にウォーラーステインの言葉をさしあたり掲げてみた理由である。西欧中心主義《オリエンタリズム》における辺境からではなく、しかし同時に、その裏返しとしての排外主義的東洋中心主義《オクシデンタリズム》でもないかたちで、日本における六八年の革命とその思想が素描されねばならない。そのことは、ヘゲモニー国家の移行という視点に依拠したウォーラーステインの世界システム論のパースペクティヴが上手く説明しえないかに見えるところの今日のグローバル資本主義を、「帝国《エンパイア》」と呼ぶことで位置づけてみせるハート／ネグリの視点を採ったとしても、変わらない。そこにあっても、六八年は決定的なターニングポイントだからである。彼らに即しても、「帝国」とは六八年の革命に対する「受動的（反）革命」であると言いうるし、彼らのいう「マルチチュード」が六八年の刻印を帯びていることもいうまでもない。そして、本書の目論見の一つも、われわれを「マルチチュード」として再定義するところにあるからである。では、われわれの史論はさしあたりの出発を、どこに置くべきだろうか。

すでに若干触れておいたところからも知られるように、きわめて常識的ながら一九五六年のいわゆる「スターリン批判」と六〇年安保に触れずにおくことは避けられない。いうまでもなく、それが世界同時的な現象として、日本においてもニューレフトの誕生をうながしたからであり、そのことは六八年革命の政治的・文化的・思想的な担い手の問題にまで深くかかわっているからである。六八年革命のさなかに（あるいは、それ以後のさまざまな事件をへて）、今やそれらニューレフト諸党派がその存在理由を全くといっていいほど喪失したとしても、である。

1 スターリン批判／ハンガリー事件

一九五六年二月、ソ連共産党第二〇回大会において、後に共産党第一書記・首相（一九五八年―六四年）に就任することになるニキータ・フルシチョフは、いわゆる『フルシチョフ秘密報告』と呼ばれるスターリンへの批判をおこなった。それは、「スターリンという一人格に対する崇拝がいかに、やむことなく成長してきたかという問題」から出発し、その個人崇拝が「党の原則や党内民主主義や党内法秩序をきわめていちじるしくかつ乱暴にねじまげる一連の原因となったか」（志水速雄訳）を暴露した。スターリン批判は「秘密報告」としてなされたにもかかわらず、その数カ月後、アメリカ国務省の手で全世界に公表される。「労働者の祖国」としてユートピア視されていたソ連邦の輝ける指導者が、その後継者によって徹底的に批判されたのだから、その衝撃は非常なものであった。これは、よく知られた世界史的な事実である。一九五三年のスターリンの死後、ソ連邦＝フルシチョフは、世界資本主義のヘゲモニー国家・アメリカ合衆国に対するスターリン以来の冷戦戦略に代えて、「雪どけ」＝「平和共存」路線を提唱していた。スターリン批判はその総決算でもあったと言える。

しかし、このスターリン批判はフルシチョフ自身によって裏切られたと見なされる事件が、ただちに勃発する。スターリン批判がおこなわれたその年の六月、ポーランドの工業都市ポズナニでの「騒乱」を皮切りに、一〇月にはいわゆる「ハンガリー事件」が勃発した。ポーランドの反乱はともかくにも一国内で収束されたが、党（ハンガリー勤労者党）のスターリン主義的独裁に対する反乱と言いうるハンガリーの「民衆蜂起」に対して、ソ連は翌五七年までの二次にわたる軍事介入をもって鎮圧した。フルシチョフのスターリン批判が全く内実を欠いたものであることが、かくも短い期間に白日のもとに暴露されてしまったのである。

今日では、この相矛盾する二つの事件は、ソ連邦内においてスターリン批判を可能にした「雪どけ」的雰囲気が、その衛星国であった東欧諸国にはいまだ波及していなかったことが原因であるとも見なされている。しかし、そうした弁解は、その時代においては意味をなさない。それはともかく、スターリン批判に衝撃を受けながらも、ハンガリー事件は「労働者の祖国」ソ連を破壊する反革命であり、それゆえソ連軍の軍事侵攻を肯定する知識人が、日本でも多数存在していた。あるいは、それほど露骨ではないにせよ、フルシチョフの「平和共存」路線は「進歩派」から多くの支持を受けていたのである（この点に関しては、小島亮『ハンガリー事件と日本』が詳しい）。

もう一つ、ここで付言すれば、当時のフランスにおける、アルジェリア問題を背景にした、ド・ゴール政権の誕生（五九年）という背景も忘れてはならない。ド・ゴールの再登場は、フランス共産党の「裏切り」の帰結とも見なされ、スターリン主義批判という文脈を強調することとなった。日本では、日本共産党のいわゆる六全協（第六回全国協議会、五五年）で、スターリンの権威を背景に武装闘争路線を掲げていた「所感派」＝主流派が自己批判をおこなって「国際派」＝反主流派と統一を果たしていたが、そこにおいて、すでに党の権威は決定的に揺らいでいた。

ソ連邦がユートピアなどではなく、むしろ閉鎖的かつ官僚主義的・画一主義的な国家であることは、アンドレ・ジイドの『ソヴェト紀行』（原著は一九三六年）や林達夫の『共産主義的人間』（一九五一年）などによっても、すでに広く知られていた。トロツキー『裏切られた革命』も、原著刊行の翌年の一九三七年にすでに翻訳されている。大正期のいわゆるアナ・ボル論争で「敗北」したアナーキストたちも、ほそぼそとではあれ活動を持続しており、マフノ農民運動やクロンシュタットの反乱がいかにレーニン主義（ボルシェヴィズム）によって弾圧されたかということは、とにもかくにも知られていた。

にもかかわらず、マルクス主義がアナーキズムに対して——日本のみならず——世界的に勝利した理由は、後者が「歴史の必然」を論証できないことにあったことは明らかである。ハンガリー事件の衝撃は「雪どけ」を歴史必然的な「進歩」と見なす者の前では、隠蔽されることもできた。スターリン批判の翌一九五七年、ソ連による人工衛星スプートニクの打ち上げ成功は、資本主義に対する共産主義の勝利という歴史的必然を証明する出来事として受け取られ、「雪どけ」＝「平和共存路線」の正しさを立証するものと見なされた。いうまでもなく、「進歩派」知識人のその進歩的たるゆえんは、進歩していく歴史のその必然性を自ら洞察しえているという信憑に根拠を置いているからである。

悪しきスターリン主義はフルシチョフによって克服され、平和共存において資本主義とコミュニズムがヘゲモニー闘争をおこなう環境がととのったということになる。この時、スターリン主義などはフルシチョフがそう総括したように、「個人崇拝」という心理上の過誤であり、ハンガリー事件は瑕疵に過ぎない。今日、カルチュラル・スタディーズやポストコロニアリズムといったアカデミズム「左翼」の左翼性を保証している、アントニオ・グラムシのヘゲモニー論が最初に脚光を浴びるのは、このようなコンテクストにおいてであった。それは、トリアッティひきいる当時のイタリア共産党の理論として、現実的な参照先をもって日本にも輸入された。

日本共産党内の「構造改革派」（構改派）と呼ばれるソ連派を含む諸グループがそれで

ある。そこには戦前からのコミュニストのみならず、いいだもも、武藤一羊《いちよう》、吉川勇一といった戦後派も含まれていた。彼らは六〇年代において、『何でも見てやろう』（一九六一年）のベストセラーで知られていた作家・小田実を象徴的存在とするべ平連（「ベトナムに平和を！　市民連合」、当初は「市民文化団体連合」）を担い、六八年の一端にコミットすることになるだろう。あるいは、雑誌「現代の理論」の編集長として敏腕をふるい、日本の知識人界に隠然たるヘゲモニーを持った安東仁兵衛も、このグループの一方の中心であった。安東は、構改派マルクス主義者のみならず、丸山真男や梅本克己といった非共産党系の知識人とも深い交流を持っていた。構改派は六〇年安保以降、共産党から離れて、ニューレフトの一翼を形成していく。なお、六〇年安保当時の日本共産党内構改派がヘゲモニーを握る学生組織・全自連（全学連反主流派）の委員長だったのは、後に作家・文芸評論家として知られる野口武彦である。

しかし、これらの立場は、スターリン批判をおこなった当の国がスターリン主義的支配への反乱を弾圧するという矛盾に対して、何ら明確な解答を与えるものでない。事実、この矛盾を糊塗して延命していった構改派を中心とする「進歩派」知識人たちは、六八年から八九年／九一年の冷戦体制崩壊をへた今日から見れば、おおむね思想的な失効を余儀なくされている。もちろん、個々の人間を見れば、そこからさまざまに有益な思想を抽出しうるとしても、である。

六八年革命時において、構改派は、俗に「コウカイ（後悔＝構改）先に立たず」（理論的にもデモにも、いつも遅れてやってくるの意）と言われ、日和見主義の代名詞としてあったといってよい。それは潜在的には、スターリン批判とハンガリー革命に対して、あいまいな対応しかできなかったインテリゲンツィアに対する侮蔑を意味していた。構改派は共産党内の知識人グループを代表してもいたからである。鶴見俊輔、小田実、久野収といった非コミュニスト系の知識人は、ベ平連の実質を担う構改派系知識人の、「大衆向け」の隠れミノと見なされたとさえ言える。

しかしスターリン批判／ハンガリー事件では「先に立たず」であった日共インテリゲンツィア・グループも、六〇年安保を契機として、日共からほとんど離反していく。そしてこれら構改派やソ連派等の文学者・知識人を「除名」した後の六〇年代以降の日本共産党は、決定的に日本における文化的ヘゲモニーを喪失していかざるをえないのである。共産党が文化的ヘゲモニー闘争をかえりみることができるようになるのは、井上ひさしや小森陽一といった新しいキャラクターが登場した、近年のことである。前者の『新共産党宣言』（不破哲三との共著）や後者の『世紀末の予言者夏目漱石』といった漱石があたかも民主青年同盟の同盟員であったかのごとく描かれる著作が、そのことを証している。

しかしいうまでもないが、これら日共の時ならぬ文化的ヘゲモニー闘争への介入は、スターリン批判以後の日共内構改派の「平和共存路線」の反復に過ぎない。知られているように、この反復は日共からの離党コースを採らず、党内にとどまって「改革」を目論んだ構改派たる上田耕一郎・不破哲三兄弟の、党内へゲモニーの確立に負うところが大きいのであろう。しかし、それは政治的な効果は問わず、思想的にはほとんど意味がない、二度目の笑劇である。

それはともかく、かかる当時の「進歩的」インテリゲンツィアに代わって、スターリン批判とハンガリー革命のあいだの矛盾を思想的な課題としてひきうけようとしたのが、ジャーナリズムの上では全く無名に等しい民間の思想家や、共産党内の学生コミュニストたちであった。その意味でも、日本におけるニューレフトの誕生は、「進歩的」知識人への批判という意味を内包していたといえる。

簡単に歴史的な事実を記せば、一九五七年一月、「群馬政治研究会」グループの内田英世・富雄兄弟、関西グループの西京司・岡谷進（後れて三月に加盟）、今や「ユダヤ陰謀史観」で知られる太田竜、今なお革命的共産主義者同盟革命的マルクス主義派（革マル派）の理論的指導者たる黒田寛一（二〇〇六年没——後注）らによって、「日本トロツキスト連盟」が結成され、機関紙「反逆者」が創刊された。このトロツキスト・グループは、五九年八月に革命的共産主義者同盟（革共同）と改称し、理論的・政治的な実効性を保持して、六〇年安保へといたっていく。

続いて一九五八年一二月、共産党内におけるほぼ一年にわたるさまざまな抗争をへて、全学連（全日本学生自治会総連合）のヘゲモニーを握る学生コミュニスト・グループが、共産主義者同盟（通称、安保〔第一次〕ブント）を結成する。機関誌「共産主義」に掲載された綱領的マニュフェストは、「全世界を獲得するために」と謳われていた。一九四八年八月に結成された全学連は、「輝ける委員長」と呼ばれた武井昭夫《てるお》以来の戦闘的な伝統を保持していた。ブント結成も大きく見ればその延長上にあったといえる。武井は一九五六年には文芸批評家として、吉本隆明との共著『文学者の戦争責任』を刊行している。戦後、コミュニストや「進歩派」として再登場した文学者たちの戦争協力を暴露し批判するこの本は、日本における内在的なスターリン批判の嚆矢とも位置づけられよう。事実、武井がブントへと合流することはなかったが、書記長・島成郎《しましげお》（後に、沖縄等で精神医療に携わる医師として知られた）は共産党内においては武井の近傍にあった活動家であった。『文学者の戦争責任』の共著者・吉本隆明は、ブントのシンパサイザーとして六〇年安保を通過する。

日本のニューレフトは——世界の、とりわけ「先進」国のそれと同様に——五六年のスターリン批判とハンガリー事件という二つの事件を契機に誕生したといって大過ない。もちろん、その誕生にいたる「前史」としては、他に幾つものことが語りうるし、それらについてはこれからも随時言及する機会があろう。ただ、日本において特徴的なことは、この二つの事件を契機に誕生したニューレフトが、ただちに六〇年安保という大衆的な——

ある意味では「国民的」とさえいいうる――「闘争」を実際に担ってしまったということである。世界的に見て、六八年革命の高揚を準備するニューレフト的な大衆運動が、六〇年代のいわゆる「ヴェトナム反戦運動」をもって端緒とするのだとしたら、日本のニューレフトはそれに先駆けて、大衆運動のヘゲモニーを（部分的にではあれ）、全学連というかたちで掌握していたのである。この先駆性と、学生インテリゲンツィアが対抗運動総体を領導するという「後進国型」のスタイルが混在しているところに、日本の六〇年安保の特異性が存在した。この特徴は、日本の六八年の――ある意味ではネガティヴな――性格をも規定していくだろう。そのことは、本書のなかで徐々に論じられるはずである。

2　ニヒリズムとラディカリズムの共存

ブント＝全学連は「赤い太陽族」（または「赤いカミナリ族」）と蔑称されたところからも知られるように、石原慎太郎の芥川賞受賞作「太陽の季節」（一九五五年）以来の都市型大衆文化を潜在的な背景としていた。事実、石原慎太郎をはじめとして、大江健三郎、江藤淳、谷川俊太郎、寺山修司、浅利慶太といった当時ほとんどが二十代の作家、詩人、劇作家らは「若い日本の会」に蝟集して、六〇年安保を闘うことになる。その個々の会員の思惑がいかに統一性を欠き、これまで述べてきたブントの思想的文脈とはほとんど無関係のように見えようとも、そうなのである。そして、それは六八年革命へと継承される側面も内包していた。一例を挙げれば、「若い日本の会」の近傍にあり、六八年のサブカルチャー的背景をも代表することになる寺山修司は、六〇年に、浅利慶太の劇団四季のために、戯曲『血は立ったまま眠っている』を、石原は『狼生きろ豚は死ね』を書き下ろしている(注3)。いうまでもなく、その大衆社会状況はスターリン主義的リゴリズムからの離反をうながす素地にほかならなかった。「若い日本の会」のメンバーは、経済白書が「もはや『戦後』ではない」と宣言した時代に(五六年)、スターリン批判に先駆してジャーナリズムに登場した者たちである。文学史的には「純粋戦後世代」と呼ばれる彼らのそのメンタリティーは、今日でいうサブカル的なものにほかならない。政治学者・松下圭一や社会学者・加藤秀俊の、一世を風靡した「大衆社会論」、「中間文化論」も五〇年代中期に登場しており、松下自身その視点から「ハンガリー事件」を分析してもいる。安保ブントのシンパサイザーを自認する吉本隆明は、いち早くこの連関を察知して、「戦後世代の政治思想」(一九六〇年一月)を書いている。後の章で述べるように、吉本の思想は土着的な「ナショナルなもの」への着目によってニューレフトのヘゲモニー形成に参与したが、同時に、早くも大衆社会状況にも加担した。吉本のポリティクスは、論争の文脈において両者をうまく使いわけるところにあった。そして、民衆的「下層」への下降を意味する前者のヴェクトルも、アンダーグラウンド演劇を論ずる第七、八章で明らかなように、必要なものなのである。かかるサブカルチャー的背景は、アメリカにおけるビート・ジェネレーションやイギリスの「怒れる若者たち《アングリー・ヤングメン》」、あるいはフランスのシチュアシオニストのムーヴメントと呼応する。

ウォーラーステインを参照すれば、大衆社会状況とも呼ばれる「豊かな社会」の到来は、第一次大戦後に世界資本主義のヘゲモニー国家となったアメリカ合衆国大統領ウィルソンが採った「リベラリズム政策」の一帰結にほかならない（『アフター・リベラリズム』）。米ソ両大国は、資本主義と社会主義のどちらが「豊かな社会」を建設しうるかをめぐって覇権を競ってきた。そして、実際に「豊かな」社会が到来しつつあった時に生み出された――武井昭夫がその学生運動理論で規定した言葉を用いれば――「層としての」小ブルジョワ（主に学生）は、あたかも全てから「自由」（であるべきという観念）を獲得したかのような環境に置かれたのである。

もちろん、それはマルクスが一九世紀のプロレタリアに見いだしたのと似た意味で、本質的に二重の自由である。つまり、思考が現実的な下部構造に規定されない自由であると同時に、現実の社会から追放されてあるという自由である。その二重の「自由」こそ、現実の資本主義を批判するラディカリズムを可能にした。それが、いかに「観念的」なものであったとしても、それは確かに根拠のあるものではあったのである。

しかし、六八年時と異なって、日本の安保ブントがかかる背景を明確に意識していた形跡はない。当時はいまだ学生は少数のエリート集団と見なされており、社会の貧困や矛盾に直面している大衆のための「前衛」である（べきだ）という意識が、表面をおおっていた。六〇年安保当時の大学進学率は一〇パーセント強に過ぎなかった（これが、七〇年には倍増以上を記録する。もちろん、学生人口そのものも、ベビーブーマーであるから急増している）。当時のブント書記長で、他の学生コミュニストと較べてかなり年長であった島成郎の、近年刊行された回想録『ブント私史』からうかがえるのは、大衆社会状況とは無縁の、あまりにも生真面目な「左翼」ぶりである。

反スターリン主義を掲げる際の当時のニューレフトの参照先のひとりであり、「戦後主体性論」を領導したマルクス主義者の梅本克己は、六〇年安保を総括する文章「民主主義と暴力と前衛」（『民主主義の神話』所収）で、全学連に代表されるそのスチューデント・ムーヴメントを、当時の韓国やトルコのそれとアナロジーしている。つまり、梅本はアメリカによって植民地的被支配状態にある「後進」資本主義国の真面目な民族独立運動として、安保ブントのそれを把握しているのである。このような印象は、島の回想録の信憑性を保証するもののように見える。事実、六〇年安保を「国民的に」領導した当時の社会党・共産党による安保の位置づけは、「反米」であり「民族独立」であった。安保条約改定が、アメリカ合衆国への従属を深めるものと位置づけられていたからである。今日にいたるまで、六〇年安保を総括するジャーナリズム上の文書の多くは、その「国民的な」高揚を、「反米ナショナリズム」の発露と捉えている場合が大半である。島の著書が伝える生真面目さも、その発露として読むことができる。

しかし、ブントによる安保改定の位置づけは「反米ナショナリズム」とはまっこうから対立するものであった。学生コミュニスト姫岡玲治（経済学者の青木昌彦）による国家独占資本主義論（いわゆる姫岡国独資論）に導かれたそれは、安保改定によって日本は対米従属を深めるどころか、逆に帝国主義として再び自立していくというのである。それゆえ、ブントにとって安保闘争は民族独立闘争ではなく、反帝闘争でなければならないとされる。かかる把握の相対的な正しさは、その後の日本資本主義の「発展」によって実証されているし、当時の首相・岸信介の目論見がそこにあったことも、今では明らかである。もとより、安保ブントに発して、その後のニューレフトの戦略戦術を規定していくことになる、かかるパースペクティヴ――それはレーニン主義に規定された自国帝国主義打倒＝日帝打倒主義といえる――は、それ自体で自国中心的なものであるから、容易にナショナリズムへと転化するし、「反米」主義とも通底しうる。六〇年安保に前後する時期のニューレフト系思想が日本ナショナリズムの再評価に向かったのは、そのことにも理由があるだろうし、「戦後」＝「アメリカへの敗戦」に特化する歴史観も、ニューレフトのなかでさえ維持され続けた。これらのことがらに決定的な批判が向けられるのは、本書最終章で詳述する七〇年七・七の華僑青年闘争委員会によるニューレフト批判まで待たねばならないだろう。「反米」ナショナリズムは左右を問わず、日本的宿痾である。

ところで、日本の帝国主義的自立を認識したということはすなわち、ブント＝全学連の運動が「先進」資本主義国型のそれであることを意味しているだろう。そのことを、ほとんどただひとり見てとっていたのが、先に挙げた吉本隆明の「戦後世代の政治思想」であった。そのような視点は、吉本の安保闘争への総括文書たる「擬制の終焉」にも見いだすことができる。その視点を確保しえたからこそ、その個々部分的な思想的・文学的当否は問わず、吉本は六〇年以降の「文化的」へゲモニーを握ることができたのだといえる。周知のように、吉本はまた、この時期に日本のナショナリズムの再評価をも遂行した存在であった。

わずかに六〇年安保時の「文化的」雰囲気を伝えるのは、当時もっとも年少の学生指導者であり、大衆的な名アジテーターであったと伝えられる、西部邁が回想するところの『六〇年安保——センチメンタル・ジャーニー』の方であろう。今や「保守思想」を標榜する西部がそこで韜晦しつつ描いているのは、当時の二重に「自由な」学生コミュニストたちの、ニヒリズムとラディカリズムの奇妙な共存ぶりにほかならない。かかる雰囲気は、石原慎太郎と踵を接するようにして登場した大江健三郎が『われらの時代』（一九五九年）その他で描いた、当時の若いジェネレーションの気分とも通底する、あの小ブルジョワたちの急進主義的な「自由」である。『われらの時代』から「セヴンティーン」（一九六一年）、「性的人間」（一九六三年）をへて

『万延元年のフットボール』（一九六七年）にいたる大江の諸作品は、六八年革命を準備しつつあった後の学生たちに愛読され、そのメンタリティーを形成したものである。そのことは、六八年革命をベ平連やニューレフト小党派の学生指導者として通過し、今や「本格」ミステリー作家としても知られる笠井潔の大江健三郎論『球体と亀裂』が伝えるところでもある。それは、大江が「反米」的かつ「戦後民主主義者」を自他ともに許す、『厳粛な綱渡り』（一九六五年）や『ヒロシマ・ノート』（同年）といった批評的エッセイの書き手であり、逆に、日本の六八年革命の主要なモティーフの一つが「戦後民主主義批判」であったとしても（いや、それゆえにこそ）、そうなのである。その場合、戦後民主主義とはアメリカ的なものを意味しているだろう。ニューレフトのメンタリティーにも反米主義が色濃く浸透しているといえる。しかし同時に、それはアメリカ的なもの（アメリカニズム）へのシンパシー――それはトクヴィルからハンナ・アーレントまで、あるいは、ドゥルーズからハート／ネグリの『〈帝国〉』にいたるまでにおいて、顕在的なものである――と共存しているのである。

六〇年安保と六八年革命のあいだには、何か決定的な思想的転換が生起している。そのことは、笠井潔が「戦後民主主義」を標榜するベ平連の活動家から出発したということからもうかがえる。あるいは、六八年革命の衝撃をその最深部で受け入れた小説家・中上健次は、高校生時代に『ヒロシマ・ノート』を読み、広島を訪れたと伝えられる（高澤秀次

『評伝　中上健次』による)。しかし奇妙なことに、六八年革命当時、その担い手の学生が大江健三郎の作品を熱狂的に迎え入れたという事実はないのである。当時の「文化的」背景は、唐十郎や寺山修司のアンダーグラウンド演劇であり、天沢退二郎や鈴木志郎康、吉増剛造らの現代詩であり、大島渚から若松孝二にいたるアートシアター、アンダーグラウンド系の映画であり……であった。大江の「影響」は端的に六八年の前年に刊行された『万延元年のフットボール』で終わっているのである。

当時読まれた小説家としては、『憂鬱なる党派』(一九六五年)や『邪宗門』(一九六五～六六年)の高橋和巳がいたと言われる。事実、高橋は京都大学助教授として「造反教官」を標榜し、六八年学生革命のシンパサイザーであった。しかし、学生が高橋和巳の作品を読んでいたとしても、それは単に「高度なインテリ向けの大衆小説」(吉本隆明、高橋和巳との対談「現代文学と思想」〔一九六八年〕での発言)としてでしかなかったといえよう。戦時下の大本教をモデルにした宗教的反国家主義の「挫折」や、日共山村工作隊時代の学生コミュニストの理想と逡巡・挫折を描いて、「苦悩教」を自称した高橋の深刻さは、赤塚不二夫のマンガ「天才バカボン」に較べれば、はるかに通俗的な代物として受け取られていたと断言できる。赤塚はアンダーグラウンド演劇にもシンパシーを抱いて、唐十郎の状況劇場に、そのシンボルとなる赤テントを寄贈したりもした存在である。

だが、この問題はさしあたりこの程度にとどめておこう。西部邁の『六〇年安保――センチメンタル・ジャーニー』と大江の『万延元年のフットボール』にいたる初期作品とが共有する雰囲気の相即性は、日本における六八年革命が六〇年安保に淵源することを、ひそかに告げていると確認すれば、ここでは足りる。もちろん、そのことは『万延元年』が六〇年安保に「挫折」した学生たちからの後日談として語られているということ以上の問題である。

にもかかわらず、以上に素描してきた雰囲気のみでは、われわれの目論見である「六八年の思想」の輪郭の端緒を素描することは不可能である。それゆえここでは、迂遠ながらスターリン批判がもたらした思想的な転換が何であったかを見ておく必要がある。それは、スターリン主義やレーニン主義というよりは、マルクス主義という思想の効力が失墜したことを意味していた。より端的にいって、それは「歴史の必然」という神話の崩壊であり、その必然からの「自由」である。西部や大江に見られるニヒリズムとラディカリズムの共存——繰り返すまでもなく、それは二重の「自由」である——も、この「自由」と表裏一体のものである。その「自由」を決定的にしたのがスターリン批判にほかならない。

第二章　文化的ヘゲモニー闘争の「勝利」とアポリア

1　裏切られた革命？

スターリン批判とハンガリー事件によってもたらされた「歴史の必然」からの解放は、ある種の「自由」の体験であったと同時に、歴史へのニヒリズムをもたらさざるをえないものであった。歴史が必然として把握され、かつ未来が予料されえなければ、「主体」は歴史に翻弄されて、その自由を行使することができないからである（もちろん、歴史が必然であるなら、主体に自由の余地はないという意識と、これは相補的なものではあるが）。では、かかるニヒリズムはどのようにして克服されると考えられたのか。

日本において生成されたニューレフトと、それが先端的に「領導」した六〇年安保、そしてその「挫折」のプロセスは、思想的にはそのようなプロブレマティックを開示する。たとえ個々のニューレフト・イデオローグや学生がそのことに自覚的でなかったにしても、である。

周知のように、スターリン批判の衝撃は、それまでの「進歩派」あるいは左派にとって、おおむね「悪魔」や「禁忌」のごとく見なされていたトロツキーの思想を復権させることになる。レーニンのロシア革命（一九一七年）はスターリンによって「裏切られた」とする歴史観が、それにほかならない。それは俗に「裏切り史観」と呼ばれ、あるレヴェルをこえて濫用された場合には、ニューレフト内においても揶揄の対象であったが（つまり、なんでもかんでもスターリン主義が悪いとする「主体性」のなさ、という意味で）、「歴史の必然」という概念が機能失調におちいった時に可能な、ほとんど唯一のマルクス主義的歴史観であった。かかる「裏切り史観」は、陰に陽に、その後のニューレフト諸党派の思想を規定してゆくものであり、それは八九年／九一年の冷戦構造崩壊にいたるまで続く。「北朝鮮に行って金日成をオルグする」と称してハイジャック闘争をおこなった赤軍派も、その意味ではこの文脈にあった。

「裏切り史観」の耐用期限がほぼ切れた今日にあっても、その史観によって獲得されたニューレフトの「文化的」ヘゲモニーは――その功罪はさしあたり問わず――ある種の実効性を保っているといえる。「近代＝現代《モダン》」という歴史的遠近法の発明は、当然にも「その後」の未来を閉塞させてしまうが、そのことを「解決」しうる史観を、われわれはいまだマルクス主義しか持っていない。それは、マルクス主義が失効した（とされる）今日にあって、なおそうなのである。「ポストモダン」という概念は、リオタールの議論に即しても、「大きな物語」としてのマルクス主義の失効という現実的な事態に徴したものであり、その意味で、マルクス主義が死してなお存在しなければならぬ、不可能性の思想であるというもう一つの側面に触れえていない。この意味で、それはいまだ「のりこえ不可能」な思想なのだ。

繰り返せば、日本のニューレフトの誕生はトロツキズムの導入を抜きにしては考えられない。しかし、トロツキーの歴史観がスターリン批判によってなぜかくも脚光を浴びることになったかについては、一見すると自明のようでいて、実は慎重な考察に値する。

欧米諸国と較べれば微弱であったとはいえ、スターリン批判以前の日本においても少数ながらトロツキストは活動していた。翻訳家としてトロツキーの著作を刊行していた、ノーマン・メイラーの小説作品の訳者としても知られる山西英一、「ソ連論」の対馬忠行(対馬自身は自らをトロツキストと規定してはいないが)、そして前章も触れた太田竜などがそれである。しかし、彼らの活動にもかかわらず、トロツキズムは一九五六年以前には、思想的に問題化されることがほとんどなかった。逆にいえば、スターリン批判以降に問題化されるのは、トロツキーのみと言ってよく、ジイドや林達夫はもちろんのこと、レーニンやトロツキーがすでに内包する「スターリン主義」をさえすでに告発していたアナーキズムも、思想的に顧みられることはまれだったのである。これは、どういうことか。

トロツキズムの運動とは別に、「機械論的」「客観主義的」傾向をもつスターリン主義＝ソヴェト・マルクス主義に対抗的な「人間主義的」文学・思想運動は、戦後、サルトルらのフランス実存主義の登場とも相即し、日本にも「主体性論」として、すでに存在していた。文学者としては一九四六年に雑誌「近代文学」を創刊した平野謙、荒正人、本多秋五ら、哲学者としては西田幾多郎の流れを汲み、『経済学・哲学草稿』などの初期マルクスの「人間主義」の復権をもくろむ梅本克己、田中吉六、梯明秀《かけはしあきひで》らが、それである。彼らはおおむね一九三〇年代を若い「転向」知識人として通過したが、そのことが「主体性」の問題の考察へと向かわせた。権力からの強制によってであれ、内在的なモチベーションによってであれ、遂行されたマルクス主義からの「転向」は、自身の「主体性」を担保にしてなされる以外にはないと考えられたからである。彼らの戦後は、共産党主流の文学者・哲学者たちとの論争によって始まる。かつてのスターリン的マルクス主義からの「転向」には、何らかの「主体的契機」が含まれていたと、ここで改めて肯定される。「政治と文学」論争、「主体性」論争と呼ばれるものが、それである。

かかる主体性論の傾向がスターリン批判と遭遇した時、トロツキー的なものが導入されることになるだろう。その代表的な存在が、文学者では「近代文学」創刊同人のひとりで、小説『死霊』の著者としても知られた埴谷雄高であり、哲学者としてはトロツキスト連盟以来、実践運動へのコミットメントを開始し、革共同革マル派の最高指導者となる黒田寛一である。二人の思想は梯明秀などを介して見れば明らかなごとく、さまざまなレヴェルで酷似しており(埴谷については拙稿「「死者」の形而上学」、『複製の廃墟』所収を参照)、埴谷は黒田が一九六二年に革共同（中核派と革マル派に分裂する以前の）議長として参院選に立候補した際の選挙責任者となる。その埴谷は、五六年五月号の「群像」に「永久革命者の悲哀」を発表して、スターリン批判を受け止めた。黒田を含め、初期トロツキストたちが文章を発表できるメディアは、ほとんど学生新聞等のミニコミ、同人誌、せいぜい書評紙のレヴェルに限定されていた（当時の学生新聞、書評紙の影響力が、今と比較にならないくらい大きいにしろ）。当時にあって、埴谷のこのスターリン批判のエッセイがパブリックな文芸誌——当時の文芸雑誌の影響も、今日とは比較にならないほど大きい——に発表されたことは、スターリン主義に対するヘゲモニー闘争上、大きな意味を持っている。

たとえば、黒田寛一によれば、一九五七年一月に「竹内好の指示で」、岩波書店の雑誌「世界」の編集部から依頼されて執筆した論文は、「なんらの釈明もなく同誌には掲載されなかった」という（こぶし書房版『現代における平和と革命』の「改版あとがき」）。中国文学者の竹内は、当時、ジャーナリスティックな問題提起者として知られ、「進歩的」メディアに大きな発言力を持っていたと考えられる。もちろん、原稿不掲載の理由の一端は、黒田もおそらく承知のごとく、その「ファナティックな」文体にあるとは思われるが、それにしても、当時のジャーナリズムの様相を象徴するエピソードではある。それはともかく、「永久革命者の悲哀」は、その後、埴谷が書き継いで『幻視のなかの政治』に収められることになる政治的エッセイの嚆矢だが、その反スターリン主義がいかなる意味で主体性論とトロツキー主義の遭遇としてあるかを、ひいては、それが「歴史の必然」の崩壊という事態にいかに対処しているかの顕著な一例を示して、興味深い。

そのエッセイで埴谷は、自身を「未来の無階級社会よりの派遣者」としての「永久革命者」の立場と規定する。それは、「国内的には生産手段の小所有者である農民を失うべき何物もないプロレタリアートたらしむべく絶えず上からの革命を強行すること、対外的には革命の祖国を擁護するため革命の烽火をつぎつぎにあげて全世界の革命が完了するまで急迫の手をゆるめざること、この二つを内容としている」ところのトロツキーのそれとは、「まったく無関係である」という。トロツキーの「永続革命論」（埴谷は、「永久革命論」と呼称）は、「せいぜい半世紀か一世紀ぐらいの時間の幅をもっているに過ぎ」ないというのだ。しかし、埴谷のこのような「未来の無階級社会」に視座を設定する立場は、埴谷において は、戦後ただちに書きはじめられた『死霊』で確立されていたものとはいえ、スターリン批判がもたらしたトロツキズムのアクチュアリティーを背景としてはじめてリアリティーを持ちえたものであり、その「文学化」（あるいは「美学化」）にほかならないといえる。

スターリン批判によって「歴史の必然」が崩壊の危機に瀕した時、その危機はいかにして克服あるいは隠蔽されえたか。いや、「歴史の必然」なる概念はどうすれば温存することができたのか。いうまでもなく、実際それは不可能なはずなのである。なぜなら、ひとりの個人に過ぎぬスターリンがどうしようと、資本制から共産主義へといたる（はずの）マルクス主義の鉄の歴史的必然――それは、ロシア革命ですでに証明されたはずであり、その後の中国革命等においてさらに強固になったはずであった――は、揺らぐはずがないからである。にもかかわらず、ソ連邦自身によってその現実が暴露されてしまった時、改めて「裏切られた革命」という歴史観が幾分かのリアリティーを帯びることになる。

「裏切られた革命」という視点は、まず、革命が裏切られながらも、いまだ初発の革命性を保持していると見なしているという意味で、「歴史の必然」という概念を温存してくれる。トロツキーの歴史観はそのようなものだ。それによれば、ソ連邦はスターリンとその官僚たちによって堕落させられているとはいえ「労働者国家」であり、資本制諸国に対していまだ多くのメリットを保持しているという。それと同時に、この視点はマルクス主義における主体性の問題にも、ある見通しを与えてくれることになる。つまり、革命が「主体的」に裏切られたのなら、それは逆に「主体的」に撓めなおすことが可能なはずだ、という観念にほかならない。

もちろん、この二つの観念はダブルバインディングである。なぜなら、革命が個人によって「主体的」に裏切られうるものなら、そこにはすでに「歴史の必然」という観念は存在しえないし、反対に歴史が必然的であるならば、スターリン個人の裏切りなど不可能なはずだからだ。しかし、そのような論理的アポリアは、レーニンとともにロシア革命の最高指導者であった、「追放された予言者」トロツキーという存在を介して不問に付されるだろう。トロツキーがスターリン批判以降の状況のなかで、ニューレフトにとっての参照先となったのは、このような意味においてである。

だがもちろん、一九五六年の世界においてトロツキーは存在せず、「歴史の必然」に対する信憑ははるかに揺らいでいる。「労働者国家」ソ連に対する「補足的第二革命」の必要を主張して第四インターナショナルを設立したトロツキーは、「永続革命」を遂行するどころか、すでにスターリンによって亡命先メキシコの地で暗殺(一九四〇年)されているのである。スターリン主義に対抗する「主体」はいまだ決定的に脆弱であるかに見える。その時、無限の「歴史的必然が保証する革命の成就を「半世紀から一世紀」先ではなく、埴谷のごとく、無限の「未来の無階級社会」に設定しておくことが必要となる。その無限の未来において、ようやく真の「主体性」も確立されうるだろうからだ。これもまた、「歴史の必然」の解体が──あるいは、それからの自由が──もたらされた時に引き受けざるをえないニヒリズムへの応接のひとつのありかたではあろう。

埴谷雄高のスターリン批判がトロツキーのそれを参照先にすることではじめてリアリティーを持ちえ、なおかつそれよりも遥かに空想的な「文学性」を内包せざるをえないのは、そのためである。逆にいえば、埴谷の『死霊』は、スターリン批判を介することによってのみ(スターリン批判に先駆けて、ではない)、その空想性にアクチュアリティーを獲得しえたのである。トロツキーという特権的なキャラクターを欠いた場合、その「裏切り史観」は美学化されることによって信憑をえるほかはない。

もとより、これはトロツキーという革命家がレーニンやスターリンに比して、はるかに「文学的」感性に恵まれた存在であったことにも規定されている。ロシア・フォルマリスムに一定の評価を与えた『文学と革命』や、アンドレ・ブルトンとの接近遭遇といったエピソードによるまでもなく、トロツキーにおいては、政治的前衛と芸術的前衛が幸福な結合をとげている(少なくとも、その萌芽が存在する)と見なされた。「永久革命者の悲哀」で埴谷が賞賛の言葉を漏らしているトロツキーの「芸術家のセンス」は、ニューレフトが既成左翼との差異化をはかる際の有力なバックグラウンドたりえたのである。

今日とは異なり、文学ははるかに「国民的」な——「国民」を形成する——文化ジャンルであった。六〇年安保の後、ニューレフトの政治運動が衰退していくなかで、そのわずかな文化的シンボルとなったものに、いわゆる「サド裁判」がある。これは、澁澤龍彥訳のサド『悪徳の栄え・続』が猥褻文書として押収されたことに端を発した事件だが、埴谷(特別弁護人)をはじめ、白井健三郎(フランス文学者)、吉本隆明、森本和夫(フランス文学者)らニューレフト系の文化人を動員して六〇年代をとおして争われた(六九年に有罪確定)。『悪徳の栄え』の版元は、『トロツキー選集』も発行していた現代思潮社(社長はアナキスト系のアクティヴィストでもあり、後に道元の研究で知られる石井恭二)である。これが、同じく「芸術か猥褻か」をめぐって争われたかつての「チャタレイ裁判」(一九五〇年、伊藤整訳のロレンス『チャタレイ夫人の恋人』をめぐる)と異なるのは、「芸術家のセンス」の有無が同時に政治的にも、革命的か否かの試金石でもあるという含意を醸成したことである。「サド裁判」には、ニューレフト系のみならず三島由紀夫や大江健三郎といった「文壇」文学者――しかし、ニューレフトとはきわめて関係深い――もコミットしている。かかる六〇年代の異種混交のなかで、ニューレフトの文化的ヘゲモニーが確立されていくのである。

事実、後の赤瀬川原平「模型千円札」裁判(一九六三年)にしても、武智鉄二監督の映画『黒い雪』(一九六五年)をめぐる裁判にしても、日活が解雇した自社の監督・鈴木清順のフィルム貸出しを拒否したことに端を発した、いわゆる「鈴木清順問題」(一九六八年)にしても、そこで争われたのは、まず何よりも、芸術的センスの有無が同時にニューレフトのアイデンティティーを保証するという問題なのであった。六〇年代の文化的ヘゲモニー闘争が、文学から映画・美術へと推移していくこと自体、サブカルチャーをバックグラウンドとした六八年革命への移行を示している。これは、ヘゲモニー闘争の過程で、ニューレフトのみが前衛的な芸術的センスの保持者であるという逆立ちさえ生むだろう。一方において、前章でも触れたように、六〇年安保の直後から日本共産党は、中野重治、大西巨人、佐多稲子、安部公房、野間宏などの有力な党員文学者・芸術家を次々に「除名」していく。かかる情勢のなかで、ニューレフトの文化的ヘゲモニーは徐々に強固なものになっていく。埴谷が先頭に立ってコミットした「サド裁判」は、その端緒である。

2　永遠の未来か、今ここか

繰り返すまでもなく、埴谷の立場は、「歴史の必然」の成就としての「革命」が、永遠の未来においてのみ執行されるという非実践的な観念に担保されえたものにほかならない。「永久革命者の悲哀」において、埴谷は自らを「のんべんだらりとしている革命家」と規定している。しかし、かかる政治的=文学的立場が、ある種の実践性を持ちうる時がある。六〇年安保においてブント=全学連がその敗北・解体を総括する過程で生じた強力な一傾向は、その敗北を、ブントの前衛党としての脆弱さに求めるものであった。このような傾向は、安保後ただちにブントの解党を宣言し、黒田寛一らの革共同全国委に合流していく。革共同において、前衛党とは遠い未来のあるべき主体性を先取りした者たちによる強固に「主体的」な組織の意であり、それを黒田は「プロレタリア的人間」とも呼んだ。

安保ブント=全学連は、その誕生の過程において、トロツキーや黒田「主体性論」の多大な影響をこうむっていた。にもかかわらず、武井昭夫初代全学連委員長以来のその「大衆運動主義」的伝統——それは、当初から小ブル急進主義的、ブランキズム的と批判されていた——は、党の「主体性」を問題にすることを積極的に等閑視する傾向があった。ブント書記長・島成郎が言ったと伝えられる「安保をつぶすか、ブントがつぶれるか」という言葉は、その事情をよく伝えていよう。革共同が「歴史の必然」の証明を――埴谷雄高と同様に――はるか未来に設定したのに対して、ブントは今ここの騒擾・享楽において革命という歴史的必然を見いだそうとしたといえようか。ブントの態度もまた、「歴史の必然」が崩壊した後に、その概念をひそかに維持しようとする方途ではある。それが、埴谷＝黒田のそれに較べて、はるかに非現実的であるとしても、である。

もとより、享楽は歴史化されえないがゆえに享楽なのだから、かかるブントの構えは、それ自体として論理的なものではありえない。しかも、ブントとてとにもかくにもマルクス主義を標榜した党派なのだから、革命の「主体」がプロレタリアートだというたてまえは維持されている。ところが、事実としてブントは学生コミュニストを中心とした党に過ぎず、大部分の労働者を組織しているのは社会党・共産党の「社民」と「スターリニスト」なのだ。このようななかでブントができることは、無責任な小ブル学生による過激なデモンストレーションを展開しつつ、労働者のデモ隊を「お焼香デモ」に押し込めておく社共の「裏切り」を糾弾することだけなのだ。享楽の後――享楽はつねに、すでに事後的にしか触知しえない――ブント指導部の多くが、安保の「敗北」を前衛党建設の不十分さと総括して革共同に合流していったのも、ある意味では当然なのである。「歴史の必然」という観念は、そのようにしてしか護持されないかも知れないからだ。

しかし、ここには解消しがたいアポリアが存在している。そもそも、フルシチョフの「平和共存」路線をさえ拒否したニューレフトとは、革命を、平和とは対極的な享楽として復権させるものであったはずである。「芸術家のセンス」の問題も、この点にかかわっている。保守派ポストモダニストともいうべきダニエル・ベルが『資本主義の文化的矛盾』で洞察したように、スターリン批判によって政治的ユートピア主義（われわれは、それを後に黙示録的革命主義と呼んで考察するだろう）は失効したが、その代補としての文化的ラディカリズムは延命――というよりは復権――したという側面を否定することはできない。

にもかかわらず、埴谷＝黒田的「永久革命者」の立場は、その享楽＝革命を無限の未来へと先送りすることによって、「歴史の必然」という観念（すなわち、「革命」という観念）を救出するというパラドックスを犯しているのだ。革共同は黒田参院選出馬（落選）の後、中核派と革マル派に分裂する（一九六三年）。その両派は、一九六八年革命の享楽に対して、全く対蹠的な立場を取ることになるだろう。黒田を最高指導者とする革マル派は、その享楽に一貫して――中核派を含めたニューレフト諸派のなかで唯一――否定的であった。埴谷＝黒田的観点に立てば、革命は無限の未来に成就されうるものでしかなく、それゆえ、今ここにある六八年は革命たりえないのである。これは、かかるアポリアに対する、マルクス主義的にありうべき応接の一つであったとはいえよう。革共同の革マル派と中核派への分裂は、「党のための闘争」（＝革マル派）と「党としての闘争」（＝中核派）をめぐる論争をとおして現出したが、それは「革命」の必然性をめぐる相互補完的な態度たらざるをえないものなのである。

これに対して、今ここの享楽において「革命」を見ようとするブントは、「歴史の必然」という（マルクス主義的な）観念からは、本質的に解放されていた。その意味で、ブントの方が、スターリン批判という事件の核心に触れていたといいうる。青木昌彦、生田《いくた》浩二《こうじ》、西部邁といった東大学生指導部の有力者が、ブント崩壊後に近代経済学に「転向」したのは知られたエピソードだが、それもまたきわめてブント的な行為ではあったのだ。

そのような「解放」は、マルクス主義の言葉によってもなされうる。安保ブントの創立にも深く関与し、その人間主義的＝疎外論的マルクス主義への批判が六八年革命の学生のメンタリティーを強く規定することになる廣松渉は、安保後に四分五裂していたブントの再建（第二次ブント、一九六五年）を前にして、ブント統一委員会の機関誌「共産主義」（創刊準備号）に、門松暁鐘の筆名で次のように書いている――「われわれは新旧左翼系論客の多くと対比するとき」、「カタストロフを期して待つのではなく、むしろ大衆運動の昂揚によって国家独占資本主義的弥縫策を破綻におい込み、この止め歯をつきくずすことによっていうなれば目的意識的にそれを惹起することをはかる」ところに特異性がある（「旧左翼の隘路と新左翼のコース」、『現代革命論への模索』所収）、と。ここでいわれている

「カタストロフ」は、われわれの文脈では、享楽とも革命とも置き換えうる。リゴリスティックなマルクス主義者として（さえ）知られる廣松にして、すでに「歴史の必然」という観念を、ほとんど放棄しているのである。これは、廣松のスターリン批判／六〇年安保の総括の帰結であり、六八年を前にした時代の展望だったといえよう。かかる「歴史の必然」からの解放は、革マル派を除く他のニューレフトに、無自覚ながらひそかに共有されていくだろう。赤軍派を筆頭に、ニューレフト諸党派が六八年の享楽を――あまりに古典的なイメージにのっとってであるとはいえ――「革命」ととらえようとしたことは、そのことを証している。

3 大西巨人と花田清輝

解放であると同時にニヒリズムの到来でもあるところの歴史的必然の失効という事態は、そのことを捉えるために、過去の一時代への参照をうながす。六〇年安保時において（そして、それ以後も）、それは潜在的にも顕在的にも一九三〇年代（広義に）だった。いうまでもなく、一九三〇年代もまた、マルクス主義運動が崩壊し「転向」とファシズムへと帰結してゆく「不安」の時代として表象される。

一九三〇年代は、それ以前もそれ以後も繰り返し参照される特権的な時代にほかならない。日本において最も知られているものに、平野謙の「昭和十年前後」を中心とする文学史観や、竹内好が再評価をうながした「近代の超克」問題がある。あるいは、われわれの六八年史論に近接するところでいえば、フランスの五月革命は、その思想的・文学的淵源として、モーリス・ブランショやジョルジュ・バタイユの一九三〇年代を見いだした（ジャン＝リュック・ナンシー『無為の共同体』、ブランショ『明かしえぬ共同体』等参照）。これは、一九三〇年代問題が「近代」におけるリミットを構成していることを意味している。日本のスターリン批判以降の時代における一九三〇年代の回帰は、しかしまず、「転向」の問題としてあらわれた。これが、戦後派文学者や戦後主体性論者の問題でもあったことはすでに述べたとおりだが、ニューレフト創成期には、それが再び三たび異なった文脈を持ったのである。

「歴史の必然」の崩壊によるニヒリズムは、転向を使嗾する強力な契機のはずである。吉本隆明の「転向論」（一九五八年）を頂点とするその問題系の浮上は、単に戦時下に「軍国少年」だった吉本の、一九三〇年代にマルクス主義からファシズムへと転向し、戦後その体験を隠蔽した先行世代の詩人・文学者たちに対する呪詛という世代的なモティーフばかりではなく、スターリン批判によって潜在的に構成された転向選好の決定的なドライヴ──それが当時はそれほど意識されなかったとしても──への抵抗といった契機を背景としていたと見なさなくてはならない。その意味で、吉本の転向を主題としたポレミークは、ニューレフトのヘゲモニー形成にとって、きわめて大きな意味を持っていた。

吉本的文脈を極限化して考えれば、スターリン批判以後、日本共産党に属するコミュニストは、論理的に存在不可能なはずである。なぜなら、彼らはスターリニストであり、それゆえ「歴史の必然」を裏切ったと自ら告白してしまったからだ。「転向論」の吉本は、戦時下「非転向」によって戦後共産党のシンボル的存在となった宮本顕治（作家・宮本百合子の夫であり、文芸批評家でもある）を、実質的な転向者であると批判した。その非転向はコミュニストとしてはありうべからざる「大衆」からの孤立＝自閉によって可能となったものに過ぎぬ、というロジックによってである。これが、自身「転向」文学者として宮本顕治に負債の意識を負い、しかしながら共産党のスターリン主義的体質には戦前からしばしば違和感を表明してきた中野重治や平野謙をはじめとする戦後派文学者にとって、きわめて歓迎すべき論理であったことはいうまでもない。吉本「転向論」は、宮本顕治の「非転向」より中野の苦渋に満ちた「主体的」な「転向」を優位に置くものであった。

しかし、そのような吉本の批判が可能となったのは、共産党が歴史を裏切っているという前提がスターリン批判とハンガリー事件によって、あらかじめ存在していたからである。「大衆」からの孤立とは、「裏切り」の意にほかならない。その意味で、吉本による宮本非転向神話の破壊は、スターリン批判以降のニューレフト的な文脈のなかでなされたものといえる。そう捉えなければ、吉本「転向論」には何ら新しいところはないのである。宮本顕治のスターリニスト的官僚主義は、吉本の批判以前、すでに大西巨人によって内部からあばかれていた。野間宏『真空地帯』への批判として書かれた大西「俗情との結託」(一九五二年)に端を発した宮本顕治との論争は、一九五四年から五六年にかけておこなわれていたのである。

吉本の宮本批判の意味は、その論理的なめざましさにあるというよりは、ニューレフトの登場をうながした時代性に依拠していたといえるだろう。それゆえ、逆に、ニューレフト的文脈に依拠することなく宮本批判を敢行していた大西は、六〇年安保後の共産党「脱党」と前後して、その直接的な一モティーフが『真空地帯』批判=「大西・宮本論争」に淵源するところの、長編小説『神聖喜劇』の連載を雑誌「新日本文学」六〇年一〇月号から開始することになる。大西が記すところによれば、その第一部「絶海の章」の起筆は一九五五年二月、擱筆は六〇年七月とある。これにも明らかなように、『神聖喜劇』も一九五六年のフルシチョフによるスターリン批判とはまったくかかわりなく執筆がはじめられた。しかし、それは宮本顕治というスターリンのごとき「歴史の必然」を人格的に体現したとも見なされていた存在に対する批判を内包した作品なのである。

『真空地帯』と同じく戦時下の軍隊内に素材をあおぎ、その――「真空」ならぬ――階級性をポリフォニックに描くこの作品は、その雑誌連載開始とほとんど踵を接して刊行された、ニューレフト知識人の側からする安保闘争の総括の書『民主主義の神話』(執筆者は、谷川雁、吉本隆明、埴谷雄高、森本和夫、梅本克己、黒田寛一)と、ほとんど対蹠的であるかに見える。事実、後者の執筆者たち（の思想）が、六八年にいたる（あるいは、それ以後の）波乱を多かれ少なかれ直接にかいくぐらなければならなかったのに対して、大西の『神聖喜劇』は六八年革命とほとんど無縁に書き続けられていく。最終の第八部「永劫の章」擱筆が一九七八年六月、『神聖喜劇』の全体が書籍としてその相貌をあらわすのは、翌々八〇年である。

以上のことからも知られるように、大西の文学と思想は、ニューレフトとも六八年革命とも、ほとんどクロスすることがなかった。その全貌が六八年においてはいまだ明らかでなかった『神聖喜劇』のことは措くとしても、宮本顕治批判のみならず、大西がハンセン病、障害者、被差別部落等のいわゆるマイノリティー問題について、先駆的かつ深い批評的エッセイを発表していたことが知られていなかったわけではない。そして、六八年革命のニューレフトも、その享楽的状勢の退潮のなかで、世界的な傾向と相即しつつ、マイノリティー運動へとシフトしていくのである（この問題については本書最終章で論じる）。にもかかわらず、ニューレフトは大西巨人を発見しえなかったし[注1]、大西もニューレフトへと近接していくことがなかった。

その理由をある程度明らかにするのが、六八年革命の意味についてジャーナリスティックな思考を早くからめぐらせていた磯田光一の、『左翼がサヨクになるとき』における視点であろう。そこで磯田は、大西の『天路の奈落』と島田雅彦の『優しいサヨクのための嬉遊曲』を対比しつつ、前者を戦前型の理想主義的な「漢字の「左翼」」と見なし、後者を、前者をパロディー化することによってしか「自己に出会うことができない」ところの、「片仮名の「サヨク」」と位置づける。そして、高度経済成長やサブカルチャーの波を通過した六八年以後においては、もはや後者以外には存在しえないというのである。いうまでもなく、これは大西を「旧左翼」としてニューレフトと峻別することであり、いかにも通りのよい分析ではある。

しかし問題は、ニューレフト的問題系を大西が先取りしていながら、にもかかわらずそれとクロスしない理由が、単に現代的感性の有無にあるかどうか、というところにある。大西が古くからのシネフィルで、ミステリー・ファンでもあることは知られている。おそらく大西巨人は、その露出度が少ないにしても、吉本隆明よりはサブカルチャー的感受性に恵まれた存在であろう。『神聖喜劇』をはじめとする大西の小説作品の意義が、骨董のごとき「旧左翼」的なところにあるのではなく、むしろ、六八年以降の「言語論的転回」に最も耐えうる稀有な文学のゆえであることも、近年ますます明らかになりつつある。だとすれば、磯田光一の分析の妥当性は、ほとんど失効する。

大西とニューレフトの相違は、私見によれば、「歴史の必然」が崩壊して以降も、やはりマルクス主義が——ある意味では——「のりこえ不可能」であるという、「近代＝現代《モダン》」のアポリアへの対処の仕方にかかわっている。近代資本制から共産主義へという歴史的必然が失われたとしても、その失われた未来を回復する方途は、やはりマルクス主義しかないからだ。大西巨人のマルクス主義への確信は、かかるかたちでニヒリズムを内包しつつ克服しようとしている。近年書かれた短編「悲しきいのち」(『二十世紀前夜祭』所収)で大西(とおぼしき主人公)は、二十代前半の若い日に旧石器時代の遺跡を見学した折に作った自作の短歌「ここに生《い》きし穴居《けっきょ》の民《たみ》もわれわれも悲《かな》しきいのちはおなじことなり」を引用しながら、この「生命感・世界観があったからこそ、また『マルクス主義者』という自己規定の堅持もありえた」と述懐しているが、そのこともまた、「歴史の必然」崩壊後に未来への歴史性を保持しようとする、ありうべき一つの倫理的な態度にほかなるまい。日本のニューレフトが、大西巨人を同時代者として発見できなかったことは、さまざまなレヴェルでその可能性を狭めたのである。

再度、一九三〇年代問題としての転向論に戻ろう。大西巨人や吉本隆明によって批判されたとはいえ、「非転向」宮本顕治のことはさしあたりおいておく。だが、既成共産党員の多くは、一九三〇年代にも「転向」という明らかな裏切りをおこなっており、しかもそのことを隠蔽してさえいるではないか。その彼らが再度の裏切りを露呈したスターリン批判以後の時代に、別途ニューレフトがヘゲモニーを握らねばならないゆえんも、そこにある。しかし、ニューレフトもまた一つの難問を解決しなければならないだろう。「歴史の必然」が崩壊したのなら、果たしてマルクス主義からの非転向は可能か、という問題である。しかもそれは、大西巨人のように単独的かつ倫理的に解答されることは、この場合、できない。それはあくまで、大衆的な運動にかかわるからである。かかる時、解答は二つしかない（あるいは、なかった）。すなわち、「歴史の必然」をひそかに温存するトロツキー的＝埴谷的論理（＝非論理）に就くか、あるいは、ブントのごとく、今ここにある享楽＝革命という不可能に就くか、である。

吉本において、この二つは渾然と混じりあっているように思われる。吉本は数少ないブント・シンパサイザーの知識人――吉本自身の述懐によれば、清水幾太郎（社会学者）に次ぐシンパ第二号――であり、安保の総括文書「擬制の終焉」でも革共同に批判的な立場を堅持している。にもかかわらず、そこにおいて、六〇年には「革命的な状勢はすこしもなかった」といい、「真制の前衛」を希求する時、それはやはり「歴史の必然」という観念を温存しているのである。吉本が六〇年安保後にとなえることになる過渡的な態度としての「自立」という概念も、ある意味では革命を遠い未来に設定しておく埴谷的な歴史観のヴァリエーションといえるからだ。事実、埴谷と同様、吉本においても「革命」は決してやってこない。一九六八年を論じた後の著書『情況』に徴しても知られるように、吉本にとってそれは革命でも何でもなく、単なる学生の騒動といった程度のものに過ぎないのである。

それはともかく、転向を主題とした六〇年前後の吉本隆明にとって、いや、ニューレフトのヘゲモニー形成にとってもう一人、最もやっかいな障害だったのが、花田清輝という「党員文学者」であったことは間違いない。戦時下の花田は党員経験がなかったものの、ファシズム・イデオローグとして知られる中野正剛の近傍にありながら（正剛の弟で詩人・画家の中野秀人は花田の盟友）、非転向のマルクス主義者として、戦後をむかえた。しかも花田は戦後、林達夫『共産主義的人間』（一九五一年）の月曜書房からの刊行をプロデュースしていたことでも知られるように（同書中公文庫版あとがき参照）、スターリニズムからは最も遠い党員文学者として、学生をはじめとする若いコミュニストたちからの信頼も絶大であった。また、そのアヴァンギャルド芸術論に即しても、カウンターカルチャーや大衆社会に対する感性は、群を抜いていたと言いうる。

花田がいかに大きな存在であったかは、吉本との共著『文学者の戦争責任』で吉本とともに転向問題を論じて批評家として出発した武井昭夫が、花田の「影響」ゆえに（いや、「影響」もあって、というべきだろう）、ニューレフトへの道を自ら閉ざしたことからも知られる。安保ブントの成立は、初代全学連委員長であった武井の伝統があってはじめて可能だったにもかかわらず、である。また、先に論じた埴谷雄高のスターリン主義批判「永久革命者の悲哀」において主題的に批判されているのは、花田なのである。それは、スターリン主義から最も遠いと（も）見なされていた花田をスターリニストとして位置づけることが、ニューレフトのヘゲモニー形成にとっていかに必須であったかを暗に告げている。

かかる存在としての花田と論争し「勝利」することが、ニューレフトにとっては重要だった。そして、それも吉本隆明によってなされた。スターリン批判の翌年、一九五七年から始まって安保の直後まで続くことになる、いわゆる「花田―吉本論争」は、花田の全き論理的整合性と吉本の非論理にもかかわらず、政治的には花田を「転向ファシスト」と規定・罵倒した吉本の圧倒的な「勝利」に終わった。この「勝利」によって、吉本隆明は『文学者の戦争責任』の共著者であり初代全学連委員長であった武井昭夫の持つ（と見なされた）全学連ラディカリズムの遺産継承者たりえたのである。

「転向ファシスト」の呼称は、戦時下の花田が中野正剛の近傍にあったことを唯一の状況証拠としている。しかし、花田のどの文章を見ても、花田が「転向ファシスト」であった痕跡は見いだせない。その後に発掘され、『全集』第一巻に収録された戦時下の花田の時局論文（その多くは中野正剛の主宰する雑誌に書かれた）においても、花田は一貫してマルクス主義者なのである。（注2）吉本がその「芸術運動とはなにか」（『芸術的抵抗と挫折』所収）で唯一、花田＝ファシスト説の証拠として提出する花田の戦時下のエッセイ「ユートピアの誕生」（『復興期の精神』所収）の一節にしても、それは吉本の思い込みとマルクス『資本論』への無知からくる誤読（引用間違い）に依拠したものなのだ。しかも、花田は論争時のエッセイ「『大菩薩峠』と戦争責任」において、すでにそのことを指摘し、揶揄さえしているのである（詳しくは、拙著『花田清輝――砂のペルソナ』参照）。

にもかかわらず、吉本はなぜ「勝利」したのか。われわれの文脈に即していえば、それは花田が——大西巨人の問題とも近接して——あまりに正統的なマルクス主義者であったところにある。花田は「歴史の必然」という観念の信憑が問われているスターリン批判以降の歴史性に、楽天的なまでに無自覚であったのだ。

花田は一九五六年以前から、「非人間的」正当派マルクス主義に対して「人間主義」を対置する荒正人らの反スターリン主義的傾向の戦後派文学者たちを、「モラリスト」と呼んで論争していた。埴谷雄高の「永久革命者の悲哀」も、この「モラリスト論争」のなかで書かれたものにほかならない。その論争において花田は、「プロレタリアートの役に立つものは「善」で、役に立たないものは「悪」で、なにが役に立ち、なにが役に立たないかをきめてくれるものは、科学だけだ」(「世の中に歎きあり」)といった——アイロニカルというよりは——ユーモラスな教条的言説を弄することで闘っていたのである。しかし、このユーモアはその前提となっているマルクス主義自体が再審に付されている状況のなかでは、効力を発揮することが難しい。そのユーモアは、少なくとも当時にあっては、「歴史の必然」という観念の信憑を問わぬ「党員」であることによってのみ、可能なものだからである。ところが、問われているのは「党」それ自体なのだ。

このようにして花田のユーモアを斥けることで(それ自体としては理由がある)、吉本は論争に「勝利」しえた。そして、そのことによって花田の一九三〇年代を、マルクス主義からの「転向ファシスト」という通俗的な——事実無根の——イメージに回収することができたのである。これは当時浮上してきた一九三〇年代の問題系を、露呈させつつ実際には隠蔽することにほかならない。もちろん、これもスターリン批判によって必然化されたニューレフトの「勝利」というドライヴに沿ったエピソードではあるが——。

しかし花田に対する吉本の「勝利」によって失われたものも大きいということは、銘記しておくべきだろう。花田的「反人間主義」（と、ユーモア）はニューレフトのなかで抑圧され、世界的な傾向に沿ったものであるとはいえ、ヒューマニズム的・疎外論的マルクス主義がさしあたり猖獗をきわめることになる。吉本自身、後にきわめて人間主義的なマルクス論『カール・マルクス』（一九六六年）を著すことになるだろう。

そのような傾向に対抗的な思想が顕在化するのは、日本のニューレフトにとって一貫して特権的な参照先であったマルクス経済学者・宇野弘蔵の「科学主義」を別にすれば（宇野経済学は、初期ニューレフトにあっては、人間主義的＝「主体的」に受容される傾向にあった）、六〇年以降の廣松渉の登場を待たねばならないだろう。これもまた、フーコーやアルチュセールといった「六八年の思想」とも相即する傾向である。廣松の問題については別途、第五章で論じる。しかし、廣松の登場によっても、花田の欠は埋められたのかという問いを残しておくことは許されよう。花田的ユーモアは廣松の思想には決定的に欠けていたものだからである。

花田的なユーモアが抑圧されたスターリン批判以後の情勢にあって、それに代わって(?)浮上してきたのが、これまた一九三〇年代的な問題系であるところの、日本浪曼派=保田與重郎的な「ロマン的イロニー」にほかならない。

第三章　「実存的ロマンティシズム」とニューレフトの創生

1　日本浪曼派の導入

戦後、「ウルトラ・ナショナリストの文学グループ」として「文学史の片すみにおき去りにされてい」た日本浪曼派、とりわけ「ロマン的イロニー」で知られる保田與重郎の「復権」を試みた嚆矢とされる、橋川文三の『日本浪曼派批判序説』が未來社から刊行されたのが一九六〇年二月、その最初の部分が同人誌「同時代」に発表されたのは、一九五七年の二月であった。今なお日本浪曼派＝保田を論じる際の第一の参照先たることを失わないこの著作が、しかし同時に、スターリン批判から六〇年安保にいたる歴史的文脈のなかで書かれたものであることには、ほとんど注意がはらわれてこなかった。

その理由は、それがあまりに明白な歴史的事実であることと同時に、日本浪曼派＝保田的問題系が六八年革命においては「三島由紀夫」という極限的な、一種、謎めいたかたちをとったからである。橋川を日本浪曼派の再検討に向かわせたモティーフには、戦時下における保田耽読体験とともに、同時代人としての三島という作家の存在があった。一九三〇年代のマルクス主義からの転向体験が、戦後派文学に象徴される実存主義的（主体性論的）傾向を生んだという通説に対して、「戦後における戦後派の思想潮流の中には「転向」を媒介としない実存的ロマンティシズムの一系譜があるのであり」、その系譜を探るためには日本浪曼派を問題化しなければならず、「それを無視するならば、たとえば三島由紀夫の精神史的意味なども、必ずしも正確には規定できない」（傍点原文）と、橋川は言っている。

このことを後の六八年の視点から事後的に敷衍すれば、橋川はすでに、ニューレフトと三島との相即性に気づいていたと言いうる。スターリン批判以降に登場した、学生を中心とするヤンガージェネレーションに属するところのニューレフトもまた、「「転向」を媒介としない実存的ロマンティシズム」なる性格を持っていたことは、論をまたない。吉本隆明による「転向」旧世代への批判は、「「転向」を媒介としない」ニューレフトのヘゲモニーを暗に主張するものでもあったからだ。しかし、三島とニューレフトとの通底性が決定的に明らかになるのは、六八年革命をまたねばならない。六〇年安保に際しては、三島は「あくまで一人のヤジ馬」（三島「一つの政治的意見」一九六〇年）として通過したのである。

三島がニューレフト的なものと接近するのは、一九六九年五月一三日の東大駒場で開催された、三島自身「愉快な経験」と回顧するところの、全共闘学生とのパネルディスカッションを頂点とするできごとにおいてであった。その討論において三島は「天皇と諸君が一言言ってくれれば、私は喜んで諸君と手をつなぐ」という高名な言葉を残している（『討論　三島由紀夫vs東大全共闘〈美と共同体と東大闘争〉』一九六九年）。そして、その三島の言葉に即時的には反発した学生にとっても、三島に対するシンパシーが疑うべくもないことは、今日、そのパネルディスカッションの主催者たちによって回想されている（『三島由紀夫vs東大全共闘1969−2000』）。

しかし三島的＝日本浪曼派的問題というのは、橋川の提起に徴しても、六八年的というよりは、ニューレフト創生期の五〇年代後期に懐胎していた問題ではなかったか。六八年革命が五六年／六〇年に淵源しながらも、その真の「世界革命」であるゆえんから後者との差異を見いだしうると思われる時、『日本浪曼派批判序説』をニューレフト形成期の文脈に置いて読むことは、決定的に重要なのである。事実、すぐ具体的に指摘するように、橋川の提起をうけ、六〇年代に入って以降に日本浪曼派＝保田を論じていく者は、おおむね、それへの「批判」というモティーフを、六八年以降喪失していく。いうまでもないが、その喪失の契機とは、七〇年一一月の自死に終わるところの、六八年革命において反動的に回帰してきた、「三島」という五六年／六〇年的「(反)革命」の衝撃にほかならない。『日本浪曼派批判序説』を刊行した当時の未來社は、丸山真男の『現代政治の思想と行動』の版元として知られるとともに、花田清輝、埴谷雄高、吉本隆明らの著作の刊行によって、一九五〇年代後半の「左翼」知識人界のヘゲモニー闘争の有力な場を提供していた。

橋川が同書（初版）「あとがき」で謝辞を述べている担当編集者の一人・松田政男（後に映画評論家）は、スターリン批判を契機に日本共産党からニューレフトへと転じていた若いアクティヴィストでもあった。

橋川自身、学問上は丸山真男「門下」ともいいうるが、戦後に共産党に入党を経験し、五七年には雑誌「現代批評」にも参加して、吉本、武井昭夫、井上光晴らと知ることになる。雑誌「現代批評」は、彼らのみならず、奥野健男、清岡卓行、島尾敏雄、佐古純一郎ら、当時新進の「戦中派」作家、詩人、評論家を糾合した雑誌で、思想的立場は雑多な集まりだったともいえるが、やはり、スターリン批判以後のニューレフト的な文化ヘゲモニーの形成に与したリトルマガジンとして位置づけられるべきである。

彼らのなかですでに新進の「文壇」批評家の位置をえていた奥野健男のデビュー作『太宰治論』（一九五六年、雑誌初出は一九五二年）は、太宰の転向体験を核心にすえて論じたものであった。島尾敏雄は、自身、日本浪曼派の周辺で文学的な自己形成をおこなった作家だが、雑誌「新日本文学」に掲載した「ちっぽけなアヴァンチュール」（一九五五年）が、新日本文学会内の共産党グループからその「非政治性」を「スターリニスト的に」非難されるというスキャンダルを惹起したことでも知られた。また、井上光晴は、一九五〇年に雑誌「新日本文学」に発表したデビュー作「書かれざる一章」（そして、続く「病める部分」）が、共産党の「反ヒューマニズム」性を告発した作品として知られていた。橋川と井上の交流は、晩年まで続く。

これらのことをもってしても、橋川の『日本浪曼派批判序説』は、単に、戦後の「進歩的」思潮から禁忌とされていた保田の「復権」を目論んだものとしてだけではなく、六〇年安保へといたるニューレフト形成の文脈における思想的問題として位置づけられるべきである。

橋川がその著書に「批判序説」という言葉を付したのは、日本浪曼派に対するジャーナリズムでの、当時の禁忌をおもんぱかってのミスティフィケーションであったと、しばしば（著者からさえ）言われている。しかし、禁忌とその侵犯というシェーマは、たちまち惰性化するというパラドックスをはらむ。禁忌はすでに侵犯されているがゆえに禁忌であることしかできない（侵犯されえなければ禁忌ではない）。それゆえ実際には、侵犯は侵犯でなく、禁忌は禁忌でありえない。今日もなお、保田を論じる者の多くは、そのことを侵犯的行為と見なしているが、それが概して「批判」の契機を欠いた、橋川の著作の惰性的反復でしかありえないのも、そのためである。橋川の著作がすでに存在しているのに、どうしてそれが侵犯でありえよう。いや、橋川の著作自体、すでに侵犯的ではありえないものなのだ。そもそも、橋川を『日本浪曼派批判序説』の執筆に駆り立てたもうひとつのモティーフは、日本浪曼派の末裔たる三島由紀夫の存在ではないか。三島由紀夫が流行作家として存在しているということそれ自体、日本浪曼派なる禁忌が捏造されたものであることを明かしている。

『日本浪曼派批判序説』が——そして、保田與重郎が——今なお論じられなければならないとしたら、それは日本浪曼派＝保田が禁忌だからではなく、スターリン批判以降の時代に回帰してきた一九三〇年代的問題として、である。「私の考えでは、昭和の精神史を決定した基本的な体験の型として、まず共産主義・プロレタリア運動があり、次に、世代の順を追って「転向」の体験があり、最後に、日本ロマン派がある」と橋川は言う。すでに前章で明らかにしたように、スターリン批判は吉本、武井らによる「転向論」という問題系を浮上させた。だとすれば、橋川の著作が、それに続くニューレフト形成過程のコンテクストのなかにあることは、橋川の言葉に即しても自明でなければならない。

六〇年安保の後、橋川の著作を承けるようにして、日本浪曼派（主に保田）への言及が、ニューレフト的潮流のなかで、一種、流行の感さえ呈するようになる。そのような傾向にコミットした者としては、主に、吉本隆明の周辺にあった（吉本自身も含め）、桶谷秀昭（『土着と情況』一九六七年）、磯田光一（『比較転向論序説』一九六八年）、村上一郎（『日本のロゴス』一九六三年）といった名前が挙げられよう。六〇年代には南北社から「日本浪曼派研究」という雑誌も刊行されている。南北社は、彼らや彼らの近傍にある批評家・研究者の著作も刊行していた。『日本浪曼派批判序説』が六〇年安保の学生に直接の影響を及ぼした形跡がほとんど見られないのに対して、村上や桶谷は、六八年革命の学生（の一部）のメンタリティーの形成に、相当の力があった。(注1) 日本浪曼派の「復権」とは、そのようなものだったのである。そこには、マルクス主義（反スターリン的なものも含む）の思考に欠落していたものを埋めるというモティーフがあり、主観的にはマルクス主義の放棄ではなかった。だからこそ、それは六八年革命にいたる学生に影響力を発揮しえたのである（橋川の著作には、その面が希薄であったにしても）。

たとえば、その『日本のロゴス』所収のエッセイのなかで、しばしば日本浪曼派を高く評価する言葉を記す村上一郎は、他方、「ぼくはよくマルクス主義者かと尋ねられるが、自分はマルクスの仕残した仕事をいつも考えている人間なので、一生かかってマルクスに何か少しでもつけ加えることができたら、その時マルクス主義者と自称するつもりでいる、と答えることにしている」（「原型か、原理論か」）と言う。あるいは、『土着と情況』に収められた長文の「保田與重郎論」（初出は一九六二―六三年、吉本らが創刊した雑誌「試行」に連載）の最後を、桶谷は「保田の「反近代」ナショナリズムは「近代」資本制への無抵抗、無力の表現にしかなりえていない」と批判して終わるのである。

マルクス主義も日本浪曼派も「思想の相対性」において等価だとする磯田光一はさておくにしても（しかし、磯田の『比較転向論序説』も「試行」に連載されたことは銘記すべきである）、このような「批判」的スタンスは、かつて戦後日本共産党や、その近傍にあった村上や桶谷にとっては、当然の発言といえよう。しかし、村上一郎が三島由紀夫の死（一九七〇年）を思想的転回の決定的な契機として三島を追うように自刃し、その二つの事件をこれまた自身の思想的転回の契機としたと覚しき桶谷秀昭の後の著作『保田與重郎』（一九八三年）が、『土着と情況』の保田論で読まれる批判の視点を、全く欠いた著作であるのを見る時、橋川文三が切り開いたものが、村上も桶谷も（そして、ある意味では磯田も）そのなかにあったニューレフト的文脈であることを改めて強調しておくことは、あながち無駄ではないであろう。とりわけ今日、『昭和精神史・戦後篇』の最後を昭和天皇への最大級のオマージュで終わらせる桶谷のみを知る者に対しては、かかる指摘は意味があるかも知れない。

2 イロニーとしての「故郷」

橋川がその著書でも述べているように、戦後、タブー視されていた日本浪曼派の「再評価」を最初に求めた者に、「近代主義と民族の問題」（一九五一年）の竹内好がいる。戦時下、すでに『魯迅』を出版していた中国文学者の竹内は、戦後は、毛沢東による中国革命の成功を背景に、共産党を含む戦後の「進歩主義」に対して、「アジア」や「ナショナリズム」といった視点を導入すべきことを提起して、ジャーナリズムの有力なペースセッターであった。前章で紹介したごとく、竹内は黒田寛一に、岩波書店の総合誌「世界」に論文を寄稿させようとした形跡さえうかがえる。そして同時に、竹内は保田與重郎とは旧制大阪高校の同級であり、雑誌「コギト」の同人に名前を連ねてもいる存在であった。大東亜戦勃発に際しては「大東亜戦争と吾等の決意」という高揚した文章を発表してもいる。竹内による日本浪曼派「再評価」の提言が、その思想と来歴を背景としたジャーナリスティックなセンスからなされたことは疑いない。

しかし、竹内のその提言は提言のまま終わり、実質は橋川によってなされなければならなかった。竹内の思想は、六〇年安保にいたるニューレフト形成過程には、ほとんどコミットできなかったのである。それは、竹内が六〇年安保を、その条約強行採決に接して、「民主か独裁か、これが唯一の争点である」(「民主か独裁か」、『不服従の遺産』所収)と総括したところからも知ることができる。いうまでもなく、ニューレフト的な総括は、「擬制の終焉」(吉本隆明)であり、「党物神崇拝の崩壊」(黒田寛一)であり、現代思潮社から刊行されたこれらニューレフト系知識人の安保総括論集の総題が言うごとく、「民主主義の神話」の破壊であった。五六年/六〇年のニューレフト形成期の文脈においては、毛沢東主義はスターリン主義の亜流でしかない。竹内の思想が、ニューレフト的文脈で再発見されるのは、毛沢東によるプロレタリア文化大革命が発動され、それを六八年革命として――あえて、「ポストモダン的に」と言っておこう――位置づける津村喬《つむらたかし》の登場を待たねばならなかったのである。しかし、その時には、日本浪曼派の再評価をうながした竹内の側面は、もはや問題化されることがなかった。

しかし、それは後の問題である。ここで論じられるべきは、橋川による日本浪曼派の「再評価」が、竹内的なそれとどのように異なっており、その差異がいかなる意味においてニューレフト的な心性を規定しえたかということにほかならない。そのことをあえて端的に言ってしまえば、竹内的なそれが「アジア」とか「ナショナリズム」といった概念を、実体的な本質として捉える傾向があるのに対して（もちろん、そうでない「竹内好」も存在し、それも六八年以降に発見される）、橋川はそれを、自身も翻訳したカール・シュミットの『政治的ロマン主義』に依拠し、空虚な「もの」として（「ロマン的イロニー」として）論じようとするという違いに起因する。

　橋川はその著書の「日本浪曼派と農本主義」の章において、日本浪曼派＝保田らを「昭和十年前後における都市インテリゲンツィアの退行的な行動様式の極端な一翼を形づくるもの」と規定し、「農本イデオロギーと日本ロマン派の間にはその知的方法と主体の面において明らかな差異があ」る、と指摘する。権藤成卿《ごんどうせいきょう》や橘孝三郎《たちばなこうざぶろう》といった農本主義者を例にとりながら、それは「華族層国粋主義者以下の守旧層」や「非都会的インテリ層（＝青年将校）」に訴えるイデオロギーだった、というのである。両者の差異は、一九三〇年代に共有される「「故郷喪失」の感情」において、「故郷というものがわからぬ」都市インテリゲンツィアと、「故郷というものがわかる人々」との思考・行動様式の違いにある、というのだ[注2]。いうまでもなく、「故郷というものがわからぬ」者の「「故郷喪失」の感情」

は、「ロマン的イロニー」というかたちをとることになる。ここにおいて、「故郷」とは、空虚な「もの」であり、空虚であるがゆえにいやおうなく吸引される「物神《フェティッシュ》」にほかならない。そして、ここで「故郷」なるものを、「アジア」や「ナショナリズム」、「民族」と置き換えても事態は変わらないのである。このような心性は、直接に六〇年代学生アクティヴィストに自覚されずとも、後述するように、橋川がその著書の状況論的補足部分たるⅡ部で論じている、三島をはじめ、石原慎太郎、大江健三郎といった若い作家に共有されていた傾向だった。

ところが、橋川の著作によって切り開かれた日本浪曼派「再評価」の機運は、六〇年安保後、吉本隆明とその周辺の人々に継承されるに及んで、「故郷」が——「アジア」や「ナショナリズム」、「民族」等々の概念が——竹内好のそれ以上に、ある種の実体化をこうむる傾向を帯びた。それは、「土着」、「情念」、「大衆」、「生活者」といった「都市インテリゲンツィア」には切断されてある(と、見なされる)根源的かつ無意識的情動と結びつくことによって、である。(注3)つまりそれは、保田與重郎の「再評価」であるというよりは、橋川が日本浪曼派と峻別した、農本主義の再評価だった。そのことは、吉本的問題設定に沿って書かれた初期桶谷秀昭の「保田與重郎論」(『土着と情況』所収)の、次の一節を読めば明らかである。そこにおいて、アジア概念を実体化する(と見なされた)竹内好が参照されていることも、注目に値しよう。

わたしのみるところでは、保田の民族の問題提出の方法は、すくなくとも当初には、きわめて根源的な要素をさぐりあてていた。それは竹内好が戦後最初の「日本ロマン派」への内在的批判の提案のなかでいった「文学の創造の根元によこたわる暗いひろがり」ということである。この暗い根源は、ドストエフスキイやナロードニキの地下的魂にまでさかのぼることをせず、レーニンのテーゼとロシヤ革命の成果をうのみにし、魯迅の絶望をしらずに毛沢東の文芸講話をふりまわす革命家や進歩主義者にはぜったいにとらえられるはずはないものである。もっともこの暗い根源は、保田のばあい、かならずしも暗いものとしてはあらわれず、むしろあるうつろなきらびやかさとなってあらわれたのだが。

読まれるように、ここでは橋川が峻別した都市インテリゲンツィアの感性が「うつろなきらびやかさ」と言われながら、農本主義的な「暗い根源」に還元されている。つまり、保田においては空虚であるがゆえにフェティシズム的であるはずの「民族」が、「根源」として実体化されているのだ。繰り返すまでもなく、それは、竹内好とともに、吉本隆明に由来する「土着」や「情念」といった根源的な概念を駆使することによってなされたのである。

しかも、ここで注目すべきは、桶谷がドストエフスキーや魯迅の対極に、「進歩主義」を（毛沢東とともに）あげていることだろう。それは、六〇年代初頭の文脈を踏まえるまでもなく、当然にもプラグマティズムなどに代表されるアメリカニズムと、ほぼ同義に用いられている。つまり、桶谷はスターリン主義的なものに反対しつつも、同時に、日本共産党や毛沢東主義に代表される当時のスターリン主義が掲げていた「反米ナショナリズム」を共有しているのである。桶谷と後者の違いは、桶谷が、より根源的なそれを求めているということに過ぎない。第一章でも述べたとおり、ニューレフトの「日帝打倒主義」は、それ自体としてナショナリズムへの傾斜を内包していた。桶谷もその内にあったと言いうるニューレフト的文脈は、桶谷をもっとも典型的な存在として、ナショナリズムから反米へと接近しうるものだったのであり、それゆえ桶谷が今日、昭和天皇へのあられもないオマージュを捧げるのも故なしとしない。

しかしここで問題なのは、かかる文脈の変更が、六〇年を契機として、いかなる理由によってなされたのか、ということだ。そのことも、桶谷の引用部分で正確に反映されている。五六年／六〇年の過程は、「ロシア革命の成果」や「毛沢東の文芸講話」といったスターリニズムなる「擬制の終焉」（吉本隆明）を告げはした。しかし、その「党物神崇拝の崩壊」（黒田寛一）は、「物神《フエテイシズム》」的対象なくして果たして「革命」は可能かという問題を呼び込んだのである。

スターリン批判と六〇年安保は、既成共産党が科学的真実を体現するものではなく、フェティッシュに過ぎないことを明らかにした。だが、それに代わるニューレフトの「党」がフェティッシュでないという保証はどこにあるのか。その党を、埴谷雄高のごとく、革命の成就した永遠に先のSF的未来に設定しない限り、その保証はない。いや、今ここに存在する党が未来の党との連続性を主張すればするほど、現在の党はフェティシズム化する。なぜなら、未来の党は、現在の不透明な現実への対処をまぬがれているがゆえに、空想的な（無の）真実性を保証されているからである。ところが、現在の党は未来の革命に連なりうると信じることによってのみ、党でありうる。だとすれば、党はフェティシズム的欲望の対象（無たる「もの」）であることによってのみ、党でありうる。

かかるディレンマを回避する方途は、それほど多くない。桶谷が（そして、ある意味では吉本が）採ったそれは、今ここにかかわる――そして、それゆえに「根源」的に見える――「もの《フエテイツシユ》」を党に代わる新しい欲望の対象として抽出することであった。その対象は、党の見いだすプロレタリアではなく、「生活者」や「大衆」「民族」等々と呼ばれ、対象への欲望が「情念」「怨念」などと名づけられた。それらは、その「擬制」があばかれた党よりは、はるかに根源的かつ実体的な真実であるかに見える。なぜなら、それは世界を革命すると称してきた党が捉ええなかった「もの」だからであり、それゆえフェティシズム的性格を免れているかのよう（な、フェティッシュ）だからである。

しかしそれは、「党」フェティシズムと相補的な「もの」に過ぎない。橋川文三がハイデガーを踏まえて言ったごとく、一九三〇年代以来の「故郷」とは――いうまでもなく、その概念の近傍にある「民族」も「生活者」等々も――実体の存在しない空虚であるからこそ「もの《フェティッシュ》」であるという、「ロマン的イロニー」とも名づけうる認識が、一九六〇年前後には、はるかに広がっていたはずだからである。『日本浪曼派批判序説』の執筆動機を規定した三島由紀夫は、そのようなことを知っていた作家であったといえる。そして一九七〇年、その三島が死んだ時、フェティッシュの実体視は最終的な破産をこうむることになるだろう。三島の「文化概念としての天皇」(『文化防衛論』)が、天皇(制)の、その空虚ゆえのフェティシズム的性格をあえて肯定し、そのためにこそ三島が死んだのだとしたら、「民族」というフェティッシュを実体化していた桶谷が、実体としての昭和天皇に空疎なオマージュをささげるようになるのは、論理的な必然なのである。

しかし、桶谷的な(そして、あるレヴェルでは吉本の)立場は六〇年安保以後におけるニューレフトの、必然的なプロセスを象徴している。安保闘争が「挫折」と捉えられるかぎり(いうまでもなく、それは日本のニューレフトにとって「革命」の挫折であった)、それによって抹消の斜線を引かれた主体は、その亀裂を埋める実体的な「もの」を欲望するからだ。その「もの」が真の前衛党であろうが「民族」であろうが、フェティシズムのレヴェルにおいては、何ら選ぶところがない。それは、自由民権運動に挫折して「内部生命」へとおもむいた北村透谷から、一九三〇年代の「転向」において柳田国男的「常民」に接近したマルクス主義者にいたるまで、同じである。そして、六八年にいたる過程にあって、ニューレフトもそれを必要としたのである。

ニューレフトが真に保田的(そして、ある意味では三島的)イロニーを思想的に自覚しえたのは、六八年革命のさなか、新木《しんき》正人という学生アクティヴィストの書き散らした見事な「雑文」をとおしてである。新木については、すでに、今はニュースキャスターとしても知られる作家・亀和田武による回想的エッセイ「ポップ文化世代の保田体験」(『保田與重郎全集』第二七巻月報)があるので、それを紹介することから始めよう(幾つかの単純な事実誤認は、訂正してある)。

一九六八年、一九歳の予備校生だった亀和田はデモ通いのある日、都内某書店の政治機関紙誌コーナーで、前年まで革共同全国委(中核派)の政治局員(学対部長)をしていた小野田襄二が、ともに中核派を脱退した活動家のなかで文筆活動に意欲を持つ者たちと創刊した雑誌「遠くまで行くんだ……」を目にする。(注4)そこに載っている新木の「〝日本浪曼派についての試論〟の副題をもつ「更級日記の少女」という文章によって」、亀和田は「保田與重郎の名前と、そしてイロニーという概念を知った」。橋川の『日本浪曼派批判序説』を参照しながら、亀和田は次のように記す。

橋川文三はかつて保田與重郎の文体を指して「それは確かに異様な文体であった」「それはまさに私たちが見たこともなく、これから見ることもないような文章であった」と形容したが、私の場合なら、この新木正人という当時もそしてその後もほとんどその名を知られることのなかった人物の書いたものこそ、まさにそうした美しさといかがわしさとあやしさとを兼ね備えた文章であった。

これは確かに、かなりのところ妥当な新木にかんするスケッチである。しかし、幾つかの点で修正を要するだろう。まず、新木が「当時」において「ほとんどその名を知られることのなかった人物」であったか、どうか。小野田襄二の中核派脱退は、一〇・八羽田に端を発し、六八年にいたるニューレフトの高揚期にあっては、一種、スキャンダラスな事件としてアクティヴィストのあいだで知られており、その小野田らが出した雑誌には、ノンセクト系学生のひそかな期待が集まっていた。亀和田のエッセイのタイトルも示しているように、ニューレフトのバックグラウンドをなすカウンターカルチャー的状況をもフォローするリトルマガジンとして、かなり広範な層に受容されていたといいうる。その雑誌に第二号から「吉本隆明試論」を連載する重尾隆四は、一〇・八羽田闘争に際して、「権力に対して、全実存をさらすのだ」とアジテーションしたという。このアジテーションは当時のジャーナリズムでは、ニューレフトの新しい感性を示すものとして話題となった。

新木の「雑文」は、そのような「期待の地平」に応えるものとして、カルト的とさえ評しうる支持をえていた。

そして、新木の文章は単に「異様な」だけではない。六八年当時にあっては、詩人やアンダーグラウンド系演劇人、現代美術家の書くものを中心に、「異様な文章」はいくらでもあった。新木のものは、保田の文章がそうであるように、時としてきわめて明晰な認識が示されるところに、その特徴がある。われわれの文脈に即して、それを紹介しておこう。雑誌「現代の眼」一九六九年七月号に掲載された、「敗北の予感」というエッセイである。いわゆる「総会屋」が経営する「現代の眼」は、ニューレフト系知識人の執筆する総合雑誌としてあったが、そこに学生として寄稿しているということ自体、新木の当時の位置を示している(この雑誌の様相は、最近、同誌編集部に在籍していた車谷長吉の回想的小説『贋世捨人』において、カリカチュアライズして描かれている)。

「敗北の予感」は、亀和田が紹介する日本浪曼派論と同じく、直線的な論理(そして、直線的な文字面さえ)を排し、石川啄木から唐十郎までを引用しながら、複数の文体と切れ切れの断片をコラージュした「異様な」エッセイである。しかし、そこに「「頽廃は深く、空白は底をついている」と呟く桶谷の戦いは壮絶の一語につきる。(原文一行アキ)だがたとえば三島を評して「あまりに人工的過ぎる」と桶谷が言うとき、ぼくにはその堅さが妙に気にかかるのだ。(原文一行アキ)三島と少女論の接点がおそらく彼には理解できないだろう」という一節を読む時、新木が――小野田襄二もふくめて――政治党派から離脱するに際して梃子としたと推測される桶谷秀昭を、決定的なところで斥けていることを知るだろう。「少女」は新木の一貫して特権的なフェティッシュであり、「少女論」とは少女が無であることを知るがゆえに、それを「敗北」として享楽しようという態度を指す。

新木の「少女」フェティシズムは、そのエッセイにあっては、唐十郎の言葉を介して導入されている。『少女仮面』、『少女都市』といった芝居を想起するまでもなく、「少女」は唐においても特権的な――おそらくは澁澤龍彦あたりを介した――フェティッシュの一つであるが、それは当時にあっては、「土着」や「情念」といったものと同様に、実体的な本質として捉えられる傾向にあった。しかし新木は、おそらく三島がアンダーグラウンド演劇に惹かれたのと同じく、その空虚さゆえにそれをフェティッシュとしたのである。しかしもちろん、三島にとっての最大のフェティッシュは、そのアンダーグラウンド映画『憂国』（一九六六年）の主題ともなった「天皇」であった。

この桶谷批判は現在でもなお、その意味を失っていない。なぜなら、桶谷は三島を理解しえなかったがゆえに、その現在があるからであり、それに対して、新木は三島的天皇に「少女（論）」を対置することで抵抗しているからである。かかる新木のごとき存在が、その後ほとんどおおやけの執筆活動をおこなわず、名が忘れられていったとしても、それ自体は瑣末なエピソードに過ぎない。

3 三島由紀夫とファシズム美学

『日本浪曼派批判序説』が六〇年安保にいたるニューレフト形成過程に関与する書物であるゆえんは、その第二部に状況論的エッセイが収められていることに端的にあらわれている。そのなかの「ウル・ファシスト論」と題された対話形式の一章において、橋川は三島由紀夫と大江健三郎、そして安部公房のやりとりを取り上げている。対象は三者による座談会「文学者とは(3)」(「群像」一九五八年一一月号)だが、それを指して仮空の対話者の一人は、「あれは面白かったたな。三島と大江がお互いにお前こそファシストだといってほめあっているんだよ。安部公房がおろおろしてね」と言う。橋川のエッセイは、対話形式という性格もあって、引用が正確になされていないので、ここでは、その座談に直接によりながら、論を進めよう(原文は旧字旧仮名)。

まず、三島が「ファシズムの一番の特徴は政治を美的に考えることだね」と言う。これに大江が、「三島さんが政治に無関心だとおっしゃり、片方では、ファシスト的な美学を信奉していらっしゃると、それの悪影響はずいぶんありますよね」等と批判する。それに対して三島は「それは悪影響を狙っているんですもの」、「それは嬉しいことです」と応ずる。そして逆に、「大江さんの小説は、口ではアルジェリアなんていってるけど、おれの見るところではファシズム的ムードを醸成するものだ」と言い、大江が「褒められた。

（笑）文学者がファシズムに参加できるのはムードの側面しかないですよ。そしてムードがもっとも政治的に危険な影響力をもつのがファシズムです」と応えているのである。この議論に安部公房は「とにかく今のようなファシズム論は困る。それ自体困るんだよ」と、その立場を表明している。これが、この座談会におけるファシズム論の概要である。

いうまでもなく、安部の思考は、ファシズムをア・プリオリに「悪」の隠喩と見なす戦後的なパラダイムのなかにあり、橋川が『日本浪曼派批判序説』を執筆するような当時のコンテクストを理解していない。

当時の安部はアヴァンギャルド芸術運動を実践する党員文学者として、花田清輝の近傍にあった。戦時下の花田は、ヴァルター・ベンヤミンにならえば、「政治の美学化」としてのファシズムに「芸術の政治化」をもって対抗しようとした存在であり、その痕跡は「笑の仮面」（『錯乱の論理』所収）等のエッセイにおいて端的にうかがえる。それは、ファシズム美学が一種イローニッシュな「紋切型」として現出するのであれば、「紋切型をもって紋切型を殺す」という、ユーモアの戦略というべきものだった（詳しくは、拙著『花田清輝――砂のペルソナ』参照）。つまり、戦時下の花田はファシズムをきわめて本質的なところで捉え、批判する視点を確保していたのである。

しかし、その花田でさえ、この座談会当時おこなわれていた吉本隆明との論争では、ファシズムを単純に悪の隠喩とする磁場にあった。それは、花田を「転向ファシスト」と挑発する吉本に規定されたこととはいえ、戦後的な後退である。[注5] 安部公房の立場は、まさにそのような戦後的後退に規定されており、そこにアヴァンギャルド作家としての安部が、党員文学者であった時代の五六年／六〇年はもちろん、共産党を除名された年に発表された代表作『砂の女』（一九六二年）以降の時代においても、三島や大江に比して、六八年革命へのインパクトを持ちえなかった理由がある。

安部公房と似た存在として、画家の岡本太郎が挙げられよう。戦後のアヴァンギャルド芸術運動を花田と協働した岡本が、六八年への「総括」的反革命としてあった七〇年大阪国際万博のシンボル「太陽の塔」を制作し、批判されたことは知られている。大阪万博によって、六〇年代のアンダーグラウンド系美術は、ほぼ壊滅したといっていいが、「太陽の塔」はそのシンボルにふさわしい、ファシズム的「紋切型」（しかも、イロニーさえ欠いた?）であることは論をまたない。戦時下フランスにあって、バタイユ、クロソウスキー（そして、もちろんパリに流浪中のベンヤミン）らの「社会学研究会《コレージュ・ド・ソシオロジー》」の周辺にあった岡本は、バタイユらがほとんどファシズム美学と踵を接しながらもかろうじて「老練なもぐら」として踏みとどまろうとしたところを、あっさりとのりこえてしまったのである。

さてところで、六〇年安保を前にした、この座談会における三島と大江のやりとりで、彼らは互いの作品を、ヤンガージェネレーションを美学的にファシズムへ使嗾するものと認めているが、その「美」ゆえに金閣寺に放火する青年僧を描いた『金閣寺』（一九五六年)を代表とする諸作品で「美」を言い募っていた三島はともかく、三島が大江に「ファシズム的ムードを醸成するもの」を感じ取っていることは注目に値する。

確かに、スターリン批判の年に書かれた『金閣寺』は、当時の三島が意図していたかどうかは問わず、政治的実践の規範が失効した時に、「美」(のみ)が享楽的な(「革命的」な)「行動」へと促すものたりうることをプロパガンダしているという意味で、ファシズム的アクチュアリティーを復興した作品といえよう。それが、「実存的ロマンティシズム」というべきものである。そのような意味で三島もスターリン批判の時代を生きていたのである。橋川が三島の存在を念頭に『日本浪曼派批判序説』を書き、また、六八年にいたるニューレフトが、その思想的違いにもかかわらず、三島に潜在的なシンパシーを覚えていたのも、そこに由来する。では、大江の方はどうか。私見によれば、三島が見いだした大江のファシズム的作品とは、この座談会がおこなわれた年に書き下ろされた最初の長編『芽むしり仔撃ち』にいたる「牧歌的」初期作品というよりは、同年に上梓された短編集『見るまえに跳べ』において顕在化し、翌年刊行された書き下ろし長編『われらの時代』以降に全面的に開花する、「反・牧歌的」傾向のことだと思われる。

『われらの時代』については、三島はそれを同じく「全学連もの」として、舟橋聖一の風俗小説『エネルギイ』(一九六〇年)と比較した短い書評を書くが、その大江の作品が、自殺した東大法学部学生金融業者のいわゆる「光クラブ事件」をあつかった三島の『青の時代』（一九五〇年）を、題名・内容ともに彷彿とさせることは覆うべくもない。『青の時代』も『われらの時代』も、これまた「実存的ロマンティシズム」を主題化した作品といえるが、三島はこの座談会で、大江のいまだ刊行されていない作品に、自作以上に「ファシズム的ムードを醸成するものだ」と嫉妬しているのだ。もちろん、それは『見るまえに跳べ』という――オーデンからとられた――その題名自体もまた「ファシズム的ムード」の「実存的ロマンティシズム」を喚起させる作品集を知ってのことだろうが。

『われらの時代』は初期大江のターニングポイントをなしたスキャンダラスな作品であり、それまでの「牧歌的」大江作品の全面肯定的な伴走者であった江藤淳は、これを契機に――個々の作品について多少の例外はあれ――徹底的な否定に転じた。しかし、これ以後の大江は、六〇年安保をはさんで、次々と同傾向の作品を発表していくことで、「戦後世代のチャンピオン」の地位を確固としたものにしていくのである。

内容的にも文体的にも、正しく『われらの時代』の系譜にある『遅れてきた青年』（一九六二年）について、江藤は文芸時評で次のように批判した。「麻薬、男色、乱交、テレビ、政治の内幕、フォルクスワーゲンなどという現代的意匠ばかりが飛び出してくる悪夢のような世界」とは、「作者の妄想に映じた「現代」や「都会」のきれっぱし」に過ぎず、このような作品の主人公たる「都会に敗北し、自己喪失して行く固定観念に憑かれた田舎出の青年は、なげき節のうたい手になるより、喜劇の主人公になる方がふさわしい」、と。

いうまでもなく、この江藤の批判は大江のある種の弱点を正確に射抜いている。にもかかわらず、大江の『われらの時代』以降の作品は、六〇年安保の、そして、六八年にいたるニューレフトの一面を正確に捉えていたのである。それは、単に「実存的ロマンティシズム」というメンタリティーの問題ばかりでなく、ピエール・ブルデューが、ファシズム・イデオロギーに先験的な親和性を持つとして、ハイデガーを批判的に論じた際に用いた言葉に倣えば（『ハイデガーの政治的存在論』）、その「運動」が持つ「保守的革命」としての性格である（現在では「保守革命」という言葉が通りがよいだろう――後注）。三島が大江のファシズム性に嫉妬したとしたら、それは、その「保守的革命」へと誘う実践的性格に対して以外ではなかった。実際、三島の『青の時代』や『金閣寺』は、「実存的ロマンティシズム」の「ムード」は醸成しても、現実的な「（保守的）革命」へとひとを挑発しはしない（それゆえ、六〇年安保以後の三島は、その挑発力を獲得すべく、「憂国」以降の作品を書くのである）。

一九六〇年に上京、大学に入学する「田舎出の青年」であり、六〇年安保のほとんど末期にのみしかかかわりえなかったという意味では「遅れてきた青年」でもあった三上治は、六〇年代を、吉本隆明や谷川雁にも近いブント系指導者（革命家！）として通過するが、学生運動をやるために大学に入ろうと志す高校生であった頃、大江の『われらの時代』を読んで震撼させられたと回想している（『1960年代論 上』）。三上は全共闘＝六八年革命の意義を、とにもかくにも最も評価しようとするセクト指導者の一人であった。だとすれば、五六年／六〇年から六八年においては、一九三〇年代的な「保守的革命」の色彩が色濃くただよって、その「実践」を規定していたことになる。

第四章　大江健三郎における保守的革命主義の帰趨

1　ブント創設の時代

大江健三郎の最初の長編小説『われらの時代』が「全学連もの」（三島由紀夫）であるゆえんは、一九五九年七月に書下ろしで刊行されたこの作品が、何よりもブント＝安保全学連の誕生過程のなかで発表され、また、それが物語内容と深く関係しているところにある。『われらの時代』は、大江が「現代日本の青年一般をおかしている停滞をえがきだしたいと考え、性的イメージを固執《（ママ）》することでリアリスティックな日本の青年像をつくりだすことを意図」（「われら性の世界」、『厳粛な綱渡り』所収）した、一連の小説の嚆矢だが、そのことは同時に、生成しつつあったニューレフトの心性のありかたを照らすとともに、それ以後にもかかわる問題系を指し示している。

大江は「停滞」し汚辱に満ちた「性的人間」を否定的に描くことをとおして、その対極にあるアグレッシヴな「政治的人間をさがしもとめる」（同）のだという。しかし、六〇年安保を前にして書かれたこの作品こそ、共産主義者同盟《ブント》＝全学連に象徴される、ある意味では「政治的人間」であるところの「現代日本の青年一般」の心性を「えがきだし」、ひいてはその後も大衆的に登場するニューレフトの誕生をうながすにあずかって、大きな力を発揮したもの（の一契機）ではなかったのか。

われわれと視点は異なるが、大江健三郎を「比較の対象が存在しない種類の、大文字の同時代作家」と見なすところの――六〇年代をべ平連活動家「笠井聖志」から（元）ソ連派＋構改派系ニューレフト小党派の学生イデオローグ「黒木龍思」として通過した――笠井潔が言うように、『洪水はわが魂に及び』以下の七〇年代、八〇年代の諸作品で、大江が「連合赤軍事件を他人事と見なして、通りすぎてしまうわけにはいかないと感じた」（『球体と亀裂』）ことも事実であろう。大江のその責任の淵源をなす小説作品が『われらの時代』であることも、笠井は認めるに相違ない。連合赤軍事件等が生起する以前の一九六〇年前後の時代にあっては、『われらの時代』は、一見するとネガティヴなその内容にもかかわらず、大江の参照先にほかならないサルトルをもじって言えば「一指導者の幼年時代」の教養形成に必須の作品であったといえる。

『われらの時代』以降、大江は『青年の汚名』（一九六〇年）、二部作「セヴンティーン」「政治少年死す」（一九六一年）、『遅れてきた青年』（一九六二年）、『叫び声』（一九六三年）、『性的人間』（同）、『日常生活の冒険』（一九六四年）等々の、「性的イメージを固執《(ママ)》する」作品を陸続と発表する。しかし、それらの作品が、六〇年安保の「挫折」という風潮にも規定されて、題名の多くに端的に示されたネガティヴな側面が色濃いとすれば、「われらの時代」というタイトルは、そのなかで例外的にポジティヴな意味を持っている。

作品内容に即するかぎり、このタイトルはアイロニーである。「われらの時代」とは、かくも停滞し汚辱にまみれたものであり、そこにおいて「自殺が唯一の行為だ」というメッセージが、最後に主人公（の一人）から発せられる。にもかかわらず、タイトルからヘミングウェイがただちに連想されるように、それは、ある種の行動主義へといざなうものであることも否定しがたいのである。もちろん、『われらの時代』以降の、ネガティヴなタイトルを持った大江作品も「行為」へと読者を使嗾する。しかしそれは、一連の作品も『われらの時代』に押されている六〇年安保前夜の刻印を負っているからであろう。

一九六五年、大江と江藤淳との「完全責任編集」と銘打った、「われらの文学」という総題の文学全集全二二巻が講談社から刊行された。野間宏、大岡昇平以下の戦後派作家から、「第三の新人」をへて、石原慎太郎、開高健、そして高橋和巳、倉橋由美子、柴田翔にいたる当時の新鋭を各巻に配したアンソロジーである。この文学全集の総題が大江の『われらの時代』から採られていることは明らかだが、その広告の惹句が「声価高まる〈若い〉文学全集！」とあることからも知られるように、「われら」という言葉は端的にポジティヴな方向性を含意しているのだ。この文学全集の第一回配本は、『われらの時代』は含まれないものの、『性的人間』、『叫び声』、「セヴンティーン（第一部）」を中心とする、大江の巻であった。

この全集が六〇年安保以後の時代性を積極的に刻印しているもう一つのゆえんは、最終巻が江藤淳と吉本隆明の二人集となっているところにある。そこには、「転向論」や「丸山真男論」といった、スターリン批判、六〇年安保にかかわる吉本の論文も収められていた。全巻のうち、これだけが批評の巻なのだが、そこに責任編集者の一人である江藤淳が収められるのはともかく、他に数多く存在する批評家をさしおいて吉本のみが入ることは、この時代のヘゲモニーが、「われら」ニューレフトのものになりつつあったことを証している。(注1)この巻の解説は大江が執筆した。「われらの文学」は、翌一九六六年に中央公論社から刊行が開始された「世界の名著」シリーズとともに、六八年の学生アクティヴィストを育生した。「世界の名著」の第一回配本は『ツァラトゥストラ』と『悲劇の誕生』を収めたニーチェの巻であり、六〇万部を売ったと伝えられる。

2　全学連とわれらの時代

さて、大江健三郎の『われらの時代』の物語内の時間は、明確に、一九五八年の晩夏から秋にかけてに設定されている。主人公・南靖男は一九三五年生まれの二三歳だというからである。これは、作者の生年と等しく、また、大江がこの作品の執筆を開始した時期にも当たっている(「『われらの時代』とぼく自身」、『厳粛な綱渡り』所収)。ところで、『われらの時代』の背景をなす時代（と、その前後）には、「全学連」との関係において、いかなることが生起していたのかを簡単に見ておく必要があるだろう。繰り返すまでもなく、この作品の背景には勃興しつつあった「反日共」系全学連運動があり、しかも大江を論じてその歴史性に具体的に触れたものを、寡聞にして知らないからである。

スターリン批判の直後、一九五六年六月に開催された全学連第九回大会は、後に「反共」未来学者として知られる香山健一《こうやまけんいち》を委員長に選出し、共産党とは一線を画す戦闘的な方針を採択した。その方針のもと、全学連は砂川反基地闘争をはじめ、ラディカルな闘争をくりひろげていく。その先頭に立ったオルガナイザーが、今やテレビ等で保守系政治評論家として知られる森田実（全学連書記局）であった。一九五八年一月には、日本共産党東大細胞機関紙「マルクス・レーニン主義」に、共産党の一国革命路線を全面批判するに画期をなした山口一理論文「十月革命の道とわれわれの道」が掲載され、六月には香山・森田らが代々木共産党本部で党中央と激突するという事件も起こる。この間、全学連内では党中央を支持するグループとのあいだで、激烈な闘争がくりひろげられた。

このようななかで、共産主義者同盟《ブント》が島成郎を書記長として結成（同年一二月）される流れが作られていく。この年一〇月、国会に上程されていた「警察官職務執行法」改定案に反対して、警職法阻止全国学生総決起集会が労働者もあわせ四万五〇〇〇人を集めて開催される。警職法は「デートもできない警職法」と言われて、全国的かつ大衆的な反対運動がまきおこった。一一月には、大江、江藤淳、石原慎太郎らが「若い日本の会」を結成、警職法反対の声明を発する。そして、五九年六月に開催された全学連第一四回大会は、唐《から》牛健太郎《うじけんたろう》委員長を選出して、そのブント路線を確立する。その後、全学連はブント指導部のもと、六〇年安保に突入していくのである。

かかる背景を踏まえて、『われらの時代』を読んでみよう。すでに明らかなように、この作品の物語が設定されている時の現実の時間では、いまだブントは結成されておらず、全学連指導部の「別党コース」も明らかになっていない。しかし、発表された時点ではすでにブント＝全学連体制は確立していた。

そのような現実に代わって、この作品には、「民学同」という仮構された組織の指導者である八木沢という学生コミュニストが登場し、その組織と全学連・共産党との関係について、主人公（南靖男）を前に弁じる場面がある。大江によって仮構されたこの「民学同」＝八木沢の言述によって、一九五八年に設定された『われらの時代』という作品が、当時のニューレフト創生期の実際の状況と、どのような意味で親和的であり、いかなるレヴェルで距離を保っているかを測ることができる。そしてそのことから、この作品を端緒とする大江の文学が、いかにして六八年へと接続していくかも明らかになっていくだろう。

八木沢は、全学連を中心とする当時の反スターリン主義的ラディカリズムの意義を認める。「若い層は着実に前進している」のだ。「悪い指導者たち、老いぼれた権威主義の、頭の悪いコミュニストたちは早晩追放される運命にある」が、それは「じつに優秀なコミュニストに鍛錬された」ところの全学連「中央執行委員会のメンバーの幾人か」によって、であるだろう。しかし、全学連は組織としての限界をもっている。それは「自治会の連合体」であって「どんな意味でも《党》にはなりえない」からだ。それは「抽象的な数」の集団に過ぎず、「人間の《党》でない」。それに対して「個人加盟」を旨とする「民学同」は、「精鋭の意識的な学生でぎっしり充実させ」た「真に人間的な《党》」となるだろう。「やがて新しい左翼の指導者の陣営が確立されたとき」、それは《党》が「逆ピラミッド型に組織されたとき」でもあるが、大量の「青年将校」の集団ともいうべき「民学同がそこへ加わって逆ピラミッドを円筒形に変える」のだ。「全学連との関係もそのとき、ちゃんとするだろう」と、八木沢は言う。

登場人物・八木沢によって表明された、かかる分析と構想の無知と錯誤を笑うことは、当時としてもたやすいことであっただろう。そもそも全学連自体が《党》でないことは、当時の実際の全学連指導部にとっても自明のことである。そして、「民学同」もまた《党》ではありえないはずである。それは、その名のとおり学生同盟であり、ブントの下部組織である「社会主義学生同盟（社学同）」と等しい。学生同盟は、大衆運動団体（たとえば、全学連）における《党》のヘゲモニーを掌握するための、学生活動家による下部組織と位置づけられている。それが、ニューレフトをも規定していたレーニン主義の原則である。

しかも、社学同にしろ、それは「個人加盟」を旨としたものなのである。八木沢の批判は、大衆組織たる全学連が学生同盟でないと、ないものねだりを言っているに過ぎない。このような学生コミュニストを登場させるところに、作者・大江の現実に対する無知を見ることが可能である。しかも、『われらの時代』が刊行された五九年の時点では、すでに全学連指導部はブントという「別党コース」を選択しており、この物語の読者の多くを占めていたに相違ない学生ニューレフトたちにとって、リアリティーの欠如はおおうべくもなかったと想像される。

にもかかわらず、『われらの時代』のその後の歴史に対する積極性も、まずは、この無知とリアリティーの欠如にかかわっている。

まず、八木沢＝「民学同」が、《党》という頂点を欠いた——「青年将校」という比喩で語られる——学生活動家集団であることに着目すべきである。このような集団は、三島由紀夫が後に偏愛する二・二六事件における青年将校たちを想起させるが（そのような「右翼的」イメージも『われらの時代』には横溢している）、同時に、その無頭性においてアナーキズム的であり、六八年における「ノンセクト」の学生アクティヴィスト集団を先取りしていたとさえ言いうる。そのことは、八木沢が全学連を、自治会をとおした全員加盟制という「抽象的な数」の集団だとして批判し、任意の「個人加盟」を対置するところにもあらわれている。日本の六八年革命においては全学連運動が「ポツダム自治会」として批判され、任意の個人・集団の連合体としての「全学共闘会議(全共闘)」が組織された。八木沢の開陳する組織論は、どちらかといえば、はるかに後者に近い。(注2)その意味でも、『われらの時代』の射程は、すでに六八年を指し示していたと言えるのである。

3 先験的な故郷喪失の感情

しかし、『われらの時代』の主人公・南靖男は、八木沢の思想に賛同しているわけではない。靖男は「八木沢の政治活動にたいしてずっと批判的だった」のだが、改めてその話を聞き、「民学同」に勧誘されて、「おれは八木沢の友情にみちたペテンにかかりたい」と思うだけなのだ。当時の大江の批評的カテゴリーに従って言えば、「政治的人間」たる八木沢は、「性的人間」たる靖男を、その頽落から脱出させるすべを、とりあえずは持たないからである。

東大と思しき大学のフランス文学科の学生である靖男は外国人相手の娼婦に養われており、そこからの脱出の希望を、フランス留学を可能にする懸賞論文に賭けている。靖男が「ペテンにかかりたい」と思ったのは、その懸賞論文の入選が知らされた時である。つまり、「性的」頽落からの脱出が可能と見えた時、その脱出が、虚偽であると知りながらも「政治的」アクティヴィズムの方向を採ろうとするのである。この時代に——つまり、スターリン批判以降の時代に——「社会主義の未来を信じている」八木沢に靖男が「冷笑的」であることからも知られるように、主人公にとって「政治」は関心事とはなっておらず、頽落とそこからの脱出の願望のみが根源的なのだ。そこでは「実存的ロマンティシズム」(橋川文三)が主要な契機となっている。

改めて指摘するまでもなく、「実存的ロマンティシズム」は、ハイデガーが言うところの、「故郷喪失」の感情にその根拠をもっている。靖男と、そしてその分身ともいうべき弟の滋は、戦争で両親を亡くした「孤児」であり、ともに猥雑な都市・東京のなかへ流離し、頽落している。それゆえ、彼ら自身が置かれている頽落状況への批判は、失われたものを糧としているという意味で、ファシズムに接近するハイデガーを論じたブルデューの言葉を用いれば、「保守的革命」という相貌を隠している。

そのことは、「性的人間」たる彼ら主人公たちの、そこからの「脱出」のモティーフが、「女陰的世界からの脱出」、「男らしい脱出」というふうに、すべて男根的・男性中心主義的に「保守的」な比喩で語られていることからも明らかであろう。「勃起した陽根についても美的な印象をいだくことは可能だろう。しかし萎縮したそれはあらゆる美的感慨をこばむ力をもっている」(「われら性の世界」)と、大江が言うとおり、「性的人間」とは男根的機能の機能不全状態にある者の意なのである。男根的美学主義への羨望が、『われらの時代』以下の大江作品を規定しているといってよい。その「保守的革命」ぶりは、「靖男は頼子の脇を癩病患者の脇をすりぬけるように嫌悪にみちてすりぬけながら」云々といった

レトリックにまでいたるだろう。(注3)

しかし、主人公の弟・南滋の属しているバンドの名前が「不幸な若者たち《アンラッキー・ヤングメン》」と名づけられていることからも知られるように、「故郷喪失」という「不幸」——それは、男根的美学からの排除とも言い換えうる——は、つまり単に「アンラッキー」であることに過ぎないとも言えるのだ。『われらの時代』には、プレスリーをはじめとするアメリカのポップミュージック、ジャズが横溢し、滋たちのバンドもその圏域にある。この年、一九五八年の二月には第一回の日劇ウエスタン・カーニバルが開催され、以後、今日にいたる大衆文化の方向を決定した。つまり、喪失した故郷を実質的に回復することはもはや断念されており、そのアンラッキーな状況を神経症的に消費することのみが「保守的革命」にとって可能なこととなるのである。付言しておけば、この当時の「ジャズ小説」として名高いものに、今や端的に保守的革命主義者となった石原慎太郎の短篇「ファンキー・ジャンプ」(一九五九年)がある。初期大江の「反米」主義についてはすでに述べたし、石原においても今日見られるそれは、すでに内包されていたと見なすべきであろう。にもかかわらず、彼らの作品におけるアメリカニズムは肯定するほかないものとしても描かれている。このアンビヴァレンスはヒッピー・ムーヴメントとヴェトナム反戦運動が共存する六八年にまで(いや、それ以降も)持ちこされることになるだろう。

「不幸な若者たち《アンラッキー・ヤングメン》」を規定している、この神経症的「故郷喪失」の感情(それは即自的には「反米」感情としてあらわれる）は、フロイトが高名な論文「無気味なもの」で指摘した——人間の条件たる本源的疎外を刻印するところの——問題の露呈と捉えることもできよう。フロイトはそこで、heimisch（故郷の）という言葉と類縁的な言葉 heimlich（秘密の、親密な、家庭の）が、unheimlich（無気味な）という言葉にリンクしてしまうさまを追跡している。それにならって言えば、「不幸な若者たち《アンラッキー・ヤングメン》」の「故郷」とは、無気味な「故郷喪失」の状況を呈している都市の大衆社会的現実（アメリカ的なもの！）そのものなのだ。そこでは、故郷を回復することが、同時に、故郷喪失でもあるというディレンマを生きることしかできない（もちろん、「アメリカ」という場所それ自体が故郷喪失者によって建設された「故郷」なのであるが）。

かかる本源的疎外の露呈において、「保守的革命」は、その保守性を隠蔽され、時代に即応しているという意味で、「進歩的」（あるいは「現代性《モダニティ》」）という相貌をまとうことになる。その進歩性において、靖男もその一人である「不幸な若者たち《アンラッキー・ヤングメン》」は、コミュニズムと「ペテン」的に結びつきうる。あるいは逆に、スターリン批判以後のコミュニズムは、そのアクティヴィズムの動力を「不幸な若者たち《アンラッキー・ヤングメン》」の、秘められた保守的革命主義に依拠するほかなかったのである。

その意味で大江は、前章において『日本浪曼派批判序説』をとおして論じた三島由紀夫と、きわめて近いところにいる。大江が三島と異なるのは、その「実存的ロマンティシズム」が「ペテン」としてではあれ、政治化しうると言っているところにある。前章で触れたように、三島の『金閣寺』がスターリン批判によって規定された状況に対するファシズム美学的な解答だとして、その古典主義的な「美」は、大衆社会化した「故郷喪失」の現状にただちに即応するものではなかったのであり、その意味で政治化への媒介を欠いていた。もちろん、三島はそのことを知悉していたはずである。一九五九年に刊行された『鏡子の家』は、三島なりに大衆社会の「故郷喪失」を描こうとした作品といえるが、その喪失感は大江のごとき神経症的な強度を獲得するにいたっていない。三島がこの作品の文壇的な不評に落胆したというのは知られたエピソードだが、それゆえでもあろう、三島は六〇年安保を「ヤジ馬」として通過するほかはなかったのである。三島がその美学主義を政治化させ、スターリン批判以後のニューレフト的文脈と切り結ぶようになるのは、決定的には、まさに六八年の「文化防衛論」を待たねばならない。

リュシアン・ゴルドマンの『ルカーチとハイデガー』が明らかにしたように、ハイデガーの『存在と時間』は、ルカーチの『歴史と階級意識』(とりわけ、その「物象化とプロレタリアートの意識」の章)から着想を得ているのではないかと疑われるほど、そのプロブレマティックを共有している。そしてそのことを踏まえれば、ルカーチの「物象化論」(疎外論)は、明らかに「保守的革命」の色彩を帯びているのである。周知のように、一九二三年に刊行されたルカーチの『歴史と階級意識』は、ヘーゲル=初期マルクスに依拠したその人間主義によって、ソヴェト・マルクス主義への批判をすでに内包しており、スターリン批判以降のマルクス主義のあり方を先取りするものであった。『われらの時代』の学生コミュニスト八木沢が無闇に連呼する「人間的」という概念も、基本的にはここに淵源する。

しかし、それは保守的革命主義とも呼びうるものではないか。ルカーチによれば、近代資本制とそれにともなう「ブルジョワ科学」的合理性によって世界は数量化・客体化されている。プロレタリアートの意識も、それにともない即自的には「質」=主体性を欠いて物象化されている。しかし、それは必ずや「量の質への転化」をひきおこす。これをハイデガー的に言えば、「故郷喪失」は必然的にその回復への運動を惹起するということになろうか。いや、ルカーチ自身が、そのマルクス主義以前の著作『小説の理論』において、近代資本制における芸術のヘゲモニー・ジャンルたる小説を――ヘーゲルの『美学講義』を踏まえて――「先験的な故郷喪失の形式」と位置づけていたのであれば、ハイデガーと相即するその保守的革命主義の相貌は、おおうべくもないだろう。疎外論=ルカーチ物象化論とは、そのような論理を骨子とするもの以外ではない。

ルカーチにあって、その保守的革命主義を隠蔽しうるのは、逆説的ながら、すでに歴史的必然として成立しているかのごときソ連邦の存在であったはずである。しかし、その歴史的必然が崩壊したスターリン批判以後の時代にあって、そのことは不可能である。第二章で触れた黒田寛一の主体性論＝疎外論はルカーチ物象化論ときわめて親近性を持つ理論だが、その黒田のごとく、革命を無限遠方の未来に設定することで、疎外論の保守的革命主義を斥けることは可能であるかに見える。しかし、「故郷喪失」が今ここの問題だとすれば、それが隠蔽でしかないこともただちに露呈する。だとすれば、唯一可能なことは、「不幸な若者たち《アンラッキー・ヤングメン》」として「故郷」を回復することの不可能を神経症的に濫費すること、そして、それ自体を「故郷」として生きることしかありえないといえる。

かかる神経症は、五〇年代から六〇年代にかけて、さまざまなヴァリエーションをとって現出した。前章で論じた桶谷秀昭や村上一郎の「土着」主義や吉本隆明のナショナリズム論なども、その範疇に入れられよう。それらは、何らかのかたちで実体的な故郷を、神経症的に希求していた。あるいは、六〇年安保と並行して生起していた九州・大正炭鉱争議のオルガナイザーたる詩人・谷川雁が「東京へゆくな ふるさとを創れ」とうたって東京へと出奔するといったことなどにも、端的にこの時代性が刻印されている。これらは全て、六八年へと接続される出来事にほかならない。しかし、ルカーチ／ハイデガーの保守的革命主義を、より自覚的に六八年へと架橋したものとしては、長崎浩の『叛乱論』（一九六九年、同書所収の同名論文の発表は一九六八年）を挙げておくのが適当だろう。(注4)

自身がブント系学生アクティヴィストとして体験した六〇年安保の総括であると同時に、東大助手として今通過しつつある六八年学生反乱の構造分析でもある、その意味で六〇年と六八年とのあいだに切断を認めない長崎のこの文章の特徴は、「「革命の科学的根拠」の放棄は私たちには自明の前提だった」という言葉によって表現されている。長崎にとって、革命は必然的なものではなく、アジテーターによって今ここに組織されるべき現実的なものなのであり、ルカーチ／ハイデガーがそうであったように、大衆社会化した資本制社会を前提としている。改めて指摘するまでもなく、そのような革命とは、「保守的」でありながら「故郷」の回復をナイーヴに目指すことなく、今ここにおいて神経症的に反復されることのみを目論むものにほかならない。長崎のいう「叛乱」とは、その神経症の強度を意味しており、それこそが大江の『われらの時代』と通底するものである。ルカーチ／ハイデガーの保守的革命主義は、大江や長崎によって、このようにして六〇年／六八年に導入され、位置づけられた。

しかし、「故郷」のア・プリオリな回復不可能性が前提にされているといっても、それは何らかのかたちで探し求められなければならない。「故郷」とは、また、アドルノがハイデガー批判で用いた言葉を援用すれば「本来性」の別名だが、「本来性」の喪失を果敢に生きることが、それ自体「本来的」であるという逆説は、そのなかでは論理的に自足できないからである。とりわけ、保守的革命主義が「左翼的」革命主義に架橋される場合には、そうだと言える。「左翼的」革命主義は、現実的なムーヴメントでなければならないからであり、その点でマルクス主義を必要とする。

そのような「本来性」は、『われらの時代』にあっては、「アルジェリア」という第三世界の形象をとる。『われらの時代』において、主人公・靖男が八木沢の「民学同」にコミットしようとするのは、八木沢が日本に来ているアルジェリア反植民地闘争の活動家に靖男を紹介し、フランスに留学する予定の靖男に、そのアラブ人への「連帯」を求めたからである。ア・プリオリな故郷喪失者たる「性的人間」は、アルジェリアという「本来性」を介して、「政治的人間」への回路を得ることができるのだ。

スターリン批判と同時期に、エジプトのナセル大統領を象徴的な人格としつつ、アラブ主義が台頭してくる。すでに、毛沢東の中国革命が成立していたとはいえ、これは六〇年代ニューレフトの参照先となる「第三世界論」の端緒をかたちづくるものにほかならない。しかし、奇妙といえば奇妙なことに、五〇年代日本のニューレフト創生期においては、第三世界論の萌芽さえ、ほとんど見られないのである。

その理由の第一は、日本のニューレフトの生成がスターリンの民族主義的傾向に対抗して、先進国革命主義を採用したところにある。ここに、戦後日本が再び先進資本主義国たらんとして出発したという事情も重なっている。そのような視点からすれば、アラブ民族主義はスターリン主義の亜流でしかない。しかし、ニューレフトが故郷喪失者たる「性的人間」に依拠してそのアクティヴィズムを成立させなければならなかったのだとしたら、それは最初から「第三世界論」を内包していたのである。それは「本来性」を此処ではなく他処に措定せざるをえない、先進資本主義国内に不断に生み出される第三世界論（＝オリエンタリズム）ではある。

一例を挙げれば、吉本隆明のナショナリズム論は、谷川健一の民俗学的仕事とともに、六〇年代にいたって、「異族論」、「南島論」といったかたちの沖縄論へと転じる契機を持った（これらの論考は主に、吉本の六八年論たる『情況』に収められた）。それは、柳田国男の「南島イデオロギー」（村井紀）に沿った、日本ナショナリズムの「本来性」の探求というモティーフにおいてである。(注5) だがそれは同時に、「異族」を論じるという意味で、すでに第三世界論にほかならない。本来性という「故郷」の探求が、必ず、第三世界論をはらまざるをえないゆえんである。そして、大江健三郎の慧眼は、早くも、五〇年代末の時点でそのことを洞察していたといえる。

このことは、長崎浩『叛乱論』の受容に即したニューレフトのムーヴメントについても言えることである。長崎自身は第三世界論に対しては終始禁欲的であった。しかし、長崎、笠井潔とともに一九七九年に「マルクス葬送派」を名のることになる戸田徹が辿った思想的変遷――それはおおむね、「盟友」笠井潔のそれと一致する(注6)――に徴せば、長崎『叛乱論』が必然的に第三世界論（第三世界に依拠する革命）の導入を要請することは明らかだと思われる。

一九六一年、大阪市大に入学した戸田は、翌六二年共産党に入党、しかしフルシチョフ

「平和共存」路線を支持するソ連派としてただちに除名になり、六三年には民学同（！）結成に参加、以後、その流れのなかで作られた小セクト（共産主義労働者党、一九六七年結成）のなかの若いジェネレーションに属するイデオローグ／オルガナイザーとして活動していく。しかし、六八年の学生反乱をはじめ、中国文化大革命、ヴェトナム反戦運動、三里塚闘争等のラディカリズムの高揚は、戸田を穏健な「平和共存路線」からの脱却と、毛沢東主義を支持する第三世界革命論の選択へと向かわせる。ソ連派から急進主義的な中国派への一八〇度と言っていい転換が、たかだか一〇年にも満たぬ間に敢行されるのである（以上、戸田徹遺稿集『彼方へ』による）。

この方向転換に当たって梃子となったのが、模倣対象としてのブント主義であり、その思想的定在としてあった長崎『叛乱論』であることは、ほぼ疑いない。戸田の入学した大阪市大は、旭凡太郎（神奈川左派）、田宮高麿（日航機よど号ハイジャックの赤軍派リーダー）、森恒夫（連合赤軍）らが在籍していたことからも知られるように、後に赤軍派に結集する関西ブントの拠点校でもあり、戸田は彼らと自治会選挙などで激烈な争いをおこなっていた。そこで戸田を規定していたのが、ブントに対する「影響の不安」（ハロルド・ブルーム）であったろうことは見やすい。戸田はブントを模倣しつつ、それとの差異をも示さなければならなかったのである。

赤軍派へと集結していく関西ブントは、その「国際根拠地建設」論に規定されて、ハイジャック以降、第三世界論に接近していくにしても、革命を指導するのはあくまで党＝ブント（赤軍派）であって、第三世界（という「故郷」＝「本来性」）に依拠するという発想はなかった。また、同じブント主義であっても、古典的なレーニン主義的党建設を主要命題とする関西ブントに対して、長崎浩の『叛乱論』における「党」は、反乱を組織するアジテーター／オルガナイザーのブランキ的「結社」であって、これまた戸田が応接した関西ブントとは異なっている。実際、戸田や笠井潔の属していた共労党は、元来がいいだもも、武藤一羊、花崎皋平《はなざきこうへい》、吉川勇一、白川真澄といったべ平連にもつらなる人物を擁する、構造改革派的・市民主義的傾向の強いソ連派インテリゲンツィアの集団で、ブントも含めた他のニューレフトがおおむね「職業革命家の党」というあり方を目指していたのとは異質であった。戸田の関西ブント（赤軍派）に対する「影響の不安」は、共労党のこのような傾向をマイナスと見なして批判し、レーニン主義的党へと接近しつつも、その当初からのブントとの差異を秘かに温存・強調しようとするものであったといえる。

このような意味で、戸田徹を六八年学生反乱と第三世界論をリンクさせた象徴的人格と見なすことができよう。そのように見ることは、戸田が今や——いや、かつても？——ほとんど知られぬニューレフト・イデオローグであることとは全くかかわらない。むしろ、そのような存在においてこそ、ネガティヴな時代象徴性が認められることが多いゆえ、ここで例示した。

しかし、中国文化大革命の崩壊や中越戦争といった七〇年代の出来事は、「先進」資本主義国における「左翼」の第三世界論なるものが、エドワード・サイードのいう「オリエンタリズム」の一変種にほかならない側面を暴露してしまった。第三世界は「故郷」でもなければ「本来性」でもなく、先進国が自らの願望を投影したファンタジーに過ぎないことが明らかになってしまったのである。大江『われらの時代』の予見性は、そこに描かれた「アルジェリア」＝第三世界が、主人公のファンタジーにほかならないことが、そのカリカチュアライズされた文体によって、すでに作品中に記されているところに認められる。それは主人公にとってさえ、最終的には「行動的な幻影」と認識されるだろう。戸田は――そして、笠井潔は――第三世界革命論が「行動的な幻影」と認めざるをえない事態にたちいたった時、長崎浩をともなって「マルクス葬送」に転じるとともに、「秘教的革命論」を唱えるにいたる。笠井の大江論（『球体と亀裂』）の最後は、『万延元年のフットボール』以降の大江の作品にしばしば引用されることになる「ダンテやブレイクという秘教家の系譜」を「革命のアーティスト」の近傍に位置づけ、いかに大江におけるそれを評価するかと自問することで終わる。しかし、そのように考えることは、かつての第三世界革命論の幻影を温存する、さらなるファンタジーではないか。大江の『万延元年』以降の文学作品が六八年に照らして持つ肯定的な意義は、「秘教的革命」なるパラノイアックな願望を、身をもって禁じているところにある。

4 パラノイア的磁場からの逃走

故郷喪失の状態が、それ自体として故郷であるような神経症的「不幸な若者たち《アンラッキー・ヤングメン》」は、当然のことながら、「本来性」が「本来性」であるようなパラノイアックな境位を希求する。大江作品の文脈に即せば、それは、戦争や革命に「遅れてきた青年」がその遅れを破棄しようとする欲求や、頽落した「性的人間」の自己処罰への希求として典型化されているといえるだろう。

『われらの時代』においては、主人公の弟・滋とバンド仲間は天皇暗殺を企て、それに失敗すると今度は、それに使おうとした手榴弾で、愚かなロシアンルーレットもどきのゲームをおこなう。なぜ天皇暗殺が企てられるかといえば、植民地時代の日帝支配の記憶をひきずる朝鮮人のバンド仲間・高をとおして言われるように、「天皇を爆死させること、それは大地を破壊しさることのように、歴史がすべて暗い虚無に沈んでしまうようにおそろしい」からだ（滋たち日本人もこの意見に同調する）。つまり、天皇暗殺とは、彼らにとって、世界と歴史の総体を破壊し、同時にそれを獲得する黙示録的かつパラノイア的行為にほかならない。(注7) 物語が設定されているこの年（一九五八年）の末に発せられた共産主義者同盟の結成宣言もまた、「全世界を獲得するために」と題されていた。もちろん、神経症たる「不幸な若者たち《アンラッキー・ヤングメン》」のパラノイア的行為は失敗に帰すことを宿命づけられているのである。

しかし、それを最も端的に表現するのは、『万延元年のフットボール』に引かれてある、谷川俊太郎の詩集『鳥羽』からの言葉「本当のことを云おうか」にほかならない。大江的「故郷喪失」の最終的な審級とは、「本当のこと」を言おうとしながら、決してそれを言えない——そんなものは存在しない——状態のことである。

六八年のパリ五月革命と二年後に遭遇することになるミシェル・フーコーは、そのブランショ論「外の思考」を、「ギリシア的真理は、かつて、「私は嘘つきだ」というこのただ一つの明言のうちに震撼された。「私は話す」という明言は、現代のあらゆる虚構作品《フィクシオン》に試練を課す」と書きはじめた。フーコーのブランショ論の文脈とはやや異なるものの、「本当のことを云おうか」という『万延元年』以降の大江もまた、「私は嘘つきだ」というパラドックスからはじまって、「私は話す」という時の「試練」を自らに課す。その「私」とは、フーコーとともに、「話す主体はもはや言説の責任者（つまりその言説を支え、その中において明言しかつ判断し、ときにはこの目的のためにしつらえられた一個の文法形態のもとに自己を表明する人）であるよりは、非存在、その空虚の中において言語の無際限な溢出が休みなく遂行される非存在」（豊崎光一訳）と規定できるだろう。

そのことをやや詳しく言えば、こういうことだ。『われらの時代』の系譜にある作品においては、基本的に、神経症的登場人物の「癒し」としてのパラノイアックな願望が単線的に描かれてきた。『われらの時代』にあって、靖男と滋の兄弟が登場するにもかかわらず、彼らが同型的な存在であることもそれに由来する。ところが、『万延元年』においては、同じく、蜜三郎と鷹四の二人の兄弟ながら、鷹四が「本当の事を他人に話す勇気が、なまみの人間によって持たれうる」か否かにのみ腐心するパラノイア願望の人間であり、それゆえ壮絶な（滑稽な）自殺をとげるのに対して、「本当の事」を語りたいと思いながら何が「本当の事」やら知らぬ蜜三郎は最後に、その神経症的／パラノイア的磁場からアフリカへと逃走する。このアフリカ行きは、あくまで逃走であって、それ以前の大江作品に見られた「故郷」＝「第三世界」への「脱出」とは異なる。そもそも蜜三郎・鷹四のいる場所が「森」＝「根所」という故郷だから、蜜三郎の行くアフリカは、もはや第三世界でも「本来性」でもないのである。

この反ロマン主義的かつ散文的なアフリカ行きの結末は、『万延元年』発表当時から、その前作『個人的な体験』のハッピー・エンディングな結末とともに、三島由紀夫や江藤淳などによってその欺瞞性を非難されたものであった。もちろん、神経症的生真面目さからすれば、それは欺瞞以外のなにものでもない。しかし、『万延元年』が大江の作品のなかでも画期をなし、なおかつ、来るべき六八年革命とのかかわりにおいても重要な小説である理由は、「言説の責任者」たることを決定的に放棄した、このいいかげんさのうちにしかない。それは、「外の思考」のフーコーが、六八年に接してナンテールの学生たちに感得したであろう、サルトル的知識人の「責任」の論理からの逸脱ぶりと近似的なものである。

しかし、すでに見てきたように、六〇年安保から六八年革命にいたる学生アクティヴィストへの大江の影響は、六七年の『万延元年』をもって、表面的には、ほぼ終わりを告げる。大江自身はその後も、神経症的／パラノイア的な保守的革命主義の磁場からの逃走を繰り返し小説において試みているにもかかわらず、である。それは、オウム真理教を思わせるパラノイア集団を描いた『燃えあがる緑の木』や、それ自体が神経症的／パラノイア的磁場だったことをうかがわせる、伊丹十三と大江との二者関係に材を仰いだ、その題名からしてそこからの逃走を含意する近作『取り替え子《チェンジリング》』、『憂い顔の童子』にいたるまで続いている。その意味で、大江は六八年のネガティヴな側面への闘争を、六八年的に持続しているとさえ見なせよう。

第一章でも触れたように、大江に代わって、学生アクティヴィストたちが愛読したのは、より生真面目に神経症的／パラノイア的な、高橋和巳の『散華』や『邪宗門』といった小説であったということになっている。しかし、作品の「言説の責任者」たることを大仰に背負った高橋の小説が、『われらの時代』以降の（『個人的な体験』や『万延元年』以前の）大江のポテンシャリティーの低い反復でしかないのは、論をまたない。

『万延元年』が単行本として上梓された翌月の六七年一〇月八日、ヴェトナム戦争のさなかにヴェトナムを訪問する首相・佐藤栄作に抗議して、三派全学連（ブント、中核派、社青同解放派）等による、いわゆる一〇・八羽田闘争（第一次羽田闘争）が生起した。ある意味では六八年の前哨であり、ニューレフトが大衆的にヘルメットとゲバ棒スタイルで登場した最初である。京大生・山崎博昭が機動隊との衝突で死亡するという事件もおきた。

この時、多くの「進歩的」な文学者・知識人が「国家権力の弾圧」に抗議して声明を発した。ところで、その署名者の一人である詩人・黒田喜夫と、吉本隆明に近い文芸評論家・月村敏行とのあいだで、「日本読書新聞」紙上で論争が交わされた。内容は、一片の声明のみで権力を批判しえたと信じる「進歩的」知識人の欺瞞的な同伴者意識を、月村が「低級」と一方的に指弾するという様相をとった。とりわけ、『死にいたる飢餓』の詩人・黒田が、単純な進歩派・同伴者知識人と見なされえない（本人もそうでないと信じる）がゆえに、黒田に分のない論争であった。いうまでもなく、月村の論法は、吉本隆明が「擬制の終焉」や「丸山真男論」以来、一貫して用いてきた論法を踏襲している。そしておそらく、学生アクティヴィストの多くにとっても、単に声明一片・署名一つで事態を了解したつもりになっている進歩派など、全く信じるに足りない存在だったのである。

しかし今、問題はそこでの月村の真の標的が大江だったと見なされることである。大江自身は「声明」（二種類あった）のどちらにも署名しなかったが、この問題に接して、「朝日ジャーナル」（一九六七年一〇月二二日号）誌上で、ただちに国家権力批判を含む発言をおこなっている。いや、それ以上に当時の最大のベストセラーは『万延元年』だったのだ。黒田、月村の論争した読書新聞の紙面は、新宿・紀伊國屋や神田・東京堂書店で同書が第一位の売り上げであったことを伝えている。一〇・八羽田闘争は、潜在的に「万延元年」的騒擾と見なされていたのだ。月村の批判は『ヒロシマ・ノート』における大江の進歩派ぶりなどを批判した、「戦後思想の荒廃」(六五年、後に『自立の思想的拠点』所収)の吉本の反復だが、それはともかく、月村/吉本にとっても、そして学生アクティヴィストたちにとっても、大江という存在がいかに謎めいていたかが、ここからうかがえる。大江はその小説作品において、神経症的/パラノイア的磁場を月村、吉本らとも共有するにもかかわらず(いや、大江の方がある意味ではさらにテンションが高い)、現実のレヴェルではいかにもつまらない「戦後民主主義者」としてふるまっているからだ。これは「言説の無責任者」ではないのか。

しかし、今や明らかであろう。大江的なその無責任こそが真に六八年的な革命性にほかならない。それが、それ自体としては実践性を欠いたものであったとしても、である。大江の戦後民主主義者としての言説に配慮する必要は全くないだろう。このことは当時、ほとんどといっていいくらい誰にも認識されなかった。そのことが――そうとは直接に言われずとも――闡明されるのは、『万延元年』における「数」のテマティックの無責任な増殖を論じた、蓮實重彥の『大江健三郎論』(一九八〇年)を待たねばならないのである。

第五章　廣松渉による「疎外革命論批判」の深度と射程

1　ニューレフトに介入する廣松渉

六〇年安保後から六八年へといたるまでのあいだ、少なくとも三派全学連等による六七年一〇・八羽田闘争までは、ニューレフトの混迷・模索期であったといわれる。そして、そのなかから、六八年革命が立ち上がってくる。

ニューレフト諸党派の動向を瞥見すれば、安保後のブントの四分五裂、そして、ブント中心メンバーの革共同への移行と、その中核派と革マル派への分裂（革共同第三次分裂）がある。スターリン批判を契機に形成されたニューレフトにあっても不可侵の参照先であったレーニン主義に対して、ローザ主義を掲げた社青同（社会主義青年同盟、社会党の下部組織）解放派が、社会党＝社青同内分派闘争の過程を経て結成される（一九六五年）。日共内構造改革派も、六〇年代初頭の党からの除名を経て幾つかのセクトを形成し、その多くの部分はニューレフト運動に参入していく。世界的なヴェトナム反戦運動と連動して、小田実、鶴見俊輔らべ平連（一九六五年四月結成）の動きも活発化しつつあった。べ平連には多くの知識人も参画し、六八年におけるニューレフトの大衆的なヘゲモニー形成に寄与したといえよう。

運動の面で見ても、ヴェトナム反戦のみならず、六二年の大管法（大学管理法）改定反対闘争、六三年に始まる日韓条約批准反対闘争、六四年の米原子力潜水艦の横須賀・佐世保寄港（入港）反対闘争と、闘争課題は頻出していた。六五年二月には慶応大学で学費値上げ反対無期限ストが、六六年一月には早稲田大学で学費値上げ反対全学スト（第一次早大闘争）が闘われる。ニューレフト諸派は集合離散を繰り返しながらもこれらの闘争を担い、徐々に安保後の学生運動を立て直していった。ベ平連結成の直後には、社会党青少年局、総評青対部、社青同を中心に、他の個人・団体も参加するかたちで、「ベトナム戦争反対・日韓批准阻止のための青年委員会」（いわゆる反戦青年委員会）が結成され、ニューレフト諸派もこれにコミットする。以後、反戦青年委員会は、労働者のなかにニューレフトの影響力を浸透させる重要な足がかりとなっていく。

このようななかでブント再建の動きが現実化してくるのである。ブント再建は、六八年革命の世界的な追い風＝「東風」となったプロレタリア文化大革命が正式に発動され（一九六六年五月）、六八年革命をひかえた状況下、高揚を見せはじめていた日本の大衆運動に対して、ニューレフトとしての共通の理論的枠組みを与えなければならないというモティーフに裏打ちされていたといえる。

いわゆる第二次ブント創設（一九六六年九月）にあたっては、宇野経済学内から出てそれを批判した、岩田弘の「世界資本主義論」がその統一理論としての役割を担ったといわれる。ブント統一をめぐる理論闘争の過程でML派（社学同マルクス・レーニン主義派、後のML同盟）が分岐し、同派はその後、毛沢東主義へと接近していく。毛沢東主義や岩田世界資本主義論の六八年革命にかかわる問題性については、後の章で論じよう。ここでまず問題にしたいのは、第二次ブント創設にあたって、岩田理論とともに（別途に）その統一理論を形成しようとした（形跡のある）、マルクス主義哲学者・廣松渉（筆名・門松暁鐘）による疎外革命論批判の深度と射程である。

一九三三年生まれの廣松は、安保ブント＝社学同の前身たる「反戦学同」の理論的リーダーのひとりとして活動していたが、六〇年安保の渦中にあっては、目立った理論的活動が見られない。後に触れるように、スターリン批判以後における五〇年代末のニューレフト形成期のなかで、黒田寛一を含む疎外論的＝主体性論的傾向の思想家たちとの、違和を内包した理論的交流があった様子があるにもかかわらず、である。しかし、当時のニューレフトの形成場においては、優秀な若い哲学徒として知られていた。

少年時代からすでに共産党の活動家であったという元来の「政治好き」は、六〇年以後のブント四分五裂と再建の過程にあって（そして、その後々も）、年長のフィクサー的存在として「暗躍」していたと伝えられる（しかし、それは対立する革マル派などからは「下手の横好き」と揶揄された)。その廣松は、第二次ブントの機関誌「共産主義」第九号(一九六六年)に門松名で「疎外革命論批判序説」を発表している(後に、「疎外革命論の超克に向けて」と改題して『現代革命論への模索』に収録)。その冒頭に記された疎外革命論批判のモティーフを引用し、敷衍しておこう。

「近年、世界各国において「疎外革命論」がいよいよ体系的に展開されるようになった。この疎外革命論は、マルクス主義の〝思想的核心の継承的発展〟を自ら任じ、しかも〝現代の思想的発展に対する有効な対応性〟を自ら誇る」ものであると、廣松は位置づける。いうまでもなく、戦後、サルトルらの実存主義の登場と五〇年代以降の大衆社会状況の出現は、ルカーチ物象化論(=疎外論)の復権と再解釈をとおして、『経済学・哲学草稿』(以下、『経哲』と略記)を中心とする初期マルクスの「人間主義=自然主義」にウエイトを置いた疎外論の隆盛をもたらした。アンリ・ルフェーブルの諸著作が翻訳され、ヘルベルト・マルクーゼの『エロス的文明』をはじめ、フランクフルト学派の仕事も少しずつ耳目を集めるようになっていた。日本における戦後主体性論も、この傾向に該当することは論をまたない。それは、フランクフルト学派がルカーチ/ハイデガーとの対決=影響から誕生したように、主に西田幾多郎の圏域から出発した者たちであった。また、日本共産党から分派し、後に「市民社会派」とも呼ばれることになる、構改派系マルクス主義哲学者・経済学者たち(ニューレフトに影響力があった者としては、花崎皋平、平田清明、望月清司ら）にしても、初期マルクスと後期マルクスの連続性を強調するのが常であったのである。

「疎外革命論の主張には、なかんずくスターリン時代を通じて教条化され、硬直化したマルクス解釈へのアンチテーゼとして当たっている点もあり、幾つかの新しい問題提起もみられる。われわれはこれを認めるにやぶさかではない」と廣松はいう。当時のニューレフト諸党派は全て（おおむね）、疎外論に依拠していたといってよい。ニューレフトの重要な参照先のひとつであった宇野弘蔵は、「科学とイデオロギー」を峻別することにおいて、経済学を科学に、革命理論をイデオロギーに振り分けたが、科学はイデオロギーにかかわらないとするその立場は、逆に、疎外革命論が温存される余地を残したのであった。逆にいえば、宇野経済学の科学主義は、疎外論的マルクス主義の担保となっていたのである。

しかし、「疎外を「主体」や現代資本主義、スターリン主義等に対する〝説明概念〟となしつつ一つの体系的な講述としてそれを立言するとき、われわれは基底的な発想の次元において疎外革命論にくみすることは出来ない」、というのが廣松の立場である。そのことを廣松は、マルクス主義の地平は科学主義と人間主義（疎外論）――宇野弘蔵的に言えば「科学とイデオロギー」――の相互補完的な地平をこえる、と表現した。

今日では周知のことに属するが、廣松渉は一九六五年に雑誌に発表された、画期的な『『ドイツ・イデオロギー』編輯の問題点」（後に、『マルクス主義の成立過程』一九六八年、所収）を嚆矢として、一八四五年の『ドイツ・イデオロギー』（以下『ド・イデ』と略記）以降のマルクスが、一八四四年『経哲』以下初期マルクスの駆使していたヘーゲル的「疎外」概念を破棄し、「人間主義＝自然主義」をこえる新たな認識論的地平を獲得したと主張していた。この転換を廣松は「疎外論から物象化論へ」というテーゼで定式化するだろう（廣松は自身の物象化概念がルカーチのそれと異なると主張する）。これは世界的に見ても、『マルクスのために』（六五年）におけるルイ・アルチュセールの「認識論的断絶」説と相即する先駆的な主張であり、しかも、廣松はそれを『ド・イデ』への厳密かつ「実証的」なテクスト・クリティークをつうじておこなったのである。

六八年革命時において、廣松版『ド・イデ』はいまだ刊行されていなかったが（刊行は一九七四年）、このことにともなって、学生アクティヴィストたちの学習会では、旧来のアドラツキー版からの翻訳になる岩波文庫版は斥けられ、代用的に東独バガトゥーリア版からの新訳になる合同出版版が用いられるようになった。後者の方が相対的に正しい編集方針と見なされたからだが、それに飽き足りず、廣松案に即して『ド・イデ』を編纂し直したパンフレットを作成する学生活動家もいた（編者は、後に自殺した慶応大学院生の坂間真人、一九六九年一二月刊）。しかし、この現象は廣松理論の浸透というより、主に、ニューレフトの「党派性」の誇示とも見なすべきだろう。岩波文庫版の訳者は日本共産党系の哲学者・古在由重《こざいよししげ》であり、合同出版版の訳者はニューレフト系の花崎皋平であった。（注1）

先述「疎外革命論批判序説」は、前年に発表された『ド・イデ』問題論文を踏まえて書かれたものである。もとより、廣松が最初に『ド・イデ』の「編輯に問題点があるのに気付」いたのは一九五九年頃の様子であり、すでに「マルクス主義と自己疎外論」(一九六三年、後に『マルクス主義の成立過程』所収)などの疎外論批判を発表してはいた。しかし、「疎外革命論批判序説」が発表された一九六六年には、いまだ廣松の最初の単著たる『マルクス主義の成立過程』さえ刊行されておらず、その「衝撃」は一部アカデミズムの内部にとどまっていたと推測される(いや、「反発」が大半であったろう)。

そのようななかで、ブントの機関誌に広義の政治論文として疎外論批判を掲載することは、廣松の疎外論批判が、ニューレフトの根底的な思想転換を目論むものであったことを明かしている。前章で論じたように、疎外概念は「先験的な故郷喪失」(ルカーチ)の感情に根ざしており、それが「保守的革命主義」へと帰結せざるをえないものであったとすれば、廣松理論はスターリン批判以降に形成されたニューレフトの地平を、もう一度更新しようとするものであったと見なせる。

これは、廣松理論とある程度相即するアルチュセールのそれが、さしあたり自身の属するフランス共産党内の理論闘争として提起されたことと比較すると興味深い。アルチュセールもまた、廣松と同様、初期マルクスの「人間主義」をバックボーンとする西欧マルクス主義者との論争を展開したし、フランス五月革命の学生たちにも一定の影響力は持った様子である。しかしそれは、アルチュセール自身がフランス共産党員であるということに規定されて、曖昧なままにとどまったと言わねばならない。これに対して、廣松理論のターゲットは明確にニューレフトに向けられていた。ニューレフトは混迷期を脱し、大衆運動は高揚しつつある。しかし、大衆運動の高揚という「現実」は疎外論（人間主義的マルクス主義）によっては「解釈」しきれないのではないか。そして、正しい理論なくして現実の「革命」はありえない、云々。廣松が疎外革命論批判によってニューレフトの理論状況に介入した理由を忖度すれば、おおむねそういったところだろう。

ここで後論のために、もう一つ付言しておきたいことがある。

廣松『ド・イデ』研究を画期的なものとするもう一つの側面として、マルクス主義成立過程におけるエンゲルス主導説がある。『『ドイツ・イデオロギー』編輯の問題点』を収めた『マルクス主義の成立過程』を刊行した六八年には、それと踵を接して『エンゲルス論』が刊行されている。『ド・イデ』の根本部分も、廣松によればエンゲルスの執筆であるという。この説は、スターリン批判以後にあって、スターリン主義の淵源をエンゲルスの「科学」主義——空想から科学へ（！）——に求める傾向が強まるなかで、きわめて評判が悪い。疎外論批判を前提とする今日のマルクス主義（を内包しようとする思想）においても、廣松説＝エンゲルス主導説がかえりみられることは、まずない。廣松の厳密な実証にもかかわらず、である。それは、廣松理論をスターリン主義の一変種と見なすことにさえ帰結していくだろう（酒席の廣松は、しばしば冗談に、自らをスターリン主義者と名のったというが）。それは、六八年革命時の理論闘争において、疎外論の立場から発せられた黒田寛一のもの（『ヘーゲルとマルクス』一九六八年現代思潮社版「まえがき」その他）のみならず、廣松の死後には廣松の愛弟子（小林敏明「ベルリンからの返信のない手紙」、「現代思想」一九九四年七月号）からさえもなされている。

しかし、廣松が疎外論批判のモティーフを得たのも、当初から懐胎していた、そのエンゲルス主義によるのではないかと推測される。初期から革共同周辺の反スターリン主義運動にかかわった評論家・高知聰の遺著『孤独な探究者の歩み――〈評伝〉若き黒田寛一』には、廣松がいまだ『ド・イデ』問題の着想を得る以前であろう学生時代の一九五七年、ニューレフト黎明期のある会合で、高知がスターリン主義の淵源をエンゲルスに帰す発言をしたに際して、廣松がそれを文献的な正確さによってたしなめたというエピソードが紹介されている。

廣松がスターリン主義者であるかどうかは問わず、そのエンゲルス主義は廣松理論を――とりわけ、その要諦たる物象化論（フェティシズム論）を――かなり狭隘なものにしている可能性がある。今日的なコンテクストでいえば、廣松理論は、疎外論の本質主義《エッセンシャリズム》に対して、社会構成論《ソーシャル・コンストラクショニズム》を顕揚するところに眼目がある。疎外論は必ずや「本質からの疎外」という問題構成を取る。いわゆる「人間疎外」なる概念は、「人間」という抽象的な「本質」を前提とせざるをえない。これに対して廣松は、「人間は社会的諸関係の総体《アンサンブル》である」（「フォイエルバッハ・テーゼ」）という「関係主義」＝社会構成論を対置した。そして、廣松の実証によれば、この関係主義への転換に際してヘゲモニーを取ったのが、エンゲルスだとされるのである。おそらく、この実証は正しいのであろう。

しかしそのように見る時、『資本論』を中心とする後期マルクスのいわゆる物象化（物神化）概念は、平板化することをまぬがれない。物象化が、ある歴史段階の社会的諸関係がもたらす「錯視」でしかないとしたら、社会関係を変えればその錯視はすべて消滅する（革命！）、という「全体主義」的オプティミズムに帰結するほかないからである。事実、廣松はマルクスの立場を「トータリスムス totalismus」と捉える。だが、フェティシズムとはかくも容易に「革命」によって解消されるものなのか。あるいは、『資本論』の、とりわけ「商品の物神的性格とその秘密」の章のマルクスは、単なる社会構成論者だったのか（これについては、さまざまな視点がありうるにしても）。そのようなオプティミズムこそ、スターリン主義といわれるものの温床ではないのか。

六八年革命が、それ以前のニューレフト理論を決定的にこえた一点は、かかる「全体主義」を解体に追い込んだところにある。エコロジー問題やマイノリティー問題といった「部分」的課題も、そこから生起した。[注2] この意味で、廣松理論はスターリン主義的傾向をまぬがれず、また、ありうべき本来性としての社会的諸関係とその物象化という理論構成を採っているという意味で、「疎外論」を脱しているとは言いがたいのである。

しかし、このような難点にもかかわらず、廣松の疎外革命論批判のモティーフが、六八年革命に応接すべき理論を提示しようとしたことは疑いえない。そのモティーフまで否定するのは、六八年という、二〇世紀唯一の「世界革命」(ウォーラーステイン)の意義を隠蔽することに過ぎないのである。

2 表象をこえるさまざまな「現実」

では、疎外論によっては解釈されえない現実は、どのようなかたちで生起していたのか。廣松渉はそのことを書き記していない。しかし、これまでに述べてきた時代的背景を見れば、それは六〇年安保の大衆的高揚において、ニューレフトが共産党に対して感じた「のりこえられた前衛」(谷川雁)という状況が、ニューレフト諸党派、とりわけ四分五裂状況にあったブントにおいて、自らの問題として深刻に感じられるようになったことだと思われる。しかし、廣松理論とそのことの関連を説明するためには、いささかの迂回を要する。

六三年の革共同第三次分裂は、中核派(革共同全国委、マル学同中核派)と革マル派(革共同革マル派、マル学同)への分解をもたらしたが、それは、前者のブント的「大衆運動主義」と後者の「党建設主義」を最大の争点として結果したものである。六〇年安保後、ブント中央の指導的部分を吸収し、全学連を掌握した革共同は、しかし、大管法改定反対・日韓条約批准反対等の闘争課題を前にして大衆運動を組織する困難に直面し、とりわけ学生運動における、他派との統一戦線問題をめぐって内部論争が惹起した（その他に、労働運動をめぐる論争もあったが、ここでは問わない）。黒田寛一（議長）ら革マル派は、統一戦線は単に「ベッタリズム」の共同行動であってはならず、他党派の「プチブル急進的日和見主義を徹底的に批判」するなかから、「真に闘うべき主体」を創出するための「党のための闘争」でなければならないと主張した。これに対して、本多延嘉《のぶよし》（書記長）、清水丈夫（政治局員、元ブント）ら中核派は、それはアクティヴィストたちの「「闘う統一」への熱望」を無視した空論であると批判し、「党としての闘争」を対置したのであった。この争点は、六八年革命（以後）にまで持ちこされ、革マル派対他党派の対立として現出し、ついには革共同両派の――そして、革マル派対社青同解放派の――凄惨な「内ゲバ」へと帰結するものである。これについては、立花隆が膨大なルポルタージュ『中核vs革マル』を著している。

このような対立を惹起した遠因としては、革共同内にブント主義的傾向が導入されていたことのみならず、六一年頃から顕在化し、六五年に正式な結成を見る社青同解放派の「大衆運動主義」の伸張があった。すでに本書で部分的に触れてきたように、解放派は、レーニン主義的なインテリゲンツィアの前衛党からの大衆への――階級意識の――目的意識的「外部注入」論を観念論＝官僚主義と批判し、労働者・学生の即自的な「感性」に依拠した自然成長的大衆運動による階級意識形成の延長上に党建設を展望するローザ主義を掲げた。これは、解放派の母体でもあった社民（社会党＝社青同）内分派闘争という戦術によって保証されたが、そのことは、レーニン主義を護持する革共同両派、ブント諸派からは「社民左派」「中間主義」との揶揄を受けることになる。

にもかかわらず、日韓闘争で大衆的に登場した解放派は、その後も着実に勢力を伸長していった。第一次早大闘争（一九六五―六六年、第二次ブント結成以前）においては、全共闘議長のポスト（大口昭彦、現弁護士）を獲得し、運動を領導するまでになる。大口の学生服姿のアジテーションは多くの学生の支持を集め、ジャーナリズムでも話題となったが、その大口と盟友関係にあったのは、当時中核派の彦吉常与（テレビディレクター、故人）であった。彼らは政治党派をこえ、その「大衆運動主義」によって深く結びついていたといえる。第一次早大闘争当時の彦吉の一端は、彼が副主人公「吉彦」として登場する野口武彦の小説「洪水の後」（一九六八年）にうかがえる。

六〇年代学園闘争の嚆矢となった六五年の慶応大学学費値上げ反対闘争は、主に構造改革派によって担われた。慶応には岩田世界資本主義論に依拠するブント系（マルクス主義戦線派）も存在したが（経済人類学者、元衆議院議員の栗本慎一郎など）、その闘争をルポルタージュした石原慎太郎さえそのエネルギーと運動規律の調和を賞揚したことからも知られるごとく(「君たちにも何か出来る」、『孤独なる戴冠』所収)、六〇年代的ラディカリズムの端緒的なものにとどまった。もちろん、学生運動が沈滞していた状況下での慶大闘争の勃発の意義は否定しがたい。しかも、それは六〇年安保時には、ほとんどニューレフトが存在しなかった大学において生起したのである。

小川紳介の映画『圧殺の森』で知られる群馬・高崎経済大闘争(一九六五―六六年)を領導したのは主に中核派であった。いわゆる有名大学でもない、高経大という地方の小さな単科大学での激烈な闘争の勃発は、六八年の「全国学園闘争」を予料するものであった。ブントがある程度ヘゲモニーを握ったものとしては、明治大学・中央大学の学費闘争と六六年初頭から始まる、東大医学部に端を発したインターン制度反対の青医連(青年医師連合)の闘争があった。もちろん、この医学部の闘争が、六八年六月の東大安田講堂占拠へと接続していくのだが――(京都を中心とした関西地方では、六〇年安保以降もブントが独自にヘゲモニーを握っていた)。

以上瞥見したところからも知られるように、ブント系諸派は六〇年安保以後の大衆運動のヘゲモニーを掌握しているとは言いがたい状況にあった。ブント的「大衆運動主義」の再建が、ニューレフト焦眉の理論的課題として浮上し、実現しつつあるかに見えたにもかかわらず、である。しかも、「感性の解放」を掲げる社青同解放派に端的に見られるように、それは疎外/回復、抑圧/解放といった疎外革命論のシェーマに沿って位置づけられるものとされた。前章に指摘したことを踏まえれば、ニューレフトの運動が大江健三郎『われらの時代』に定着されたところの、都市に流入した学生＝「故郷喪失者」の感性的反乱という側面をさらに強めていったかに見えたのが、六八年以前の状況であった。この傾向を加速したのが、日本の風景を一新した東京オリンピック（一九六四年）であることはいうまでもない。(注3)

そのような傾向は、六〇年安保以後、カウンターカルチャーが徐々に力を得ていく過程を見ても明らかである。演劇では寺山修司、唐十郎、鈴木忠志、佐藤信ら、後にアンダーグラウンドと総称される者たちがすでに台頭していた。映画では、大島渚、吉田喜重ら旧・松竹ヌーベルバーグの監督が会社を離れて活動する一方、東映「日本俠客伝」、「網走番外地」両シリーズも始まっている（一九六四、六五年）。その他、音楽、美術、現代詩等の分野にも、六八年革命と連動する動きがすでに開始されていた。これらのムーヴメントについては次章以降に論述する。

問題は、これら政治的・文化的領域のムーヴメントに通底する傾向を、素朴に「感性的」疎外革命論の文脈に位置づけて足りるか否かということにある。疎外（革命）論は、そのリミットにおいて、あるアポリアに逢着せざるをえない。それを端的に示すのが、同じく疎外論を駆使しながらも背反するレーニン主義（革共同）とローザ主義（解放派）の対立である。そしておそらく、廣松渉の疎外革命論批判は、革共同と社青同解放派の——

もちろん、そこには既存ブント諸派も含まれる——疎外革命論という共通の基盤の上での対立を「アウフヘーベン」することが、ブントの統一理論でなければならないと考えたのである。

「感性の解放」を掲げた解放派は、党派闘争にあたって、他党派を「青年ヘーゲル派」と規定した。いうまでもなく、この批判はエンゲルス（マルクス）の『ド・イデ』に倣ったものである。『ド・イデ』は、ヘーゲル死後に発生したシュトラウス、バウアー兄弟、フォイエルバッハ、ヘス、シュティルナーらの青年ヘーゲル派を、一括して「観念論」と批判した。彼らはヘーゲルのいう「絶対精神」を、「実体」や「自己意識」といった概念にはじまって、「類」、「人間」、「唯一者」などの「いっそう世俗的な名称」に置き換えたが、それは所詮「ヘーゲル体系の地盤の上で生じた」ものに過ぎないという。つまり、青年ヘーゲル派がヘーゲルの「精神」に代えた諸概念もまた「観念《イデー》」にほかならないとするのが、『ド・イデ』の立論であった。

　このエンゲルス（マルクス）のひそみに倣って、解放派は、ブント、革共同らニューレフトの「小集団はヘーゲルの死から革命的マルクス主義が確立される間の「青年ヘーゲル派」と本質的に同じである」（滝口弘人「共産主義＝革命的マルクス主義の旗を奪還する為の闘争宣言——全国の革命的同志へのアッピール」一九六一年）と規定する。そして、社民に包摂された「現実の生きた労働者」の——即自的ではあれ——疎外状況に対抗する感性に依拠することこそが、観念論に対する唯物論だとしたのである。この場合、学生は大学という「労働力商品の再生産工場」における労働者予備軍と規定され、第一次早大闘争では「産学協同路線反対」のスローガンが掲げられた。この規定とスローガンは強力な浸透力を持ち、六八年においてもその影響力を失わないものであった。[注4]

しかし、解放派が理論的典拠としたのが『経哲』であったことからも明らかなように、唯物論を自称するその「人間主義＝自然主義」は「観念《イデー》」たることをまぬがれず、それゆえ解放派のロジックは「世俗的な」疎外論＝観念論にとどまるのである。『経哲』と『ド・イデ』の全き整合性を疑わない解放派は、他党派に自らの姿を見て青年ヘーゲル派と批判しているに過ぎない——このようなことは、廣松理論がそれなりに常識と化している現在では容易に言いうることであろう。

だが、その程度のことならマルクス文献学上の争いに過ぎない。問題は、なぜ廣松がアカデミズムの枠をこえて、ニューレフト内の論争に介入しようとしたか、ということなのだ。それは、単に廣松の「政治好き」とか、マルクス主義が「現実を変える」思想だから、というように収まらない問題だと思われる。

廣松もしばしば注意をうながしているように、ヘーゲルとマルクス／エンゲルスを含む青年ヘーゲル派の「疎外」概念には、論理構成を同じくしながらも、意味論上の変更が存在している。「自己疎外の論理を用いるといっても、ヘーゲルの場合には、自己疎外の主体＝実体が神的な絶対精神であることによって、キリスト教世界ではおなじみの化肉incarnatioの表象に依拠することができた」。ヘーゲルの疎外entfremdenなる概念が「すでにルター訳の聖書から神との関係で用いられている」ことを踏まえれば、それはむしろ肯定的な概念にほかならない（「「疎外論」から「物象化論」へ」、『マルクス主義の地平』所収、以下同）。つまり、疎外は「化肉」という意味で、芸術理論上の「表現」、「表出」、「表象」、「再現」、「対象化」、あるいは、政治学上の「代表」、「代行」といった概念の近傍に位置し、重なり合う神学的な概念なのである。

しかるに、宗教批判としてはじまった青年ヘーゲル派によるヘーゲル哲学の世俗化によって、自己疎外が「意識内部の出来事であり、いわば想像的・幻影的な対象化だとされたのであり、この限りではヘーゲル的〝疎外〟の原義はうしなわれた」が、「そのことによって形而上学的な神秘性を免れることができた」のである。

大衆運動を背景とする解放派に典型的な前衛批判は、青年ヘーゲル派的「疎外」概念ではなく、むしろヘーゲル的疎外（表象＝代行）の問題にかかわっている。レーニン主義的前衛党は、プロレタリアートが獲得すべき階級意識をあらかじめ「化肉」している定在として措定されている。つまり、前衛は階級意識を表象＝代行しうる能力をア・プリオリに持っているとされるのだ。六〇年安保において「のりこえられた前衛」が語られた時、日本共産党のこの表象能力が疑問に付されたといってよい。にもかかわらず、ニューレフトはレーニン主義それ自体を疑問に付すことなく、真の表象＝代行能力を持つ「党」の建設を目論む方向に（のみ）傾斜していったのである。真の前衛党建設という発想から距離をとった吉本隆明にしても、その転向論、ナショナリズム論に見られるごとく、知識人の課題が「大衆の原像」の繰り込みにあるとしたことからも知られるように、それが、インテリゲンツィアの表象＝化肉能力の再建を目論むものであったことは疑いえない。『言語にとって美とはなにか』の高名な「表出」概念も、吉本自身が繰り返し主張しているごとく、初期マルクス的な（というよりは、ヘーゲル的な）「疎外」概念を継承したものであった。

既存ニューレフトを批判した解放派の問題性もここにある。ア・プリオリな党建設に向かわないそのローザ主義は、その可能性の核心において、前衛の表象＝代行能力を宙吊りにしておこうとする志向にほかならない。解放派がスターリン主義を「代行主義」と批判した理由も、そこにある。いや、六八年革命を前にした大衆運動主義の内包するプロブレマティックは、前衛がその表象不可能性に逢着したという、ヘーゲル的疎外論の機能失調をめぐるものだったのである。廣松渉が目論んだのが、ヘーゲルと青年ヘーゲル派を貫く疎外のロジックへの批判だったとすれば、それは、レーニン党組織論にいたるまでの批判の射程も持ったものと捉えるべきだろう。事実、廣松は自身のマルクス主義の「地平」を、レーニン的段階と区別して「第三期」のものと位置づけている。

改めて確認すれば次のようなことだ。五〇年代から六〇年代にかけての大衆社会状況の現出は、青年ヘーゲル派的な否定的「疎外」概念のリアリティーを浸透させた。それが、ニューレフトの存立基盤でもあった。しかし、それは同時に、ヘーゲル的な肯定的「疎外」概念をひそかに温存することで果たされるものにほかならない。これが密かな保守的革命主義である。

解放派のいう「感性の解放」も、否定的な疎外からの回復をめざすと同時に、肯定的な疎外概念に依拠することで、はじめて可能なロジックである。なぜなら、それはプロレタリアートなり学生なりの「感性」の表現＝表出（化肉！）を賞揚することにほかならないからだ。かかるローザ主義は、それがいかにレーニン的な党の表象＝代行能力に対する批判を意味しているにしても、最終的にはレーニン主義に帰結する。ローザ主義もまた、表象＝代行の「主体」――それは結局、「党」ということになるほかない――を立てることを希求しているからである。六八年革命時も含めて、六〇年代のニューレフトが、カウンターカルチャーのムーヴメントと随伴した過半の理由もここにある。それは既存の文化への「対抗」、すなわち疎外された社会状況への批判であると同時に、芸術家という「主体」の表現（疎外！）行為と見なされたのであった。

廣松渉の疎外革命論批判は、かかる疎外論のプロブレマティックに対する根底的な批判と捉えられるべきである。廣松がブント機関誌に「疎外革命論批判序説」を発表したのと同じ一九六六年、「現代詩手帖」誌上で入沢康夫の発した「詩は表現ではない」（「詩の構造についての覚え書」）の一語が、詩壇を震撼させた。「六八年」前後において、現代詩は演劇とならんで、カウンターカルチャーのもっとも有力な領域であり、当時の「現代詩手帖」は、現代詩のみならずカウンターカルチャーの総合誌の役割を果たしていた。もとより、この二人は六八年において（もちろん、その後も）遭遇することがなかった。廣松が名古屋大学の、入沢が明治学院大学の「造反教官」であったにしても、である。この問題については、次章で詳述しよう。

ウォーラーステインは、「反文化運動《カウンター・カルチャー》は、革命の陶酔の一部であったけれども、政治的には一九六八年の中心部分にはならなかった」（『ポスト・アメリカ』）と述べている。確かにそのとおりであり、七〇年代から八〇年代に明らかになったごとく、カウンターカルチャーが消費資本主義のなかに吸収される側面を持っていたことは否定できない。しかし、それは疎外論的文脈において捉えられた文化運動としてであろう。疎外革命論批判とは、「感性の解放」という名の「革命陶酔」に対する批判でもあるはずだからだ。六八年において提起された疎外論批判は政治＝文化を貫いて、今なおのりこえ不可能な問題性を維持していると言わねばならない。

3　ヘーゲルは回帰する

しかし、廣松の実践領域への理論的介入にもかかわらず、その疎外論批判がニューレフト諸党派内において——いや、一般的にも——まっとうに受容された形跡は、ほとんどない。日本のジャーナリズムにおいて、疎外論批判がそれなりに受容されたのは、柄谷行人の『マルクスその可能性の中心』が単行本として刊行された一九七八年以降のことである。しかもこの時代は、六八年革命の実践的な記憶が、「内ゲバ」や「爆弾」といった現実の前で払拭されようとしていたのである。これは、アカデミズムないし現代思想の——非実践的な?!——領域において、廣松理論が無視できないものとなっている現在からは、やや想像しにくい事態であろう。そして、これは個別廣松理論のみならず、アルチュセールから柄谷にいたる疎外革命論批判の実践性にもかかわり、今日的な問題として存在している。

まず、六〇年代当時に廣松理論が置かれていた位置を瞥見してみよう。

ブントの学生組織たる社学同全国委員会の理論機関誌「理論戦線」八号（一九六九年三月）は一万部以上を売ったと伝えられるが、その巻末に「批判的に摂取するべきもの」として、幾冊かの本を挙げている。梯明秀『資本論への私の歩み』、清水正徳『自己疎外論から資本論へ』、対馬忠行『マルクス主義とスターリン主義』、黒田寛一『宇野経済学方法論批判序説《（ママ）》』、宇野弘蔵『経済学方法論』、佐藤金三郎『『資本論』と宇野経済学』、平田清明「歴史理論としての『資本論』」等、経済学史学会編『『資本論』の成立』、藤本進治『革命の哲学』『革命の弁証法』、廣松渉『マルクス主義の成立過程』『エンゲルス論』、吉本隆明『共同幻想論』がそれである。

このいかにも異種混交的なブックリストは、当時のブント内分派闘争の状況も反映されているが、同時に、学生アクティヴィストの問題意識をかなり正確に汲み出していると見なしうる。

六六年に統一された第二次ブントは、岩田世界資本主義論に依拠したマル戦派離脱（一九六八年）を皮切りに、破防法が適用された六九年四・二八（沖縄デー）前後の「武装闘争」問題に発する赤軍派（一九六九年九月結成）の分派活動を契機として、諸分派に分かれ、論争・内部闘争が勃発していた。この「理論戦線」を掌握していたのは、現在はマルクス主義の放棄を宣言しながら一種のエコロジー主義を掲げて活動している、社学同委員長・荒岱介《あらたいすけ》（日向翔）を中心としたグループであり、荒は後に戦旗派を結成する。赤軍派脱退以後のブントは、大きく分けてその他、赤軍派に近い関西派、中央大学を拠点とする叛旗派（三上治、神津陽《こうづあきら》）、情況派（篠田邦雄、松本礼二）に分派していた。廣松渉は情況派に近く、ニューレフトの総合雑誌を自認する雑誌「情況」（情況派の古賀暹により、一九六八年創刊）に多くの論文を寄せていた。

ところで、このブックリストがブント諸分派の理論を反映しているゆえんは、梯、黒田らの革共同に集約される疎外革命論系の著作をあげ、それを廣松によって相対化（?）しようとしていることである（あるいはその逆）。廣松疎外革命論批判は、『『資本論』の成立』における、初期マルクスと後期との連続を主張するアカデミズムによっても相対化

（？）される。宇野の著作は、佐藤金三郎によって相対化（？）される。藤本進治の著作は、毛沢東主義をも評価する独特の疎外革命論で、赤軍派、関西派に影響力があった。フランス語版『資本論』の研究を踏まえて「個体的所有の再建」を謳う平田清明のアソシエーショニズムは、吉本の著作とともに、叛旗派・神津陽（『蒼茫の叛旗』）の共同体論によって積極的に摂取されたものである。

このブックリストを今日から見て驚くべきは、廣松への相対的に低い評価である。そのことは、「理論戦線」同号に収録された論文を一瞥してみても知られる。巻頭の日向翔（荒岱介）論文は、廣松を援用し疎外論批判を口にしながらも、ヘーゲル主義的ジャーゴンを駆使した全き疎外論であり、黒田寛一批判を目論みながら黒田とみまがうばかりのものである（そのことを、現在の荒は認めている様子である。荒岱介著『破天荒伝』参照）。事実、荒＝戦旗派は他のブント諸派からは「革マル主義」と揶揄された。

しかし、廣松理論が個別に採用されないわけではない。同誌には、今は東大教授の職にある山内昌之（イスラーム史）が渡辺数馬の筆名で書いた社青同解放派批判が載っているが、解放派を「現代青年ヘーゲリアン」と規定して批判するこの論文は、端的に（単純に）廣松理論の適用である。廣松は先述ブント機関誌掲載論文でも、他党派の固有名は出さず、マルクス主義の成立過程に即して疎外革命論を批判していたが、渡辺（山内）論文の唯一の「意義」は、現存セクトの固有名を挙げたところに（のみ）ある。

かかる一種のご都合主義は、しかし、戦旗派のみのことではない。ブント情況派に結集することになった長崎浩は、一九七〇年に書かれた黒田寛一批判「時代経験と思想――黒田寛一の「技術論」」（高知聰編『黒田寛一をどうとらえるか』所収）において、端的な疎外論批判を展開している。これは、そこに名前が挙げられていないとはいえ、廣松の仕事や、すでに邦訳されていたアルチュセール『マルクスのために』（当時の邦訳題名は『甦るマルクス』）の存在なくしては考えにくい論文である。しかし、前章で論じたごとく、長崎の前著『叛乱論』は明確にルカーチ物象化論（疎外論）に依拠しており、黒田批判とほぼ同時期に書かれた、『叛乱論』の続編たる「結社と技術」（七〇年、同名の著書は七一年）も同様のものなのだ。

事実、長崎は「疎外論批判」の文脈を何か取り違えている（独特に理解している）フシがあるのであって、後年の回顧的文章でも次のように言っている――「廣松渉によるマルクス自己疎外論の否定、そして吉本隆明の独特の自己疎外論が現れるのもこの時期、一九六五年ごろのことだったが、両者はまるで方向が違っていながらも、いずれも「労働の」自己疎外論を捨てている。マルクスの労働の自己疎外論が「人間疎外論」へと拡散するのに、両者の説があずかった点もあったのであろう」（『1960年代――ひとつの精神史』）。

黒田「技術論」批判とあわせてこれを忖度すれば、長崎の言いたいことは、東京オリンピック以降の大衆社会状況にあって、「労働」を人間的本質と捉える思考が失効していき、代わって、一般的な「人間」論が浮上してきたということであろう。しかし、すでに見てきたところからも明白なように、廣松理論は「人間疎外論」を端的に斥けるものであった。（注5）廣松周辺のブント情況派で、しかも、ニューレフト内では最もブリリアントなイデオローグの一人と評しえた長崎浩にしてかくのごときであったのだから、他は推して知るべしであろう。吉本隆明と平田清明を折衷した叛旗派・神津陽にしても、赤軍派・関西ブントが親炙した藤本進治にしても、彼らが疎外論批判的言説をふと口にする場合、それはせいぜい、疎外概念の実存主義的濫用を戒めるといった程度の意味しか持っていず、根本的な論理構成は疎外論以外のものではなかった。このことは、廣松に遅れてニューレフトの――今日の言葉で言えばポストコロニアリズムへの――もう一つの思想的大転換を、「差別論」として敢行した津村喬（『われらの内なる差別』）についても言える。それは、津村が毛沢東主義の現代化《アクチュアライズ》を図る際に用いたのが、アンリ・ルフェーブルと藤本進治であったところにも規定されているのだが――。

以上見てきた事からも知られるように、廣松理論は、当時ほとんど浸透力を持たなかった。革共同両派、解放派がともに疎外革命論を護持している時、ブントが他派との差異化＝卓越化をはかるには、廣松理論が有効と考えうるであろうにもかかわらず、である。ブントが疎外論批判ではなく、赤軍派に象徴される「軍事」路線で他派からの卓越化をはかろうとしたのは周知のとおりである。

にもかかわらず、廣松疎外論批判が浸透力を持ったとすれば、それは六八年を契機に大量に発生してきた、党派に包摂されえない層としての「ノンセクト・ラディカル」の「気分」においてであった。それは疎外論批判というコンテクストにおいて（物象化論というポジティヴな面ではなく）、ノンセクト大衆に受容されたといいうる。六八年は、一般に「豊かさのなかの革命」と呼ばれた。そして、もしそうであるなら「豊かさ」にもかかわらず、それを批判する論理は「疎外」しかありえない。しかし、本章の（注4）で述べたように、学生が感知していたのは、むしろ全く逆の、自らのジャンク化という事態だったのではないか。廣松理論の受容も、ここで捉えられるべきである。

すでに論じてきたように、廣松理論は党の、ひいては「主体」の表象＝代行能力を本質的に疑問に付し、しかし、ラディカルたらんとしているという意味で、「ノンセクト的」なものだったのである。たとえ、廣松自身が古典的な「党」概念を払拭しえなかったとしてもそうなのだ。それゆえ、廣松が「党」に固執するその分だけ、廣松理論は徐々にアクチュアリティーを喪失していく。すでに第二次ブント内部が赤軍派問題をめぐり、四分五裂状態と化していた一九七〇年初頭に発表された「武装大衆叛乱型革命論の模索」（『現代革命論への模索』所収）は、「ブントと構改派との理論的対立が止揚されつつある」という楽天的な認識のもとに打ち上げられた「大ブント構想」のアドバルーンとして、ノンセクトも含め、大方の失笑を買った。（注6）それは、諸党派を糾合した大ブント（同盟）という党が

——いかに野合的なものとはいえ——「大衆」を表象し、前衛としてそれを代行しうると考える発想に対してのものであったはずである。ここにおいても廣松は疎外革命論に囚われているのだ。

確かに、廣松がこの楽天的な論文を発表した前年（一九六九年）の九月五日には、革マル派を除くニューレフト諸派を糾合した「全国全共闘連合」が結成され（議長・山本義隆東大全共闘代表、副議長・秋田明大日大全共闘議長）、実質的な「大ブント構想」が現実化しつつあるように見えた。各セクトは「武装大衆叛乱」を組織し、街頭闘争を競っていた。しかし、「盧溝橋事件三十三周年記念」のいわゆる一九七〇年七・七集会で、日本のニューレフトの民族差別に対する「華青闘（華僑青年闘争委員会）告発」によって、諸党派が全面的に自己批判を迫られる状況は、眼前に迫っていたのである。

当然のことながら、廣松の「大ブント構想」は破産する。廣松の名古屋大学時代の愛弟子であった小林敏明の先述追悼文「ベルリンからの返信のない手紙」がいうように、廣松理論には「性、暴力、宗教、文化、差別、第三世界といった問題に対する視点が欠けていた」（傍点引用者）。少なくとも、小林があげたうちの幾つかが決定的に欠けていたことは、七・七集会の帰趨に照らしても明らかである。しかしそれは、廣松的「党」が「他者」を表象する能力を獲得すれば足りるということではないし、また、そうした能力を持つ理論に代えればよいというわけでもないだろう。廣松の疎外革命論批判の射程を最大限に尊重すれば、そう言わざるをえないはずである。

しかし、その「大ブント構想」的目論見がおおむね水泡に帰した後も、廣松はその「党」的な表象=代行能力の保証を「向自的」=für uns な「学知」の立場に求めた。これは、廣松が「造反教官」として名古屋大を辞したしばらくの後(その間、廣松は雑誌「情況」の「電話番」もしていたという)、東大教養学部に迎えられたことと並行している。そして、これとともに、廣松理論はおおむね実践的な契機を喪失し、アカデミズム内に囲い込まれていく。いかに廣松が晩年にいたるまでマルクス主義の再建を訴えていたとしても、初期廣松の持っていた実践性は回復されるべくもなかったのである。(注7)

だが、ここでは別の問いを立てるべきかも知れない。疎外論批判を言いながら、廣松のその理論内容においても、構えにおいても、かくも多岐にわたって疎外論が回帰しているのだとすれば、それはほとんど「のりこえ不可能」なアポリアなのではあるまいか、と。廣松理論を「気分」として受容したと思われる「ノンセクト」にしても、表現=化肉としての疎外概念を斥けて、なおかつラディカルたらんとすることは、ほとんど不可能と同義であった。もとより、その不可能性を生きることが、「六八年」の問題だとしてもである。

そのような疎外論を駆使した存在は、ニューレフトではなく、『文化防衛論』の三島由紀夫だった。それは、廣松が社会構成論の内に還元してしまったかに見える物象化論(フェティシズム論)の問題にかかわっている。いうまでもなく、三島は還元しえないフェテイッシュを「天皇」と呼んだ。

廣松は三島について――管見の及ぶかぎり――論じていないし、ましてや、三島が廣松を読んだ形跡はどこにもない。だが、『文化防衛論』の疎外論は、廣松的論理に対する根底的な批判を内包しているがゆえに、三島が自負するごとく「反革命宣言」なのである。それが、「詩は表現ではない」（入沢康夫）という革命宣言への批判として鳴り響いていることも、改めて言うまでもない。

第Ⅱ部　カウンターカルチャーと理論的実践

第六章　詩的言語の革命と反革命

1　表象＝代行批判

「詩は表現ではない」（入沢康夫）——一九六六年に「現代詩手帖」誌上で発せられたこの一語が「詩壇」を震撼させた。これは歴史的な事実であり、以来この一語は日本の六八年革命のカウンターカルチャー運動において核心的な分野であった現代詩の世界で、繰り返し論議の俎上にのぼることになる。これは、前章で論述したごとく、ほぼ同時期に提唱された廣松渉の疎外革命論批判とも呼応する、「革命宣言」にほかならない。廣松がいうように、ヘーゲル的な——あるいは、それを「唯物論的に」改釈した青年ヘーゲル派の、そして当時のニューレフト系マルクス主義の——疎外概念は、「表現」を意味していたからである。

いうまでもなく、詩は世俗性に傾斜する散文（小説）中心の近代文学のなかで、その芸術性を保証する核心的なジャンルではある。しかし、その核心性は、小説に対するマイノリティーたる位置に置かれている。この位置は中心化を要求できない、俗語革命下では絶対的なものにほかならない。この、核心が脱中心化されているというパラドックスによって、現代詩は「近代世界システム」(ウォーラーステイン)に決定的な意味を持つ六八年革命における、文化的ヘゲモニーを担うことになったのだった。しかもそれは、「表現」という近代性《モダニティー》の担保を解体するような力として、である。この言葉を劈頭に置く入沢の詩論『詩の構造についての覚え書』は、まさしく一九六八年に刊行され、入沢はその年一〇月に勃発した勤務先・明治学院大学闘争に、僚友・天沢退二郎とともに「造反教官」としてコミットしていくことになる。

詩壇においてはスキャンダラスに響いた入沢のこの言葉も、しかし、当時の日本の文化的文脈においては、決して孤立したものではなかった。広い意味で(あるいは、それほど広く考えずとも)入沢と同じ知的サークルに属していたと見なしうる美術批評家・宮川淳は、『鏡・空間・イマージュ』(一九六七年)のなかの「鏡について**」と題されたエッセイのなかで、モーリス・ブランショの圧倒的な「影響」のもと、サルトルの想像力論を批判して、概略、左記のように書いている。付言しておけば、サルトルの『想像力の問題』は、日本においても、スターリン批判前後からはじまった「メタフィジック批評」(服部達、村松剛、遠藤周作)、江藤淳『作家は行動する』、そして吉本隆明『言語にとって美とはなにか』にいたる、いわゆる「想像力論ブーム」の枠組みを決定した書物であった。大江健三郎の当時のエッセイに頻出する「イメージ」や「想像力」という言葉も、いうまでもなくサルトルに由来している。しかし、ブランショの『文学空間』はすでに一九六二年、現代思潮社から邦訳刊行されていた。このような背景も踏まえて、宮川淳のサルトル批判は読まれなければならないだろう。

サルトルの想像力論は、古典的イマージュ論を「内在性の錯覚」と批判した。古典的なイマージュ論は、たとえば「机のイマージュを意識のなかに机が実在することと考えるところ」にあり、一種の「もの」であるとするのだが、だとすれば、「それがイマージュであるという事実そのものから、それは、それが表象する事物に対して一種の形而上的な劣弱性を身に受けている」ことになる。これに対してサルトルは、イマージュを「意識」であるとし、「イマージュ的意識にあってはその対象が無として措定されている」と言って、その「形而上的劣弱性から解放したかに」見えた。

このようなサルトルの想像力論に対して、宮川は、そこでは「イマージュとは対象の再現であることが自明の前提となっている」と、まず指摘する。

そこからイマージュの問題は、「それがイマージュである元の事物」、いいかえれば、イマージュとして意識に与えられた対象の存在に、そしてそれのみに還元されてしまうほかはない。この点において、サルトルのイマージュ論も、なおイマージュの古典的な概念に従っている。そして、そのかぎりにおいて、イマージュを対象に対する劣弱性から解放しようとする試みは、おそらくイマージュそのものを消滅させることによってしか可能ではないのだ。イマージュをイマージュ的意識、つまり想像力と同一視することによって、イマージュそのものを消滅させてしまったサルトルのイマージュ論は、むしろ、サルトルが批判の対象としてとりあげた古典的イマージュ論の最後を飾るにふさわしいもの、というべきだろう。

いうまでもなく、ここで批判されているのはイメージの表象＝再現性《リプレゼンテーション》（表現＝代行性）であり、それに対して『鏡・空間・イマージュ』の宮川は、「鏡」のモティーフのもと、ガストン・バシュラールやモーリス・ブランショを援用しながら、物質的かつ非＝再現的な「イマージュ」の論理を模索しているといえる。

イメージの物質性といった場合、宮川にあっては、たとえば——おそらく、ブランショを模してであろう——ジャコメッティが念頭に置かれていたが、『鏡・空間・イマージュ』は単に美術論集ではない。そこにはアンドレ・ブルトンやイヴ・ボンヌフォア、清岡卓行の詩が論じられたエッセイも収められており、「このエセー集で扱われている対象は」、「単純に〈言語〉と呼んでもらえれば幸いである」と「あとがき」で言われているように、明確に六八年革命的な「言語論的転回」が意識されているのである。当時の宮川が「「現前の形而上学」批判」として後に知られるジャック・デリダの著作にすでに触れていたかどうかは定かではないが、少なくともフーコーのサルトル批判（「ビンスワンガー『夢と実存』への序論」）や、レヴィ＝ストロースの『野生の思考』における高名なサルトル批判に触発されていたことは確かだと思われる。

デリダの『声と現象』、『グラマトロジーについて』、『エクリチュールと差異』は、原著がともに六七年に刊行されている。しかし、宮川がデリダの諸論文を雑誌掲載時に読んでいた可能性がないわけではない。宮川が後に、『野生の思考』における「ブリコラージュ」の問題系から「引用」という概念を定立し実践していったことは、周知のとおりである。あるいは、宮川的「引用」概念の詩的実践として、入沢の『わが出雲・わが鎮魂』（一九六八年）があったと見なすことも、半ばは妥当であろう。

入沢康夫の『詩の構造についての覚え書』の問題圏も、おおむね宮川のそれと重なるといってよい。入沢もまた、「詩が、主として語のイマージュに依存するという考えは不適当」だと言い、表象＝再現的なイメージ論に対して異議を立てるとともに、「関係としての言葉」を「物に対するのとほぼ同様に」扱うのが詩人だとして、言語の物質性に就こうとするからである。

では、かかる「言語論的転回」が、いかなる意味で六八年と関係しているのか。

フランス五月革命におけるもっとも知られたスローガンに、「想像力が権力を奪う」というものがあった。アナーキズム経由の「自己権力」概念とともに語られたこの言葉は、一般的にはサルトル的想像力論の文脈で理解されるのが通例である。すなわち、サルトルによって「対象が無として措定され」た――そして同時に「意識と規定」された――イメージは、一見すると、対象を代行＝再現するといった「劣弱性」から解放されているから、既存の対象＝「権力」をやすやすとこえうる人間学的「力」であるように考えられる。しかし、サルトル的想像力概念が、つまるところ「古典的なイマージュ論の最後を飾る」（宮川淳）ものでしかなかったとしたら、その「想像力」が握る「権力」とは、実は既存の古典的権力をもう一度、表象＝再現するものでしかないのである。つまり、「想像力が権力を奪う」とは「想像力が権力である」ことに等しい。だとすれば、これはいっこうに革命的なスローガンたりえないではないか。

ここで想起すべきは、六八年五月におけるサルトルの位置であろう。周知のように、サルトルは五月革命に積極的にコミットしようとした。しかし、そこにおいて「初めてサルトルは自分が直接に異議申し立てを受けるのを感じた」という。ダニエル・ドフェールが作成したミシェル・フーコー「年譜」によれば、一九六九年の二月一〇日、フーコーはある学生集会に招かれ、「知識人としてではなく、デモ参加者として発言することにとても満足」した。その同じ集会でサルトルも発言したが、「サルトルは壇上の机に「サルトル短くやれ」という紙切れを見出した」というのである（石田英敬訳、『ミシェル・フーコー思考集成 I』所収）。

ここでサルトルが問われているのも、宮川淳が批判したその想像力論におけるものと等しく、知識人という存在の表象＝代行的役割にほかならない。学生たちの「サルトル短くやれ」というメモは、宮川のサルトル批判と呼応していると見なすべきなのである。今や常識に属することだが、サルトル的な——社会的・政治的問題を、大衆を代表して表象する——「古典的」知識人は、六八年革命において決定的に失効した。そのような「大」知識人は、五六年のスターリン批判以後、六八年までの短い時代のなかで、プロレタリアートの階級意識を表象＝代行する装置としての「前衛党」の失墜に代わって、最後の光芒を輝かせた存在以外の何ものでもない。しかしスターリン批判とは、党であれ知識人であれ、その「前衛」としての表象＝代行能力がもはや行使不能であるという方向にしか帰結しえないものだった。六八年革命とは、まさに主体の「表現ではない」実践というところに、その画期性を認めなければならない運動であり、その意味で「ノンセクト」（非＝党）的なものだったのである。

このことは、「六八年の思想」にかかわる理論的問題として、「重層的決定」という概念でアルチュセールが敢行した、マルクス主義の言語論的・精神分析的「転回」についても言える。フロイト／ラカンをとおして定立されたアルチュセールの「主体なき」マルクス主義は、次のような前提に立っていたからである。

マルクス以来、われわれは人間主体、経済上、政治上あるいは哲学上のエゴが歴史の「中心」ではないということを知っているし、——啓蒙の《哲学者》たちに抗して、それから、ヘーゲルに抗して、歴史というのは「中心」をもたず、イデオロギー上の誤認のなかでしか必然的な「中心」をもたないような構造を有しているにすぎないということさえ知っている。フロイトがわれわれに暴いてくれたのは、現実の主体、特異な本質から見た個人というのは「自我」、「意識」、あるいは、「実存」——それが、対自のであれ、固有な身体のであれ、「行動」のであれ——に中心化されたようなエゴの形象をもたないということであり、また人間主体は、「自我」の想像上の誤認のなかでしか、すなわち、自我がみずからを「認知する」場合のイデオロギー構成体のなかでしか「中心」をもたないような構造によって脱中心化され、構成されているということであった。

（「フロイトとラカン」、石田靖夫訳）

後に「偶然性の唯物論」を掲げる時代とは異なって、六〇年代のアルチュセールは、マルクス主義者として、重層決定においても下部構造が最終決定の審級であることは認める。しかし、フロイト（ラカン）を経過したアルチュセールにとって、その「決定」は「誤認」をとおして事後的にしか開示されない、というのである。歴史が重層決定されるとして、その構造のなかで人間主体は自らを「誤認」するような位置に脱中心化されているのだから、ありうべき未来を「表象」したり、自らを「表現」したりすることは、あらかじめ不可能なのだ。

この文章を書いた時（一九六四年）、アルチュセールがいまだにフランス共産党員であったとしても、それはすでに「党」を斥けているといえる。なぜなら、正しい表象＝代行能力を――つまり、主体とその疎外という概念を――否定されたマルクス主義は、もはや党とは相容れないものだからだ。廣松渉の疎外革命論批判にしても、アルチュセールほどの徹底性を持たなかったとしても（しかし後述するように、その徹底性は相対的でしかありえないのだが）、同様の文脈に置かれていたことは言うまでもあるまい。

2 「似ていること」のパラドックス

非＝党《ノンセクト》の者たちによる「表現ではない」詩的実践として、六八年が遂行される。それが、「想像力が権力を奪う」という言葉によって言いあらわされえたものだったとすれば、それは、宮川淳が「イマージュの問題は（中略）イマージュがあらわす対象の存在ではなく、いわばイマージュそのものの現前、なにものかの再現ではなく、単純に似ていること」（傍点原文）にあると言った時、かろうじて言い当てられていたものだといえる。「再　現《リプレゼンテーション》」と「似ていること」とのパラドキシカルな差異。それは、再現＝表象としてのイメージが、常に背後にある（あるいは、深層の）何らかの実体的＝主体的自己同一性の表層への代行的再現であり、「劣弱性」をまぬがれないのに対して、単に「似ていること」としてのそれは、「あるものがそれ自体であると同時に、それ自体からずれてあること」、あるいは「自己同一性の間隙からのある非人称の出現」（傍点引用者）としてある、ということにほかならない。それは、「背後のないことそのもののあらわれ、軽薄なまでに表面的であることの権利」だと、宮川は言う。(注1) つまり、「背後の」権力を「再現」するのではなく、ただ権力と同じ表面において「似ていること」、これが「想像力が権力を奪う」ことの真に六八年的な意味でなければならない。そこにあってイメージとは、似ることによって権力を奪い、それ自体から「ずれてあること」の力なのである。

いうまでもなく、そのような闘争は、宮川の近傍にあっては――どれだけ意識されていたかは問わず――赤瀬川原平の「模型千円札事件」として、すでに存在していただろう。赤瀬川が個展「あいまいな海について」で「模型千円札」を登場させたのは一九六三年の二月のことであり、その模型千円札裁判が日本における六八年革命のシンボル的闘争となったのは、指摘するまでもない。「模型千円札」の六八年的な意味については第九章で論じる。その赤瀬川は一九六九年の「現代詩手帖」の本文イラストを、七〇年の表紙題字を担当した。詩的六八年革命の記念碑的詩集である吉増剛造『黄金詩篇』（一九七〇年）の装丁も、赤瀬川の手になっている。

より実践的な領域では、一九六九年くらいから津村喬を理論的支柱としてノンセクトによって取り組まれはじめた、在日朝鮮人・中国人等に対する反差別闘争（入管闘争）が挙げられねばならない。それは、「似ていること」としてある「在日」が、日本人の自己同一性を批判・解体するというところに依拠したという意味で、既存ニューレフトの疎外論的＝表現論的運動と決定的な断絶を画する運動であるはずであった。

しかし、「ネオダダ」をも自称した赤瀬川の「模型千円札」と、「引用の織物」に帰着する宮川淳の——ひいては入沢康夫の——「似ていること」の戦略が、どこかですれ違ってしまうことも事実である。ましてや、津村喬と宮川淳が——おそらく、小林康夫という存在をとおして——遭遇を演じる機会があったとしても、基本的にはすれ違っていると言える。それは、宮川や入沢の六八年革命へのコミットメントが今やほとんど痕跡さえ失われていることにも関係していよう。私見の及ぶかぎり、宮川淳も入沢康夫も六八年革命に直接かかわる文章を、ほとんど残していない。(注2) これに対して、赤瀬川のかつてのコミットメントは、今日の赤瀬川が「老人力」を掲げる者であるにしても、払拭しようがないのである。

そして、それと同様のことが、「詩は表現ではない」というテーゼを入沢の近傍にあって実践しながら、入沢以上に六八年革命をラディカルに通過した天沢退二郎についても言えるだろう。天沢もまた、おもにブランショに依拠しながら、「詩は表現ではない」という圏域を、「作品行為論」として、より六八年的に展開しようとしたのであった。入沢と天沢との差異は、端的に言ってしまえば、詩的実践を「構造」ととらえるか「行為」とするかにかかっていよう。現在の天沢が、かつての詩的・現実的実践についてほとんど沈黙していようとも、それは今なお問われねばならないものなのだ。

なぜなら、今日の現代詩人は、六八年あたりまでは「詩は世界と等価であって、その等価性を、いわば隠喩が表象＝代行した。それがリアリティを持ちえなくなったとき、詩人は沈黙せざるをえない」（『討議戦後詩』における野村喜和夫の発言）といった反革命的歴史観を高唱し、「闘争の美学の終わり」（高橋源一郎）とか「現代詩の終焉」（三浦雅士）といったキャッチフレーズとともに、六八年を「気分」として受け入れている様子だからである。しかも驚くべきことに、そのような気分を担保しているのが、宮川・入沢経由の「引用」や「ブリコラージュ」といった概念なのである。

しかし、すでに明らかであろう、六八年の宮川や入沢にあってさえ、それは闘争のための概念であったのだ。それが後発者たちによって反革命的概念に転用されたとすれば、それはそれで理由のあることには違いない。つまり、表象＝代行（あるいは疎外）概念なくして、果たして闘争は可能なのか、ということである。天沢退二郎は六八年において、その問いにもっともラディカルに直面した存在であったと見なしうる。

3　天沢退二郎と「間隙」の暴力

一九六八年の一月、「時代と芸術に、あふれる感受性をもって立向おうとしている若き精神たちに、この文庫をとおして現代の詩が、共感をもって迎えいれられてゆくことを期待したい」という発刊の辞とともに、思潮社から「現代詩文庫」が創刊された。現代詩が日本の六八年革命におけるカウンターカルチャーのヘゲモニー的ジャンルたりえた理由には、この相対的に廉価な現代詩文庫の刊行もあるだろう。

同年の七月に、第一一巻として『天沢退二郎詩集』が刊行される。(注3) この時の天沢は、同年すでに最初の評論『宮沢賢治の彼方へ』を刊行していたが、やはりこの年、詩論を中心とした評論集『紙の鏡』をも刊行する。詩文庫版『天沢退二郎詩集』は『道道』、『朝の河』、『夜中から朝まで』、『時間錯誤』の既刊四詩集を中心に編まれた。

すでに雑誌「凶区」は創刊されており(一九六四年)、天沢のほか菅谷規矩雄《すがやきくお》、渡辺武信、山本道子、鈴木志郎康、金井美恵子らを同人として擁するそのグループは、既成の文学秩序に反抗する若いボヘミアン的集団のように見なされていた。あるいは、彼らも自覚的にそうふるまったと言えよう。「凶区」にあってもっとも耳目を惹きつけたのは、同人たちの行動・交友を記したコラム「凶区日録」だが、そこには、彼らが詩のみならず映画、演劇、音楽、漫画、美術、舞踏を、そして六八年的闘争／デモンストレーションを、都市の「遊民《フラヌール》」として時代のなかで享受するさまが、生き生きと記述されていた。天沢はそのなかでも、もっともラディカルなボヘミアン的遊民としてふるまっていたといえる。

既刊の現代詩文庫が田村隆一、谷川雁、岩田宏、山本太郎、清岡卓行、黒田三郎、黒田喜夫、吉本隆明、鮎川信夫、飯島耕一と続くラインアップであったことを考えれば、当時三二歳の天沢は若い世代の詩人のリーダーとして登場したのである。しかも、谷川、黒田喜夫、吉本といった、スターリン批判以降の思想状況に何らかの——重要な——コミットメントを敢行した詩人たちの直後に天沢が配されているということは、六八年革命における天沢の位置を十分に忖度したものと推測される。

最初にも述べておいたように、詩が近代文学のなかで脱中心化された核心的ジャンルであるというパラドキシカルな規定性は、その圏域からラディカルな批評家を輩出する要因であった。それは、中原中也、富永太郎の圏域から登場した小林秀雄以来、日本においても一種の理念型となっていたといってよかろう。保田與重郎しかりであり、批評対象としての詩と小説の分業がおおむね確立した戦後にあっても、詩人が同時に文芸一般の（優れた）批評家であるという事態は、多々見受けられる。それは、端的に言って、詩という核心が文学のなかで疎外されているという意識から発した、疎外／回復の運動の変奏であったと言い換えうる。もとより、その疎外は近代文学にあっては、決してのりこえられないがゆえに、無際限のラディカリズムとして現出するのである。

吉本隆明、谷川雁、黒田喜夫といった詩人たちが、スターリン批判以後の文学的・思想的状況において重要な役割を果たしえたのも、近・現代詩が置かれているパラドキシカルな位置に由来している。ソヴェト・マルクス主義に対置された初期マルクスの疎外論の復権はまた、近代文学のなかでの疎外された本質たる、詩の回復という意味を持っていた。それは、ソヴェト・マルクス主義がいわゆる社会主義リアリズムという散文的な傾向を掲げていたこととも相即して、詩の側からの「実存的ロマンティシズム」(橋川文三)ともいうべき反抗を招いたのである。現代詩文庫発刊へと集約される六〇年代の「思わぬ「詩集ブーム」」(小田久郎)も、概略、この文脈に位置づけられる。

「凶区」の運動も、ある側面では、このなかにあった。「凶区」の前身をなす雑誌「暴走」の「休刊の辞」(一九六四年)において、天沢は「ぼくらの〈暴走〉はまず、全学連の政治的ラジカリズムをその本質面から、詩意識の次元において全体的に獲得・発展させようとする試みだった」、「〈暴走〉が継承したのは全学連ラジカリズムの〈役割〉ではなくてその原質的意味である」と述べている(北川透「言葉の自由の彼方へ――天沢退二郎の詩の世界」より再引用。これは詩文庫版『天沢退二郎詩集』の解説として書かれた)。

だが、六〇年安保におけるブント＝全学連の反スターリン主義的ラディカリズムが、「その原質的意味」において、すでに詩的なものだったのである。その側面から見たなら、天沢を中心とした「凶区」グループは、たかだか、小林秀雄以来繰り返されてきた詩的ボヘミアンたちの集団に過ぎまい。(注4) しかしおそらく、六八年における天沢退二郎の「革命性」は、かかる詩的ロマンティシズムを「似ていること」（宮川淳）として受け入れながらも、その「似ていること」が詩的ロマンティシズムからの「ずれ」や「はぐらかし」であり、同時に「私たちの〈書くこと〉の根源的な意味」（「言語表現をこえて〈書くこと〉の暴力へ」、『作品行為論を求めて』）であるような地点を模索していたところにある。そして、ここに天沢の入沢康夫や宮川淳との決定的な「ずれ」もあるとも言えよう。

そのことを、もう少し詳述してみたい。

詩文庫版『天沢退二郎詩集』の解説は、北川透と菅谷規矩雄が執筆している。この人選は今となってみると、いかにも興味深い。天沢の位置が——もしかしたら本人も含めて——六〇年安保の「全学連ラジカリズム」の詩的文脈において（のみ）見られているように思われるからである。周知のように、北川透は六〇年安保をへた後、「試行」を刊行（一九六一年）した吉本隆明に倣うように、一九六二年、自立誌「あんかるわ」を創刊していた（両誌とも当初は同人制）。菅谷規矩雄は天沢の大学時代からの知友で「凶区」同人だが、最初の詩集『六月のオブセッション』（一九六三年）は、六〇年安保の死者・樺美智子《かんばみちこ》に素材を仰いだものである。その後の北川・菅谷の足跡を踏まえても、彼らが「全学連ラジカリズム」を吉本隆明的な文脈として捉えていたことは間違いない（そして、それはそれで正しい）。

しかし、北川の現代詩文庫版天沢詩集解説「言葉の自由の彼方へ」への天沢自身の反発も直接の契機となって、北川が天沢の「作品行為論」や入沢の『詩の構造についての覚え書』へのポレミークを開始することになる(それらの文章はおおむね『〈像〉の不安——仮構詩論序説』(一九七二年)にまとめられた)。だが、ここで北川(そして、嶋岡晨、菅谷)と天沢・入沢とのあいだの論争(?)に立ち入ることはしない。北川らの批判が疎外=表現論の立場からするものであることは明らかであり、その限りにおいて、すでに触れておいたサルトル想像力論の範疇に収まるものである。むしろ問題は、天沢が北川的なものに(あるいは、菅谷的なものに)——というよりは、「全学連ラジカリズム」に——似ようとしていることなのだ。これは、入沢のエッセイには(もちろん、宮川淳のものにも)ない様相である。天沢が似ようとしているもの、それは天沢自身によって「書くことの〈暴力〉」と呼ばれるものだろう。

北川透との「論争」の一発端ともなった天沢の「作品論と作品の逸脱」(「現代詩手帖」一九六九年三月号、『作品行為論を求めて』所収)は、「私がいま書き出すところのものは何か」という自問から始まり、「書くこと」の逡巡を記した後、「明日、学長主催の欺瞞的一方的全学集会があるはずで、私もこんな無効な原稿ではなく、全学集会の欺瞞性を暴露糾弾するアジビラを書いているはずなのだ」とさえ言う。本文が書かれた後に付された長文の「註」には、その後の明治学院大闘争の推移が、それこそアジビラ風に書かれている。そして続いて天沢は、一転してブランショのカフカ論「木の橋」の紹介に入り、それに導かれながら深沢七郎の「おくま嘘歌」、入沢康夫『わが出雲・わが鎮魂』等を論じていくのだが、そこでのキーワードたる「註（釈）」は、同時に、「似ていること」の問題系とともに思考されるのだ。

入沢康夫に関して、天沢は入沢の作品「死んだ男」のエピグラフに、マラルメの「私たちは二人だった、私はそれをはっきり言える」が引かれていることに注目し、それとほぼ同様のことを対話形式で記したブランショ「木の橋」の末尾を引用する。そして、この「似ている」関係の主題が、『わが出雲・わが鎮魂』における「作品（本文）」と「自註」との関係へと変奏され、次のように論じられる。

このとき、「自註」は二重の意味でバリケードをかたちづくっている。まず、《もし作品の中に放置されれば、際限なく作品を解体してしまいかねないものである》《あのおのれをくりかえすという（作品の）能力》（ブランショ、前掲エッセイ）に対してであり、第二に、『わが出雲』へ加えられるはずのあらゆる註釈に対してである。しかも、どちらの意味においても、バリケードはやはりもどきでしかないはずだ。なぜなら『わが出雲・わが鎮魂』が私たちに及ぼす力——別の云い方をするなら私たちがそれを読むことの可能性——は、バリケードをこわしあふれ出る逸脱によってこそもたらされるからであり、しかもこの逸脱はじつは、両様のバリケードの成立根拠と同一のものなのである。

（傍点原文）

「註釈」が作品の自己同一性を守るバリケードであると同時に、それを破壊する暴力でもあるという「二重の意味」、それを天沢は入沢康夫にならって「もどき」という「似ていること」の比喩で言い直しているわけだが、その注釈というバリケードが六八年的な意味でのそれ――それは、同時に「全学連ラジカリズム」にも似ている――に「似ている」ことは言うまでもない。しかも、天沢のこの詩論自体が、先に触れておいた明治学院大闘争のピークを記す「註」を付され、そこには「学内のバリケードは機動隊により解除され、得意満面わめきちらす院長、学長、体制派教職員によって《建物》と《構内》は支配された」という一節さえ読まれるのだ。

だとすれば、天沢が付したこの「註」それ自体が、「作品論と作品の逸脱」という詩論的「作品」のバリケードであると同時に（それ以上に）、それを「こわしあふれ出る逸脱」の暴力でもあると知られる。それは、「機動隊により解除され」た明治学院大のバリケードを代補しながら、しかし機動隊の暴力をこえて（似て）暴力的であろうとする「書くこと」の〈暴力〉」にほかならない。おそらく、宮川淳にしても入沢康夫にしても、かくも「暴力」としての六八年革命を生きようとはしていなかったのだ。ましてや、「暴力革命」を標榜して、「軍事路線」に走ったニューレフト諸派についてはいうまでもない。

「書くことの〈暴力〉」を、天沢は、これまた六八年を象徴する革命的な漫画たる、つげ義春の『ねじ式』（六八年）から学んで、「徹底的」ならぬ「テッテ的」なものとも呼ぶだろう。

最大の暴力として〈書くこと〉あるいは表現をこえた行動を徹底的に追求する——《いや、この場合、テッテ的というのが正しい文法だ》……このとき奇妙なあたたかさでひらく間隙、沈黙の空間を、私たちは獲得し占拠しなければならないだろう。
（「言語表現をこえて〈書くこと〉の暴力へ」、『作品行為論を求めて』所収、傍点引用者）

問題は、宮川淳をも捕らえたこの「間隙」である。それが「似ていること」のつくりだす自己同一性の間隙であることは繰り返すまでもないが、そこでは果たして「徹底的」であることをまぬがれうるのか。天沢退二郎が六八年の革命から時代の流れとともに撤退してしまったとすれば、問題はこの点にかかわっていると見なしうる。「テッテ的」とは「徹底的」に似ながら、それよりもはるかに困難な態度なのである。

詩論「言語表現をこえて〈書くこと〉の暴力へ」のなかで天沢が「〈書くこと〉の不吉な生命のしるし」を読み取り絶賛した「「し」と間隙」の詩人・山本陽子は、その「間隙」を生きることが、「テッテ的」ならざる「徹底的」たらざるをえないことを、身をもって実践してしまった存在ではなかったか。山本陽子は一九八四年、ほとんど横死するようにして四一歳で死亡した。付言しておけば、この近傍には石原吉郎がいる。(注5)

4　三島由紀夫の「勝利」

その「間隙」を「テッテ的」であると同時に「徹底的」に生きた存在がいた。「テッテ的」であり「徹底的」であるとは、「イロニーとして」と言い換えてもよい。三島由紀夫がその人である。まさしく六八年に発表され、「文化概念としての天皇」という言葉のみがスキャンダラスに受け取られた「文化防衛論」や「反革命宣言」(一九六九年)は、率直に読んで、ニューレフトに対するアイロニカルなシンパシーによって貫かれており、ラディカルな保守的革命主義者の帰趨をそこに見ることができる。

一九六九年五月一三日に東大駒場でおこなわれた東大全共闘学生とのパネル・ディスカッションにおける三島の、「天皇と諸君が一言言ってくれれば、私は喜んで諸君と手をつなぐ」という高名な言葉は、期せずして、アルチュセール、廣松渉から宮川淳、入沢康夫、天沢退二郎までを包摂する、六八年的な疎外(＝表現)革命論批判に対する、疎外論からのラディカルな再批判となっていると見なすべきなのである。先に(注2)で触れたように、大岡信が小田久郎に言ったごとく、三島も入沢康夫も、そして天沢退二郎も、「時代に流され」翻弄されたとは言えるであろう。しかし、時代に流されなければありえない思想や文学というものがあり、それはその「誤認」ゆえに真実を突いているのである。そもそも、六八年とは重層的な「誤認」の上に成立した革命であった。アルチュセールは、先に引用したところからも知られるように、そのことを思考しようとしていたし、三島由紀夫は「天皇」という「誤認」をあえて冒すことで「(反)革命」たらんとしたのではなかったか。

「文化防衛論」は、世界的なヴェトナム反戦運動等の非ニューレフト的なものへの反映であるところの、スターリン主義や社会民主主義の影響力の拡大に対する危機意識を、まず直接的な動機として書かれている。ファシズムも含めて、三島はそれらを一括して「全体主義」と呼ぶ。これは、ニューレフトのスターリン批判におけるそれと、ほぼ同様の概念である。中国の文化大革命さえ三島にとっては「全体主義」以外のなにものでもない。当時、東京都は社会党・共産党の共闘で美濃部亮吉のいわゆる「革新都政」下にあり、「社共連立政権」や「民主連合政権」さえリアリティーを持って語られていた。三島の危機意識は、まず、日本のこの状況に向けられていた。かかる「全体主義」に対立して三島が提唱するのが、「文化の全体性」であり、「文化概念としての天皇」にほかならない。

「文化の全体性」とは、三島にあっては、日本文化の特色たる「菊と刀」(ルース・ベネディクト)という一見した分裂を、差異として肯定する全体性であると言っていいだろう。「菊と刀」という比喩で言われた多様性を肯定する装置が「文化概念としての天皇」なのである。その天皇概念が「一視同仁」的な実体性に還元されないところに、三島の面目がある。先に引用しておいたアルチュセールに沿って言えば、構造のなかで脱中心化されてあるほかはない「自我」が、自らをあたかも自己同一的な「主体《サブジェクト》」であるかのように「誤認」する時に必須な「従属《サブジェクション》」の対象が天皇である。

しかし、その天皇にしても、単に小文字の主体＝臣下に呼びかける大文字の他者なのではない。もちろん、三島は他者からの「呼びかけ」による「誤認」としての主体化という側面を強調するにやぶさかではない。「天皇に栄誉大権の実質を回復」せよというのは、臣下への呼びかけのことだろう。だが、その天皇制の「万世一系」性を「オリジナルとコピーの弁別を持たぬこと」と三島が解釈する時、その個々の天皇は単に互いに「似ている」という関係に入るのだから、その自己同一性は破壊され、天皇自体が「間隙」をあらわにすることになる。個々人という「主体」であれ国民というそれであれ、その裂壊を埋める大文字の他者が、すでに解体している（ラカン的に言えば抹消符号の斜線が引かれている）ということ。にもかかわらずと言うべきか、それゆえにと言うべきか（おそらく後者の理由であろう）、天皇は崇高な大文字の他者なのである。これが「文化概念としての天皇」の要諦にほかならない。

それはともかく、三島は「全体主義」を次のように批判する。

左右の全体主義の文化政策は、文化主義と民族主義の仮面を巧みにかぶりながら、文化それ自体の全体性を敵視し、つねに全体性の削減へ向うのである。言論自由の弾圧の心理的根拠は、あらゆる全体性に対する全体主義の嫉妬に他ならない。全体主義は「全体」の独占を本質とするからである。

ここで言われていることも、スターリン批判に際して、初期マルクスに拠ってニューレフトが繰り返し指摘してきたことである。しかし、ニューレフトが疎外革命論（初期マルクス）を護持している限り、それもまた「「全体」の独占を本質とする」ほかはない。三島が社民化したスターリン主義を「全体主義」と呼ぶと同時に、「人間主義的社会主義」とも言ったのは、その意味でまったく正しかった。それが、アルチュセールや廣松渉の疎外論批判の射抜いていたところでもあり、「人間主義」を標榜して疎外革命論に依拠するニューレフト諸派の「全体主義」化は、今にいたる歴史が残酷なまでに証明している。その意味で、三島の「文化防衛論」は、まずもって、疎外論批判なのである。

しかしここで三島が、今日の文脈であるなら「文化的多元性」とでもいうところを、あえて「全体性」と記しているところに注意しなければならない。三島にあっては文化の（あるいは、「主体」の）分裂の――つまり「疎外」の――「間隙」は何らかのかたちで埋められ、擬似的にしろ「全体性」が確保されなければならないのだ。この三島的疎外論に当時かろうじて接近しえたのは、「原生的疎外」という概念を『心的現象論序説』で提出した吉本隆明のみである。吉本のこの概念は、今日なら「ホモ・デメンス」(エドガール・モラン)とも呼びうるところの、ヘーゲルあるいはフロイトもその論理の基底に置くものにほかならないが、吉本にあっては、この疎外概念は、他のさまざまなレヴェルの疎外概念と混交して、一つの抽象にとどまってしまった。

アルチュセールや廣松においても、無自覚にではあれ、この疎外問題は意識されていた。とりわけ、ラカンを導入してその論理を組み立てたアルチュセールにあっては、そうであろう。しかし、彼らは「間隙」を埋めるその「全体性」の担保を、「党」や「科学」、「学知」といった「全体主義」的な概念によって語るほかなかった。もちろんそれは疎外論の回帰であり、信じている限り裏切られてしまう概念である。あるいは、その「間隙」を「間隙」として生きようとした場合、天沢退二郎や山本陽子において——そして、石原吉郎において——そうであったように、「死」と「暴力」が——あの「全体主義」のそれと「似ている」ものとして——露呈してくるほかなかったのである。

三島のアドヴァンテージは、それに対して、「文化概念としての天皇」という装置を提示してみせたところにある。三島は「間隙」=「疎外」を埋めるフェティッシュとして、フェティッシュであると知りながら(あるいは、フェティッシュだからこそ)、天皇(制)を肯定してみせたといえる。それは疎外論のリミットである。「天皇と諸君が一言言ってくれれば」とは、このような文脈で捉えられるべきだろう。

期せずして三島由紀夫は「六八年の思想」のアキレス腱を突いたといえる。それが、三島のあの最期に帰結したのだとしても、それはそれで三島の栄光ではある。三島由紀夫が七〇年一一月に「楯の会」会員とともにおこした事件に際して、当時、パルチザン武装闘争を提唱していた滝田修（京大助手・当時）は「先をこされた」と述懐したと伝えられる。滝田は三島事件をニューレフトが担うべき武装闘争の先駆けと見たのである。

しかし、これが愚昧な三島理解でしかないのは明らかであろう。六八年的な文脈での三島事件の思想的な意味は、「文化概念としての天皇」というフェティシズム的対象を措定しない限り、「全体主義」的暴力——ラカン的に言えば「享楽《ジューイッサンス》」——は避けられないとしたところにあり、三島の擬似クーデターはその暴力との「間隙」を示す、単に「似ていること」以外の何ものでもないのである。そして、三島が「反革命」的に勝利したとすれば、「天皇と諸君が一言」わなかったために、三島事件以後のニューレフト諸派が「内ゲバ」や「連合赤軍事件」といった「全体主義」的暴力の渦にとらえられていったというところにある。事実、そのためにニューレフト諸派が崩壊していったという側面があることは、誰しも否定できまい。

では、「文化概念としての天皇」と言うことは可能なのか。三島がおそらく知悉していたように、六八年から今日の擬似「日本回帰」＝「J回帰」にいたる「J天皇制」（浅田彰）においてますます明らかになっているのは、三島のごとく「天皇」をフェティシズム的対象として言うことの奇矯さであると同時に、それがまさしくJunk的なものとして偏在しているということにほかならない。そして、そのような状況に対質しうる視点は、私見によれば、六八年において三島が斥けえたかに見えた廣松渉や天沢退二郎の思考の「間隙」に、それと知られず存在していたのである。

前章でも論じたとおり、廣松の疎外論批判は『ドイツ・イデオロギー』のテクスト・クリティークをつうじて、今日風にいえば、その社会構成《ソーシャル・コンストラクショニズム》論的地平を疎外論的本質主義《エッセンシャリズム》に対抗して顕揚したものであった。確かに、『ドイツ・イデオロギー』はおおむねそのように読みうる書物である。しかしそこには、廣松のテクスト・クリティークによればマルクスによって抹消されたエンゲルス筆による、「国民が即自対自的に糞尿である」という奇妙な一節（草稿一五―一六ページ）が読まれるのだ。ちなみに、廣松渉は疎外概念を批判する際に、それが所詮は「おなら」の論理に過ぎないというジョークを好んだ。「おなら」は人間から疎外されたものかも知れぬが、その疎外を回復する（体内に戻す）ことなど可能なのかという次第である。だが、「おなら」ではなく「糞尿」はどうかと、半ば冗談として、しかし真剣に問うべきである。いうまでもなく、ここでは「国民」が歴史的・文脈を導入して考えられなければならない。『ド・イデ』のこの一節は、「国民」がフロイト的な文社会的に構成された想像的な産物でありながら、「即自対自的」には「糞尿」という疎外された対象それ自体であるという意味に解するのが妥当であろう。(注6)それを崇高な対象と「誤認」することによって、国民的「主体」は裂壊した自己同一性を回復しえたと信じうるのだ。いうまでもなく、その対象とは、日本にあっては三島のいう――国民の象徴としての――「天皇」にほかならない。そのフェティシズム的な崇高さは、同時に、糞尿的な――ジャンクな――フェティッシュでもあると捉えなければならないだろう。

三島由紀夫に「真に知己を得た」と言わしめた田坂昴の『三島由紀夫論』などがすでに指摘しているように、『仮面の告白』以来、三島には糞尿フェティシズムがまぎれもなく潜在していた。三島のいう「文化概念としての天皇」とは、その意味でいうなら、糞尿の美学化である。『ドイツ・イデオロギー』全般をおおう社会構成論をこえた(!)、この国民=糞尿論(疎外論!)を押さええなかったところに、廣松を先頭とする六八年ニューレフト理論の三島への敗北が存在している。それは、ベンヤミンにならえば、「政治の美学化」に対抗する「芸術の政治化」の不在にほかならない。

しかし、三島的糞尿の美学化に抗する政治的作品は、すでに存在した。三島の推挙によって雑誌「中央公論」に掲載されたとさえ言われ(三島がこの作品を絶賛していたことは隠れもない事実である)、その後、右翼テロを含むさまざまな事件をまきおこした、深沢七郎の「風流夢譚」(一九六〇年)がそれである。そこには、話者の「私」が昭憲皇太后を「糞ッタレ婆ァ」と罵倒し、皇太后が「なにをこく、この糞ッ小僧ッ」と言い返すごとく、国民が糞尿という対象を持つことによって、それ自体「即自対自的に」糞尿であることが、反美学的に記されている。しかも、「風流夢譚」の高名な天皇家殺害は、無時間的なあの「間隙」において生起しているのである。(注7)

先に引用しておいたように、天沢退二郎はその詩論「作品論と作品の逸脱」のなかで、深沢七郎の「おくま嘘歌」を論じていた。天沢にとって深沢が特権的な作家であることは論をまたない。天沢は、「深沢七郎論覚書」(『作品行為論を求めて』所収)で「風流夢譚」にも接近を試みてはいる。しかし、きわめてブリリアントな分析を深沢に差しむけながら、そこで生起していることを単に「夢」と捉えているところが決定的な限界である。その事件が無時間的な「間隙」での出来事だとすれば、それは「夢」である以上に(同時に)、「真実」=「現実」(ラカン的意味での)ではないのか。天沢の「現実」からの撤退と「夢」への逃亡は、すでにここから始まっている。

「風流夢譚」という作品は、一連の事件のためもあって、今なお市場に流布していない。しかし、六八年時にあって、それはアンダーグラウンドな出版物として流布していた。もちろん、それを流布させた者の意図としては、天皇制に反対する「不敬文学」(渡部直巳)と見なしてのことであろう。しかし、「風流夢譚」は「不敬」という微温的な概念をはるかにこえている。それは、三島的「(反)革命」に対する革命的批判として、六八年革命の思想に包摂されなければならなかったものなのだ。そのことをもっとも恐れていたのも、また、三島由紀夫であろう。いうまでもなく、「言論の自由」を「文化の全体性」のための必要不可欠の契機とする三島にとっては、「風流夢譚」の存在の公然化は、何をおいても認められなければならなかったはずだからである。

三島由紀夫の擬似的な「勝利」と天沢退二郎の「敗北」は、前者の詩的「故郷」たる日本浪曼派的ポエジーに対する戦後詩＝現代詩ののりこえ不可能を告げるものだったかもしれない。しかし、「風流夢譚」の（隠蔽された）存在が告げているのは、三島的ポエジーに対する抵抗可能性以外のなにものでもない。

第七章　アンダーグラウンド演劇のアポリア

1　六〇年安保からの出発

六八年に随伴したカウンターカルチャーの核心的な契機として、前章で論じた現代詩と並んで、いわゆるアンダーグラウンド演劇を挙げるべきことは衆目が一致するに相違ない。唐十郎の状況劇場（一九六三年結成、後に唐組）、鈴木忠志、別役実の早稲田小劇場（一九六六年）、寺山修司の天井桟敷（一九六七年）、佐藤信らの演劇センター68／69（一九六九年、後に演劇センター68／70から演劇センター68／71、68／71黒色テント）をはじめ、蜷川幸雄、清水邦夫の現代人劇場（一九六九年、後に櫻社）、太田省吾の転形劇場（一九六八年）等々、今や伝説的とさえ言える多様な「アングラ第一世代」の劇団が「六八年」に随伴し、その色彩を規定したことは、すでに多くの人間によって語られてきた。

しかし、それらの運動が、それ自体としてアングラ演劇のパロディー的パフォーマンスであった七〇年一一月の三島由紀夫の事件を境にして急速に衰退、あるいは変質をとげなければならなかったのも、これまた歴史的な事実だろう。六〇年代アングラの担い手たちが、すでに亡くなった寺山を除いて、おおむねいまだに旺盛な活動を持続しているとしても、そう見なさざるをえないのである。その失速の契機となったのは、後に詳述するように、三島事件であると同時に、アングラ演劇が随伴した六八年の反システム運動の「転回」によっても規定されていると言うべきだろう。

しかしそれは、三島事件とほぼ相即して始まる「内ゲバ」に関係しているというよりも、本書においてすでに繰り返し参照を求めている「華青闘告発」=「七〇年七・七」に象徴されるところの、ニューレフト運動のパラダイム・シフトに規定されていると見なさなければなるまい。「内ゲバ」は、むしろ多くのアングラ演劇に素材を提供したし、アングラ的なものなのである。それゆえ、三島事件以降にアングラ演劇が逢着したアポリアは、七・七のパラダイム・シフトの意義を認識しえなかったニューレフト諸党派が、「内ゲバ」においておちいった隘路と相即的なものと見なすことさえできる。そのことは、ニューレフト諸党派がそうであるように、六〇年安保を契機として誕生したアングラの出発に、すでに刻印されていたと言いうる。

日本のアンダーグラウンド演劇の「起源」は、六〇年安保のブント=全学連のなかで懐胎したと見なして、おおむね大過あるまい。すでに著名な歌人・詩人であった年長の寺山修司を例外とするが(そして次章で論述するように、このことが寺山の芝居の六八年における特異性を形成することになるのだが)、後に「革命の演劇」を標榜することになる佐藤信は言うにおよばず、非政治的とみなされた唐十郎さえ、六〇年安保闘争のデモに参加している。唐の近作『虹屋敷』（改作上演二〇〇二年）には六〇年安保の主題が鮮明に刻印されてもいる。鈴木忠志らの早稲田小劇場が、社会主義リアリズムとスタニスラフスキー・システムの――すなわち、日本共産党の――呪縛下にあった早稲田大学の名門学生劇団「自由舞台」から分派して形成されていったことに端的に象徴されているように、アンダーグラウンド演劇は一九五六年のスターリン批判を契機に誕生したニューレフトの文化的ヘゲモニー闘争を担う、学生インテリゲンツィア・グループとして登場してきたと言える。アングラ演劇はニューレフトが最初にヘゲモニーを掌握しえた文化的ジャンルであった。

彼らは、既成の劇団に属して訓練を積むという既存の方法を（相対的に）斥け、そこから自立するという方向を採った。これ自体、ブントが採用した、共産党からの「別党コース」を想起させるものである。別役実の初期の代表作『象』が、鈴木の演出によって「新劇団自由舞台」（既存「自由舞台」からの分派、後に早稲田小劇場）で上演されるのが一九六二年であった。以後、唐の初期を代表する『腰巻お仙・百個の恥丘』が新宿戸山ハイツで上演され、佐藤信の『あたしのビートルズ』が六本木・アンダーグラウンド自由劇場で公演を果たす。前者は一九六六年、後者は六七年のことである。

他の文化的諸ジャンルに比して、新劇は日本共産党のヘゲモニーが六〇年前後においても強力に存在していた、特異なジャンルであった。三好十郎の『斬られの仙太』（一九三四年）のごとき特異な転向文学が先行的に存在し、戦後には久保栄や村上一郎の提言があったにもかかわらず、演劇界においては戦争責任論／転向論にかかわる議論が積極的になされることはなかったし、スターリン批判以降の時代に応接する作品も、いまだ十分なものが生み出されることはなかったのである。アングラ第一世代と同世代に属している菅《かん》孝行のマニフェスト「死せる「芸術」＝「新劇」に寄す」が吉本隆明らの雑誌「試行」（第六号、当時は同人制）に掲載されたのは、一九六二年のことであった。しかし、菅のこのマニフェストは、その影響下にある吉本・武井昭夫の『文学者の戦争責任』（一九五六年）の何分の一かのインパクトさえ持ちえなかった。そもそもそれは、六〇年安保をブントとして通過した菅による、日本共産党の影響下にある千田是也らに率いられた新劇の現状に対する批判という色彩が強く、歴史的なパースペクティヴが希薄なものであったのである。（注1）にもかかわらず、六八年におけるアングラは、もっとも先端的に、ニューレフト運動と同伴することになるのである。

2　近代芸術のなかでの「遅れ」

かかる演劇というジャンルの「遅れ」と、その反動としてのアングラの六八年への加担の「早さ」は、前章でも触れた、近代文学における詩というジャンルの問題と相即的に捉えうるだろう。

美術や音楽の問題はさしあたり措くとして、(注2)近代文学(芸術)の成立に際して、演劇は詩とともに、小説の「改良」に先行する「早い」ジャンルであった。近代俗語革命(言文一致運動)の端緒となった坪内逍遙の『小説神髄』(一八八五―八六年、明治一八―一九年)に先駆けて、外山正一、矢田部良吉、井上哲次郎の『新体詩抄』が一八八二年に刊行され、それが『小説神髄』の記述にも大きく影を落としているのは周知の事実だが、演劇改良の動きはさらに早く、明治初年代から「歌舞伎の近代化」として、すでに政府の政策で提起されていた。いうまでもなく、これは西欧演劇がナショナル・シアターを中心とした国民芸術であるとの認識にもとづいた、「上からの」ナショナリズム政策にほかならない。この動きに反発しつつも呼応して、逍遙、外山正一、森鷗外らが「下からの」演劇改良を唱導した。この運動は一八八〇年代後半あたりまで続く。しかし、この演劇改良運動は、後者の鷗外、逍遙らの幾つかの実践的な試みをも含めて、おおむね実を結ぶことがなかったのである。『新体詩抄』や『小説神髄』はもちろんのこと、演劇改良運動もまた、帝国憲法発布(一八八九年)と国会開設(一八九〇年)に収斂していく近代国民国家形成に向けたムーヴメントの一環と位置づけうる。国会開設を最大の課題として掲げた自由民権運動は、政治小説や壮士芝居の運動を随伴させたが、一八八一年に発せられた国会開設の詔勅によって、大衆運動としての性格の転換を余儀なくされざるをえないものであった。すなわち、憲法を制定し、国民の「代表《リプレゼンテーション》」機関としての国会を開設せよというストレートな要求から、その国会を担うにふさわしい国民をいかにして形成するかという課題へ、という転換であり、それは「下から」の発案によってしか成しとげえない。そこでヘゲモニーを握ったジャンルが小説であったことは論をまたない。『小説神髄』が刊行された後に、演劇はようやく壮士芝居の時代に入るのである。詩でさえも、北村透谷から島崎藤村にはじまる近代詩の系譜が、小説の俗語革命と並行して登場していることにかんがみても、この時点における演劇の「遅れ」は決定的である。演劇人で、これまで挙げてきた文学者に比肩しうる存在は、明治前中期までには存在しない。演劇が無視しえぬ近代的ジャンルとして浮上するのは、イプセンを卓越視する日露戦後の自然主義文学運動のなかから、そのイデオローグ島村抱月が演劇運動へと転進し(一九一三年、松井須磨子と芸術座創設)、あるいは小山内薫が自由劇場を創設する時(一九〇九年)を待たねばならなかったのである。

このことからまず知られるのは、前章でも述べたごとく、散文=小説を中心とする近代文学の俗語革命において、詩はその「芸術性」を保証する核心的なジャンルであることによって、その革命を先導する場面がある、ということにほかならない。ところが、演劇はネイション・ステイトの創生期において「上からの」ナショナリズム政策として提起され失敗に帰したという事実からも知られるように、その近代的芸術性・国民性がどこに存在するのか、把握しがたいジャンルなのである。近代国民国家は、個々の国民を、小説を黙読する読者を理念型とするところの、内面的かつ近代的な「個」として組織するからである。そして、その個々に内面的であり平等である国民が、自らの「代　表《リプレゼンテーション》」を「役者」として選んで「上　演《リプレゼンテーション》」するナショナル・シアターは、端的に国会にほかならない。当初から独立して存在したナショナル・シアター設立の要請が国会開設の要請へとすりかえられていったゆえんである。

神話的＝「法措定的暴力」（ベンヤミン）のための文化装置としてのナショナル・シアターの役割は、帝国憲法の発布主体でもある天皇（制）それ自体が担ったといえる。しかも、国会は主に小説ジャンルによって（部分的には、詩によって）設立しうる劇場にほかならなかった。この意味において、演劇は詩以上に小説に対して副次的な芸術ジャンルたらざるをえなかったのである。それは、観客が「個」ならぬ「集団」として組織されるがゆえに、「前」あるいは「超」近代的な相貌を色濃く残すジャンルと見なされることになる。（注3）

にもかかわらず、演劇が近代における文学的・芸術的ジャンルとしての存在理由を主張しえたのには、この「前」あるいは「超」近代的な性格が深くかかわっていると言わねばならない。『想像の共同体』でベネディクト・アンダーソンが論じたように、近代国民国家の要諦は、あるエリアにおいて、会ったことも話したこともない個々人が、あたかも今ここに同時に――同じような個々人として――「現　前《プレゼンテーション》」しているという想像的な信憑を与えることにあり、そのことを可能にする装置が、出版資本主義に媒介されたところの、俗語革命をへた近代小説であった。しかし、かかる「現前性」への志向は、小説のみによってはかなえられえない。「近代《モダン》」とは、現前性への志向であるが、同時に、それは「現代性《モダニティー》」によって保証されなければならないからである。すなわち、日々新しいものの(現代性=モダニティー)が現前していなければならない、というのが近代の要諦にほかならない。

しかるに、小説がこうむらざるをえない俗語革命という形式上の規定は、同時に、小説の内容上の世俗化をも受け入れなければならない。そのことこそが、同じような個々人の今ここにおける現前という想像上の信憑を保証する。二葉亭四迷の『浮雲』以来の小説は、基本的に、この内容上の世俗化をも受け入れるものであった。しかし、そのような内容上の世俗化は、つまりはありふれたものの現前にほかならず、もう一つの要求たる、「現代性」という新しさの要請とは、しばしば背反せざるをえない。ここに、詩と演劇が小説を補完せざるをえない理由も存在する。詩と演劇は散文的世俗化からのがれうる「前」あるいは「超」近代的なジャンルだからであり、そこにおいて「現代性」を担いうるのである。

かかる「現代性」こそが、小説以上に詩を近代芸術の芸術性の担い手と見なさせるゆえんであるが、演劇においても、それほど事情は変わらない。日露戦争以前におけるプレ自然主義の「現代性」を代表した小杉天外の小説『魔風恋風』(一九〇三年)のモデルが小山内薫と言われ、なおかつ、その小山内の演劇活動が田山花袋をはじめとする自然主義文学運動の「現代性」を保証する参照先であったことからも、そのことは知られよう。いうまでもなく、かかる現代性とはスキャンダリズムと紙一重のものであり、それは神話的＝「法措定的暴力」と、どこかで踵を接している。アンダーグラウンド演劇が六八年におい て担ったものも、さしあたりは、近代における演劇のこのような「現代性」の側面に規定されていたと言いうる。

3 ブレヒト的なものからの撤退

しかし、詩が小説とともに近代的な個人の内面を形成するに特権的な文学ジャンルであったのとは異なって、演劇はそのようなことには不向きなジャンルと見なされざるをえなかった。それは、演劇が詩や小説と比較して、近代の出版資本主義に包摂されえぬ部分を大きく持つ、「前」または「超」近代的なジャンルでもあったからである。それは、出版資本によって全国津々浦々の「個」に配信されるものではなく、特別に設置された劇場という場において、「集団」として組織された観客に伝達される（そのことと相即して、劇団もまた近代的ならざる共同体の相貌を帯びることがある）。それゆえ、明治期初期の歌舞伎は、政府から前近代的として「改良」を求められるジャンルであったわけだし、後の新劇は近代資本制を否定する革命のプロパガンダのためのメディアとして、共産党のヘゲモニーが維持される場となるのである。先に述べたような、新劇における個々の演劇人への戦争責任の追及が不発に終わっている理由も、おおむね、演劇のこの「前」近代性に由来するといっていいだろう。

アンダーグラウンド演劇が依拠しようとしたのも、演劇の「前」あるいは「超」近代性であったが、すでに一九五〇年代から花田清輝は、「前近代を否定的媒介にして近代を超える」というアヴァンギャルド芸術論のスローガンのもと、新劇の革新を模索して、いくつかの戯曲を発表していた。しかし、「党員文学者」花田にあっては、そこで組織されるべき「集団」は先験的に近代プロレタリアートという前提であるほかなかった。だが、すでに瞥見したように、六〇年安保を契機に出発したアンダーグラウンド演劇は、共産党＝新劇からの別党コースを採ったことと相即して、自らをルンペンプロレタリア的なジャンクと規定したところに、その新しさがあったと言える。唐十郎がそれを「前」近代的なイメージによって、「河原乞食」と名づけたことは知られていよう。それは、六八年から今日にいたる過程で顕在化する、学生インテリゲンツィアの傾向を先取りするものであった（いうまでもなく、「パラサイトシングル」とは、そのカリカチュアにほかならない）。

六〇年安保後に書かれた花田清輝の戯曲『爆裂弾記』などは、当時すでに花田が共産党を離れていたにもかかわらず、ブント＝全学連的なラディカリズムへのパロディー的批判を明確なモティーフとして書かれている。ここには後に論じるようなある種の正当性が認められるにもかかわらず、花田が決定的に時代を誤認していたことは確かである。それは、スターリン批判以降の時代におこなわれた、花田と吉本との論争において、花田の論理的な全き正当性にもかかわらず、その時代状況的な有効性については、吉本の全面的な勝利に帰結する「誤認」の構造と、ほぼ等しい。

このことは、花田の近傍にあった安部公房や、浅利慶太、山崎正和らの、日本共産党体験を持つ、いわゆる「新劇第二世代」が、ついにアンダーグラウンド的なものとクロスせず、六八年とは無縁であったことにも関係している。「新劇第二世代」が依拠するところの観客と劇団という集団は、彼らが共産党から離脱した後は、理念としてのプロレタリアート(実体的にはアンダーミドル・クラス)から、資本によって包摂されたアッパーミドル・クラスに置き換えられたのみなのである。いうまでもなく、その転換は日本資本主義の経済成長に即してなされたものであり、その両クラスは具体的な定在において、ほとんど変わりがないと言える。

しかしもちろん、六〇年安保は新劇人にも大きな衝撃をもたらし、そのなかから「プレ・アングラ」とも呼称されるいくつかの作品を輩出した。そのなかでも、六〇年安保とその「敗北」以後の状況を多様に反映した作品としては、福田善之の戯曲『真田風雲録』が代表的なものだろう。真田十勇士に仮託して、ブント=全学連のナンセンスでドジな小ブル急進主義の栄光と挫折を、ブレヒトを踏まえたミュージカル仕立ての軽快なタッチで描くこの作品は、先行的な作品が六〇年にラジオ・ドラマとして書かれ、六二年の春には書き下しで戯曲化されて上演された(千田是也演出)。六三年には加藤泰《たい》の監督によって映画化されている（助監督には菅孝行も就いている）。

福田の門下からは佐藤信が登場することになる。しかし、『真田風雲録』の「軽さ」とも評される表層性は、佐藤が「ビートルズ」から「鼠小僧次郎吉」へと転ずることを含めて、アングラに継承されたとは言いがたいのである。その理由は、スターリン批判によって登場したニューレフトが、ソヴェト・マルクス主義の措定する古典的なプロレタリア・イメージに代わって、新たな「革命的大衆」を見いだそうとした時、その表層性が有効に機能しえず、逆に、時間的・空間的な「深さ」へと向かうほかなかったからである。

その深さとは概略「民衆的下層」と言いうるものである。鼠小僧とはその象徴であり「前衛」でもあるイメージにほかならない。しかしそのことは、福田には色濃く存在した――ある意味では花田清輝も共有する――ブレヒト／ベンヤミン的な美学批判（「政治の美学化」に対抗する「芸術の政治化」）のコンテクストを弱め、むしろ、美学主義への傾斜を深めるものとなっていった。その美学主義はまた、ニューレフト総体を規定していた「黙示録的革命主義」とも言い換えうるだろう。

付言しておけば、吉本隆明との共著『文学者の戦争責任』を著して、日本におけるスターリン批判の濫觴の一つをなし、自身がブントへと流れていく全学連の「輝ける」初代委員長でもあった武井昭夫が、ついに今日にいたるまでニューレフト的なものから距離をとっているのも、この美学的＝黙示録的革命主義に対する違和からであろう。これは、吉本隆明が六〇年安保において、戦前からの一貫したオケイジョナリストともいうべき清水幾太郎を除けば、ブント＝全学連のほとんど唯一のシンパサイザーとなり、その理論がアングラ的なものの参照先となったことと対極的である。その詩「ちいさな群への挨拶」において、「ぼくがたおれたらひとつの直接性がたおれる／もたれあうことをきらった反抗がたおれる」と記した吉本の詩的《ポエジー》傾向は、ニューレフトの黙示録的革命主義と親和的なものであり、アングラ的なものへと容易に接続していく。しかし、六〇年安保を花田清輝や大西巨人とともに共産党に対して批判的なスタンスを維持した党員として通過し、その後に党を離れた武井は、六八年に親和的なカウンターカルチャーへと接近することがなかったのである。

このことは、戦後演劇史への批判的コメントとして書かれながらも、アンダーグラウンドにはほとんど触れることなく一九七〇年あたりで終わる武井の近著『演劇の弁証法』（二〇〇二年）に徴しても明らかであろう。そこで武井は、六八年を「本体（労働者——引用者注）を離れた別働隊（学生——引用者注）によるデスペレートな反撃に近」い、と見なしており、それゆえ、そこでは何も変わらなかったのだと言っている。この教条的といえばあまりに教条的な視点は、当然にも六〇年代のアンダーグラウンド演劇にも向けられていよう。そしてこれは、武井が六八年の「革命」に対して無知であること以上に、別途、積極的に考えなければならない問題を含んでいるはずである。

4 スターリン主義の回復

しかし、詩的かつ美学的な黙示録的革命主義は、スターリン批判を契機にして誕生したニューレフトが負わざるをえない宿命であり、なおかつ、そのなかから誕生したアンダーグラウンド演劇が不可避的に担うことになるものでもあった。ブントの掲げた綱領的文書は「全世界を獲得するために!」という詩的=美学的な言葉によって結ばれていたことで知られているが、いうまでもなく、それはスターリンに反対するトロツキーを参照することでえられたものであった。すなわち、一国社会主義路線に対する世界革命(永久革命)、平和共存に対する暴力革命という選択であり、それはまさしく、ソ連邦や既成の社会主義を承認せず、新たに世界を製作する(獲得する!)黙示録的な欲望にほかならなかったのである。(注4)しかも、それは彼らが対質したスターリン主義と同型たらざるをえなかったことが問題なのである。

周知のように、スターリンによって「反革命」の烙印を押されて追放されたトロツキーの歴史観は、『裏切られた革命』というその流布された著書名が示すように、俗に「裏切り史観」と呼ばれる。しかし、歴史がスターリンによって裏切られてきたということは、逆に言うならば、スターリンが担っていたはずの真の任務もまた、「全世界を獲得する」ことにあったはずだということにほかならない。レーニンによるロシア革命は、『ドイツ・イデオロギー』に倣うなら、「必然の王国」たる「人類前史」を黙示録的に終わらせて、「自由の王国」へといたるためのトバ口であり、スターリンはレーニンの正統的な継承者のはずであった。スターリンもまた、「全世界を獲得するために」働いていた黙示録的革命主義の象徴的な主体であったのである。しかるに、歴史はいまだ終わっていなかったのだ。それは、スターリンによって裏切られたからである。トロツキーによって啓蒙されたブントの革命主義とは、つまるところ、トロツキーをありうべきスターリンと見なし、自らを真の詩的創造者と思いなして、人類前史を終わらせることだったのである。

かかる意味で、ニューレフトにおいてスターリン批判は遂行されていなかったと言いうる。スターリンの一国社会主義路線にしても、それがコミンフォルムによる世界革命戦略の一環としてあるかぎり、「全世界を獲得する」ための過渡的戦略と捉えられていたはずである。事実、フルシチョフによって批判されたスターリンへの「個人崇拝」とは、その詩的創造性への無批判的賞揚のことであった。

それゆえ、スターリン批判とは、スターリンにおける詩的創造性の欠如に向けられるほかはない。ところが、これまた逆説的なことに、スターリンの「裏切り」を指摘し批判することは、すなわち、その詩的創造性を認めることに帰結してしまうのである。

いうまでもなく、資本主義から社会主義・共産主義への移行は、史的唯物論に即せば弁証法的に発展する歴史の「鉄の必然」である。ロシア革命は、そのことを証明したはずである。そして、その鉄の必然における個人の役割は、決して恣意的＝主体的なものではありえない。その意味では、レーニンもスターリンも決して恣意的に世界を創造したわけではなく、確かに詩的創造者ではあろうが、歴史的必然を人格的に体現した者に過ぎぬのである。

ところが、スターリン批判とは、本書の第一章で論述したごとく、この歴史的必然が崩壊したことを意味する。ここでスターリンは、たとえば若きヘーゲルがイエナに進駐する馬上のナポレオンに見いだしたごとき、「世界精神」の体現者ではなく、その世界精神を「裏切った」存在と見なされるのだ。しかし、だとすればスターリンは鉄の必然をも打ち砕いた圧倒的に「主体的な」詩的創造者であるとも言えるはずである。一九五六年のスターリン批判は、ソヴェト・マルクス主義の機械論的＝客観主義的傾向に代わって、「主体的」なマルクス主義の復権の決定的な契機となったと言われる。確かに、そのとおりであろう。しかしそれは、スターリンをもまた、主体的な詩的創造者のモデルとして、ひそかに温存することでもあった。われわれが、そこにいくつかの留保をつけた上で、武井昭夫の（ブレヒトの、花田清輝の……）散文的スタンスを評価すべきだというのは、この問題性をめぐってである。

ここにおいてスターリンは、鉄の必然さえ裏切った悪魔的な詩的創造者になった。その悪魔的主体に拮抗して、人類前史を黙示録的に終わらせるという歴史の必然を回復するためには、反スターリン主義を掲げるニューレフトもまた、同様の主体性を持たねばならないことになる。(注5)黙示録的革命主義の詩的＝美学的主体は、このようにして誕生した。ブント＝全学連が六〇年安保の後に懐胎し、六八年に随伴していく、主にアンダーグラウンド演劇と現代詩に通底するラディカリズムの基調は、ここに淵源するといってよい。繰り返して言えば、それは反スターリン主義的なものでありながら(いや、それゆえに)、スターリン主義的な「主体」にほかならなかったのである。

5　デミウルゴス的主体としての「女神」

スターリン批判を契機にして、スターリンによって圧殺されていたロシア・アヴァンギャルド、とりわけロシア・フォルマリスムの復権が西欧諸国でなされた。日本ではその紹介がやや遅れたとはいえ、六八年においてはフォルマリスムが(たとえば、構造主義とも呼ばれて)反スターリン主義の象徴として、世界的に迎えられることになった。自らはあからさまにフォルマリストを名のることが少なかったとはいえ、六〇年安保をブント＝全学連のシンパサイザーとして通過した当時の若い詩人・演劇人・美術家たちのムーヴメントも、同様の文脈のなかにあるというべきである。

ここではまず、フォルマリスムを「内容が形式を規定するのではなく、形式が内容を規定する」というふうに、ごくごく基底的に捉えておこう。さて、スターリンが世界精神の体現者たるナポレオンのごとく、鉄の必然をなす歴史の主体＝実体であるあいだは、形式と内容のあいだの矛盾と葛藤という問題は、少なくともスターリンという頂点においては考慮する必要がなかった。スターリンは、すでにして（その存在自体が）人類前史の黙示録的終焉を予料しており、歴史の最終地点においては形式と内容とが全き合一を遂げるはずだからである。

しかし、スターリン批判によって明らかになったのは、スターリンが鉄の必然をなすはずの歴史の「内容」を、その「路線」＝「形式」の採用によって「裏切り」、改変した詩的創造者になったということである。すなわち、『全体芸術様式スターリン』のボリス・グロイスが言うごとく、スターリンは「デミウルゴス的主体」であり、フォルマリストなのである[注6]。そして、その詩的創造者の模像たるニューレフトが、同じくフォルマリストであったことも、いうまでもあるまい。六八年を世界的同時性の文脈で把握しようとするとき、アンダーグラウンド演劇を、スターリン批判以降におけるフォルマリスム「復権」の一環として捉えることに大方の異論はあるまいが、それが、歴史を捏造＝製作したフォルマリスト＝スターリンという陰画に対する陽画としてあることを押さえておくことが重要である。

そのような演劇の見やすい典型として、「革命の演劇」を標榜した佐藤信の造形する『鼠小僧次郎吉』シリーズを挙げるのは妥当なことだろう。江戸期の「民衆的」想像力の産物である「義賊」に革命のイメージを仮託したこのシリーズは、アングラ特有の――バフチン的ともいうべき――カーニヴァル的騒擾とも相まって、「全世界を獲得するために！」という黙示録的情動に貫かれているがゆえに「革命の演劇」なのだが、同時に、ブレヒト経由の「異化」の手法によって、日常的な自同化された世界を非日常的な祝祭空間に変貌させようとする、その「手法としての芸術」（シクロフスキー）としてのありかたがフォルマリスム的なものであることは、いうまでもあるまい。鼠小僧とスターリンとはネガとポジの関係にあるとはいえ（あるがゆえに）、まったく相似的なのである。

付言しておけば、日本のアンダーグラウンド演劇における民衆的下層の発見は、六〇年安保に前後する時代、吉本隆明やその周辺の詩的イデオローグによってなされたところの、スターリニズム批判と相即するナショナリズム再評価の文脈に、主に依存していたと見なしうる。それはスターリン批判の嚆矢としてもあった一九三〇年代「転向」現象の反復でもある。「前衛」党からの離反者が、そのロマン主義的な反動として、民衆的下層に――たとえば、柳田国男などを介して――就くことでアイデンティティーを保とうとすることは、どこにでもある現象である。

さて、かかるフォルマリスムは、もちろん他のアンダーグラウンド演劇にも共有されていた。鼠小僧を演じた小川真由美（など）のみならず、状況劇場の李礼仙（現・李麗仙）、早稲田小劇場の白石加代子といった「女神」たちは、まさしく、アングラの美学的＝黙示録的革命主義の象徴であるがゆえに女神なのであり（フランス革命を領導する「自由の女神」のごとく）、それゆえに、スターリンのごとき詩的創造者の模像にほかならないと言えるのだ。それは、今日のポスト・ソヴェトの時代におけるソッツアートの代表的な作品として知られるコマール&メラミードの絵画「社会主義リアリズムの誕生」の図を思い起こさせる。そこには、スターリンに接吻する女神が描かれているのである。

スターリン批判の遂行が期せずしてもう一つのスターリンを誕生させてしまうという宿命的な機制にもっとも鋭敏であったのが、三島由紀夫にほかならなかった。周知のように、戦時下において日本浪曼派周辺の「天才少年」として出発し、敗戦時の原爆投下を知って世界終末感覚を決定的なものとした三島にあって、主体的行動を決定する契機は、もちろん歴史の進歩（＝「現代性《モダニティー》」）への依存でも史的唯物論への信憑でもなく、「美」以外に存在しなかった。そのことを決定的に刻印したのが、第三章でも触れたごとく、いかなる偶然によってかスターリン批判の年に書かれ、いまだに三島の代表作と目される『金閣寺』にほかならない。金閣寺の美――それは、アンダーグラウンド演劇における「女神」を先取りしているともいえるわけだが――に魅せられ、それに放火するという「享楽」へと突き進む青年僧を描いたこの小説は、しばしば指摘される動機のリアリティーの欠如によって、逆に時代的なアクチュアリティーを、そしてある種のリアルな普遍性を獲得しているのである。この作品に対して、六〇年安保を前にした学生層がひそかな支持を与えたことは想像にかたくなく、もしかしたら『金閣寺』は石原慎太郎の「太陽の季節」以上に時代的な作品といえるかも知れないのである。

六〇年安保を、ほとんど政治的な発言をせずに通過した三島であったが、しかし、アングラ的なものとの遭遇は、かなり早い時期になされていた。「暗黒舞踏」として知られることになる土方巽が三島の作品『禁色』をモティーフにして踊り、それを見た三島が絶賛するのが一九五九年である。『禁色』に描かれたアンダーグラウンドなゲイ・コミュニティーが六〇年代アングラ的なものへと容易に接続していくことは、三島の古くからの友人であり、後に「回想　回転扉の三島由紀夫」（「文学界」二〇〇〇年一一月号〔後に文春新書――後注〕）を書くことになる演出家・堂本正樹などをつうじて、すでに準備されていたのかもしれない。堂本は一九六五年、唐の戯曲『ジョン・シルバー』を状況劇場で演出・上演している。土方から唐十郎へといたるラインの近傍には、三島がシンパシーを隠さなかった澁澤龍彦や横尾忠則といった非政治的かつ美学主義的な存在も蝟集して、一つの文化圏を形成した。彼らの非政治的な美学主義は、そのことゆえに反スターリン主義的なポジションを確保することにもなった。澁澤龍彦はトロツキーの自伝『わが生涯』（現代思潮社版）の共訳者の一人でもあったのである。

三島由紀夫が映画『博奕打ち　総長賭博』（山下耕作監督、一九六八年）を、その「美」ゆえに絶賛したことは有名だが、六八年学生の心性のある傾向を捉えたヤクザ映画もまた、

「民衆的下層」に就く機会原因論的美学主義《オケイジョナリズム》としてアングラ的なものであったとすれば、三島は六八年のある種の主調に「(反)革命」的に早くから錘鉛を降ろしていたのである。もちろん、アングラ的なものに対して一定の距離を確保しつつ、である。事実、三島の美学的政治主義は、六八年に発表されたマニフェスト「文化防衛論」において、決定的なものになってゆくのである。

ニューレフト的ムーヴメントとしてのアングラが、古典的プロレタリアートの代替として、ハイデガー的な意味での「故郷」、あるいは「本来性」としての「民衆的下層」――それが、「異形」、「異装」、「狂気」、「怨念」、「情念」、「土着」、「肉体」、「身体」等々として表象されたのは周知のとおり――を実体的に見いだそうとしたのに対して、日本浪曼派の末裔たる三島が賞揚したのはイロニーであり、ジャンクとして捉えられたそれであった。だからこそ、それらはフィクショナルな「美」として表象されなければならなかったのである。ここにおいて、三島はアングラがその反スターリン主義的出自に由来しておちいっていた矛盾を、すでに突いていた。

アンダーグラウンド演劇のなかで、相対的に三島と近い位置にいたのは、ニューレフト体験を欠いていた寺山修司であったろう。知られているように、寺山は三島をライヴァル視していた。異装の丸山(美輪)明宏を俳優として起用する(寺山『毛皮のマリー』、三島『黒蜥蜴』)など、共通点も多い。寺山はそのフェティッシュな対象たる「故郷」がすでにキッチュと化し、器用仕事《ブリコラ》的な引用によってしか構築しえないことを知悉してもいた。しかし寺山のキッチュ性は、ルンペンプロレタリア化しつつある六八年の学生の切実な階級性に依拠したアングラの主流とは、やや無縁なところにとどまったのである。このような寺山のあり方については次章でも触れるが、唐十郎とのあいだの高名な戯れごとめいた対立は、このことを表現しているだろう。

6　三島由紀夫以降の問題

「文化防衛論」の三島が、おそらくは知っていたように、失われた「故郷」としての「民衆的下層」が、実体としてではあれ虚構としてではあれ想像されるのは、その集合的アイデンティティーにすでに亀裂が走っているからである。自己同一的な「故郷」とは、その亀裂の否認としてイメージされたものにほかなるまい。だからこそ、三島は「文化防衛論」において、日本には民族問題＝マイノリティー問題は事実上ないと強弁したのであり、存在するにしても、それは「空虚な中心」たる「文化概念としての天皇」に包摂されうるとしたのだった。

アンダーグラウンド演劇における「民衆」あるいは「肉体」なるものは、そのようなイマジナリーな「日本」をこえ出るものではなかった。主に唐や佐藤信の芝居において「満州」や「アジア」なるテーマ、あるいは「在日」たる役者（いうまでもなく、もっとも高名な存在が状況劇場の李礼仙）がしばしば登場するにしても、それは日本的身体の帝国主義的膨張の帰結としての「アジア的身体」であり、そのような意味において亀裂を隠蔽された「故郷」的同一性に還元されてしまう。そのことは、「革命の演劇」を謳いながらも、佐藤とその周辺の黒テント系の芝居が、ついに「昭和」という元号が表象するイメージに頼らざるをえないところに追いつめられていることをもってしても、明らかであろう。そのもっとも成功した事例が、「昭和モダニズム」を「アジア」において謳歌した『上海バンスキング』（斎藤憐作、一九七九年）である。

六八年における、三島による「文化概念としての天皇」を中心としたアンダーグラウンド演劇の統御は、それ自体として、きわめて演劇的なものだったと言いうる。三島の言う「文化概念としての天皇」とは、明治期において一旦浮上した神話的＝「法措定的暴力」の場としてのナショナル・シアターそのものを指していたと見なしうるであろう。アンダーグラウンド演劇の、それ自体としてナショナリズム的なカーニヴァル的祝祭は、既成の秩序を刷新しようとする神話的＝「法措定的暴力」を希求するものであった。すなわち、日本においてはいまだ存在したことのないナショナル・シアターという「空虚な中心」に、アンダーグラウンド演劇は組織されたといっても過言ではない。そして、あの三島事件はアングラ的「現在性《モダニティー》」の極限であり、パロディーであることによって、それ以後に新しさは何もないという「ポストモダン・ナショナリズム」と呼ぶべき時代の到来を刻印してしまったのである。以後、アンダーグラウンドのモダニズム的強度は急速に失速していき、「引用の織物」(宮川淳)たる鈴木忠志の『劇的なるものをめぐってⅡ』(一九七〇年)や、沈黙劇として知られる太田省吾の『小町風伝』(一九七七年)、『水の駅』(一九八〇―八一年)といった表象行為の臨界点へと接近してゆく。三島の死後、七二年にはじまる唐十郎の、韓国、バングラデシュ、レバノン、シリアへといたる惨憺たる海外公演――これは、ある意味では、赤軍派の足跡を追うようにしてなされたとも言いうる――は、日本的身体の帝国主義的膨張をなぞりながらも、そのことを批判する試みであったと見なすべきである。これらの動向は、ポストモダン・ナショナリズムに対するアンダーグラウンド演劇の収斂と抵抗を示していると言ってよい。

しかし、三島の死と前後して、日本のニューレフト運動は、より根底的な方向転換を遂行せざるをえない事態にたちいたった。改めて言えば、七〇年七・七における華青闘告発を契機とした民族問題=マイノリティー問題の導入が、それである。これは、日本にはマイノリティー問題はないと強弁することでポストモダン・ナショナリズムの地平を切り開いた三島に対する根底的な違和を意味していたはずであり、アンダーグラウンド演劇のエスノセントリズムに対する批判ともなるものであった。

七・七集会を日本のアクティヴィストの側から組織したのは、『われらの内なる差別』(一九七〇年)の津村喬であり、当時「民族差別論」と言われて流布したものである。津村の六八年における決定的な重要性については第一三章で論じるが、ここでは、その問題提起がアンダーグラウンド演劇には及ばなかったゆえんを瞥見しておこう。

演劇センターのイデオローグであった佐伯隆幸の、六〇年代アングラを論じた近年の労作『現代演劇の起源』(一九九九年)は、六八年における津村のブリリアントな介入の意義を遅ればせながら認識し、その理論を不断に参照しているという意味では高く評価されるべきだが、奇妙なことに、その「民族差別論」については全く言及されていない。これは、基本、エスノセントリズムの範疇にあったアンダーグラウンド演劇を津村に即して擁護しようとする時に、そのもっとも肝要なマイノリティー問題が隠蔽されてしまうという奇妙な逆説であるが、それは津村が負わざるをえなかった時代的制約を、期せずして表現していると見なしうるだろう。

山口昌男の周辺にあり、雑誌「新日本文学」の編集長も務めた一九六〇、七〇年代の演劇評論家・小苅米晛《こがりまいけん》の友人でもあった津村喬は、黒テントを中心にアンダーグラウンド演劇についてもいくつかの言及をおこなっているが、そのエスノセントリズムに対する批判を記した形跡は、私見の及ぶかぎり存在しない。これも奇妙な事態だが、ブレヒト主義的色彩を持つ黒テントに、津村がアングラ・パラダイムをこえる契機を見いだそうとしていた証左かもしれない。しかしそれは、「民衆的下層」への接近という、エスノセントリズムへの回帰につながりかねない危うさを含んでいた。津村の演劇論は、彼が属する知的サークルにも規定されて、広末保の近世文学研究や山口昌男の「中心と周縁」理論に依拠しながら、「民衆的下層」へと接近するという軌跡をとったのである。

バフチンを援用しメイエルホリドを論じることで七〇年代に流布した山口理論は、「民衆的下層」の問題系を「中心」に対する「周縁」として水平化＝表層化することで、アングラ的強度を七〇年代的にソフィスティケートし、総括することに貢献したと言いうる。これもまた、三島以後のポストモダン・ナショナリズムにふさわしい理論であった。そのことは、山口昌男の「中心と周縁」概念に依拠した天皇制論（『文化と両義性』〔一九七五年〕所収）が、実はすでに、三島由紀夫が『日本文学小史』（一九七二年）のヤマトタケル（周縁）と景行天皇（中心）との関係を論じた部分において、そっくり先取りしていたという一事をもってしても明らかであろう（しかも、その後の三島の「文化概念としての天皇」論は、「中心と周縁」概念には収まらない）。しばしば指摘されてきたように、「周縁」は「中心」を補完するようにしかはたらかず、それゆえエスノセントリズムを破壊することもありえないのである。

そのことは、近年の山口が――まさしく、黒テント＝佐藤信がそうであったように――「昭和」（石原莞爾）や「明治」（内田魯庵）といった元号のカテゴリーで思考せざるをえない事態にたちいたっていることからも知られる。津村喬が広末や山口に依拠して演劇をふくめた文化戦略を提起していたことは時代的制約ではあったが、それが「民族差別論」とは背反する側面を持っていたことも、今となっては明記しておくべきだろう。

しかし、津村の思惑をもこえて、アングラのエスノセントリズムへの批判は、まったく別のところから、ひそかに七・七集会とも呼応するように登場してきた。鈴木忠志の早稲田小劇場の圏域から出た、在日韓国人の劇作家つかこうへいがそれである。ちなみに、花田清輝直系の批評家であり、広末や山口のみならず、津村や小苅米晛をもオーガナイズした在日朝鮮人の編集者でもある久保覚は、初期つかの芝居を先駆的に評価した存在であった（鴻 英 良《おおとりひでなが》の教示による）。おそらくこのあたりに、エスノセントリズム批判と「民衆的下層」の問題のあいだの、危うい均衡がたもたれていたのである。(注7)

7 つかこうへいの登場

つかの芝居が最初に演じられた七〇年代の初頭、とりわけ『初級革命講座〈飛龍伝〉』（一九七三年、以下『飛龍伝』と略記）にあからさまに描かれたニューレフトの美学的＝黙示録的革命主義へのシニカルな揶揄は、ニューレフトのなかから誕生したアングラの担い手からの強い反発を買った。つかは、山崎哲、流山児祥《りゅうざんじしょう》、竹内銃一郎らとともに「アングラ第二世代」に分類され、六八年世代に属するが、そのなかでその異質ぶりは際立っているといわねばならないだろう。しかしそれは、すでに開始されていたニューレフト間の「内ゲバ」や、つかの実質的なデビュー作『戦争で死ねなかったお父さんのために』（一九七二年、以下『戦争で』と略記）が発表されたのと同年に露呈した「連合赤軍事件」といった時代状況のなかでは、ありうべき（いたしかたのない）シニシズムとも見なされた。つかの芝居が、在日韓国人二世の新しい表現と認識され論じられるようになるのは、はるか後のことである。つかが「在日」であることは、当初は一部の演劇関係者を除いては知られていなかったし、『戦争で』や『飛龍伝』が、ましてや『熱海殺人事件』（一九七三年）が、「在日」の手になることなど、うかがい知るべくもなかったのである（以上、括弧内の年号は戯曲の雑誌「新劇」発表時を示す）。

しかし、『戦争で』以下の初期つか作品は、すでに、というよりも、そこにおいてこそ、七〇年七・七以降のニューレフトの切断が刻印されていると見なしうる。だがそれは、『日本の現代演劇』の扇田昭彦のように、「つか演劇に決まって出てくる支配と被支配の構図、加虐と被虐がからまりあった愛憎関係も、じつは彼の「在日」体験の「差別」「被差別」意識の反映だったに違いない」というものではない。初期つかの演劇には、よりなまなましい歴史性が刻印されていると見なすべきであり、それは今日まで流布されているところの、「つかこうへい」という名前が「いつか公平」のもじりであるといった、いかにも取ってつけたような穿った神話よりも、はるかに重要であると思う。

もちろん、これから論ずる視点も、つかが「在日」であることを知ったことによって獲得された事後的なものではある。しかし、扇田が援用するつかの言葉にもあるように、誰もが「結果から目的をさがす」ことを強いられているのであれば、そのような事後性を今さら払拭することはできまい。だが、その読解は、あったかも知れぬつかの個人的な被差別体験をこえて、誤認されてきたつかの芝居を、六八年とアンダーグラウンド演劇の歴史的コンテクストのなかで読むことにおいて、その誤認の居心地の悪さ——黙示録的革命主義の旧世代アングラ演劇人やニューレフトがつかに対して感じた当のもの——から解放してやることなのだ。繰り返していえば、つかの芝居が登場する上での決定的な契機は、七〇年七・七以降において、「民族的責任」というかたちで、日本の歴史性がマイノリティー問題をとおして問われはじめたことなのである。

『戦争で』は、先の戦争末期一九四四年において、郵便局員に召集令状（赤紙）を現金書留と間違えられて抜き取られ、そのまま放置されていたことで召集されることのなかった「岡山八太郎」という男に、二五年後の時点でその手紙がでてきたことをめぐる、郵便局長、警察署長たちとのあいだの、アイロニカルなスラプスティック・コメディーだと、ひとまずは言えよう。

戦時下の岡山八太郎は、赤紙が来ないことで、その「日本人」としてのアイデンティティーを周囲から疑われていた存在である。八太郎は妻に、「お前は忘れたのか。このおれにこの赤紙が、召集令状がこなかったばっかりに、おれたちの夕食がどんなにつらい思いをしたか。年はもいかぬ寒太郎が、いたいけな寒太郎が非国民の子供だとうしろ指を指され、屈辱の少年時代を送ったのを」と慨嘆する。その差別の記憶ゆえに八太郎は、二五年後の「平和」な時代において（いや、「平和」であるからこそ）、いまだ軍隊生活や戦争の通俗的なイメージにあこがれており、軍隊経験を持つ警察署長や郵便局長は、八太郎に対して「私たちを憎んでいらっしゃるでしょうね」、「さげすんでいらっしゃいませんか」と、恐れ詫びる。

この戯曲では、召集令状の来ない「日本人」とは誰か、ということが問われている。ここで、八太郎が息子・寒太郎の戦時下について、「やつもタローだのハナコからずいぶんいじめられましたからね」と言っていることに注目しよう。いうまでもなく、「タローだのハナコ」というのは、日本人の少年男女の言い換えであろう。ところが、息子「寒太郎」もまた「タロー」という言葉を含んでいるのである（もちろん、「八太郎」自身も）。すなわち、ここでは寒太郎自身が「タロー」の一人であることが、すなわち、「日本人」であることが疑われているのだ。だとすれば、それは一九一〇年の併合以来、「日本人」となった（された）朝鮮人として、八太郎とその家族が疑われていると見なすべきではあるまいか（もちろん朝鮮人以外の、たとえば台湾人という可能性も排除できないが、ここでは措く）。

一九四〇年からは創氏改名政策がおこなわれていた。一九三八年以来、朝鮮人の志願兵制が実施されていたが、在日を含む朝鮮人への徴兵制が施行されたのは、『戦争で』における岡山八太郎のかつての記憶の時点ともなっている一九四四年のことである。いうまでもなく、国民皆兵の建て前のなかで、徴兵の対象でない国民は、「二等」と見なされている。日本国政府は、彼ら「二等」国民に対しては、徴兵制について「属人」主義をとり、国民としての「義務」から排除していたのである（選挙権に関しては「属地」主義ゆえ「内地」在住者に選挙権はあった）。しかし、この戦争末期において、日本政府が朝鮮・台湾に徴兵制を導入しなければならなかったのには、切迫した理由があった。日中戦争の勃発以来、兵役の期限はなくなっており、本土における日本人男子の減少にともなって、出生率の低下や成人男子の不足が、戦争遂行上の大きな問題となっていた。一九三六年から四三年まで朝鮮総督であった南次郎の言うところでは、植民地経営における悲願として、朝鮮での徴兵制の施行があったともいう。しかし、朝鮮における皇民化政策は遅々として進んでいなかった。四四年時点においても、五割の青年が教育を受けておらず、日本語の話せない割合は七割に及んでいたと言われる。このようななかで、朝鮮人への徴兵制が強行されたのである（宮田節子『朝鮮民衆と「皇民化」政策』、樋口雄一『戦時下朝鮮の民衆と徴兵』を参照）。

このことを逆に見れば、徴兵制が朝鮮人差別の温床となっていたことは明らかであり、徴兵の対象となった朝鮮人のなかには、それを差別を解消するものと見なして歓迎する者もいたことは、創氏改名についてと同様である。『戦争で』に描かれた一九四四年の時代背景をこのように勘案すれば、岡山八太郎がなぜ——どのような——「非国民」差別におびえていたか得心がいくだろう。たとえば、日本人思想犯等の「非国民」であれば、むしろ率先して戦地に送られる傾向があったことは、よく知られた傾向である。

もとより、岡山八太郎の父は「日露戦争で名誉の戦死」を遂げたとされているのだから、彼が元来日本国籍を有する家系に属することは、間違いない。事実、八太郎には赤紙が投函されていたのであり、「手紙は必ず宛先に届く」（ラカン）の教えどおりとはなったわけである。しかし、いかなる意味でも「非国民」ではない様子の八太郎が、いわれのないはずの差別におびえていたのは、彼が周囲から朝鮮人ではないかと思われることを恐れたからだと推定できる。『戦争で』は、かかる歴史性を装塡していることで、戦後の日本人に浸透している一国平和主義的ナショナリズムを告発していると言えるが、それは、七〇年七・七集会と、その地平を共有していると言うべきなのである。

しかも、岡山八太郎といういかにも露骨に日本的な名前は、単に創氏改名を想起させるばかりでなく、プロレス的なスラプスティック・コメディーともいうべきつかの芝居のなかに置かれると（つかは、後に女子プロレスについて一冊の本さえ書く）、力道山（知られているように、在日朝鮮人であった）門下の「大木金太郎」（キム・イル）という、これまたあえて（?）日本的なリングネームを持った韓国人レスラーが呼び寄せられるのである。大木金太郎とは、金一《キム・イル》という韓国名を日本化したものであり、いうまでもなく、「足柄山の金太郎」という日本の昔話のパロディー化でもある。また、森崎和江が若い日に植民地朝鮮で暮らしていた時の知人であるという、『慶州の伝説』の著者・大坂金太郎（元・慶州博物館館長）の名前さえ、ここで想起することができよう。

つかの芝居の登場人物の名前に、「太郎」や「次郎」といった——「タローだのハナコだの」——日本的な名前が戯画的に多いのは注目すべきだが、その「日本」のなかに「大山金太郎」という名前が潜んでいることは、いかにも意味深長と言わねばならない。事実、『戦争で』に続く『飛龍伝』では、「大山金太郎」なる人物が登場する。周知のように、『飛龍伝』は六〇年代ニューレフトの美学的＝黙示録的革命主義を、近未来においてカリカチュアライズしてみせた作品であり、アンダーグラウンドのパラダイムに属していた演劇人からは顰蹙を買った当のものである。しかし、そこにおいて「大木金太郎」（キム・イル）と——あるいは、日本人「大坂金太郎」と？——見まがう名前の人間のことが登場人物の口から出されるのは、『戦争で』についてのわれわれの視点が、それほど誤っていないことを証明してくれるように思う。この作品がアンダーグラウンドやニューレフトへのあからさまな批判であったとしても、その正当性は確かに存在する。太平洋戦争に続いて六八年を題材にしたところに、つかの鋭い歴史感覚を見るべきであり、なおかつ、それは日本人に対する批判としてあることを受け止めなければならないだろう。

『飛龍伝』でカリカチュアライズされているのは、「戦争で死ねなかったお父さん」ならぬ、六八年で「挫折もできなかった」お父さんたる「熊田」と呼ばれる人物である。昔の記憶をノスタルジックに反芻しながら、機動隊のジュラルミンの盾を破壊したという伝説の石「飛龍」を息子の嫁とともに探し求めている病身の熊田は、近所の子供たちの数え歌に、「一つ熊田は挫折もできぬ。これじゃ日本は変えられぬ。チョイナ。チョイナ」（傍点引用者）と歌われている。これに対して「四丁目の大山金太郎さんを見てごらんなさいよ。そりゃあ立派に挫折していらっしゃいますよ」とも、言われているのである。

熊田の記憶によれば、熊田はかつて機動隊を前にして、黙示録の予言者よろしく「世界革命戦争」をアジテートしてもいるらしい。これは、当時のニューレフトの（赤軍派に象徴される）クリシェにほかならない。しかし、じつはそれが一国主義的ナルシシズムにほかならなかったことが、近所の子供たちの「数え歌」で告げられている。実際、熊田は「砂川闘争で、帰らぬ人となった」同志の死亡年月日を回顧する時、「昭和四十八年三月二十四日君は倒れた」というふうに、元号を用いている。当時のアクティヴィストにおいて元号表記は基本的に用いられず、むしろ忌避されていたのだが、だとすれば、これもまた、つかのアイロニカルな表現と見なすべきだろう。しかも、「大山金太郎」の方は「立派に挫折」することで「日本」を変えうるかも知れぬというポジションを確保しているというのだ。つまり、この在日朝鮮人を思わせる存在は、戦争で死ぬことによって日本人たらんとした「岡山八太郎」の陰画的模像なのである。このように見れば、『戦争で』と『飛龍伝』との連続性は明らかであり、相補的に読まれなければならないことも知られよう。

では、続く『熱海殺人事件』はどうか。『飛龍伝』において熊田は息子の嫁に向かって、「おとうさんが元気になったら、この足さえ治ったら、一度早出してね、一緒に熱海へ行こうよ」と言っている。この誘いは、熱海近辺の新幹線の枕木の下には上等な石が使ってあるというので、そこに伝説の石「飛龍」があるかもしれないと思うからなのだが、『熱海殺人事件』では、それとは異なりながらも、熊田は熱海に行くのである。殺人事件の容疑者「大山金太郎」を取り調べるべく、敏腕刑事として熱海に赴任する者が熊田留吉と名づけられているのだ。『熱海殺人事件』では、大山金太郎は「女工」の恋人を熱海で殺害したという容疑で、熊田らに取り調べられている。それはどうも冤罪である様子なのだが、熊田らは、貧困とか性的情動等々の紋切型の物語を大山金太郎に吹き込み、大山もまたその物語を知らず知らずに受け入れて、あたかも自分が女工殺しの犯人であるかのように振舞っていく。

この作品が発表された一九七三年という時点をかんがみれば、このストーリーは「狭山差別裁判」と呼ばれたものを、カリカチュアライズしながらも正確になぞっていることは明白である。一九六三年、埼玉県狭山で起こった女子高校生誘拐殺人事件で、部落青年・石川一雄が犯人として検挙され、当初、石川青年も自らが犯人だと認めてしまう。しかし、これは部落民に対する差別と偏見にもとづいた誤認逮捕であるとして石川青年は自白を撤回、裁判闘争が開始されるのである（狭山闘争については、第一三章でも別途再説）。裁判は、石川青年の無罪を認めず、「差別裁判」と呼ばれた。七〇年七・七を契機にマイノリティー闘争へとシフトしたニューレフトは、部落解放同盟を支援して狭山闘争に取り組んでいくのだが、そのような意味でも、『飛龍伝』に続く戯曲として『熱海殺人事件』が書かれたことは、興味深い事実である。しかも、冤罪によって犯人に仕立て上げられてゆく大山金太郎が在日韓国人としてひそかに設定されているとすれば、それは単に石川一雄青年と類比的なばかりでなく、たとえば、関東大震災において日本人に虐殺された朝鮮人という歴史性さえ、そこに感得することも無理ではあるまい。

以上のような意味において、つかこうへいの初期三作品は七〇年七・七を中心とした「六八年」の状況に正確に応接していると言いうる。もとより、それはアンダーグラウンド演劇が依拠した「民衆的下層」からの撤退と、花田清輝／福田善之的な表層への擬似的回帰によって果たされながらも、大衆社会における消費者という新たな集団を組織することに帰結した。（注7）で引用した久保覚が述べたごとく、「非常な悪意」を込めながらも、それを「絶対に観客にはわからせないよう」にすることによって、である。資本制においては、もはや「民衆的下層」など存在せず、三島由紀夫が嫌悪した消費者大衆しか存在しないかのごとき状況は、演劇においてはつかによって開示された。そのことが、演劇界にどのような荒廃をもたらしたかは、今日、誰もが知るとおりである。

しかし、それは『熱海殺人事件』が冒頭から告知しているように、演劇的な深層から写真(映画)的な表層へと、メディアのヘゲモニーが移行してゆくことでもあった。そのことは次章で論じよう。ともかく注目すべきことは、『熱海殺人事件』において、熊田刑事とならぶ部長刑事・木村伝兵衛(この名前自体が高名な写真家・木村伊兵衛を想起させる)が、犯人の写真を撮影し犯罪の現場を再現すべく一心不乱にカメラをセットしていることである。かかる転換を告知していたという意味でも、つかの初期の芝居は、きわめてエポック・メイキングなものであったと見なさなければならないだろう。それは、アンダーグラウンド演劇とニューレフトのなかから出て、その決定的なアポリアを指し示しているのである。

第八章　小説から映画へのエコロジー的転回

1　メディア論の要請

一九六八年を象徴的な境にして、さまざまな芸術ジャンルが「メディア」の不透過性に突き当たった。もちろん、近代と呼ばれる時代の発端からして（あるいは、それ以前から）、諸メディアの出現と消滅は、芸術ジャンルにとって重要な契機ではあった。紙や印刷技術にかかわる問題をはじめ、劇場と都市のありかた等の多くの課題が、同時代的において提起され論じられもした。写真や映画といった複製技術の出現がもたらした衝撃についても言うまでもない。しかし、それらメディアをめぐる問題系は、六八年までは、おおむね副次的な領域として認識され、論じられていたといって大過あるまい。周知のように、今日のカルチュラル・スタディーズは、近代のメディア問題を回顧的に主題化することを、一つの特徴としている。しかし、その契機が六八年に懐胎していることについては、とりわけ日本では概して忘却されている。本書の第一三章で詳しく論じるように、メディア問題は毛沢東主義と結びつくことで、その運動展開のなかで重要な契機となったのである。

知られているように、六八年当時の商業ジャーナリズムにおいては「マクルーハン・ブーム」なるものが存在していた。これは、メディア問題が世界的な要請としてあったことの指標である。しかし、そのプロパガンダが、あの竹村健一によってなされたという不幸も手伝って、マクルーハンの重要性が、ジャーナリズムや六八年のアクティヴィストたち（「前衛」的アーティストを含む、広義の）に認識されることは少なかった。日本の六八年におけるカウンターカルチャーの有力なバックグラウンドであったと言いうる。吉本隆明の『言語にとって美とはなにか』（一九六五年、とりわけ、その「表現転移論」）が、詩―小説―戯曲という既成諸ジャンルの位階と秩序を従順に受け入れていることからも知られるように、それら諸ジャンルの担い手においても、そのジャンルの自明性は前提とされており、ましてや、そのジャンルに必然的に随伴するメディアについての反省は、ほとんどなされることがなかった。日本においては例外的にメディア問題を重視していた一人である花田清輝との論争で吉本が「勝利」したことも、それを不問に付すことに貢献した。吉本のこの著作に象徴される日本の「言語論的転回」は、後述するような意味で、近代の発端において開示された小説中心主義のなかでなされた転回であったと言いうる。

にもかかわらず、六八年を決定的な契機として、メディア論が本格的に思考されはじめたことも、事実である。「民族差別論」を提起した津村喬の思想の今なお参照されるべき重要性の一つは、六八年の運動と思想においてメディア論を導入したところにあった。

『われらの内なる差別』に始まる津村の、六八年を刻印する著作を見れば知られるように、そこでは、マクルーハンのみならず、ロラン・バルトの『神話作用』、エンツェンスベルガーの『意識産業』といった著作が参照され、毛沢東から柳田国男にいたるまでが、メディア論の文脈のなかで読み変えられた。いうまでもなく、民族問題をはじめとする「他者」とのコミュニケーションとは、メディアの問題でもあるからである。

もちろん、それは中国文化大革命の「東風」に乗ってなされたものである。津村は、紅衛兵の壁新聞を、既成のメディア支配に対する、民衆的「下層」からのメディア的反乱として捉えた。津村のメディア論は、「エクリチュールに対する、いきいきとしたパロールの復権」といったテーゼによって要約されうるだろう。このテーゼのナイーヴさを指摘することは、たとえばデリダを経過した今日の目からはいかにも容易に見えるが、にもかかわらず津村のメディア論が今なお重要なのは、それが今日ならポストコロニアリティーと呼ばれるであろうところの、民族問題=差別論といったかたちであらわれた、六八年という時代の要請に対する真摯な応接にほかならなかったからである。今日でも、たとえば「従軍慰安婦」や「歴史教科書」といった契機をとおして津村と同種の問題を論じるものもいる（しかも、それはデリダを介してなされている場合さえある）。しかし、それが津村のようにメディア論や運動との関連を十分に自覚してなされているかといえば、首をかしげるものが多いのではあるまいか。

六八年とは、少なくともある側面においては、「パロールの復権」という疎外論的スローガンを掲げざるをえない部分を持っており、そのような視角から見えてくるメディア支配が存在したのである(あるいは、今日でもなお)。津村の言う復権されるべき「パロール」とは、単に今ここに現前する肉声というばかりでなく、そのある著作の題名のとおり「歴史の奪還」のための――津村のいう「レクチュール戦略」という、態度の変更によって解読されるべき――民衆的アーカイヴをも意味しており、読み変えようによっては、フーコーの言説分析やデリダの「原《アルシ》エクリチュール」との接続も十分に可能な概念となろう。事実、津村は当時、いまだ翻訳・紹介が進んでいなかったフーコーやデリダにかんして、深甚な実践的関心を抱いて、野蛮とさえいえる導入を試みていたのである。

繰り返していえば、「パロールの復権」といった大文字のテーゼを掲げることは、今日においてあまりにもナイーヴであり、大方は忌避されるほかはない。にもかかわらず、かかる種類のテーゼを括弧に入れた場合、資本主義のメディア支配に対する抵抗の場所はおおむね散逸してしまい、改めて抵抗を言う場合には、再び「パロールの復権」的なテーゼを密輸入せざるをえないのである。たとえば、今日の「従軍慰安婦」問題をめぐるポストコロニアル的言説は、津村以上にナイーヴな「ヒューマニズム」におちいっていないだろうか。ここに、六八年問題が今なおのりこえ不可能なアポリアとなっているゆえんも存在するだろう。

六八年という時代、カウンターカルチャーに関しては、津村喬はアンダーグラウンド演劇のほかに、ゴダールを中心とした映画について論じることが多かった。それは、ブレヒト的毛沢東主義の文脈で、それを解読するというものであった（ブレヒトが毛沢東主義に関心をもっていたことは周知のとおり）。ゴダールの『東風』について、津村はブレヒトと毛沢東を引きながら、「なぜ映画の解体が提起されねばならないのか？　今日最も産業的な芸術であり、そのゆえに栄えている芸術が映画と小説だからである。それは疑いもなく資本主義のウイルスである」（「いままさに解体しつつある映画——《東風》におけるエクリチュールとパロール」、『革命への権利』所収）という。だがその時、アンダーグラウンド演劇も、単に都市における同種類の「民衆的下層」の表現たりうるのだろうか。おそらく津村は、ブレヒトを介して両者を接合しうると考えていた。しかし、それが上手く成就したか（あるいは、可能性としても成就しうるものであったかどうか）は、検討を要する。それは、六八年をリードした主要なカウンターカルチャーである、演劇と映画という二つのジャンルの相違にかかわってくるのである。

津村喬が着目した、もう一つのマスカルチャーに俳句があった。俳句への着目は、津村が中心となって組織した「猪俣津南雄《いのまたつなお》研究会」のプロジェクトの一環である。労農派系のマルクス主義経済学者として日本資本主義論争で論陣を張ったことで知られる猪俣は、同時に、旧制中学時代以来、俳句に親炙していた存在でもあった。周知のように、正岡子規にはじまり高浜虚子に受け継がれる俳句革新運動は、「ホトトギス」という全国メディアを介することで、明治期ナショナリズムの創設に大きくコミットした。津村の猪俣俳句への着目は、かかるメディア／俳句への対抗として、猪俣の戦時下人民戦線の目論見とそのメディア問題を捉えることにあったといえる（猪俣俳句は、虚子と分かれる河東碧梧桐系に属する）。津村は先駆的にナショナル・ランゲージへの批判を企図して「《国＝語》批判の会」を組織してもいたが、猪俣俳句は、ナショナル・ランゲージに対する、ありうべき「いきいきとしたパロール」のようなものとして措定されたといいうる（津村における猪俣問題については、『戦略とスタイル』などを参照）。

俳句に対しては、このように明確なメディア論的視点を持っていた津村であったが、同時代の有力な大衆文化のジャンルであったアンダーグラウンド演劇と映画については、そのジャンルが依存しているメディアに対しての認識がクリアーであったとは言いがたい。しかし私見によれば、演劇と映画という二つのジャンルの六八年に対する応接の違いにおいて、その時代に分岐する問題系が顕在化していると見なしうるのであり、ひいては、両ジャンルが依拠するメディアの、今日にまで関係する六八年的問題の萌芽が見られるのである。

2　演劇と現前性の希求

いわゆるアングラ演劇が、当初から（広義の）メディア問題に逢着していたことは、まぎれもない事実である。しかしそれは多くの場合、劇団が抱える経済問題に規定された、副次的・無自覚的なものにとどまった。野外特設テントや都市の安いビルの一室を借りた小劇場というフォルム＝メディアを選択するということは、少なくとも、積極的な選択ではなかったのである。おそらく、小劇場なるフォルム＝メディアを積極的かつ意識的に選択したのは、寺山修司をもって嚆矢とする。周知のように、寺山修司は相対的に古典的な戯曲『血は立ったまま眠っている』（一九六〇年）を劇団四季（浅利慶太演出）で上演することで、その劇作家としての出発をなした。しかし、一九六七年には「演劇実験室　天井桟敷」を結成し、小劇場運動へと転回していくのである。かかる自覚的なフォルム＝メディアの選択は、寺山が日本においては（とりわけ、当時においては）稀有なフォルマリストであったことをうかがわせる。

前章で触れておいたように、日本のアンダーグラウンド演劇運動は、スターリン批判以降のロシア・フォルマリズム復権と相即的な、フォルマリズム的運動にほかならなかった。しかし、多くの場合、アングラの担い手たちは、自らのフォルマリズムに無自覚であったといえる。彼らはスターリン批判以降の時代において、不可避的にフォルマリストたらざるをえないところから出発したのであり、それ以外の選択肢は存在しなかった。これに対して、彼らに先行する世代に属する寺山は、アンダーグラウンド演劇が懐胎していたメディアの問題に対して相対的に自覚的な、外側の地点に立ちえていたと言いうる。高校生時代から俳句や短歌の結社の問題にかかわっていた寺山は、津村＝猪俣と同様にメディア論的視点を獲得していたのかもしれない。

このような寺山のフォルマリスム的転回のなかに、当時ようやく隆盛の緒についていた小劇場というメディアがいかなるものとして捉えられていたかが、端的にうかがえるだろう。それは、小劇場というメディアが、「民衆的下層」と通底しうるに適当な媒体であるという認識である。その「民衆的下層」は、資本制社会においては疎外され隠蔽されている人間的「自然」という「本質」に通底しているがゆえに見いだされなければならないものであった。

かかる「自然」観が、六八年の学生反乱を位置づけるに有力な参照先であった疎外革命論にきわめて親和的であることは、改めて指摘するまでもあるまい。なるほど、野外テントも薄汚れたビルの一室も、都市の制外に疎外されてあり、その疎外された位置ゆえに本源的な「自然」と接しうると想像されたのである。しかし、「メディア」と「本質」とのかかる隠喩的類似を介した同質性は、小劇場がメディアであることについての自覚を希薄なものにしたといえる。たとえば、状況劇場＝唐十郎の赤テントが子宮とか胎内の隠喩で語られたごとく（唐自身は、その比喩に距離を取っていた）、それはメディアではなく「自然」であるかのように見なされたのだった（いうまでもなく、唐の芝居の面白さは、そのような隠喩に対して抵抗的なディテールにある）。

しかし重要なのは、アングラの学生反乱との相即性ということではない。問題は、人間的「自然」という本質的内在性が、アンダーグラウンド演劇においてはいまだ信じられていたということであり、なおかつ、それへの外部からの参入者であった寺山においては、その信頼がすでに揺らいでいたという事実なのである。寺山に対して、しばしばさまざまに指摘されるキッチュ性とは、そのことを意味している以外ではない。

すでに前章でも論じたごとく、アングラ演劇においては、人間的「自然」という「本質」をつかさどる黙示録的革命の「デミウルゴス的主体」（グロイス）としての「女神」が、必然的に随伴していた。寺山の芝居にあっても、それは同様である。しかし、それは多くの場合、肥満したポルノ映画の女優とか、女装した「オカマ」といったキッチュな有徴性を帯びた存在でなければならなかったのである。寺山の芝居が当時、他のアングラ演劇に比してフェイクなものとして、やや軽んじられる傾向にあったのも、ここに由来するだろう。

このような「自然」観の揺らぎは、当然のことながら、演劇のメディア性への反省を誘発する。寺山が、舞台と客席との境界を廃棄しようとしたり、ハプニングや野外劇といった形式を模索したことは知られている。そのようなメディアへの試みは、いわゆるアングラ演劇人のなかでも突出していたが、それは、人間的「自然」という本質に対する懐疑に、どこかで根ざしていたと言ってよいだろう。しかし、この種のメディア論的試みも、寺山にあっては、二つの方向に分岐していることを見るのが重要である。そして、それは近代における演劇というジャンルの問題と深くかかわっている。

前章で論じたごとく、「近代《モダン》」という時代は、「現前性」と同時に、不断に新しさの「現在性《モダニティー》」を要請することによって構成されてきた。「現在性」とは「現前性」という虚構のリアリティーにほかならない。このことは同時に、近代芸術において「前衛」が登場してくる文脈を形成した当のものである。ここにおいて前衛とは、近代という時代の突端たる「現在」においていきいきとして斬新なものが「現前」しているということを、身をもって証明する役割を担う者の意だが、それは小説的俗語革命によって切り開かれた地平において存在しているといえるだろう。この意味において、津村喬の「パロールの復権」というテーゼもまた、その企図にかかわらず、前衛的かつ近代的たらざるをえないものである。

演劇は、すでに存在する戯曲を上演＝再現するものであるという意味で、現前性という虚構を構築しがたいという側面が存在するし、同時に、劇場という限られた空間＝メディアにおいて上演されるがゆえに、出版資本主義に依拠する小説等に比して、国民国家的な広がりを持ちにくい。それゆえ、演劇が「前衛」的かつ近代的であるためには、まず、その上演＝再現性という側面への攻撃がともなうことになる。アンダーグラウンド演劇が戯曲中心主義に対する一回的な役者の肉体の復権を掲げたのは、それがいかに土俗的＝前近代的にカムフラージュされていようとも、現在性＝現前性の要請に対する近代的かつ前衛的な応接にほかならなかった。それは津村喬的にいえば「パロールの復権」であり、近代において疎外され抑圧されている本質としての人間的「自然」を、今ここに現前せしめようとするロマン主義的試みであるという意味で、近代批判の相貌をもって近代に貢献するものなのである。寺山修司の実験の文脈も、おおむね、この現在性＝現前性の要請に沿ってなされたことは明らかである。舞台と客席の境界を廃棄するとは、まさに、観客に対する上演＝再現性を拒絶することであるし、ハプニングなるものが、行為の一回性という名の現在性＝現前性に就くことであることもいうまでもない。このような意味においては、寺山はアンダーグラウンド系演劇人のなかでも、もっとも「前衛」に憑かれていた存在だとさえいえる。

　しかし、かかる傾向が累進する時、一種の逆転を生起させずにはおかない。それが、寺山におけるメディア論的分岐である。とりわけ、七〇年代に――つまり、もっとも現在的＝現前的であった三島由紀夫の事件の後に――行われた寺山の幾つかの試みには、現在性＝現前性の要請を裏切ってしまうものが散見される。すでに一九六八年に上演された『書を捨てよ　町へ出よう』は、確かに、その参加者にとってはハプニング的な一回性の体験だが、それは、各人が同時に(共同的かつ共時的に)今ここにあるという統一性の虚構をもたらさないものであった。同様のことは、舞台に向かう観客たちの視点を個々さえぎって分散した『盲人書簡』(一九七三年—七四年)の試みにおいて、さらに自覚的に追求されているだろう。そこにおいて、それぞれの観客は同じものの現前に立ちあうことがない。寺山のフォルマリスムは、一回的な「現在性」を追求することで、その統一的な「現前性」との等号を破棄するように働いてしまったのである。この時、人間的「自然」という本質は、その表現されるべき今ここという場を失い、宙に浮いてしまうほかあるまい。そして、六八年という認識論的切断は、アンダーグラウンド的=初期マルクス的「自然」概念とは異なった「自然」を——おそらく、映画というメディアを介して——見いだしたのである。寺山の試みは、その切断を予感していたと言えよう。事実、映画にも深甚な興味を抱いていた寺山は(その作品にはほぼ見るべきものがないとはいえ)、演劇を「ドキュメンタリー」として捉えていたように思われる。もちろん、ここで言われるドキュメンタリーとは、ハプニングに隣接する概念である。しかし、演劇から映画へのメディア論上の転回は、これから論じていくように、ドキュメンタリー映画をつうじて開始されるのだ。

3 ドキュメンタリー映画の諸問題

今日、八〇年代フェミニズムを期せずして予料していた六八年的(?)な書物として、江藤淳の『成熟と喪失』(六七年)が、上野千鶴子(「『成熟と喪失』から三十年」、講談社文芸文庫版『成熟と喪失』解説)や大塚英志(『江藤淳と少女フェミニズム的戦後』)から高い評価を与えられている。アンダーグラウンド演劇による人間的「自然」の復権が隆盛をきわめていた時代に、その「自然」が資本主義の高度化によって崩壊の危機に瀕しているというアメリカ社会学的＝アメリカ・フロイディズム的認識をベースに、「第三の新人」と呼ばれる作家の文学作品を論じたこの書物は、ある意味では、ヘルベルト・マルクーゼに象徴される六八年の疎外論（フロイト・マルクス主義）と通底している。

大塚がいうように、「〝母〟の崩壊」と副題されたこの書物における、その「母」のイメージが、マンガやアニメなど、後のサブカルチャーで主題化されることになる「少女」というテーマの濫觴であったとして、しかし第三章でも触れたごとく、それは同時に、より顕在的にアンダーグラウンド演劇の主題でもあったことは、唐十郎の『少女仮面』や『少女都市』といった作品が端的に証明している。当時の学生アクティヴィズムの「文化的」先端を示す雑誌「遠くまで行くんだ……」創刊号に掲載された、アンダーグラウンド演劇をもふんだんに引用する新木正人の特異な日本浪曼派論の当初の題名は、「更級日記の少女」であり、「少女」はその後の新木のオブセッションでありつづけたこともそこで述べたとおりだ。新木のそれは、鈴木忠志の芝居『劇的なるものをめぐってⅡ』に先駆ける「引用の織物」であった。

その意味で、江藤のこの書物は、アンダーグラウンドに象徴される六八年的なパラダイムのなかで、学生アクティヴィストにも受容されたと言いうるのだが、(注1)しかし、その黙示録的革命主義との距離によって、その革命主義が無効を宣告された現代においても、大塚や上野のような存在から回顧されることが許されるものなのであろう。なお、江藤は七〇年の文芸時評で、唐の戯曲『愛の乞食』を絶賛する文章を記していることを付け加えておく。

しかし、八〇年代フェミニズムが六八年とのある種の(おそらくはネガティヴな)連続性を持たざるをえなかったゆえんは、それが、富岡多恵子の『波うつ土地』(一九八三年)という象徴的な小説作品を掲げなければならなかったことにあらわれている。この作品は、上野千鶴子が先述『成熟と喪失』論でそうしているように、「〝母〟の崩壊」という江藤淳的＝疎外論的な視点が、女性作家に対してはなお有効であるかのごとき錯覚をもたらした。しかも、そのヒロインは、富岡多恵子が六〇年代の有力な女性詩人として六八年に随伴していたという経験にも由来するのであろうか、「少女」というよりは「女神」的な「デミウルゴス的主体」の相貌を示しているのである(『波うつ土地』のヒロインは、七〇年代リブ運動の記録として観うる原一男の映画『極私的エロス・恋歌1974』のヒロインと親和的である)。ここにおいては、人間的「自然」は、資本主義によって崩壊の危機に瀕しながらも、いまだにその存在を信じられている。なお、富岡は松竹ヌーベルバーグ出身の篠田正浩が、六八年的な（アングラ的な?）美学主義に棹差そうとした映画『心中天網島』（一九六九年）のシナリオの共同執筆者でもある。

しかし、以上のような「自然」観の失調をもたらす事件は、『成熟と喪失』の江藤淳の足下において、すでに生起していたのである。しかも、それは六八年を一方で象徴する闘争を惹起するものであった。いうまでもなく、熊本県水俣市で発生し、チッソ水俣工場から流出した工場廃液が原因とされる水俣病の公害問題にほかならない。一九六八年、政府は水俣病を公害病と認定せざるをえなくなっていた。一九七〇年一〇月からは、当時東大助手であった宇井純が東大工学部において自主講座「公害原論」を開講してゆくのである。江藤淳は当時のチッソ社長・江頭豊の甥にあたる（この江頭豊が小和田雅子の縁戚でもあり、彼女が皇太子と結婚する際のちょっとした障害と見なされたことは知られている）。『成熟と喪失』が、どの程度、水俣公害問題を意識して書かれたものかは定かでない。しかし、資本主義による人間的「自然」の破壊という主題が、公害問題にかかわることを江藤が想起しなかったとは考えにくい。その意味でも、江藤淳は六八年的な問題性に対して身近にあった石原慎太郎が、彼なりに真摯に応援していたと見なすべきだろう。江藤淳の高校時代からの友人でもあったことは、すでに本書の最初に述べたが、「太陽の季節」その他で、創生期ニューレフトの心性的参照先であった石原は、その回想録『国家なる幻影』によれば、水俣闘争の渦中に環境庁長官となった石原は、その反左翼主義にもかかわらず、川本輝夫ら患者のラディカルな闘争に深い共感を覚えている。また、同書の伝えるところでは、江藤はチッソ社長・江頭豊の苦しい立場に深い関心を寄せていた。

だが、『成熟と喪失』の疎外論的な論理構成が、後にはエコロジー問題として概括されることになる公害問題に対して十全に有効であったかというと、そこには疑問符を置かねばならないように思われる。確かに、石牟礼道子のフィクショナルなルポルタージュである『苦海浄土』(一九六九年)といった水俣病問題を象徴する文学作品については、本質としての人間的「自然」を毀損していく資本主義的文明の問題を、そこから読み取ることが可能であるし、多くの者はそう受け取ってきた。それは、石牟礼が六〇年安保のイデオローグの一人でもあった、谷川雁「サークル村」の出身であることにも規定されているだろう。『苦海浄土』は『成熟と喪失』と、その文脈を共有しており、それはアンダーグラウンド演劇の地平にまで延びていると言いうる。

しかし、今日、エコロジーと総称されている「自然」観を瞥見すれば明らかなように、その「自然」はもはや人間的本質に内在するものとしては措定しえない、むしろ、全き外在性と化しているのである。そして、そこに介在するのが、小説中心的な現在性=現前性とは切断された、映画というメディアの問題性である。六八年におけるエコロジー問題の出現は、人間的「自然」の反乱を謳う、その黙示録的革命主義を決定的に解体してしまうように作用したといえる。付言すれば、大塚英志が『成熟と喪失』に見いだした「少女」

とは、かつての「自然」観の失調にともなう黙示録的革命主義の崩壊がもたらした、「女神」のロマン的イロニー化であり、それは江藤以上に前掲・新木正人において早くも主題的に予感されていたものなのである。

すでに明らかなように、六〇年代から七〇年代にかけて認識された公害問題においては、産業資本主義の進捗が、本質としての人間的「自然」を毀損するものとして告発された。それゆえ、公害患者たちは、その毀損（＝疎外）された「自然」の回復を要求することが、人間的な抵抗たりうると信じ、その抵抗自体、人間的「自然」の反乱を意味することができたのである。熊本水俣病闘争における未認定患者のラディカリズムは、その表現であった。ところが、エコロジー問題の拡大・深化は、「自然」の、その人間的内在性を決定的に「疎外」してしまうように働いた。今日の二酸化炭素による地球温暖化問題一つをとっても知られるように、「自然」は確かに人間の生活上の基礎であるが、それは否応なく人間によって毀損され続けているものとしてイメージされており、すなわち、人間に対して外在的なものとして措定されるほかはないものとなっている。ここにおいては、もはや、人間は弥縫的に「自然」を維持することができるのみであり、「自然」が反乱するとすれば、それは最悪のもの（生態系の破壊！）として認識されるほかない。

いわゆる公害／エコロジー問題に関心を寄せたのが、主に、ドキュメンタリー系の映画作家であったことは興味深い事実である（そこに第二次大戦の従軍カメラマンとして出発した水俣の写真家ユージン・スミスをも付け加えるべきだろう)。一九七一年の『水俣——患者さんとその世界』を皮切りに、土本典昭は陸続と水俣病のドキュメンタリーを撮っていくことになる。『水俣一揆——一生を問う人びと』(一九七三年)、『医学としての水俣病』三部作(一九七四—七五年)、『不知火海』(一九七五年)、『水俣の図・物語』(一九八一年)などが、それである。同じく水俣病に関しては、香取直孝監督『無辜なる海——1982・水俣』(一九八三年)が存在し、そのスタッフであった佐藤真は新潟水俣病をめぐって『阿賀に生きる』(一九九二年)を撮ることになるだろう。

土本が水俣シリーズを撮りはじめる直前に公開されたのが、滝田修ら京大パルチザンのグループのドキュメンタリー『パルチザン前史』(一九六九年)であったことからも知られるように、土本の当時の企図もまた、一種の黙示録的革命主義に対して親和的であったことは疑いない。しかし、それは水俣での生活のなかで徐々に崩壊していき、今日言うところのエコロジー的な「自然」観へと接近していくと言って大過はないだろう。その転換を刻する作品が、土本にあっては『医学としての水俣病』であったことは、「運命の小片」(『画面の誕生』所収)の鈴木一誌《ひとし》も指摘しているように、土本やその周辺の者の証言によっても明らかである。土本のカメラマン大津幸四郎は、そのことを「70年代に入ろうというところまでは「真実は存在する」もの」だから「いかに真実を追求するか」が問題であったが、「それが崩れた」と回想している(「日本のドキュメンタリー作家インタヴュー#

17」）。
『パルチザン前史』が小川（紳介）プロ作品として撮られたことからも知られるように、小川紳介のドキュメンタリーも、そのモティーフとしては、黙示録的革命主義に親和的であった。『圧殺の森　高崎経済大学闘争の記録』（一九六七年）、『現認報告書　羽田闘争の記録』（同年）や、『日本解放戦線・三里塚の夏』（一九六八年）に始まる小川の三里塚シリーズからは、確かにそのような企図がうかがえる。しかし、三里塚闘争の長期化と、それにともなう小川プロ現地スタッフの「土着化」にともなって、『日本解放戦線・三里塚』（通称「三里塚の冬」、一九七〇年）あたりから、あるいは、より顕在的には『三里塚・辺田部落』（一九七三年）以降、小川紳介にも一種のエコロジカルな「転回」がおとずれることは周知の事実である。その後、小川プロは山形へと移住し、『ニッポン国古屋敷村』（一九八二年）、『1000年刻みの日時計　牧野村物語』（一九八六年）といった作品へと転回していくことになる。それは、彼らドキュメンタリストの、「パルチザン」や「解放戦線」といった言葉によって親和的な「戦争」概念の布置転換にかかわる問題であった。

ポール・ヴィリリオは、映画が戦争について果たす重要な役割について、「第一次大戦当時すでに、連続写真の産業化を通して広域破壊の光学運動的性格は証明されていたと考えていい。破壊によってたえまなく激変する風景は、写真や連続的シークエンスを通じて再構成されるほかなく、現実は映画によって「捜索」される世界となった」（『戦争と映画

――知覚の兵站術』石井直志、千葉文夫訳、原文の傍点は省略）と述べている。まさに、この「戦争機械」（ヴィリリオ的に否定的な意味での）たる映画の、メディアとしての特異性こそが、「自然」概念のエコロジカルな転換にともなって、文学や演劇に代わって、映画が六八年に突出してきた理由にほかならない。公害とは自然に対する人間の――不可避的な――戦争と認識されたのであり、それゆえ、「自然」は自身もその一部である人間によって表現されるべきものではなく、「「捜索」される世界となった」のだ。土本や小川は、水俣病患者や三里塚農民の権力に対する「戦争」ではなく、人間の「自然」に対する戦争へと、カメラをシフトしていったのである。もちろん、それは映画がヴィリリオ的な意味で「戦争機械」であるがゆえに可能となった事態にほかならない。

いうまでもなく、映画のドキュメンタリズムは戦争をつうじて発達してきた。六八年にかかわって、その問題にもっとも拘泥していたのは、大島渚にほかならない。テレビ・ドキュメンタリーとして撮られた『忘れられた皇軍』（一九六三年）は、カメラの客観性という自明性を疑い、そこに、作家の――加害者性をも含む――主体性の契機を導入することによって、その問いに答えようとした作品である。そして、かかるドキュメンタリズムの契機は、『絞死刑』（一九六八年）から『東京战争戦後秘話』（一九七〇年）にいたる、六〇年代後半における多くの大島作品のなかで維持されていると見なしうる。

しかし、横尾忠則と唐十郎を起用した『新宿泥棒日記』（一九六九年）が典型的に示しているように、大島の言う主体性とは、疎外された人間的「自然」の表現というアンダーグラウンド的文脈を出ることがなかったのである。それは、『愛のコリーダ』（一九七六年）における性表現への構えにおいても維持されているだろう。大島にあって、性とは抑圧された人間的「自然」以外ではありえず、だからこそ描くに値するスキャンダラスな素材なのである。その意味で、大島は小川紳介や土本典昭といったドキュメンタリストとは異なった地平にあった。（注2）

しかし、大島は小川紳介の方法に嫉妬した。そのことは『同時代作家の発見』に記されている。大島は、小川の「記録対象への愛」と「長期間の記録」に、自身の及ばぬところを発見したという。この点で、大島は映画が「戦争機械」であるゆえんを発見したと言ってもよい。「記録対象への愛」とは、必須ではないにしても、ヴィリリオのいう「捜索」を可能にする当のものであるし、「長期間の記録」がなければ、「破壊によってたえまなく激変する風景」（エコロジー的「自然」の概念！）を捉えることが困難だからである。そのような手法を採用しえなかったという意味で、大島渚は「反戦的」であったのであろう。しかし、いまや「自然」概念が転換を余儀なくされているところで、単に「反戦的」であることは「反動的」であることに帰結しかねないのである。

ここにおいて、近代に必然的に随伴していた現在性《モダニティー》の要請としての、芸術的前衛主義は否応なく失効する。映画によって見いだされるところの、公害によって汚染された「自然」とは、もはや、いきいきとした「現在」の「現前」ではなく、人間の過去の営為で汚染された廃墟でしかないからである。六八年における映画は、かかる、ポストモダン的とも称しうるかも知れぬ、切断を画するメディアとしての相貌をあらわにしたといえる。それを「小説から映画へ」というシェーマで言いあらわすこともできよう。最初に触れたように、津村喬が「資本主義のウイルス」として、この両者を挙げたことは、だからきわめて先駆的ではあった。もとより、そこに両者のメディアとしての差異が踏まえられるべきであるとしても、である。

しかし、「ウイルス」とは、津村が望んだように解体・殲滅しうる対象ではなく、それと「共存」を余儀なくされるものでもあろう。そして、前衛主義の失調を刻した映画というジャンルの浮上は、当然にも、それに対する批評的言説を刷新せざるをえない。津村喬の登場と相即しながらも、それとは別個に、六八年秋に雑誌「シネマ69」が、山根貞男らによって創刊されたことは、日本の批評史上に一つの画期をもたらしたというべきである。そこにおいて、蓮實重彥をはじめ上野昂志《こうし》らが映画批評を開始する契機を獲得したのだが、「シネマ69」誌の画期的たるゆえんは、これまで論じてきた文脈に即して言えば、「小説から映画へ」と移行した近代のヘゲモニー・ジャンルたる映画について、どのようにして言葉が語りうるかという試行であった点にある。「シネマ69」誌にあっては、旧来維持されてきた前衛（あるいは、芸術）映画と娯楽映画の区別が廃されたことはもちろん、映画に対する文学的あるいは主題主義的な観点も斥けられるべく、その批評言語が模索された。それは当初、鶴見俊輔など「思想の科学」系の「限界芸術」概念を承けた市民主義的=啓蒙的批評行為のようでありながら、端的にそれとは一線を画するものになっていくのである。六六年からフランスにあって、六七年まで「カイエ・デュ・シネマ」誌の編集にかかわり、六八年五月のゴダール、トリュフォーらによるカンヌ映画祭の騒擾をも身をもって体験した山田宏一の映画批評も、本格的に開始されている。これらは、まさに人体がウイルスといかにして「共存」するかという、批評におけるエコロジー的転回であったといえる。

七〇年代において顕在化してくる日本の批評言語の刷新は、フランス現代思想・批評の導入ということにとどまらず、このような歴史的背景を持っていたのであり、また逆に、そのような文脈を抜きにしては、その批評は単なる美学主義に回収されるほかはあるまい。もとより、それは小説をはじめとする他の諸ジャンルに対する批評言語の刷新をも意味していたことは、いうまでもない。

最後に付け加えれば、映画というメディアは、それ自体としては、再現的かつ上演的な制約を負っており、近代の要諦たる現在性=現前性については、小説にさえも後れをとるジャンルである。したがって、その小説から映画へのヘゲモニー移行が、映画に比して現在性=現前性に優れたテレヴィジョンというメディアの普及という事態と相即してなされたことは、指摘しておかなければならない。そしてそれが、グローバル資本主義のもと、より「早い」、稠密な現在的＝現前的なメディアであるところの、インターネットにとってかわられようとしていることも、いうまでもない。しかし、実際に「戦争機械」として開発されたインターネットが、確かに驚くべき進捗をとげながらも、われわれが論じてきた意味での「映画的」なパラダイムにいまだ属していることは、明らかであろう。このメディアが「文化」としていかなるものたりうるか、そしてまた、われわれがそれに対してどのような批評言語を差し向けうるかは、今なお明確とは言えない。

第九章　宇野経済学と「模型」千円札

1　「一九三〇年代の思想」として

宇野弘蔵の――「マルクス主義経済学」ならぬ――「マルクス経済学」が、ニューレフトの誕生以来の基本的な参照先であったのは周知のことである。六〇年代にいたって、宇野派の「鬼っ子」と呼ばれた岩田弘「世界資本主義論」を統一理論として第二次ブントが再建されるという事態も含めて、それは一貫してニューレフトの理論的枠組みを規定した。

宇野経済学は、戦前のその出発時点から、日本資本主義論争における講座派・労農派の対立に批判的に距離を置きつつ（とりわけ、ソヴェト・マルクス主義の日本的定在たる前者に対して）、『資本論』の「原理論」としての純化、その原理論を踏まえた「段階論」、「現状分析」のいわゆる「三段階論」の提唱、そして「科学とイデオロギー」あるいは「理論と実践」の峻別を掲げて、スターリン批判のはるか以前から東大を中心に、社会党（労農派）、共産党（講座派）系の経済学とは異なる独自のシューレを構成していた。姫岡玲治をはじめとする第一次ブントの学生イデオローグ（主に東大系）は、おおむね宇野理論の影響下にあった。ニューレフト理論がマルクス主義であり、それゆえ経済学を基幹の学として置かなければならないと考えるかぎり、宇野は恰好の――ほとんど唯一の――参照体系だったのである。

しかし、宇野がニューレフトによって参照された理由は、単にそれだけではないだろう。スターリン批判以後に大がかりに復権された初期マルクスに依拠する主体性論は、ただちに『資本論』の経済学へと接続しうるわけではない。だが、主体性論が広義に、西田哲学を中心とした「一九三〇年代の思想」の戦後的継承であったのと同様、宇野経済学もそうしたものとして位置づけられうる性格を持っているのである。「一九三〇年代の思想」としての宇野経済学は、スターリン批判から六〇年安保をへて六八年革命にいたるまで、重層的に「誤認」（フロイト）されながらも、その誤認をとおして、「六八年の思想」としての相貌を――おそらく今にいたるまで――顕在化しようとしている。

それは、アドルノやマルクーゼ、さらにはベンヤミンにいたるフランクフルト学派が、ウイルヘルム・ライヒの精神分析が、バタイユ、クロソウスキーらの「コレージュ・ド・ソシオロジー」の思想が、あるいは日本でいえば保田與重郎の日本浪曼派が――三島由紀夫を経由して「（反）革命」的に――六八年へと接合されなければならなかったのと、実は、同様の事態として捉えられるべきである。

もとより宇野理論は、それが「科学」としての経済学であるがゆえに、「詩的」革命の相貌が色濃い、スターリン批判をへた六八年の「思想」のなかにうまく位置づけられてはこなかった。吉本隆明から天沢退二郎にいたる詩的ニューレフトのイデオローグが宇野弘蔵と正面から応接しようとした形跡は、もちろん（まったく）ない。世界的に見ても、かかる「科学」主義としての一九三〇年代の思想の存在は稀有であろう。類比的なのは、ロシア・フォルマリスムがローマン・ヤーコブソンとレヴィ゠ストロースとの戦時下アメリカ合衆国での遭遇を経て、フランス構造主義として復権されたという事態であり、後述するように、宇野の価値形態論はまさしく「シニフィアンの論理」（ラカン）であるのだが、そのことが詩人たちに着目されたことはなかったといえる。わずかに、津村喬の周辺にあった長沼行太郎が、おそらくテル・ケル派からの刺激を糧として、マルクス価値論を言語論として読むことを模索していたが、そこで宇野が参照された形跡は見当たらない。（注1）

もとより、宇野派の経済学者は、岩田弘をほとんど唯一の例外として、いかなる意味でも六八年革命の意味を宇野との関係のなかで捉えることはできなかった。それはマルクス経済学が「科学」であるかぎり、「革命の必然性」を論証することはできぬとする禁欲にも制約されているが、同時に、日本においてトロツキズム系の経済学者が（「ソ連論」の対馬忠行をわずかな例外として）存在しなかったという事態にも規定されてはいるだろう。そのネガティヴな側面は、六八年以後の「ポストモダン」とも「大衆消費社会」とも呼ばれる状況を経済学的に位置づけて世界的にも多大なインパクトをあたえた、エルネスト・マンデルの『後期資本主義』のごとき著作を宇野シューレが生み出しえなかったことにもあらわれている。

六八年的なニューレフトの側から宇野理論と直接に対質したのは、後にも多少触れるように、ようやく廣松渉の『資本論の哲学』（一九七四年）をまってのことである。続いて、柄谷行人の『マルクスその可能性の中心』（一九七八年）が宇野の「可能性の中心」の今日的復権を開始した。六〇年代から七〇年代にかけて、ニューレフト諸党派の政治的機関紙・パンフレットの類には頻繁に宇野理論が俎上にのせられていたにもかかわらず、その六八年革命における意義が闡明されていた（いる）とは言いがたいのが、今なお実情である。だとすれば、まず粗略ながら、宇野の「一九三〇年代の思想」としての様相を、その誕生した時代状況のなかで概観しておくことから始めよう。

2 科学とイデオロギーの分離／統一

宇野は一八九七年、岡山県倉敷の地方ブルジョワジーの家に生まれ、大正期に学生時代を送った。堺利彦、河上肇、山川均ら大正期社会主義の知的影響下にあった若き日の宇野弘蔵は、「『資本論』を何とかして読みたいもんだ」という一心で、旧制高等学校から東大経済学部、そして卒業後の就職先・大原社会問題研究所の時代を通過するが、その志を果たせず、「当時（第一次大戦——引用者注）戦後の為替安を利用してやや流行になっていたドイツ留学を思いついた」（「学究生活の思い出」）。ただひたすら、その地で『資本論』の原書を読むために、である。一九二二年から一年半のドイツ留学は、主にそのことのために費やされたという。

ドイツからの帰途の船上では、同じくドイツを中心に留学していた福本和夫と遭遇し、親しく意見を交換したというエピソードが知られている（福本の側からは『革命回想』などに記されている）。この遭遇が、後世の目からニューレフト創生神話と見なされてしまうのは、ある意味ではいたしかたあるまい。

帰国後の福本が、いわゆる「福本イズム」＝ルカーチ主義によって初期共産党を席巻する理論的指導者となったこと以上に、今日では、ドイツ留学中の福本の交友圏が注目されている。ルカーチとの交流のみならず（『歴史と階級意識』の刊行は福本留学中であり、ルカーチから福本に献本されている）、その近傍にあったレーテ運動の理論家カール・コルシュを家庭教師にドイツ語を習っていたというエピソード、そして、フランクフルト学派の拠点となった「社会学研究所」の名づけ親が福本であるといった、今日知られるいくつかの輝かしいエピソードは、ある種ロマンティックな想像をかきたてずにはおかない。そのような福本と宇野弘蔵が一九二四年、ヨーロッパからの帰途、船上で遭遇しているのである。宇野のドイツ留学においては、その回想に徴すかぎり、福本のごとき輝かしい足跡は見いだせない。だが、船上の福本との対話は、後年の宇野理論の根幹をなす「唯物史観と経済学」——すなわち、「科学とイデオロギー」——の問題が中心であった様子である。しかし、今日において改めて輝く福本のアウラ以上に、それと応接する宇野の方が、「一九三〇年代の思想」の意味を、すなわち六八年革命的性格を隠しているのではあるまいか。

後に弟子たちの質問に応えて、船上での福本との「議論の焦点」を、宇野は次のように回想している——「唯物史観と経済学の関係だな。ぼくはその点がどうもよくわからなかったからね。彼は唯物史観を絶対のようにいっていた。そういうように記憶している」と。また、「いろいろな議論から、ぼくはどうもコルシュじゃないかという感じをそのときからもっていた」(『資本論五十年上』)とも言う。かくのごとき遭遇が一九二四年になされていたとすれば、それは、スターリン批判以後に誕生するニューレフトの理論的核心をなす二つの軸、すなわち、ルカーチを嚆矢とする人間主義的マルクス主義と「科学」としてのマルクス経済学を標榜する宇野理論とが、すでにその時、論争を開始していたことになる。「科学」としての宇野経済学は、その後次第に鮮明にされるように、同じく科学たることを標榜するソヴェト・マルクス主義＝「マルクス主義経済学」を「イデオロギー」として精密に批判することをとおして形成されていくものである。

宇野と福本の対立は、廣松渉のクリシェが言うような意味での、近代の認識論的地平たる「科学主義対人間主義」の相補的対立といったものとは、いささか異なっている。少なくとも、宇野弘蔵の言う「科学」が、廣松の批判する「科学主義」の相貌に収まり切らないものであることは、本章において随時明らかになっていくであろう。そもそも、宇野のいう「科学」としての経済学とは、一九世紀のある段階、イギリス資本主義をとおして傾向として垣間見られたに過ぎぬものであり、歴史貫通的な真理ではない。論点を先取りして言えば、宇野の「科学」とは、六八年革命時においてアルチュセールが言った「科学」としてのマルクス主義と重なり合う、「認識論的切断」を含意しているものなのだ。その意味で、宇野・福本の論争は、アルチュセールが六〇年代に敢行した、ルカーチ経由のヨーロッパ・マルクス主義との論争の文脈に置き直して捉えられるべきである。もとより、それが日本のニューレフトに十分に了解されていなかったとしても、である。

しかし、ニューレフト創生の場において、宇野の「科学」主義を人間主義的マルクス主義と「アウフヘーベン」する試みがなされようとしたことは、ある意味で必然であった。これは、福本と宇野の船上での遭遇を、神話としてさらに反復する神話構築的試みにほかならない。一九七〇年代初頭に傘下の書肆こぶし書房から『福本和夫初期著作集』全四巻を刊行することになる黒田寛一は、安保ブントの崩壊直後、『宇野経済学方法論批判』(一九六二年)において、ルカーチ=福本ならぬ(しかし、おおむねその理論的パラダイムに収まると見なしうる)梯明秀の「経済哲学」と宇野経済学とをともに「アウフヘーベン」しようと試みた。(注2)

安保ブントの「経済理論が、宇野経済学の断片的摂取と観念的適用にもとづいた雑炊理論であったことは確かな事実」だが、その「破産の理論的根源の一つをば直接に宇野経済学の理論的摂取に、その問題性に帰着させる、という傾向を、われわれは決して是認しえない」と、黒田は言う。黒田によれば、「〝宇野経済学体系〟を、この体系と鋭角的に対立して存在していながらも、その思弁的構成のゆえにわが理論戦線においては完全に無視され続けているところの〝梯経済哲学〟とかみあわせることなしには、『資本論』の主体的把握とその創造的発展をなしとげることは決してできない」のだ。

これは、いかにもまっとうな発想ではある。宇野によれば、「理論と実践」を峻別する「科学」としてのマルクス経済学において、「革命の必然性」は原理的に論証できないとされるのだが、黒田にとって、それは「論理的なものと歴史的なものとが認識主体の実践的立場において場所的に統一されていない」からなのである。(注3)

安保ブントの宇野理論摂取は、その指導理論が「姫岡国独資」と呼ばれたことからも知られるように、第一義的には「現状分析」のレヴェルに(のみ)置かれており、宇野の思想内容の根幹をなす「経済学方法論」に対しては、ほとんど顧慮がなされなかったといえる。この傾向は、姫岡理論を批判して開始されたブント解体過程の論争でも、さらには、第二次ブントが岩田世界資本主義論を統一理論として採用する時においても維持されていたと見なしうる。これは確かに「断片的摂取と観念的適用」(黒田)と言われてもいたしかたないご都合主義ではあり、それゆえ、安保ブントの解体時において、そのメンバーの一部は「論理的なものと歴史的なものとが認識主体の実践的立場において場所的に統一され」(『宇野経済学方法論批判』)るその場を求めて、黒田らの革共同へと移行したのであった。

しかし、別の視点からは、ブント的ご都合主義の方がはるかに宇野弘蔵の「方法論」に忠実だったとも見なせるのだ。これまで随時指摘してきたごとく、廣松渉、西部邁、長崎浩といったかつてのブント系理論家・アクティヴィストが証言しているように、彼らにとっては革命の必然性が「科学的に」証明できないことなど、自明の前提であった。彼らはむしろ、そのことにおいて、宇野と立場を共有していたのである。宇野が「理論と実践」、「科学とイデオロギー」を峻別し、理論=科学によっては証明しえない場を残しておいたのであれば、むしろ自由な「実践」が宇野理論の外で可能となると彼らは考えたのであり、だとすれば、プラグマティックに利用可能な「現状分析」のみが経済学に求められるのである。

おそらくここに、「一九三〇年代の思想」としての宇野理論をいかに捉えるかという選択の問題が横たわっている。黒田寛一(ら)のルカーチ経由の人間主義的マルクス主義についいては、もはや多言を要すまい。ただ付言しておけば、ソヴェト・マルクス主義に反旗を翻したルカーチが、にもかかわらずマルクス主義者でありえたのは、ロシア革命によって、とにもかくにも「革命の必然」が証明されていると見なしていたからである。宇野との船上での遭遇において、福本和夫が唯物史観を「科学」と主張したことも、そこに由来するだろう。だとすれば、その「必然」の証明が事実として破綻したスターリン批判以後の時代に、経済学と唯物史観を貫くマルクス主義を――「主体的（＝主観的）に」ではあれ――科学として証明しなければならないと考えることは、アナクロニズム以外の何ものでもないのである。

宇野理論が「一九三〇年代の思想」であり、それがスターリン批判以後のニューレフトの参照先たりえたゆえんは、それが「革命の必然」の証明を断念したところにこそあった。いうまでもなく、ファシズムの勃興と第二次大戦への突入を前にした一九三〇年代とは、革命が歴史的必然たりえぬことが最初に露呈した時代にほかならない。宇野の理論と実践の分離を主張するその「科学」主義が、その初発の動機において大正教養主義的なものに規定されていたとしても、宇野もまた、一九三〇年代の歴史のただなかに投げ出されざるをえなかったのである。宇野の近傍にあった、大内兵衛、向坂逸郎《さきさかいつろう》、美濃部亮吉といった労農派系経済学者が、その大正教養主義的な「疚しい良心」から、「革命の必然性」を戦後も曖昧なままに信じていたのと、それは対極にある。たとえ宇野が、今日仄聞されるように、選挙に際しては共産党に投票していたとしても、そのような「実践」はほとんど問うに足るまい。

一九三八年、前年の人民戦線事件をうけた、いわゆる労農派教授事件に連座した宇野は、勤務先（東北大学）の仙台で逮捕、起訴される。宇野によれば、「『資本論』を経済学の理論として採るということ自身が社会主義を主張するものと考えられた」（「学究生活の思い出」）からである。宇野は結局、無罪となるが、大学の職を自ら辞す。「私は、たとい誤断からにしてもこんなことで起訴されるようでは、学問の研究自身がいけないことになるものと思い、起訴される前から大学を辞する決心をしていた」（同）というのだ。ここに、一九三〇年代の思想の共通項としての非講壇的性格を見いだすことも可能だろう、宇野理論が『資本論』冒頭の価値論の解釈を嚆矢として、その独自な相貌を公然化するのは戦後を待たねばならなかった。ここにもまた、平野謙がいうところの「昭和十年前後」の課題が、戦後において再浮上したという事態を見いだしうる。

3　価値論と現代芸術

「革命の必然性」は論証できないとする宇野経済学といかに応接するかにはかかわりなく、しかし革命は「一九六八年」として到来した。それは、宇野はもとより、黒田寛一はもちろんのことニューレフト諸派もノンセクトも予測不可能ななかで到来した革命にほかならず、彼らがその渦中にあっても「革命」と認知しえない種類の革命であった。かろうじて、その革命を日本で触知しえたのは、次章で論述するところの、ドル・ポンド体制の崩壊を予測しえた岩田弘と、第一三章で詳述する津村喬くらいであったかもしれない。しかし、その岩田にしても世界資本主義のもっとも弱い環である日本資本主義を突破口に世界革命の口火が切られるといった、パラノイアックなアジテーションから知られるように、古典的なフランス＝ロシア型の革命イメージに囚われたままであったし、津村の場合、中国文化大革命と重ね合わせることで認識しえたその革命の質は――決して単純に誤っていたわけではないにしろ――その「正しさ」が同時に誤認でもあるようなところに設定されていたのである。

だが、六八年革命においては宇野理論の革命的性格を第一に規定していた、いわゆる価値論（商品論、貨幣論）と「労働力の商品化」をめぐる闘争が、すでに生起していた。「オブジェを持った無産者」赤瀬川原平の「模型千円札」裁判がそれにほかならない。

赤瀬川は六〇年代初頭から、篠原有司男《うしお》、荒川修作らとの「ネオ・ダダイズム・オルガナイザーズ（ネオダダ）」や、高松次郎、中西夏之と結成した前衛芸術家集団「ハイレッド・センター」による「反芸術」の美術家として知られた。「ハイレッド・センター」とは構成員三人の頭文字「高」、「赤」、「中」を英語にしてもじったものだが、赤瀬川はそれをさらにパロディックに、「高級左翼中央本部」とも言い換えている。事実、赤瀬川らのネオダダ＝「反芸術」運動は、六〇年安保のブント＝全学連のムーヴメントと並行して開始され、その後のニューレフト運動と連動しながら六〇年代を通過していくのである。

安保全学連の流れを引く平岡正明（ジャズ評論家）、宮原安春（作家、皇室ライター）ら早大「犯罪者同盟」が大隈講堂で敢行した「演劇」イヴェントの「美術」を中西夏之が担当し、大隈講堂の男性用便器を真っ赤に塗ったというエピソードは、赤瀬川のハイレッド・センター回顧録『東京ミキサー計画』に記されている。今日、『老人力』で知られる赤瀬川は、六〇年代をニューレフトの運動に同伴する、ギー・ドゥボールらのシチュアシオニストにも比肩すべき、もっともラディカルな美術家として通過したのである。しかも、それは単なる同伴ではありえなかった。一九七一年当時、ニューレフトのポピュリズム的メディアとして存在していた「朝日ジャーナル」（一九七一年三月一九日号）に掲載されたパロディー漫画「櫻画報」で、赤瀬川が「アカイ、アカイ、アサヒ、アサヒ」と書いて、同誌を回収に追い込んだことはあまりに有名であろう。それは、ニューレフト内における革命的批判をも内包していた。もとより、赤瀬川がその革命性に対してどれだけ自覚的であったかは定かではないにしても、である。

模型千円札事件も、赤瀬川の「反芸術」＝ネオダダ運動のなかから生起した。一九六三年二月に開かれた赤瀬川の個展「あいまいな海について」の案内状とともに、実物大で片面だけが印刷してある千円札が配布されたのが発端である。その後も赤瀬川はさまざまな場所で模型千円札を提示し、それを用いてカバン、ハサミといった日用品を梱包してみたり、テレビに登場して燃やしてみたり、といったパフォーマンスを展開した。これに対して六四年から警視庁が捜査を開始、六五年には「通貨及証券模造取締法違反」で赤瀬川ら

（他、二名）が起訴される。この裁判は控訴審も含めて一九七〇年まで続いたが（最高裁で有罪確定）、瀧口修造、中原佑介、針生《はりう》一郎ら当時代表的な美術批評家の特別弁護人を擁し、六八年革命のシンボリックな闘争として遂行された。

しかし、その裁判の弁護側の論理が——ある意味では赤瀬川も含めて——「反芸術」としての模型千円札の「芸術」たるゆえんを述べることで無罪を主張するものであったことは、事の問題性を隠蔽しかねないものであった。第六章でも触れたように、赤瀬川の模型千円札問題は、「反芸術」＝「芸術」というロマンティックなコンテクストにおいてではなく、まず何よりも、単に「似ていること」（『鏡・空間・イマージュ』）がオリジナルのアイデンティティーを揺るがすという宮川淳的なコンテクストから論じられるべきだったはずである。その宮川は「芸術の名において」模型千円札を擁護しようとする論理を、次のように批判していた。

芸術の名において——しかし、まさしくそのような大義名分をこそ、芸術、そしてとくに現代の芸術は否定してきたのではなかっただろうか。現代の芸術がもつ、たえず《芸術》という大義名分から逸脱しようとするこの本質的な無名性、絶対的な自由への要求——芸術が今日表現の自由と深くかかわりあうのはそれが芸術だからではなく、ここにおいてなのだ。（中略）今日の芸術の状況はまさしく芸術がもはや自己同一性ではありえず、逆に自己同一性の拒否としてあらわれてくるように思われる。だが、この自己同一性の拒否、それは現実に対して屹立し、またわれわれを垂直に立たせる観念そのもの、自由への根源的な欲望以外のなんであろうか。

（「千円札裁判私見」一九六七年）

「反芸術」は、それが「芸術の名において」擁護されようとする場合、「感性の解放」とでもいうべき──あるいは、既成の「芸術」（という制度）の抑圧からの解放と称する──ロマンティックな「芸術」概念に回収されるほかはない。それは、赤瀬川らが標榜した「ネオダダ」という言葉を踏まえれば、最悪の意味でのダダイズムにほかなるまい。そして、そのような最悪のダダイズムとして、模型千円札裁判が六八年革命の一シンボルとなっていった側面も、これまた否定できない。そのことを、宮川のこのエッセイは鋭く突いている。赤瀬川らの六〇年代の前衛美術運動は、そのようなものとして批判されてもいたしかたのない側面を色濃く持っていたのである。

だが、三度繰り返せば、模型千円札とは、その本物と「似ていること」において、「反芸術」であるというよりも、芸術としての「自己同一性の拒否」であり、さらには、千円札というオリジナルの自己同一性を「拒否」することなのではなかったか。宮川にとってはいかにも見やすいはずのこの文脈を、宮川はあえて無視して、「本質的な無名性」、「自由への根源的な欲望」といった抽象的観念へと問題をずらしてしまっている。

しかし、この「自由への根源的な欲望」なるものが、「反芸術」や「ネオダダ」にも増して「《芸術》という大義名分」に同一化してしまうことも、この文章から明らかである。「現代の芸術」は「芸術の名において」という大義名分を「否定してきた」ことで「芸術」であるというのなら、その芸術否定を芸術たらしめていると宮川が言う「自由への根源的な欲望」なるものは、果たして「《芸術》という大義名分」と別のものではないのであろうか。宮川の抽象的非実践性は、ここに明らかである。

宮川淳に欠けているのは、いわゆる現代芸術がいやおうなく政治に接してしまうという視点であり、批判されるべきは、そのような政治の回避がひそかに「《芸術》という大義名分」を再導入してしまうことにある。これに対して、赤瀬川の模型千円札をはじめとする「美術作品」は、「《芸術》という大義名分」がもはや不可能となった地平を宮川とともに共有しながら、その時に露呈する政治性を積極的に引き受けようとするものではなかったか。この政治性に較べれば、赤瀬川（ら）が六〇年代のニューレフトの個々の運動に同伴したという事実など、何ほどの意味もない。それは、「老人力」なる今日の赤瀬川的「J回帰」（ジャンクなジャパンへの回帰）に見合った、退屈な過去のエピソードに過ぎないのである。もとより、「反芸術」的前衛としての赤瀬川にとって、反抗すべき「父が消えた」と思った時、J回帰への道は用意されていたのかも知れない。知られているように、赤瀬川は尾辻克彦の名で書いた小説作品「父が消えた」によって、一九八一年に芥川賞を受賞している。

それはともかく、マルセル・デュシャン以降と言ってもよいのであろうが、一九六〇年代は「だれかがそれを芸術だと言えば、それが芸術だ」（ドナルド・ジャッド）という時代に突入した。赤瀬川らのネオダダ＝反芸術も、そのロマン主義的な相貌にかかわらず、そう捉えられるべきである。

赤瀬川らが五〇年代後半から六〇年代前半に活動の一拠点とした読売アンデパンダン展は、膨大なジャンクも美術館という場所に置かれれば「それが芸術だ」という現代的文脈を露呈させるものであった。赤瀬川自身が回想しているように、読売アンパンの最後は、「町内に必ず一人二人いるやや変質的な奇行のあるオジさん」のたぐいが出品する「廃品類の奔流」によって「自己破壊にまで至った」（『反芸術アンパン』）という。だが、赤瀬川をはじめ、いわゆる芸術家の作品も、それらとは見分けのつかぬジャンクにほかならない。読売アンパンが廃止されるのは、一九六三年である。赤瀬川の最後の読売アンパンへの出品は、「梱包と千円札」であった。（注4）

あるいは、東京オリンピックの後、清潔な都市空間と化した東京・銀座において、ハイレッド・センターの面々が白衣とマスク・腕章姿の「官許のデザイン」でおこなった高名な「首都圏清掃整理促進運動」も、公権力の清掃事業とただ単に「似ている」ところの、端的にジャンクなパフォーミング・アートであり、なおかつ「それが芸術だ」と名指すことにおいて、読売アンパンの文脈を承けるものにほかならなかった。同時にこのことは、芸術なる制度が近代市民社会に置かれている政治的な位置を問うものでもあったのである。海藤和は、この「官許のデザイン」に「「帝銀事件」に通ずる「恐ろしさ」を指摘した」という（椹木野衣《さわらぎのい》『日本・現代・美術』による）。それは、模型千円札にあっても変わらない事態にほかならない。「似ていること」とは、かかる暴力を露呈させることでもある。

いうまでもなく、「巨大な商品の集積としてあらわれる」（『資本論』）近代資本制社会は、その市場原理において、貨幣を媒介にした自由で平等な商品相互の等価交換を旨とする象徴秩序として立ちあらわれる。宇野弘蔵的に言えば、本来は商品化しえない労働力を「無産者《プロレタリア》」として商品化することによって生産過程にそれを組み込んだ資本制社会は、「等価交換」を原理とした——自由で平等な——秩序を構成する。

ここにおいて、剰余労働の「搾取」といった問題は、さしあたり問わずにおこう（後述）。等価交換（というフィクション）が近代資本制において成立するのは、生産過程に捕らえられた労働が、「抽象的人間労働」としての性格を帯びることによって、商品の交換価値が、その使用価値にかかわりなく、そこに投与された労働量で測られるというフィクションに、一定の根拠を与えるかに見えるからである。二つの商品が——貨幣を媒介にして——交換されるのは、その商品に投与された労働の量が互いに等しいからだと見なされる。個々の労働の質的差異（具体的有用労働）の側面は、資本家的生産様式のなかで捨象（抽象）されるからだ。

しかし、この商品化された自由で平等な象徴秩序において、そこには還元しえない商品が存在する。一つは「芸術」という商品である（もう一つは、後述するごとく、宇野の言う「労働力商品」である）。芸術を制作する「労働」は、似たような絵を似たような技術で描いたとしても、大家と呼ばれる存在（ピカソ）の作品と貧乏画学生（馬の尻尾）のそれとでは、その交換価値に無限の高低が生ずることからも知られるように、そこにおいては抽象的人間労働という虚構が成立しがたい。芸術は近代においては商品としてしか存在しえないが（あるいは、商品化されることで芸術となる）、しかしそれは資本制の論理がそこで挫折するデッドロックなのである。資本制商品経済の論理は、芸術＝商品という限界を設定することで、その内部を論理的に──自由で平等なものとして──構造化する。芸術という商品は、近代資本制が虚構として成立するための外部的支えなのだ。その意味で、近代資本制は芸術を必要としているのである。別に言うなら、芸術が近代市民社会批判の有力な手段と見なされながらも（それは、しばしば前衛と呼ばれる）、その目論見が必ず失敗するのも、この理由によっている。

近代資本制はそのことを、いくつかの方途を用いて隠蔽してきた。それが資本制にとって必須のものと知られれば、芸術はその外部性を喪失しかねないからである。ベンヤミンの高名な論文が言うところの、芸術作品の「展示的価値」という概念は、美術館によって購入されたその作品の交換価値は、一般的な労働力の価値の累乗された希少で貴重な労働力によって作られたものであるがゆえに高価だという論理に、芸術を回収しようとするものである。それは資本制の「美学化」——ベンヤミンに倣えば「政治の美学化」——にほかならない。しかし、これまたベンヤミンのその論文が言うように、「複製技術時代」の到来は、そのような特権的な芸術家の「労働」の崇高な「アウラ」を崩壊せしめずにはおかない。美術館に置かれれば「それが芸術だ」という芸術の無根拠性が、複製技術時代には露呈してしまうのだ。

このことは、赤瀬川の最後の読売アンパンへの出品作に即してみても明らかである。「梱包」はその場でできてしまうほどの安易な「労働」によってなされ、「千円札」には胃痙攣で倒れるほどの過酷な「労働」が費やされた。しかし、それらは同等に美術館に展示され、しかもそこで置かれている他の「変質者」の作品と同様に、単なる（？）ジャンクなのである。にもかかわらず、それが——「反芸術」という——「芸術」だと主張される時、それは芸術が商品交換の論理に還元されえないという資本制の矛盾を突き、「芸術の政治化」（ベンヤミン）が遂行される。

しかも、赤瀬川のめざましさは、そのことを貨幣＝模型千円札という商品世界の中心においで敢行したことにある。いうまでもなく、商品世界の秩序を統括しているのは貨幣だが、その象徴秩序に還元しえない領域としての「芸術」が貨幣を正確に模倣する時、貨幣の「フェティシズム的性格とその秘密」(マルクス)が露呈してくる。宮川淳に倣えばただ単に「似ている」ものが二つある時、その自己同一性が揺らぎはじめるのだが、それが「等価交換」という同一性の論理をつかさどる貨幣において「芸術」として遂行される場合、決定的な資本主義批判となる。

これは、ある意味では宇野弘蔵が敢行したマルクス価値論の画期的読み替えとも相即しているのであり、また、赤瀬川がそれを「オブジェを持った無産者」としておこなったとすれば、宇野理論の核心をなす「労働力の商品化」の問題のアクチュアリティーをも照らし出すこととなるはずである。

4 芸術家としての労働者

宇野価値論は、戦後すぐに大内兵衛、向坂逸郎、久留間鮫造《くるまさめぞう》、鈴木鴻一郎《こういちろう》、対馬忠行らと組織した資本論研究会の席上でその核心がおおやけにされ、大きな議論を呼ぶことになったものである。当初、それはマルクスのいわゆる「単純な価値形態」における相対的価値形態と等価形態の把握に関するものであり、商品A(相対的価値形態)の価値が商品B(等価形態)の使用価値によって表示されるという場合、相対的価値形態に立つ商品には商品所有者を想定し、等価形態をその者の表現と見なすべきではないかというものでああった。そのことを宇野は後に、「マルクスでは価値形態の等価物商品の使用価値が相対的価値形態の商品所有者の欲望の対象としてその量を決定される点が明確にされなかった」（岩波全書版『経済原論』傍点引用者）と定式化するだろう。

柄谷行人の『マルクスその可能性の中心』以降、今や誰しも知るように、これは価値形態論をシニフィアンの論理として読むことにほかならない。それは、「単純な価値形態」を単に商品Aは商品Bに等しいと読むのではなく、商品A（S_1）の意味は商品B（S_2）によって表現されると捉えることだからである。しかも、ここにはシニフィアンの論理における「欲望」という精神分析的・リビドー経済的問題さえ、おそらく意図せずに言われている。この時、宇野はその「欲望」概念を「欲求」＝「必要」とほぼ同義に使っている。しかし、商品がフェティシズム的対象であるのなら、われわれはそれを断固として「欲望」と誤読すべきなのである。

かかる視点は、後に、アルチュセール派の論集『資本論を読む』の収録論文「『一八四四年の草稿』から『資本論』までの批判の概念と経済学批判」においてジャック・ランシエールが提示した論点をはるかに先取しており、なおかつ、ある意味ではランシエール以上に精密である（とりわけ、労働価値説を導入せず価値形態を論じる点において）。かかる視点を宇野に可能にしたのは、推測すれば、アルチュセール派と等しく、戦前の東北大学在職中におけるヘーゲル主義との対決とスピノザ主義の導入ではないかと思われる（ランシエールには、アルチュセール派がその認識論的切断の参照枠としたフロイト＝ラカンが導入されているが、宇野がフロイトを参照した形跡はない）。

『資本論五十年 上』によれば、当時の東北大学の学生には、後にヘーゲル『大論理学』の訳者・研究者として知られる武市《たけち》健人《たてひと》がいて宇野と親交があり、宇野も「『資本論』を論理学としてやってみたい」という希望を持っていた。しかし、「武市君はそれをやったわけだ」が「ぼくとはまるで考えが違っていた」と言い、むしろ同僚の河野与一（フランス文学者）から薦められたスピノザの『エチカ』に共感していたという。宇野が詳述していない以上、臆断は慎まなければならないが、相対的価値形態にある商品に商品所有者を想定し、その「欲望」の表現として等価形態にある商品を捉えるという発想は、スピノザ的「表現」論と言えるかもしれない。また、宇野が一貫して戦後主体性論という、ある種のヘーゲル的マルクス主義に対して懐疑的であったことは、繰り返すまでもない。

この宇野価値論が破壊的であるゆえんは、「等価交換」を原理とするはずの商品世界の基底に「欲望」概念を導入することで、その原理が実は不可能である旨を明らかにしてしまったところにある。しかも、「単純な価値形態」が等価交換を意味しないということになれば、実は、「一般的な価値形態」から貨幣形態を導出することも、論理的には不可能であることを意味する。

ここでは、「単純な価値形態」において、すでに等価交換が不可能であり、それを等価交換と強弁するなら、無根拠かつア・プリオリに貨幣を導入しなければならないゆえんを指摘しておこう。

相対的価値形態に商品所有者を想定する宇野に反して、W_1－W_2というもっともプリミティヴな等価交換がなされていると仮定しよう。宇野価値論に最初に応接した経済学者の面々は、そのようにマルクスの「単純な価値形態」を捉えていた。しかし、W_1、W_2には同一の労働量が投入されているか否かが知られていないとすると、互いに異なる使用価値であるW_1、W_2には共通のものが何もないのだから、相互を比較し交換することは不可能である。W_1とW_2が等価交換されるためには、共通の尺度たる第三項（G＝W_3）が必要となる。W_1－Gであり、同時にG－W_2であるからW_1－G－W_2というかたちで交換が成立する、という論理展開がなされなければならないのだ。ところが、第三項G（貨幣）もまた商品（W）の一種にほかならないのだから、W_1－G、G－W_2とはともに、証明不可能であったW_1－W_2の単なる反復なのである（つまり、それはW_1－W_3、W_3－W_2の変奏に過ぎない）。ここにおいて、W_1－G－W_2という等価交換の図式にあっても、W_2はW_1という商品の所有者の「欲望の対象」であるという、等価交換の原理を破壊する機制が潜在的に作動していると見なさなくてはならない。交換は常に贈与か略奪かであり、等価交換という均衡に落ち着くことは決してありえないのである。

いうまでもなく――宇野がそう言うわけではないが――「欲望の対象」の最たるものは

G（貨幣）にほかならない。それは崇高な対象であると同時に、等価交換という擬制が実現された時には無として消失するという意味で、マルクスやフロイトも注意を促しているように糞尿である。

しかるに、それでもなお等価交換が証明されなければならないとすれば、貨幣は――「存在」がハイデガーにとって、Es《エス》 gibt としてのア・プリオリな（神からの）人間への贈与《ギフト》であったことに等しく――商品（存在者）以前に存在していた「存在」と見なすか、再び、貨幣に代わる第三項として労働価値説を導入しなければならなくなる。宇野が前者の立場を採らないことは無論だが、かといって後者の悪循環に拘泥することもなかった様子である。この後者の「価値形態論と価値実体論の相互的前提の循環」に触れて宇野に批判的であった廣松渉は、「価値の実体といい、「絶対的価値」といっても、真実態においては「関係的＝相対的」な規定」であり、その「高次元における関係規定は、形態的次元での関係規定を概念的に把握したうえでなければ、その被媒介的な「関係の第一次性」を述定できない」（『資本論の哲学』）として、その矛盾の「解決」をはかろうとした。ここには『資本論』の冒頭商品を単純商品と捉えるか資本主義的商品と捉えるかにかかわる論点があるが、それは今は問わない。しかし、für uns の学知的視点に定位する廣松物象化論には、「欲望」の概念が欠けているがゆえに、それは等価交換という同一化（された「われわれ」）の論理を反復するだけだとも言える。この「われわれ」においては「欲望」という不均衡が決定的に欠落しており、ここにおいて廣松理論はその革命性を喪失しているといってよい。

これに対する赤瀬川の模型千円札の革命性は、欲望の崇高な対象としての貨幣を正確に(ジャンクとして)模倣することで、その対象も糞尿的なジャンクであることを露呈させたところにある。それは、芸術のジャンク化という六〇年代美術運動の極限であり、総括的な試みにほかならなかった。この模型千円札の存在によって、芸術作品という崇高な商品が、実は、等価交換の論理のデッドロックに位置するジャンクにほかならないことが、決定的に明らかにされてしまったのである。

本書第六章の文脈をうけて言えば、赤瀬川は六八年革命における記念碑的詩集たる吉増剛造の『黄金詩篇』の装丁を担当した。この組み合わせは一般的に言えばミスマッチと見なされよう。「疾風、金貨、黄金橋《こがねばし》」の一節を含む吉増のその詩集は、「疾走」、「憑依」、「言葉の錬金術」といった賛辞が捧げられたことからも知られるように、そのファルス的ともいえる直線的に崇高な美学主義が高く評価されたものであった。これに対して、赤瀬川は一般にパロディストと見られ、吉増とは対極に位置する存在と思われていたのである。しかるに、赤瀬川の装丁(絵)は、その「黄金」＝貨幣のファルス的崇高性を、「欲望の対象」としての糞尿に変えてしまう。

茶色い肥溜めのような沼(?)から屹立しているファルスのごとき黄金の人差し指は、

それ自体として糞便の形状をなしてもいるが、その人差し指の先端は、沼の天井をなすもう一つの茶色い沼（肥溜め？）を軽く突いている。逆に見れば、アヌスのような天井の沼から糞便のごときファルスが、下の沼（肥溜め）に放出されているとも見えるのである。そして、その人差し指（糞便）の周りには、花のような尿（尿のような花）が幾つも飛び散っている。赤瀬川の『黄金詩篇』へのかかる「批評」は、もちろん、吉増の詩集の読解から可能であり、単に恣意的なものではない。赤瀬川のこの装丁がなかったら、『黄金詩篇』が六八年革命を象徴する詩集たりえなかったであろうことは、確かである。

現代芸術はジャンクである。しかるに、それを商品として購入する貨幣もジャンク（糞尿）である。それゆえ、私はそのジャンクたる貨幣の「模型」を芸術として提示する。赤瀬川のこの模型千円札の論理は、宇野経済学の近傍にありながら、それが「革命の必然性」を論証できないとした地平をこえて、革命的たらんとするものだったといえる。

ところで、宇野理論の要諦に「労働力商品化の無理」論があることは知られている。「科学」としての経済学は「革命の必然性」を証明できないが、資本制はその矛盾を「恐慌」として表現する。その恐慌は、本来的には商品化されえないものである労働力を資本制が労働力商品として生産過程に組み込み、相対的過剰人口といったかたちで、あたかも商品として自らが生産しうるような擬制を構築したところに由来する、というのが宇野の主張であった。この宇野の「労働力商品化の無理」論は、従来しばしば人間主義的に解釈され、疎外論的初期マルクス主義と結合される傾向があった。人間は本来、「商品化」という「疎外」をこうむってはならぬ崇高な存在だ、という次第である。しかし、これがミスリーディングであることは論をまたない。たとえ宇野が「労働力商品化の無理」を人間主義的に解釈できるような言い方を時としてもらしたとしても、である。むしろ、「商品経済における物神崇拝は（中略）労働力商品化による資本の生産過程においてその根拠を明らかにされる」（前掲『経済原論』）と言われるように、労働力という商品の「特殊性」から、商品世界の「フェティシズム的性格とその秘密」が明らかにされるべきなのだ。

改めて指摘するまでもなく、労働価値説を採用したとして、労働力商品は芸術作品とともに、それに当てはまらぬ稀有な商品である（宇野にあっては、労働価値説は価値形態論が論証された後の「生産論」で導入される）。労働力の価値は、それに投与された労働時間によって決定されるわけではない。極限的に言うなら、その一日の労働の対価はパン一個で足りる。もちろん、ある種のテクノクラートたちのように莫大な対価が支払われてもよい。今日の「不況」下のマイノリティー系労働者（女性パート、契約社員、フリーターを含む）がそうであるように、労働力を再生産するに足りない対価で働く場合もある。

労働力とは、その労働にいかなる対価が支払われようと「等価交換」と見なしうる特殊な商品であり、かつ、等価交換というフィクションが成り立ちえない商品である。(注6) いうまでもないが、「搾取」はこのような商品が存在するがゆえに可能なわけであり、資本主義経済はこのことによって「発展」成長する。その意味で、近代資本制における労働者はすべて潜在的に芸術家なのだ(!)。赤瀬川のいう「オブジェを持った無産者」とは、そのことを指していると捉えられるべきだろう。労働力商品は、それへの対価がいかなるものであっても「等価交換」であるという意味で、もっとも資本制市場経済にふさわしい商品であり、いかなる等価交換も論証できないという意味では商品経済の論理が破綻するデッドロックである。まさに、このことを核心として、自由で平等な近代資本制のフェティシズム的性格が完成される。だとすれば、それへの批判は、自らを――労働力としてではなく――ジャンクな芸術家と規定することによってのみ、可能となろう。「労働の廃棄」(『ドイツ・イデオロギー』)のための現実的な条件は、その時すでに整っていたのである。

第Ⅲ部　生成変化する「マルチチュード」

第一〇章　世界資本主義論から第三世界論へ

1　政治的危機／革命的危機？

吉本隆明や黒田寛一から、パラノイアックな「万年危機論」と揶揄されもした岩田弘の「世界資本主義論」が、にもかかわらず、日本の六八年革命におけるアクティヴィストたちのメンタリティーの基底を構成していたことは、今なお忘れてはならない事実である。世界的な傾向と相即して「詩的」革命の色彩が濃い日本の六八年にあって、岩田理論は、ニューレフトが持ちえた、現状分析を可能にするほとんど唯一の経済理論であった。それが高唱する「危機」は、六八年を「革命」として生きようとする者たちと確実に呼応しあっていたのである。

日本のニューレフト誕生時からその理論的参照先としてあった宇野弘蔵門下から出発し、宇野派の「鬼っ子」とも評される岩田弘の世界資本主義論は、六〇年安保の「敗北」を総括する過程で、第一次ブントの一分派たる「革命の通達」派（革通派）の流れを汲むマルクス主義戦線派（マル戦派）に採用された。それは、後に赤軍派「過渡期世界論」へと極限化されていく関西ブントの六〇年安保総括「政治過程論」と並んで、再建第二次ブントのヘゲモニー理論となった。

現代を「世界資本主義の政治的危機――革命的危機」の時代と規定する岩田理論は、しかし、ブントのみならず、六〇年代から七〇年代初頭にかけて武装街頭闘争へと突入する中核派に状勢分析の根拠を提供したのをはじめ、ニューレフトへと方向転換しつつあった「平和共存」路線の構造改革派諸セクトが六八年を契機に「左旋回」するにあたっても、有力な参照先となったと見なさなければならない。

にもかかわらず、マル戦派の第二次ブント「離脱」(一九六八年三月)に象徴されるように、岩田世界資本主義論は六八年における理論的ヘゲモニーを総体的に掌握していたとは言えない。それは、吉本隆明や黒田寛一の疎外革命論が、廣松渉の物象化論が、あるいは平田清明の市民社会論が、はたまた毛沢東的・ゲバラ的第三世界論等々が、単独にヘゲモニー理論たりえなかったことと同様である。これまでも繰り返し述べてきたように、六八年を思想的に見るならば、さまざまに対立・拮抗する諸理論・諸思想が、その核心を穿つことを目指しながらも重層的な「誤認」を重ねた果てに可能となった「革命」にほかならないが、岩田理論もその例をまぬがれない。しかも、第一次大戦後の世界資本主義が「革命的危機」に突入したことを謳うそれは、七〇年代の「連合赤軍事件」や「内ゲバ」に象徴されるニューレフトの威信の失墜、そして続く八〇年代の大衆消費社会の登場と相即して、かえりみるに足りない空論と遇されてきたのであった。

六四年に刊行された岩田の主著『世界資本主義』が、ウォーラーステインの「世界システム論」に先駆するものとして再評価の光が当てられるようになったのは、ようやく近年のことに属する。たとえば、柄谷行人による岩田弘インタヴュー「世界資本主義と近代世界システム」(「批評空間」II—20、一九九九年一月)などがそれである。宇野派を継承しようとする若い経済学者・新田滋にならえば、「一国単位で政治・経済・社会を分析する枠組みの限界を批判して登場したのがウォーラーステインらの世界システム論であった」が、「日本では、よりはやい時期に岩田弘らの世界資本主義論が存在していたことを忘れてはならない。ただ、岩田世界資本主義論は方法論としての側面よりも、危機到来論としての側面のほうがはるかに強く記憶されているために、拒絶反応を呼び起こしがち」(『恐慌と秩序』)だったということであろう。

しかし、ここでまず踏まえるべきなのは、岩田理論が万年危機論と揶揄されながらも、しかし当時としては——おそらく、世界的にも——ほとんど唯一来るべき六八年を、世界通貨ドルの金兌換停止と変動相場制への移行として最終的に現出する「危機」と予料しえていたことである。六八年は、その当時から、先進資本主義国における「豊かさのなかの革命」と見なされ、古典的な窮乏化革命論の範疇からすればミステリアスな現象として捉えられることが多く、その経済的危機の背景にはほとんど注意がはらわれなかった。それゆえ、その秘密を解こうとするにあたっては、ルカーチやヘルベルト・マルクーゼなどのフランクフルト学派系疎外革命論が参照されることが多かったのである。しかし、ドル・ショック／ニクソン・ショックが、今日にいたるその後の資本主義世界の方向を決定した危機であり、それが六八年革命と通底したものであることは、グローバル資本主義とそれへの対抗運動が激発する現在において、ますます明らかではなかろうか。

その意味でも、岩田弘は、疎外革命論によらぬその方法論的視座のみならず、六八年が「ポスト・アメリカ」を画する「世界革命」だと事後的に位置づけたウォーラーステインに先駆けているといえよう。そして、その「ポスト・アメリカ」＝「アフター・リベラリズム」を新自由主義《ネオリベラリズム》政策でのりきり、九〇年代をグローバリズムとして謳歌したかに見えたアメリカ資本主義が、二〇〇一年九月一一日のニューヨーク貿易センタービル「崩落」を前にして、フランシス・フクヤマでさえ「「アメリカ例外主義《エクセプショナリズム》」の終焉」と言わなければならない事態を認識せざるをえないのであれば、岩田弘の危機論的側面を括弧に入れて、方法論のみを採るということもできないはずである。

いうまでもなく、フクヤマは冷戦体制の崩壊をヘーゲル／コジェーヴ的な「歴史の終焉」として総括し、九〇年代グローバリズムのアメリカ・ヘゲモニーに思想的な根拠を与えた存在であった。フクヤマの言いたいことは、アメリカが例外的に強力な「世界の警察」たりえた時代は終わり、アフガニスタンへの報復攻撃には、EUなど先進資本主義国のみならず、ロシア、中国、「穏健」イスラーム諸国といった多くの国々の協力を必要とするようになるということであり、その協力体制こそが逆説的にポストヒストリカルな世界（「帝国」?）を到来させるというものである。しかし、それはほとんどアイロニーにほかなるまい。ちなみに、ウォーラーステインは、フクヤマの言うごとく報復攻撃が勝利に終われば（そして、それは当然そうなった）、逆に、「ポスト・アメリカ」という事態を加速することになるかもしれないと見ているようである（「注意！　アメリカは勝ってしまうかもしれない」）。

そのように現在に関係してくる問題としても、問われるべきは、六八年を規定した岩田弘の危機論と方法論を貫くその「正しさ」と「誤認」の関係である。岩田理論をめぐってニューレフト内の論争がなされたところを追跡することによって、今日に論じられるべき六八年のプロブレマティックも、徐々に浮上してくることになろう。まず、岩田理論がニューレフトに導入された経緯を検討してみることから始めなければならない。

2　ブント主義の理論的保証

六〇年安保の「敗北」と、それにともなう第一次ブントの解体過程にあって、革通派と呼ばれることになる一分派は、ブントの指導理論であった姫岡玲治の「国家独占資本主義論」を批判することで、その総括を遂行しようとした。両者のディテールをここで紹介する余裕はないし、その必要もあるまいが、端的に言って、姫岡国独資に規定されたブント指導部が、六〇年安保を革命ではなくその前哨と位置づけたのに対して、革通派は「安保決戦と「一大階級決戦」とを段階的に分けないで結合した理解」(「安保闘争の挫折と池田内閣の成立」一九六〇年八月)が必要だったとし、そのための経済理論と一九六〇年安保後の現状分析の確立を希求したのであった。

もちろん、今日の視点からこれを笑うのはたやすい。安保後に誕生した池田内閣の「所得倍増政策」は、むしろ、「一大階級決戦」といった古典的文脈を解体し、いわゆる大衆消費社会を準備し構築していくものだったからである。しかし、時あたかも石炭から石油へのエネルギー政策の国家的転換に際して(もちろん、それが六〇年代の高度経済成長を保証した)、三井三池炭鉱に象徴される大争議が勃発しており、社会党・総評を中心とする旧左翼は、それを「総資本対総労働」の階級決戦として位置づけていた。大正炭鉱争議には、詩人の「工作者」谷川雁をはじめとするひとびとが、「サークル村」の運動を背景に独自の——ある種の「保守的革命主義」とも評しうる——ニューレフトとも親和的な組織論をもってかかわっており、安保「敗北」後のブント=社学同の一部もそれにコミットするという状勢が背景に存在していたのである。革通派が「安保決戦と「一大階級決戦」とを段階的に分けないで結合した理解」を主張したことには、当時において誤認されていた(されざるをえなかった)、かかる文脈も理由として存在していた。

革通派のそれは、単に姫岡理論に対する批判である以上に、「革命」を未来に先送りすることで、今ここにある課題を「党建設のための闘争」と位置づける革共同＝黒田寛一的なものへのブント主義的反発と見なしうる。六〇年安保の「敗北」を真の前衛党の不在に求める革共同＝黒田寛一らの批判を受け入れ、ブントの革共同への合流を志向する指導部（後の「戦旗派」など）の動きも、すでに顕在化していた。六〇年安保の総括としては、革共同に反対し、谷川雁とともにブント＝社学同の一部（東京を中心とする独立派）に影響力を持った吉本隆明でさえ、安保闘争は革命などではないと距離を保ったのだから、ある意味でこれはブント主義の極限と言えよう。しかし、「一大階級決戦」を夢想する革通派は、ブント＝全学連のヘゲモニーを掌握するにはいたらず（それは、大衆社会化の波にあらわれつつあった学生運動において必然であった）、分散・解体を余儀なくされていったのである。

岩田理論はこの革通派の残党たる学習会サークルによって発見された。彼らは、岩田弘がその成立に大きく関与したとされ、宇野原論への批判的距離を主張する、鈴木鴻一郎編『経済学原理論』をテキストに学習会活動をおこなっていたが、岩田の論文「現代資本主義と国家独占資本主義論」（一九六二年、『世界資本主義』所収）が出るにおよんで、それに依拠することでマル戦派を形成する。それは、第二次大戦以降の世界をも、第一次大戦によって成立した「戦時体制」――「「戦争と革命」の時代」、「「全般的危機」の時代」――の延長と位置づけ、「最近のドル危機のうちに集約的に表現されている資本主義の経済的な世界編成の解体的な危機も、こうしたアメリカの戦時体制とそれをささえる戦時財政がみずからひきおこした危機なのである」とするものであった。

そして続く論文「帝国主義と現代資本主義」(『世界資本主義』所収)では、「せまりきたりつつある世界資本主義の政治的危機――革命的危機」の「もっとも弱い環」として日本資本主義があげられることになる。それは、「日本が資本主義の世界的変革のあたらしい突破口となり、社会主義の世界史的事業を一段と高い水準にひきあげることを」現状が要請しているということであり、「それゆえ、今日ほど、日本におけるその変革主体の意志と行動の統一が要求されていることはない」とする認識に帰結する(『世界資本主義』「序」一九六四年)。かかる認識を背景にして「党のための闘争」という待機主義は斥けられ、今ここにおいて革命が遂行可能であるかのごとき信憑性が保証されたのである。

六〇年安保をめぐって、それを「階級決戦」と位置づけるべきだったとする革通派の夢想は、ここに成就したかに見えた。そしてまた、六八年を「革命」として遂行する理論的担保も岩田理論によって与えられたかのごとくである。岩田危機論は、彼が若き日に所属していた戦後日本共産党武装闘争路線の古典的なラディカリズムを引きずっているとも見なせる。そしてそれは、後述するように、岩田理論を批判して軍事路線へと突き進むニューレフト諸党派の方向を裏から規定していたようにも思われる。多くのニューレフトが陰に陽に岩田危機論を(密)輸入することになるのも、ゆえなしとしない。そしてそれは、単なる誤認として事後的に斥けえないものを含んでいるのである。

3 戦後民主主義批判の意味

丸山真男をはじめとする戦後日本の進歩派・反戦平和主義が「一九四五年革命説」として特権化してきた史観に対して、第二次大戦後をも第一次大戦によって成立した戦時体制＝アメリカ・ヘゲモニーの延長と捉える岩田弘の視点は、ウォーラーステインの「アフター・リベラリズム」論や今日の「一九四〇年代論」に先駆けるばかりではない。危機論的側面に隠れて、それほど問題化されることがなかったとはいえ、それは、日本の全共闘の核心的なスローガンたる「戦後民主主義批判」の理論的参照先たりうるものであった。

一九六八年は明治維新から一〇〇年にあたり、一九六五年は敗戦後二〇年目にあたっていた。六〇年安保から池田内閣の所得倍増政策、さらには東京オリンピックへという社会的激変を通過しつつあった当時の論壇は、「明治百年か戦後二十年か」なる論点をめぐって保守派と進歩派がヘゲモニー闘争を繰り広げていた。江藤淳や石原慎太郎といった、六〇年安保を「若い日本の会」として通過した文学者たちの明確な保守主義への転向も、ジャーナリズムをにぎわしていた。石原・江藤に対して、大江健三郎はますます「戦後民主主義のチャンピオン」という役割を、少なくとも小説以外の領域で、ジャーナリスティックに演じるようになっていた。「丸山真男が、自分は、戦前の日本帝国主義の実在よりは、戦後民主主義の「虚妄」に賭ける、と言いきった」のをうけて、保守派論客をポピュリズム的に指弾する山田宗睦《むねむつ》の『危険な思想家』が、六〇年代の大衆ジャーナリズムを象徴するカッパブックスから刊行されてベストセラーとなったのも、六五年である。第三章、第四章で論じたように、スターリン批判によって再び浮上した一九三〇年代的な問題としての保守的革命主義は、六〇年安保という実験場をへて、ある種のリアリティーをもって顕在化してきたのであり、個々人はそれへの応接を迫られていたといえよう。

六七年には社共統一候補の美濃部亮吉が東京都知事に当選し、以後、三期一二年続く「革新都政」が出発する。戦前の「天皇機関説」で著名な美濃部達吉を父に持ち、労農派系マルクス経済学者でもあった美濃部候補に対して、中核派や社青同解放派は「(批判的)支持」を打ち出し、前者は同時におこなわれた都議選・区議選に候補者を立て選挙戦を展開した。このことからも知られるように、六八年を前にしたニューレフトにあっても、「一九四五年革命説」に由来する社共・旧左翼の反戦平和主義と自らの差異は、思想的にいまだ不分明なままなのであった。

そのようななかで、直接にはその論争にかかわらなかったとはいえ、岩田弘の戦後批判を内包した世界資本主義論のパースペクティヴは決定的に異質であった。それを発見し理論的ベースにすえたニューレフト＝全共闘の「戦後民主主義批判」も、「明治百年か戦後二十年か」といった一国主義的な論争の枠組みをこえる質を持っていたと言わねばならない。

全共闘運動で掲げられた「戦後民主主義批判」なるスローガンは、今日にいたるまで、その概念が曖昧にされてきたのみならず、その曖昧さゆえにもはや思想的には顧みられることの少ないものとなり果てている。多くの場合、それは社共・旧左翼の「欺瞞的な」民主主義に対して「真正の」民主主義を求めることと捉えられてきた。しかし果たして、そのような理解で「戦後民主主義批判」の内実は汲み尽くされるのだろうか。これは、今日、六八年を直接に体験していない若い左派系論客の多く（過半はカルチュラル・レフトといいうる）が、戦後民主主義への回帰を標榜している今日、重要な論点である。

確かに、東大闘争は医学部インターン制度反対や講座制批判という民主化問題として始まったのだし、日大闘争も「日大アウシュヴィッツ体制粉砕」を掲げて学園民主化闘争から出発した。そしてそのなかでは、学外で「民主的」な言辞を弄しながら、学内では学生の弾圧にまわる教員たちの欺瞞性が糾弾された。あるいは、大江健三郎がレポートして、これまた六八年のアクティヴィストたちを育成したと思われる『ヒロシマ・ノート』（一九六五年）に描かれているごとき社共の欺瞞的な原水爆反対・反戦平和運動に対して、立命館大学全共闘が大学に建つ「わだつみ像」を破壊することで応えた（一九六九年五月）ということもあっただろう。当時、戦前からのリベラリストとして知られる法学者・末川博を学長として擁した立命館は、関西地方の大学のなかでは日本共産党＝民青の一大拠点校として知られた。

しかし、社共ら旧左翼の欺瞞性ということであれば、それはすでに六〇年安保において明らかになっていたことであり、六八年的な課題とは言いがたかったはずである。そして、もしそのようなレヴェルで全共闘の「戦後民主主義批判」を捉えるのであれば、憲法九条に象徴される反戦平和主義それ自体への批判は不可能であり、ニューレフトは実質的には旧左翼と同一化してゆくほかはないだろう。「欺瞞的」反戦平和主義に対して、「真正の」それを掲げるムーヴメントとして、六八年時において大衆的な支持を得ていたものに、作家・小田実らのべ平連がある。実際、べ平連は六八年革命にあってはニューレフト・アクティヴィストの予備軍をプールし養成する機関でもあった。べ平連から出発して六八年のアクティヴィストとなった多くの活動家の存在に徴せば、全共闘の「戦後民主主義批判」とは真正の反戦平和主義＝民主主義を求めるものであり、実態として、戦後憲法の実質化を求めることに収斂されていくほかはない思想ということになろう。

たとえば、学生時代には六八年革命に天沢退二郎と北川透へのシンパシーをもって「詩的」にコミットした加藤典洋が、後に鶴見俊輔（いうまでもなく、べ平連の中心メンバーの一人）に親しく接することで、戦後憲法の「価値観を否定できない」（『敗戦後論』）とする立場へと旋回してゆくことも、そのことをあかしているのかもしれない。加藤の戦後民主主義への回帰は、江藤淳が八〇年代に提起した戦後憲法と「occupied Japan」問題に批判的に応接することで果たされた。江藤の戦後憲法批判は「一九四五年革命説」を実証的に破壊しながら、占領軍の言論政策による戦後の「言説空間」の歪曲をあばくものだったが、それはすなわち、四五年の敗戦を別の意味で卓越化するものだったのである。それゆえ、これに規定された加藤もまた、四五年に特化することで、戦後民主主義への回帰を果たしたと言えよう。

かかる、旧左翼的・社民的なものへのニューレフトの同一化という現象は、もっとも見やすい例としては、六九年安田講堂「決戦」の行動隊長であった今井澄（青医連、ML同盟）が、その後民主党国会議員となったという事態を筆頭に、さまざまな領域に多々存在している。そしてそれは、「戦後民主主義批判」をスターリン批判の亜流として、すなわち、欺瞞的なものへの真正なものからする批判として捉えるかぎり、当然の帰結であるとは言える。しかし、六八年がスターリン批判以後の革命であるゆえんは、それがそうしたレヴェルにとどまりえなかったところにあるのではないか。「戦後民主主義批判」とは、そのような意味での「六八年の思想」なのである。

4　大衆教育社会と大学の変貌

岩田弘の史的パースペクティヴを敷衍すれば、アメリカ占領軍が領導したとされる、戦後民主主義なるリベラリズム政策もまた、第一次大戦後の「戦時体制」の延長上に位置づけられることになる。事実、今日の「一九四〇年代論」が指摘するところによれば、戦後民主主義を保証した数々の福祉主義的なリベラリズム政策——たとえば、農地解放をはじめ、国民健康保険制度や企業別労働組合、終身雇用として現出する「日本的雇用」など——なるものは、一九四〇年代の戦時経済政策として立案され、当時すでに実行の緒についていたものにほかならなかった。それは、「銃後」というよりは兵站地域たる日本本国における、「国民」の組織化と安定を確保するものとして発想されたのである。その政策が、占領軍や、戦後ふたたび経済政策のヘゲモニーをにぎった旧革新官僚(六〇年安保時の首相・岸信介もその一人)に受け継がれたとすれば、そこにおいて開花した戦後民主主義もまた「戦時体制」であることは明らかであろう。ヴェトナム戦争が暴露したものは、いまだ日本も「戦時体制」下の兵站地域であるということだった。

周知のように、吉本隆明はベ平連に象徴されるヴェトナム反戦運動の欺瞞性をいちはやく批判した。一九六四年一一月に戦地ヴェトナムにおもむいた作家・開高健は、翌年二月に帰国してただちにルポルタージュ『ベトナム戦記』を著し、自身もコミットしているベ平連運動の高揚に大きく貢献した。これを目して吉本は「戦後思想の荒廃」(「展望」一九六五年一〇月号)を書き、ヴェトナム戦争に対して非戦闘地域の傍観者に過ぎぬ開高(そしてベ平連)ら日本の市民主義的インテリゲンツィアの、反戦意識の欺瞞性を突いたのである。

この吉本の批判が学生アクティヴィストをはじめ、当時の知識人界にそれ相当のインパクトを与えたことは事実である。改めて言うまでもなく、これは「擬制の終焉」以来の吉本の、真正なものによってスターリン主義の欺瞞をあばくというスタイルの変奏にほかならない。吉本にとってべ平連的市民主義もまた、スターリン主義の一分枝——それがスターリン批判以後は、フルシチョフの「平和共存」路線として定在していたことはいうまでもあるまい——にほかならないからである。事実、小田、開高、鶴見ら無党派べ平連知識人の市民主義を支えていたのは、六〇年までは日本共産党のなかにあった、「ソ連派」アクティヴィスト/知識人たちであった。名前をあげれば、事務局長の吉川勇一をはじめ、いいだもも、武藤一羊らがそれである。

しかし、この吉本の批判はニューレフトのヴェトナム反戦運動の方向転換をうながすものではなかった。むしろ、六八年へと向かうニューレフトの運動は、吉本的批判を了解しながらも（この点については、第四章を参照）、ヴェトナム反戦を積極的な梃子としていったのである。ニューレフト再建の嚆矢となった三派全学連による一九六七年一〇・八羽田闘争は、当時の首相・佐藤栄作のヴェトナム訪問阻止をスローガンに闘われたものだし、すでに全共闘運動が高揚期を迎えていた翌六八年の一〇・八では、米軍燃料タンク車輸送阻止を掲げて新宿駅占拠闘争が展開され、続く一〇・二一では同じ新宿で騒乱罪が適用されるまでにいたった。

このような、ニューレフトと吉本思想との乖離は、それ自体で六〇年安保と六八年革命の差異を刻印するものである。かかる乖離は、吉本が六八年に対して六〇年安保以上に距離を取るという態度の一因ともなった。吉本にとって六八年とは、終焉したはずの「擬制」が「ソフト・スターリニズム」として復活したという側面を色濃くただよわせた運動と見なされたはずである。事実、吉本は六七年一〇・八直後に刊行された個人誌「試行」（二三号）の「後記」に、「ポン引的な市民主義者の反戦理念に追従している学生運動などをおだてる気はさらさら無い」と記しており、その後もニューレフトのムーヴメントから距離を取る発言は繰り返される。もちろん、一方で吉本の思想に親和的なブント叛旗派の政治集会では、七〇年代において、その度ごとに講演をおこなって、ニューレフトへの影響力を維持しようとしているのだが――。

しかし、すでに明らかであろう。全共闘の言う「戦後民主主義批判」がスターリン批判の一ヴァリエーションではなく、戦後民主主義それ自体が「戦時体制」を意味するものだという認識からの批判だったとすれば、ヴェトナム反戦闘争は単なる傍観者の良心の疚しさから発するものではありえない。それは、兵站地域たる福祉主義的国家の「豊かさ」が、それ自体として戦争状態そのものであるという認識からする運動であり、単なる反戦運動というよりは、後述するように「国家に対抗する」戦争という側面をはらまざるをえないものであった。そのことは、同時期に生起したヴェトナム「反戦」運動と全共闘運動とを相即的に捉えることによって理解しうる。

先にも触れたように、日本のみならず世界的に生起した六八年学園闘争の、それ以前の学生運動との相違は、学生が教員を糾弾するスタイルの登場というところにあった。パリの五月革命勃発を前にパリ大学ナンテール校に立ち寄ったミシェル・フーコーは、「これらの学生たちが教師たちとの関係を階級闘争の用語で語るのは奇妙だ」と驚愕したと伝えられるが（『ミシェル・フーコー思考集成Ⅰ』「年譜」参照）、これと同様のことが日本においても起こっていたのである。それは、「造反有理」を掲げた中国のプロレタリア文化大革命の「影響」といったことをこえて、学生運動として現出せざるをえなかった六八年の核心に規定されているだろう。

日本においても、六〇年安保までは教員と学生は対国家権力において一種の親和的同盟関係にあったし、六〇年代中期のプレ全共闘的学園闘争にあっても、教員と学生の関係は「階級闘争の用語」（ブルジョワジー対プロレタリアート！）で語られるようなものとしては、いまだ存在していなかった。プレ全共闘運動の画期をなす第一次早大闘争を牽引した社青同解放派のスローガンは「産学協同路線粉砕」であったが、それは「産学協同」にはおかされぬ「真理の大学」をどこかで前提とせずには不可能なものである。事実、全共闘運動勃発以後においても、当初、中核派は「真理の大学」をスローガンとして掲げていた。いうまでもなく、「真理の大学」とは教員と学生の立場をこえた協同が可能と見なされる時にのみリアリティーを持つものにほかならない。

しかし、全共闘運動の大学への構えは、「大学解体」であり「反大学」であった。それは、「真理の大学」を解体することが目指されたということであり、教員と学生の関係が非和解的な「階級闘争の用語」で語られねばならない事態に立ちいたったことを意味する。ノンセクトの大衆的な運動が、「真理の大学」論を護持するセクトをのりこえてしまったのだ。それは、反大学運動として名高い自主講座運動(その代表的なものに東大・宇井純の「公害原論」がある)が、ある種、対抗的な「真理」へと接近するように見える側面があるとしても、そうなのである。

教員と学生が協同して「真理」へと接近するコミュニティーとしての大学というフィクションが可能となるためには、教員が学生のオイディプス的父権であるという条件が成立していなければならない。教員は学生大衆の先行的なモデルであり、ある場合にはのりこえの対象であるという意味で、父権である。その意味でも、日本の六八年も「アンチ・オイディプス」でしかありえなかった。「大学解体」とは、そのことを含意しているスローガンにほかならない。

それはともかく、より平たく言えば、大学というイデオロギー装置は、大学という過程をへれば学生には国民=市民の理念型たる教員と同程度の、アッパーミドル・クラスのステイタスが保証されるという「信用」の上に成り立っていたと言える。いうまでもなく、その信用を保証していたのが、アメリカ合衆国においては第一次大戦後以来の福祉主義的リベラリズム政策（ウィルソン主義）であり、日本においても、一九四〇年代の戦時経済に端を発し、戦後の占領軍政策が全面展開した民主主義体制であった。かかる体制が米ソ冷戦という名の戦争における「戦時体制」であることは岩田弘やウォーラーステインが言うとおりだが、それが兵站地域たる先進資本主義本国の「平和」を意味してもいることから、その「平和」がイコール「戦時体制」であることは容易に認識されえなかったのである。もとより、その等号の隠蔽こそが戦時体制の戦時体制たるゆえんにほかならない。ヴェトナム戦争の勃発が、アメリカ合衆国のリベラリズムが同時に「戦時体制」である旨を暴露したというのは見やすい。しかし同時に、日本においても別の——しかし、世界的な——文脈が、同様の事態を暴露しはじめるのである。

戦後民主主義が使嗾したリベラリズム政策は、多くの新制大学（駅弁大学！）を誕生させることによって、爆発的な「大衆教育社会」を現出させた。高等教育を受ければ誰もが高度な福祉社会を享受できるという信用の定着である。いうまでもなく、大衆教育社会誕生の背景としては、資本主義が農村をはじめとする伝統的な生活基盤を解体し、地方から多大な人口を都市へと流入させなければならなかったということが存在する。しかし、それは当初、高等教育の享受によって代替されうるという信用に担保されえた。大衆的な教育の高度化によって国民の労働力の価値を高め、階級社会を擬似的に消滅させようというのは、資本主義の要請にもかなっているからである。

しかし一九六〇年代、おそらくはヴェトナム戦争の勃発と東京オリンピック（一九六四年）あたりを境にして、大衆教育社会が早くも実質的な飽和点に達し、その信用が徐々に揺らぎはじめていく。六〇年代プレ全共闘的学園闘争のテーマの多くが「学費値上げ反対」であったことは（たとえば慶応、早稲田、明治、中央など）、そのことをあかしていよう。所得倍増政策や経済成長によるインフレーション下にあって、学費値上げは大学経営上の必然ではある。そのことを知りつつ学費値上げに反対するとは、貧困な学生ないしその親が学費を実際に払えなくなるからであるというよりは（そんな例は相対的には稀少であったはずである）、学生が自らの置かれた無根拠な地位と、これから参入していくはずのアッパーミドル・クラスとの間の、こえがたい距離を突きつけられた時に起こす、ヒステリー的反応だったと見なすべきである。大学卒がアッパーミドル・クラスへのパスポートである保証は、大学の大衆化によって、すでに疑わしいものになっていた。

学生は、出身階級がいかにアッパーであろうと、大学で失敗してしまえば、その階級から脱落してしまう危険をはらんだ無根拠な存在である。事実はどうであれ、少なくとも日本においてはそのように認識されることが多い。そうした存在に対して大学が学費値上げを提案することは、学生として離脱してきた出身階級と自分との埋めがたい距離を意識させることに帰結する。とりわけ、高等教育を享受することが、即、アッパーミドル・クラスへの参入を意味しないと思われはじめた六〇年代においては、そうである。ロウアーな出身階級の学生や、地方のコミュニティーから離脱してきた学生であればいうまでもないが、アッパーな出身階級の学生であっても、値上げされた学費を支払う親と同程度の階級に自らが就きうるのかという不安がいやおうなく生起する。プレ全共闘の学費値上げ反対闘争に意外にアッパー・クラス出身のアクティヴィストが多く見られたのも、ここに由来するだろう。大衆教育社会と福祉主義的リベラリズム政策（＝「戦時体制」！）の矛盾は、すでにこの時に胚胎していた。

全共闘運動では、この矛盾がさらに先鋭化する。それが「ポン大」とさげすまれた一〇万人を擁するマンモス大学・日大をはじめ、当時としては「中堅」以下の大学を中心にして闘われたことは、彼ら学生が、もはや大学という名の福祉主義的装置が機能不全におちいっていると認識していたことを示している。大学は「労働力商品の再生産工場」でさえなく、ジャンク化する人間の排出孔と化しつつあった。ここにおいて、教員と学生はブルジョワジー対プロレタリアート（いや、アッパーミドル対ルンペンプロレタリアート？）という非和解的な関係と化したのである。

八〇年代日本のバブル経済は、大学におけるそのような関係を「学生消費者主義《スチューデント・コンシューマリズム》」（リースマン）において隠蔽しえたかに見えた。この傾向は今なお続いている。学生は学生として留まるあいだは「お客様」として優遇されながら、卒業と同時にクズのように社会に放り出される。もちろん、そのような存在を保護してくれているのが、いまだに家であり親でありえているのは周知であるが――。学生消費者主義は消費者たる学生をますますジャンク化し、労働力商品ならざるものとして学生を生産していくばかりである。そのようなかたちでの実質的な「大学解体」(ビル・レディングスの言う「廃墟のなかの大学」)が進行していることも、今や明らかになりつつあるだろう。全共闘運動が「階級闘争の用語」で教師と学生の関係を語っていたとすれば、それはまさに、このような事態の出現に由来しており、「戦後民主主義批判」として表現されたことの核心でもあったのである。そしてこれは、リベラリズム政策遂行装置としての大学が兵站地域の「戦時体制」を支えるシステムであり、なおかつ、それが危機的に破綻をきたしつつあることの暴露にもつながっていくことは言うまでもない。福祉主義的国家の重要なイデオロギー装置としての大学は、もはやリミットに達しており、資本主義の矛盾がもっとも集約的にあらわれる場であった。

先進資本主義国もリベラリズム政策を放棄せざるをえない状態に追い込まれていた。それがドル・ショック/ニクソン・ショックとして現出した当のものであり、「アフター・リベラリズム」としての市場原理主義=グローバリズム、すなわち、新たな「戦時体制」へと道を開く。六八年とはその結節点にあたっており、危機を内包した学生が発する「戦後民主主義批判」とは、その新たな「戦時体制」への移行によって明らかになりつつあった旧体制の暴露にほかならなかった。リベラリズム政策とは、福祉主義としてあらわれるとしても、人間の生をトータルに管理するひとつの戦争＝政治形態以外ではなく、その管理は「アフター・リベラリズム」の時代にあっても別途あらたに貫徹されるほかはないという認識が、それである。そのことを良く表現しえたものに、第二次早大闘争のノンセクトグループ＝反戦連合の一部が標榜した「ナンセンス・ドジカル」がある。津村喬もコミットしたこのグループは、「無秩序、無思想、無セッソウの三ム主義」（隈本徹「ナンセンス・ドジカル宣言」、「現代の眼」一九六九年七月号）を積極的に掲げることで、リベラリズム的、アフター・リベラリズム的管理の双方を批判したのである。

岩田弘の危機論は、かかるパースペクティヴを理論的に保証したという意味で、「戦後思想」の色濃い六〇年代の地平で傑出していた。もとより、岩田理論は「労働力商品化の無理」を核心とする宇野経済学を古典的に受け継いだものであるから、オーソドックスな「プロレタリア本隊論」の枠を出ることがなく、学生運動を労働運動の副次的なレヴェルにしか位置づけえなかったし、「危機」に際しては、「ナンセンス・ドジカル」ならぬ「生活と権利の実力防衛」以上の方針を提示することがなかった。しかしそれが、労働者ではなく学生アクティヴィストを捕らえた理論であったことも確かである。そして、そこにこそ岩田理論が「六八年の思想」であったゆえんも存在しているはずである。

5　マオイズムと戦争（機械）

しかし、岩田理論は、それが導入された当初から、「主体的契機」を欠いた経済決定論であり「楽天主義・学者主義」に過ぎぬという批判にもさらされた。そのような批判を最初に向けたのは、後に日本のニューレフトとしては最初に毛沢東主義＝第三世界論へと純化していくことになるML派（マルクス・レーニン主義派。当初は東京社学同一分派、後のML同盟）である。六八年のマル戦派「放逐」に端を発し赤軍派誕生（一九六九年八月）に帰結していくブント分解過程もまた、岩田理論の「客観主義」的傾向に対して、プロレタリア文化大革命やゲバラ／カストロなどを背景とするところの、第三世界革命論という「主体的契機」を導入することでなされたといえる。凄惨な「リンチ殺人」を惹起することになる連合赤軍（一九七一年七月結成）は、ブントから誕生した赤軍派と、旧左翼系の毛沢東派・日本共産党革命左派神奈川県常任委員会（京浜安保共闘）との「連合」として誕生した。

もちろん、ML派から赤軍派にいたる岩田的経済決定論に対する批判は、それ自体としては幼稚なものであり、現在にあっては検討するにおよぶまい。にもかかわらず、そのような事態が現出するところに岩田理論の弱さが露呈していたことも、また事実であろう。しかし、それを「主観主義対客観主義」の相互補完的対立と捉えたのでは、永遠の悪循環におちいる以外にない。問題は、「危機」を実践へと架橋しようとする岩田世界資本主義論が、にもかかわらず、なぜ実践的な契機を欠いていたかというところにあり、また、その欠落を批判しようとした日本的第三世界論の「実践」が、なぜ無残なまでに無効であったかというところにある。そのことを見るためには、科学とイデオロギーを峻別する宇野弘蔵の門下から出発した岩田弘が、師の方法論をどのように批判して、独自の世界資本主義論を構築するにいたったかを検証することから始めよう。

岩田弘の『世界資本主義』は、まず、宇野弘蔵のいわゆる三段階論における論理的段階と歴史的発展の不一致を批判する。

原理論・段階論・現状分析として知られる宇野三段階論は、原理論において『資本論』の純化を主張するが、それはマルクスがその研究の対象とした一九世紀産業資本主義段階のイギリスで純粋資本主義化の「傾向」が見られたというレヴェルに定位したものであり、金融資本主義段階にいたっては、すでにこの「傾向」は途絶え、逆に、近代資本制以前の旧体制を温存する段階へと転じることになる。これがまず、原理論と段階論を峻別しなければならないゆえんなのだが、ここにおいてすでに論理と歴史の不一致が生起している。現状分析は、この原理論と段階論を踏まえた上での各国資本主義の、さらには各国相互の分析となる（グローバル資本主義のもとで、「各国」資本主義というかたちの現状分析で足りるか否かという問題は、ここでは問わない）。

いうまでもなく、論理と歴史の一致は、ヘーゲル歴史哲学をうけて、革命の必然を論証すると称する史的唯物論の要諦である。宇野弘蔵はその要諦を、唯物史観はイデオロギーであり科学ではないと言って斥けた。そのようにして、科学的には解明しえないイデオロギー的・実践的領域を残すことによって、逆に、宇野経済学の科学主義はニューレフトのアクティヴィズムが依拠しうるものになったといえる。

だが、宇野のこの立場はいくつかの難問をもはらむ。理論と実践が乖離するとすれば、それは革命を永遠の未来に先送りする待機主義や、盲目的なブランキズムの温床となるだろう。事実、六〇年安保とその総括をめぐる諸対立は、待機主義とブランキズムのあいだを揺れていた。しかし、逆に、理論と実践が一致するのなら、主体的実践の契機は失われてしまう。問題は、革命を成就する「最後の一撃」を残すところまで、理論を科学的に仕上げることにある。岩田弘にとって、宇野理論はその点で不徹底なものに思われたはずである。

宇野の方法論に対して岩田は、「原理論において、想定された資本主義社会にのみその純粋性と自立性を承認するということは、この資本主義の世界史的な発展段階を一つの必然的な過程として解明することを拒否するもの」であると批判する。「現実の資本主義がそれ自身に生成、確立、発展する自立的な経済過程をなさぬとすれば、資本主義の発展過程を一つの発展過程として解明することは総じて不可能なはず」だからである。

いうまでもなく、ここには「資本」を絶対精神に置換し、そのグローバルな自己展開として「資本主義の世界史的な発展段階」を記述しようとするヘーゲル的な歴史哲学が投影されている。宇野の反ヘーゲル的方法論に対する批判は、前章でも論じたように、その科学主義に対して主観主義の契機を導入するという意味で、やはりヘーゲル（＝初期マルクス）的な方向でなされてきた。岩田の宇野批判も、ある意味ではその例に漏れないといえるのだが、単なる主観主義を導入するのではなく、資本という絶対精神が主体＝実体として客体化し、世界史を覆う過程を記述するという意味で、デリダがバタイユを論じた際の言葉を用いれば「留保なきヘーゲル主義」というべきであり、なおかつ、その資本が危機に瀕する極点を捉えようとしているという点でディコンストラクティヴである。このようなヘーゲル主義が、今日、資本主義のリミットを予料するウォーラーステインらの世界システム論に先駆すると評価される視点を生みだしたのは、否定できない事実であろう。

宇野における原理論と段階論の不整合を突く岩田世界資本主義論の特徴は、「資本主義的経済過程は、他の諸生産や社会関係との相互作用をはなれてそれ自身に存立しうるものではなく、したがって、「純粋」の資本主義的経済過程だけからなる資本主義なるものは、空虚な抽象にすぎぬ」として、資本主義的生産が不断にその「外部」を――たとえば、「第三世界」を――包摂せざるをえないとしたところに認められる。そして、その外部を組み込まざるをえないところに、資本という絶対精神が危機をはらむゆえんが見いだされることになる。いうまでもなく、宇野にあっても、その外部は労働力商品として措定されていたわけだが、岩田はそれを空間レヴェル・世界史レヴェルにおいても措定してみせたと言えよう。

ただ、古典的にプロレタリア本隊論・先進国革命主義を護持する岩田にあっては、第三世界革命論が採用されることは決してなく、あくまで「世界資本主義の「もっとも弱い環」」としての日本資本主義が世界革命の突破口であるとする、ある種のエスノセントリズムの表現にほかならない「日帝打倒主義」が護持されることになる。そして、その日帝打倒主義が資本という絶対精神の自己展開の果てに見いだされる「必然」でしかないとすれば、それが実践的契機を欠いたものにならざるをえないのも、これまた当然であったといえる。そもそも、恐慌の必然性は証明できても、革命の必然性は論証できぬとする宇野弘蔵の圏域から出発した岩田理論においては、「革命的危機」は言いえても、「革命」それ自体の到来は確言しうるものではなかった。その意味で、六八年は岩田弘にとっては「革命的危機」ではありえても、「革命」でありえなかったといえよう。

ML派から赤軍派にいたるブント系諸セクトが、岩田的経済決定論に対質し、革命それ自体を遂行しようとするに際して、第三世界論へと傾斜していったことはすでに述べたが、その萌芽は岩田理論にあらかじめ内包されていたとさえ言える。彼らは、資本主義的生産過程の「外部」として従属する「第三世界」に、ヘーゲル的自己意識たる「資本」の球体を突破する契機を見ようとした。そして、その第三世界論が、それを採用した諸党派にあっては、毛沢東的あるいはゲバラ的な、あるいはブラックパンサー的な戦争論として遂行されようとしたのも、その帰趨を知る現在から見ればそれがいかに愚劣なしろものであったかを指摘できようとも、ある種の必然であったことは踏まえておくべきであろう。それは、ピエール・クラストルとドゥルーズ／ガタリに倣えば、「国家に対抗する」ところの「戦争機械」を生成させようとする目論見だったと、あえて言っておくべきである。

六八年は、第三世界論とともに、「国家論」が盛んに論じられた時期でもあった。吉本隆明の『共同幻想論』は言うにおよばず、三浦つとむ、滝村隆一、柴田高好といったひとびとの著作が参照された。それらの多くは、ヘーゲル国家論とそれを批判的に継承する初期マルクスに依拠するものだった。戦後の民主主義勢力最大のイデオローグであった丸山真男にあっては、正しい国民国家の建設が、そのまま同時に既存体制への批判を意味すると見なされた。その場合、内に対しては相互に平等な「市民」として表象され、外に対しては独自な「民族」としてあらわれる「国民」が、主権として「国家」を主宰するはずであった。ところが、六〇年代の高度経済成長は、前者「市民」レヴェルが、政治的アパシーにおちいってしまう過程としてあり、「民族」的独自性を「国民」が喪失していくかに認識されたのである。それゆえ、「民族」は「ナショナルなもの」あるいは民衆的「下層」の同義として、失われた「故郷」という探求すべき本来性と見なされる。ナショナルなものは、根源においてインターナショナルなもの（最終的な本来性）へ通底すると考えられた。しかしそれは同時に、永遠に回復不可能なものとして措定されたのである。かかる状況において、「国民」は「国家」と接合しえず、「国家」は市民社会の（単なる）幻想的な疎外態であるとするヘーゲル＝初期マルクス的国家論が、リアリティーを持ちえたのだと言える。そして、このような国家論は、暴力装置として国家を捉えるレーニン国家論を批判しながらも、しかし、国家権力を打倒することが政治革命の一義的な目的であるとするレーニン主義を肯定するイデオロギーとしても機能したのであった。

しかし、それもまた「国家に対抗する」ところの「戦争機械」を見いだそうとするモティーフを潜在させていたことは指摘しておきたい。たとえば、吉本隆明の国家論は、同時に「南島論」と呼ばれる沖縄論と対になっていることが知られているが、それは単に国家なるものの成立を解明するための歴史的・民俗学的遡行というばかりでなく、世界的な第三世界論の反照としても読みうることは、すでに述べておいた。その文脈は、吉本が毛沢東やゲバラの第三世界論に対していかに批判的であったとしても、否定できないはずである。かかる広義の第三世界論は、当時勃興しつつあった大衆消費社会的現実と相まって、おのずと国民国家の境界を脱構築する役割を果たしたといえる。六〇年代の一国主義的な「国家論ブーム」は、そのなかで次第にリアリティーを失っていった。

「戦争機械は国家装置の外部に存在する」という「公理」を立てる『千のプラトー』のドゥルーズ／ガタリは、それを「純粋な多様体、または群のようなもの」と定義する。そして、国家装置と戦争機械の違いを説明するに、将棋と碁という例をあげて比較する。「国家のゲームあるいは宮廷のゲーム」たる将棋は、桂馬は桂馬、飛車は飛車というふうに「コード化」されており、「いわば相対的権能を付与された言表の主体であって、このような相対的権能のすべては言表行為の主体、ゲームの内部形式において組み合わされる」ところの、国家装置的なものである。「これに対して、碁石は、米粒というか錠剤というか、要するに数的単位にすぎず、無名の機能、集団的ないし三人称的機能しかもたない」とドゥルーズ／ガタリは言う。「碁石は主体化されていない機械状アレンジメントの要素であって、内的特性などもたず、状況的な特性しかもたない」がゆえに、国家の外部に位置する戦争機械のモデルたりうるというのである。

かかる戦争機械の歴史的な例として、ドゥルーズ／ガタリはチンギス・ハーンをひとつ挙げるのだが、それが毛沢東であってもかまわないことは、『千のプラトー』の別の個所で、「「偉大な」国家元首」――それは戦争機械の別名だろう――たる者に、チンギス・ハーンとともに毛沢東を挙げていることでも明らかである。六八年当時、毛沢東は文化大革命においてのみならず、先進資本主義国のアクティヴィスト（の一部）からも、「偉大なる毛主席」と呼ばれた。そのことは、別のニューレフトにとっては、マオイズムがスターリン主義的個人崇拝の一変種に過ぎないことの証拠と見なされた。アルチュセールからゴダールにいたる西欧インテリゲンツィアがマオイズムに親炙するのは、所詮はエキゾティシズム＝オリエンタリズムの幻影に過ぎなかったと言われる。いうまでもなく、今日にいたる歴史は後者の視点が正しかったことを教えている。しかし、マオイズム否定の万の言説を受け入れたとして、なおかつ「偉大なる毛主席」と言うことの正当性は、毛沢東が――とりわけ、その人民戦争論＝持久戦論が――単なる個人名ではなく、ヘーゲル的国家理性の外部性としての戦争機械を指し示す言葉だからである。

それゆえ、ある意味で岩田危機論を現状分析として容認しながらも、そこに「主体的契機」の不在を見てマオイズムに傾斜していった第二次ブントの相対的な正当性は、今なお認められねばならない。絶対精神たる資本が非資本制的な外部性を包摂しながら進む世界史的過程を記述する岩田理論は、その過程がディコンストラクティヴなものであったとしても、戦争機械という真の外部性への視点が欠けているからである。

しかし、今さらいうまでもないが、第二次ブントのそれも決定的に誤ったものでもあった。赤軍派が最初に提起し、ほとんどのブント諸派のみならず多くのニューレフト諸党派をも追随させたその軍事路線は、戦争機械の外部性を誤認し、党という国家装置の一変種の内部に包摂することを目論むものだったからである。その弊は、当時のニューレフトのなかではもっとも戦争機械の外部性という概念に接近していたはずの、京大パルチザン・滝田修にあってもまぬがれなかった。彼らがイメージしていたのは、再びドゥルーズ／ガタリが将棋について言った比喩を用いれば、「制度化され、規格化された戦争、一つの前線といくつかの後方と戦闘を含むコード化された戦争」に過ぎなかった。ニューレフト諸党派の軍事・戦争路線への転換は、直接には、六九年一月の東大安田講堂での「敗北」――当時、それは「落城」という制度化された戦争イメージで語られた――を契機として全共闘運動が退潮にむかい、続く六九年四・二八（沖縄闘争）で破防法の適用を受けるという当時の状勢に規定されてなされたと言われる。ヘルメットとゲバ棒のみでは国家権力を倒せない、党のもとに軍隊を建設し武器をエスカレートさせて軍事への飛躍をかちとらねばならないと発想したわけである。諸セクトのヘゲモニーのもと、実質的な党派連合として全国全共闘連合を立ち上げたことも（一九六九年九月）、その文脈にある。

しかしそれは、いまだ戦争は生起しておらず、革命党のみが来るべき戦争を遂行しうると考えているという意味で誤認であるばかりでなく、それまでになされてきた学園闘争自体をも否定するものではなかったか。すでに述べておいたように、「戦時体制」下のイデオロギー装置たる大学において――セクトとしてではなく――「群」としてさまざまに闘うとは、自らが戦争機械となることのはずだからである。諸セクトの軍事路線は、大学は戦争の前線ではない、たかだか副次的な後方であると位置づけることでもあった。唯一の前線は政府中枢・霞ヶ関にあり、真の後方も、大学ではなく労働現場の生産点なりに存在する、というわけだ。しかし、ドゥルーズ／ガタリが言う碁の比喩を引けば、「戦線なき戦争、衝突も後方もない、極端な場合には戦闘なしの戦争」こそが戦争機械の本領ではなかったか。

かかる戦争機械として、六八年の運動が自覚的に再構築されようという目論見は存在した。本書の最終章で論じられるところの、ニューレフトの軍事路線への転換などとは比較にならぬほど全共闘運動の決定的なターニングポイントをなし、それ以上に、日本の思想史上もっとも重要な結節点をなす七〇年七・七集会に集約的に露呈したものが、それである。そこにおいては、岩田危機論から第三世界論へという文脈が、戦争機械という隠された主題とともに、反復されるのである。しかし、そのことを論じる前に、「戦争」概念とその近傍において演じられた六八年のいくつかの相を見ておかなければならないだろう。

第一一章　戦争機械／陣地戦／コミューン

1　二・二六事件への関心

日本における六八年革命が——六八年当時はいまだ存在していなかった——「戦争機械」という概念に憑かれていたことの証拠の一つに、「昭和維新」を掲げた陸軍青年将校のクーデター未遂事件として知られる、いわゆる「二・二六事件」（一九三六年）への広範な関心が挙げられることについては、すでに簡単に触れておいた（第四章の注2）。当初それは、保田與重郎＝日本浪曼派が問題化されたのと等しく、スターリン批判以降の状況における——一九三〇年代問題としての——「保守的革命主義」へのロマン主義的回帰という側面を色濃く漂わせるものであり、主として二・二六事件のイデオローグであった北一輝を論じることにエネルギーが費やされた。橋川文三、三島由紀夫、村上一郎、吉本隆明、桶谷秀昭、磯田光一といった大なり小なりロマン主義に関心するところのあったひとびとのみならず、花田清輝や、鶴見俊輔、久野収など「思想の科学」系の論者さえ、北の思想を評価・言及していた(注1)。より若い六八年世代では、松本健一のデビューが『若き北一輝』

（一九七一年）だったことをあげておくべきだろう。松本にとっての北は、それ以後も特権的な論述の対象であり続けた。このようななかから、『日本暗殺秘録』（中島貞夫監督・＋中島貞夫＋笠原和夫脚本、一九六九年）や『戒厳令』（吉田喜重監督、吉田＋別役実脚本、一九七三年）といった映画もつくられたのである。前者は、日本のテロリズムのクロニクルであり、そのなかに二・二六も含まれるというものだが、大久保利通を襲う旧士族テロリスト・グループを演じて唐十郎と状況劇場の役者たちも出演しているところが、今日、六八年的な印象を与える。また、同作品ではギロチン社事件の古田大次郎を刑場に連れていく刑吏の役を、土方巽が演じている。その脚本家の笠原和夫は、ヤクザ映画や「仁義なき戦い」シリーズ（深作欣二監督）のうちの第四作までシナリオを書いたことでも知られるが、後には『２２６』（五社英雄監督、一九八九年）をも担当した。後者の、松竹ヌーベルバーグの系譜を継ぐ吉田喜重作品については、北一輝を主人公としていることはいうまでもない。

これら二・二六についての論は、おおむね「近代の超克」という文脈に沿っており、北の思想が土着的（＝本来的）な「農本ファシズム」（吉本隆明）である点や、天皇制を利用して国家権力を打倒・掌握しようとするそのプラグマティックな側面に、視点が集中していたといってよい。前章でも触れたように、六八年までの時代は（六八年も含めて）、思想の「本来性」（ハイデガー）とともに、ピラミッド型国家権力の頂点（中央権力）とその打倒が大文字の「国家論」として問われていたのであり、そのケース・スタディとして北一輝は恰好の参照先と見なされたのであった。

スターリン批判以降、六八年にいたる時代が、ファシズムとスターリニズムとアメリカニズムというトライアングルからの脱出という意味で、ハイデガーやフランクフルト学派が、あるいはバタイユ、ブランショらが逢着した一九三〇年代問題の反復だったとすれば、「擬制」たることが明らかになったスターリニズムや、グローバルなヘゲモニーたるアメリカニズムの方向にではなく、敗北したファシズム（の異端）に「近代の超克」の「可能性の中心」が賭けられていたといって過言ではあるまい。[注2] このような問題構成は、今日にいたるまで存在している。付言しておけば、ドゥルーズ／ガタリやハート／ネグリの六八年に応接する際の方向は、アメリカニズムにおいて一九三〇年代問題をのりこえようとする傾向が強い。

2 徒党としての青年将校運動

しかし、このような意味での、北を介した二・二六事件への関心とはややずれるかたちで、そこにおける戦争機械としての青年将校集団への着目が、六八年時において、ひそかに持続していた。そのことを示すのが、大江健三郎の『われらの時代』における、ニューレフト創生期の学生アクティヴィスト集団を「青年将校」の比喩で語る視点であり（第四章参照)、もうひとつは、いうまでもなく「楯の会」設立(一九六八年九月)にまで発展していく六〇年代の三島由紀夫の志向であった。「国家自身は戦争機械を所有していない。国家は戦争機械をただ軍事制度の形態でのみ自分のものにするのであるが、軍事制度化されたとしても、戦争機械はやはり国家の頭痛の種であることをやめない」と、『千のプラトー』のドゥルーズ/ガタリは言う。三島由紀夫が「おもちゃの兵隊」と揶揄されながらも創設した「楯の会」の目論見は、それを最大限肯定的に見積もれば、かかる意味での——それを「(反)革命的」クーデターに使用すべきものとしての——戦争機械(のパロディー)としてであっただろうし、大江以降の(大江に促された)学生アクティヴィスト集団が二・二六の青年将校を遠望して「軍事」に憑かれていったのも、ある意味では同様な志向であったと言いうる。それは、「青年」あるいは「青春」という近代の「大きな物語」(リオタール)の枠内の一エピソードでありながら、その物語には収まり切らない、「外」を指し示す出来事にほかならない。

先に挙げた唐十郎の状況劇場も、唐を中心とする家父長型組織であるというよりは、麿《まろ》赤児《あかじ》、四谷シモン、大久保鷹といった「怪優」の「群」=「徒党」であることで六八年的であったと言える。そのなかでは、第七章で論じたアンダーグラウンド演劇の否定的な側面など、何ほどの意味もないであろう。また、『仁義なき戦い』も、「集団劇」と言われたその徒党的戦争機械の様相に、その目覚しさがあったことは言うまでもない。

そのような「国家の頭痛の種」たる戦争機械を記述した書物として、二・二六事件青年将校グループの被告であり、事件にかかわったとして禁固刑に処せられた元陸軍大尉・末松太平の回顧録『私の昭和史』(一九六三年)が存在する。この回顧録には六八年当時の学生アクティヴィストのなかにも愛読者が少なからず存在し、末松自身も「日本読書新聞」などニューレフト系のメディアに登場することがしばしばあった。(注3)

同書の巻末に付された版元・みすず書房名による「刊行者のあとがき」には、「〝青年将校〟の昭和維新運動は、世界史の側面からみたとき、日本が生み出した最も見事な、模範的なナロードニキとブランキズムの結合であった」という言葉が読まれる(この文章の筆者は、みすず書房の編集者であり、二・二六事件の研究者としても知られた高橋正衛であると推定される)。この本には三島、橋川文三、竹内好など、六八年革命と六八年の思想にかかわる「左右」の論者が賛辞をささげているが(後に同書に折り込まれた「書評抄」参照)、それらは概して著者・末松の「才筆」(竹内)、「詩人の文章」(橋川)、「哀切な抒情」(三島)に向けられている。このことは、二・二六事件が六八年以前において(あるいは、六八年においても)、『日本浪曼派批判序説』の橋川文三の言葉を用いれば——「青年」による「青春」の——「実存的ロマンティシズム」という相で捉えられていたことを意味していよう。

しかし今日の目から見て『私の昭和史』が興味深いのは、そのような受け取り方とはやや異なったところに存すると言わねばならない。末松の記述を追ってみれば、二・二六に関与した青年将校グループが、ツリー状の国家的軍事制度に対抗する「リゾーム状」の「徒党」であり「群れ」であるところの「戦争機械」たる色彩を色濃く持っており、それゆえにこそ「国家にとっての頭痛の種」であったことが知られる。事実、二・二六における青年将校は、こと目論見とは異なって、天皇から「反乱軍」の烙印を押され、多くは死刑に処せられることになるのである。そのことにかかわって、この回顧録の文章の魅力は、三島や橋川、竹内がそう評したような美的かつ詩的な洗練にはなく、むしろ、散文的なユーモアにあると思われるのだが、それも、二・二六の青年将校運動がロマンティックな「青年」運動の枠をはるかに逸脱したところのあるゆえんと言えるだろう。

末松の記述に従えば、青年将校グループはいっこうに確固とした組織の態をなしていない。それは、北一輝やそのスポークスマン西田税を指令塔とする、規律にのっとった目的論的軍事組織ではなく、北や西田もその内に含んだ、「社交」する不定形な徒党の群れにほかならない。「社交集団というのは徒党や群れに近いものであって、社会集団のように権力の中心との関係で動くのではなく、威信を伝播することによって活動する」と、ドゥルーズ／ガタリは言う。その構成員にふさわしい名称は「青年」ではなく、相対的には「ガキ」にほかなるまい。伝播される「威信」とは、この場合、「天皇の軍隊」と偽装されながら、実は、国家の外にある戦争機械たることのそれであろう。

青年将校たちは随時手紙等でコミュニケーションしながら、ある時は軍命によって、ある時は自らの意思で、「遊牧民」のごとく――あるいは、ベンヤミン的に言えば「遊民《フラヌール》」のごとく――満州や台湾をも含む日本各地を行き来し、酒や茶菓を介して「社交」を繰り返す。そこで語られることは軍や政府・財界の腐敗であり、下級兵士の故郷の窮乏であり、はたまた皇室（主に秩父宮）への恋闕である。しかし、それらは思想的に深められるわけではなく、あたかも社交界での会話のように浅く受け止められるばかりなのだ。美濃部達吉の天皇機関説が不敬にあたるとしてグループ内で問題になり、ある者が「実は北さんの『国体論及び純正社会主義』が、天皇機関説なんだ」と困惑する。末松はそうかなとも思うが、結局、「なんとも思わなかった」。「北一輝の著書には、どれを読んでも、その一行々々には感銘する」にしろ「印象のうすいのが常」で、つまるところ「北一輝の著書をよみこなすだけの素養を、私が欠いていた」と総括するのみである。北自身も、その著作が天皇機関説であるか否かは、「あれは書生っぽのとき書いたものだから、というだけで、てんでとりあわない」らしいのだ。

青年将校たちは、幕末の志士のごとく「横議・横行・横結」（吉田松陰）して、何ごとかをなそうとする。しかし、いったい誰が何をなすのか。時として誰かが陰謀し事を起こすが、それはおおむね事後的に知られるのみで、全体にそれが共有されることはない。二・二六さえ、末松にはその決起が事前に知らされていなかったのである。グループ内にはさまざまな確執があり、「全国一致の行動は困難」なのだ。そのことを末松は惜しんでいるが、それも、たてまえ上のことに過ぎないかに見える。『私の昭和史』で愛惜されているのは、むしろ、その徒党の群れの社交性、そしてその「威信」ではないのか。それこそが、二・二六という国家に対抗する戦争（機械）の核心であったからである。

だとすれば、二・二六という擬似的な「全国一致の行動」は、それ自体としてはむしろ、青年将校という「徒党」を、「権力の中心との関係で動く」軍事組織に回収する契機となったと見なすべきであり、そこにおいてそれは「国家の頭痛の種」であることをやめたのである。それは、六九年一月の東大安田講堂の攻防を契機として、ニューレフト諸党派が「武装」による「中央権力闘争」＝「全国一致の行動」へと、全共闘運動を目的論的に収斂していったことに比較しうる。

二・二六事件は、一般的には、そのクーデター遂行がニューレフトのなすべき——ナロードニキ的かブランキズム的か、はたまたアナーキズム的かテロリズム的かを問わず——中央権力闘争とのアナロジーで捉えられることが多かった。それは二・二六事件の近傍に歌人・斎藤史《ふみ》（青年将校のパトロン的存在であった陸軍予備役少将で歌人・斎藤瀏《りゅう》の長女）が存在したことともかかわって、ある意味では六八年革命の「詩的」ロマンティシズムの源泉であり、福島泰樹（『バリケード・一九六六年二月』）、三枝昂之《さいぐさたかゆき》（『やさしき志士達の世界へ』）、佐々木幹郎（『死者の鞭』）、阿久根靖夫（『幻野遊行』）といった歌人・詩人たちの作品をも大なり小なり規定していたと言いうる。(注4)それらは確かに「青春」の文学であったろう。

しかし、『私の昭和史』からは、それとは異なった戦争機械という水準が存在するということを読み取りうる。そのことが、六八年当時においてどれだけアクティヴィストたちに自覚されていたかは別にしても、それは六八年革命において事実として実践されていたのである。三島由紀夫の「楯の会」は、そのような意味において、戦争機械の「反革命」的模像にほかならなかったといえる。安田講堂「決戦」の後においてさえ、三島が東大駒場におもむき全共闘学生に親しげな挑発をおこなわなければならなかったのは、学生アクティヴィストたちの戦争機械がその後に及んでさえ増殖するのではないかという羨望と恐怖のゆえではなかっただろうか。もちろん、三島が想像したような意味で、そんな事態が生起することはなかった。七〇年一一月の三島の「クーデター未遂」は、二・二六のそれと等しく、戦争機械が国家的制度のなかに包摂されていく契機を決定的に刻印するものであり、赤軍派をはじめとするニューレフト諸党派の戦争機械も、同様の軌跡を描くことの道標となったのである。

そのことを目して、われわれは「一度目は悲劇として、二度目は笑劇として」(マルクス)と言うべきか、はたまた、その順序を逆と見なすべきだろうか。ともかく、そのような歴史に対して、われわれは六八年の文脈に即してドゥルーズにインタヴューするアントニオ・ネグリと同様に、「『戦争機械』がどこに行こうとしているのかわからないとき」に響く「いくぶんか悲痛なトーン」(『記号と事件』宮林寛訳)を聞いてしまうのかも知れない。

3 グラムシの導入

ドゥルーズ/ガタリの戦争機械の概念は、それが国家権力の外において作動するという意味で、アントニオ・グラムシの——「機動戦(および正面攻撃)」の対立概念たる——「陣地戦」の近傍にあるといえる。それは、『千のプラトー』において、戦争機械が将棋に対する囲碁の比喩によって語られていたことを見ても明らかだろう。もちろん、戦争機械を国家にとっての絶対的な「外」と規定するドゥルーズ/ガタリと、陣地戦を市民社会内において捉えるグラムシのあいだの決定的な差異や、グラムシのそれが、後述する彼の知識人概念と相即して「有機的」な概念であるのに対して、ドゥルーズ/ガタリのそれは「器官なき」=無機的なものであろうという差異を無視しえないとしても、である。

周知のように、グラムシは第一次大戦とロシア革命後の世界を分析することで、「政治の分野においても機動戦(および正面攻撃)から陣地戦への移行が生じたこと、これは、戦後期が提起したもっとも重要な、そして正しく解決することの至難な政治理論の問題である」(「政治の分野における機動戦から陣地戦への移行」、『新編 現代の君主』所収、上村忠男訳)と、その『獄中ノート』に記した。「東方(ロシア——引用者注)では国家がすべてであり、倫理的社会（市民社会――引用者注）は原生的ゼラチン状であった。これにたいして、西方では、国家と倫理的社会とのあいだには適正な関係があり、国家がぐらつくとたちまち倫理的社会の頑丈な構造が姿を見せた」（同）と、グラムシは言うのである。それゆえ、ロシア革命のスタイルを、そのまま西欧世界に持ち込んではならないのだ。グラムシによれば、「東方」＝「後進」ロシアにおいてのみ成功裡に可能であった機動戦／正面攻撃を一般化してしまったところに、トロツキーの永続革命論やローザ・ルクセンブルクのマッセンストライキ論の誤りがあり、レーニンのみが、「先進」西欧諸国の市民社会におけるヘゲモニー闘争としての陣地戦の意義を正しく捉えていたというのである。（注5）グラムシの陣地戦理論が、当時は「中央権力闘争」と呼ばれた機動戦／正面攻撃を目論む軍事路線に収斂していくところの、一九六九年四・二八（沖縄闘争）以降のニューレフト諸党派への批判的距離を今なお十分に確保しうるものであることはいうまでもない。しかし、グラムシ理論が、そのようなものとして六〇年代の日本のニューレフト総体に受容されたことはなかった。それは、単に、日本のニューレフトがトロツキーやローザの復権をなすことによって出発したからというだけではなく、グラムシが「平和共存」のための「構造改革理論」として紹介・受容されてきたことにも規定されている。そのことが決してグラムシ理論に対する誤解と言えないところに、それをめぐる今にいたるアポリアも存在しているというべきである。

グラムシ理論は、五〇年代後期、スターリン批判以降のいわゆる「中ソ論争」のなかで、スターリンを擁護する中国支持の日本共産党中央に対して、フルシチョフやトリアッティ（イタリア共産党）の「平和共存」＝「構造改革」路線を支持するグループによって導入された。そのグラムシ紹介のリーダーシップを取った一人である石堂清倫《いしどうきよとも》によれば、「私たちが支持したフルシチョフ・テーゼは、イタリア共産党の最近の経験や立場を部分的にとりいれたのではないかと思われるところがあり、その限りでは一致がある。党内の力関係で妥協したのか、フルシチョフは現象的、部分的で、深い思想的根拠に欠けているところがあり、トリアッティの方がより根本的で、ある点では在来の理論の修正でもありそうであった」ということである。グラムシは非スターリン化したレーニン主義であり、なおかつ、ニューレフト的なローザやトロツキーの機動戦中心主義を斥ける思想という文脈で受容された。しかし、日共中央からイタリア共産党は異端視され、「そのような空気のなかではグラムシ研究はしてはいけなかった」と、石堂は述懐する（『わが異端の昭和史』）。

彼らは「現代マルクス主義」派を名のり（別に構造改革派とも、後には市民社会派とも呼ばれた）、戦後学生運動のオルガナイザーとしても著名な安東仁兵衛を中心に、雑誌「現代の理論」が創刊された（五九年）。当初、構造改革派は明確な別党コース路線を採っていなかったとはいえ、春日庄次郎ら古くからの有力幹部党員もそこに蝟集することになるところの、ブント＝全学連グループとは較べものにならぬ大分派であり、六〇年安保後に

おいて、ほとんどの者が除名される（脱党する）ことになる。（注6）

「現代の理論」という名は、『獄中ノート』のグラムシがマルクス主義の隠語として用いたものである。その第二号には日本で最初のグラムシ紹介となるトリアッティのグラムシ論が掲載され、その後、同誌には毎号のようにグラムシの翻訳が掲載された（安東仁兵衛『日本共産党私記』参照）。一九六一年からは、全六巻の『グラムシ選集』も刊行され始めるが、世界的に言っても、グラムシの復権は、スターリン主義に代わりうる西欧マルクス主義の源流として、しかも、トリアッティひきいるイタリア共産党の構造改革路線の（そして、フルシチョフ＝ソ連共産党の）参照先という政治的リアリティーにおいてなされたと言ってよい。共産党のみならず、社会党内にも江田三郎を中心とした構造改革派が誕生していた。

時あたかも、日本共産党との別党コースを採るニューレフトの創生期であり、六〇年安保は目前にひかえていた。共産党反主流派たる構改派は全学連の一部（反主流派＝全自連グループ）をも基本的にその影響下に置いていたが、学生運動のヘゲモニーを掌握するにはいたらず、むしろ、党内外の学者・知識人に浸透していった。長洲《ながす》一二《かずじ》、井汲《いくみ》卓一《たくいち》、佐藤昇といった党員アカデミシャンのみならず、丸山真男、梅本克己、日高六郎など非党員の進歩主義的＝市民主義的左派も、安東を介して「現代の理論」に協力することになる。それは、単にスターリン批判の衝撃によってもたらされた転回というのみならず、五〇年代末に一世を風靡した構改派系政治学者・松下圭一の「大衆社会論」の登場が示しているように、「もはや戦後ではない」と言われた市民社会の成熟が、グラムシ的陣地戦のリアリティーを醸成したことから生じた。市民社会の成熟と呼ばれる現象は、それを古典的に下部構造と捉えるのではなく、上部構造と見なすことを可能にし、知識人にそこでの活動正当化の根拠を与えることにもなるだろう。

その傾向は六〇年代を経て、ある意味では今なお続いている。構改派が六〇年代初頭に党を除名されて以降も、マルクス主義者・非マルクス主義者を問わず、多くの老若インテリゲンツィアが安東＝「現代の理論」のまわりに蝟集し、ジャーナリズムやアカデミズムに巣立っていった。それは、グラムシによる知識人概念の転回（「聖職者」的知識人から「有機的」知識人へ）の具体化であり、平和共存路線のなかでの文化的ヘゲモニー闘争＝陣地戦と捉えられなくもない。

4 有機的知識人の概念

レーニン主義を標榜するニューレフトは、ブント、革共同ともに、その知識人概念を『なにをなすべきか』において定式化されたところの、プロレタリア大衆の自然発生的意識から切断された、目的意識的なインテリゲンツィアの「党」という理念に仰いでいた。レーニンに反対したローザ主義といえども、知識人概念は、その転倒された模像である。

知識人に対して大衆の優位を主張したかに見えるローザ主義が、マッセンストを背景とした機動戦／正面攻撃に収斂するところからも知られるように、それはレーニン主義と相補的なのである。そのことは、第三世界論＝ゲリラ闘争とローザ主義が結合したとしても、それほど変わらない（たとえば、ローザ研究者であった「京大パルチザン」滝田修）。それらの知識人概念は、グラムシ的に言えば「俗人」に対する「聖職者」を意味しており、プロレタリア本隊論を護持するマルクス主義の文脈では、大衆に対する知識人の「疚しさ」の温床であった。「聖職者」的知識人概念の極限的な表現が、黒田寛一の「プロレタリア的人間」にほかならない。それは、知識人が観念的にプロレタリアに同一化することを意味する。その意味で、レーニン主義、ローザ主義、第三世界論のどれを選択しようとも、日本のニューレフト諸党派が黒田理論をこえることはありえなかったのである。

これに対して、グラムシは「あらゆる知的介在を排除できるような人間活動は存在しない」という視点から、「すべての人々は知識人である」とし、しかしながら「すべての人々が知識人の役割を果たすわけではない」から──「誰でも二個の卵をフライにしたり、ジャケットの綻びを繕ったりするからといって、すべての人が調理師であり仕立屋であるとは言わない」という意味で──「専門家」にとどまらぬ「指導者（専門家＋政治家）」としての「有機的知識人」を措定した（「知識人」「知識人と非知識人」、『グラムシ・リーダー』所収、東京グラムシ研究会監修・訳）。日本のニューレフト諸党派が、ブントにかかわった廣松渉などのごく例外的な存在を除けば、その党派的文脈のなかから、直接にはクリエイティヴな知識人を生産できなかったのに対して、構造改革派がとにもかくにも良質の知識人を輩出しえたのも、グラムシの新たな知識人概念によるだろう。より端的に言えば、今日のカルチュラル・スタディーズやポストコロニアリズムを担う「カルチュラル・レフト」（リチャード・ローティ）の淵源は、構造改革派にあると言える。いうまでもなく、今日の彼らカルチュラル・レフトの思想的担保も、多くの場合グラムシである。

しかし、六〇年安保を「擬制」たる共産党の内部において通過し、除名されたとはいえその後も「平和共存」などというソ連（あるいは、イタリア共産党）ベッタリの路線を護持している構改派は、ニューレフトにとって、いかにもいかがわしい存在であった。ニューレフトはスターリン批判の直後になされたソ連のハンガリー侵攻の衝撃をも受け止めることをもって誕生したのだが、構改派は、その時にソ連支持を表明したグループである。六八年革命において、日本共産党から離れて独立党派を結成したソ連派や構改派の主要な部分は、そのなかの「左派」系青年アクティヴィストの圧力も加わって、「平和共存」路線の放棄を余儀なくされることになる。構造改革路線を護持する者の多くは、党派から脱退、あるいは除名された。実力闘争において「構改（後悔）先に立たず」であるというニューレフトのジョークの存在が示すように、構改派という名称は「社会民主主義」を意味する蔑称であり、六八年時においては構改派は実質的に存在しなかったのだ。旧構造改革派は、そのような足跡をたどることによって、ニューレフト化を果たしたのである。しかし、その路線転換は陣地戦から機動戦への回帰として現象せざるをえなかった。

平和共存のなかにおいて陣地戦を展開することで政権を奪取していくという構造改革的路線は、共産党から排除された構改派によってではなく、むしろ、社会党・共産党という既成政党の戦略に採用され、六〇年代後半から七〇年代にかけては相当なリアリティーをもって展開されたと見なすべきである。それを、当時の共産党は各自治体首長選挙をとおした、民主連合政権の樹立として展望していた。いうまでもなく、美濃部亮吉の東京都知事当選に始まり、神奈川、埼玉、京都といった主要地方自治体における社共統一候補の「革新知事」誕生が、その勝利した陣地戦である。しかも、そのなかの神奈川県知事は構改派を代表する経済学者・長洲一二であった(もちろん、長洲はニューレフトに転向した旧構改派ではなく、構改派にとどまった構改派である)。当時すでに共産党の実質的なヘゲモニーを掌握しつつあった上田耕一郎、不破哲三の兄弟は元来が構改派に属しており、多くの構改派系党員が脱党した後も、彼らは宮本顕治に服して党内に残留していたが、それは構造改革路線を党のなかで実質化するためのマヌーヴァーであるとささやかれていた。そのことは、安東仁兵衛の『日本共産党私記』にも印象深く記されているが、六八年革命の学生アクティヴィストにとって、共産党が実質的に「社民」=構造改革路線であることなど自明のことであった。六〇年代後半においては、社会党内構改派(江田派)も、すでにヘゲモニーを喪失していたが、社会党が選択した社共共闘という路線自体、構改派的であったといえる。

ニューレフトが「反日共」であるとすれば、それは実は、反＝構改派を意味していたのである。そのことをさまざまな場面で鋭角的に表現していたのが、『共同幻想論』に収斂していく独特の国家論を構築していた吉本隆明にほかならなかった。六〇年代から七〇年代にかけての吉本の特権的な罵倒語の一つに、戦後民主主義者に対する「構革派」（構改派のこと）という言葉がある。それは、構造改革論がスターリン主義の亜流（後の吉本のボキャブラリーを使えば「ソフト・スターリニズム」）に過ぎず、丸山真男といった市民派左翼や、梅本克己のごとき――国家論を持たぬ、と吉本には思われる――ニューレフト系マルクス主義哲学者をまで汚染していることを意味していた。(注7)

吉本国家論の特徴はグラムシのそれを全く逆転させたところに特徴がある。「共同幻想」といった、『ドイツ・イデオロギー』から採られたとはいえ吉本的に改作されたジャーゴンを括弧に入れて言えば、それは、国家－市民社会の分離に相即して、権力にも政治権力と社会的権力の二種類があり、いかに社会革命を遂行しても政治革命には至らない、というところに尽きる。グラムシのボキャブラリーを用いれば、いかに陣地戦に勝利したとしても、機動戦／正面攻撃を遂行しなければ革命はできない、というのである。かかる政治革命中心主義――吉本が単純にそうであるというわけではないが――は、ニューレフトの構造改革派批判の理論的な担保となったというよりは（もちろん、その側面もあった）、六八年のアクティヴィストたちの日本共産党（＝構改派）に対する嫌悪感の心性的表現であったといえる。[注8] 確かに、「美濃部スマイル」に象徴されるポピュリズムを陣地戦だというのであれば、そんなことで成就してしまう「革命」は、『文化防衛論』の三島由紀夫が唾棄したごとく、やらないほうがマシだというのが――ある意味では――正常な心性だろうからである。

このようなところに、六八年においてグラムシの導入がなされえなかった心性的な理由もあるのだが、しかしそれは、吉本的な権力論＝国家論によって論破されているわけでもないといえよう。もちろん、民主連合政権と言われるような日本共産党的＝構改派的路線も成功はしなかったが、ブント系諸派や中核派、解放派、そしてグラムシ主義を排した旧構改派の機動戦至上主義が破産したことも、まったく明白だからである。吉本の国家－市民社会概念は、大衆をインテリゲンツィアと峻別するその知識人論と相即して、きわめて「東方的」（グラムシ）である。グラムシ的に言えば、それはいまだ市民社会が「ゼラチン状」の未成熟にある段階における、国家論（革命論）であり知識人論であった。グラムシとは異なって、吉本は市民社会をいまだ下部構造的に捉えていたといえよう。そのことに吉本が吉本なりに気づくのは、八〇年代の大衆消費社会を前にして、『マス・イメージ論』を書く時まで待たねばならない。

では、今日のカルチュラル・レフトがそうしているように、構造改革論というトリアッティの路線に規定されたかつてのイメージを払拭して、「グラムシ・ルネッサンス」（それは、グラムシ生誕一〇〇年に当たる一九八六年あたりを契機にしている様子であり、その前年には、ラクラウ／ムフの『ポストマルクス主義と政治』の原著が刊行されている）を図れば足りるのだろうか。六八年革命時のニューレフトにおける構改＝グラムシ主義への嫌悪は根拠のないことだったのだろうか。おそらく、そう簡単に言えないところに六八年的問題があり、それこそが今日の知的＝運動論的アポリアを規定していると思われる。そのことはまず、全共闘が提起した「戦後民主主義批判」にかかわり、それは同時に、六八年の大学闘争における教員と学生の関係が「階級闘争の用語」で語られねばならない事態に立ちいたったことに規定されている。

前章で論じたように、一九四〇年体制に淵源するリベラリズム政策＝福祉主義こそが国家による国民＝市民の管理の方途にほかならないとするところに「戦後民主主義批判」の要諦があった。六八年が、かかる福祉主義的管理体制が爛熟して破綻をきたした「アフター・リベラリズム」の時代へのターニングポイントだったとすれば、グラムシが言う市民社会での陣地戦は、たとえそれがなされなければならないとしても、「平和共存」＝「構造改革」といったものではありえなかった。構造改革は、すでに破綻してさえいる国家的リベラリズム政策の推進を求める、「社民的」＝「改良主義的」なものに過ぎないからである。

グラムシが生きたのが、それがファシズムの時代であったとしても（いや、そうであればなおさら）、福祉主義的国家政策が市民社会を爛熟に導いていた。『獄中ノート』中の「アメリカニズムとフォーディズム」に関する高名な論文は、大量生産・大量消費によって労働者に高賃金をもたらすフォーディズムが、市民社会をリベラルに爛熟させる福祉主義の基礎をなすことを活写している。もちろん、それはブルジョワジーからする「受動的革命」（グラムシ）だが、そこにおいてこそ陣地戦によるヘゲモニー闘争も可能となると考えられる。グラムシの視点は、イタリア・ファシズムも含めた西欧諸国さえ、その文脈に捉えられることを鋭く指摘しており、今日の一九四〇年代論の嚆矢となっている。

五〇年代末に登場した構造改革派の状況認識も、おおむね、これに沿ったものだったと言いうる。「もはや戦後ではない」と言われた市民社会の成熟は、六〇年安保の後には池田内閣の「所得倍増政策」としてさらに進捗しているかに見えた。かかる受動的革命に対しては、マルクス主義者のみならず、戦後民主主義に連なる広範な進歩的知識人（有機的知識人！）を結集することで陣地戦を敢行することが有効と考えられても不思議ではない。

しかし、全共闘＝ニューレフトの認識は、まったく異なっていたのである。現象的に見れば、それは、「階級闘争の用語」によって、戦後民主主義を護持する大学教員を吊るし上げることであり、「大学解体」を叫ぶことであった。そこに、学生が自らを聖なる「俗人」(?)と見なし、アカデミシャンを堕落した「聖職者」と規定することで否定する、宗教改革的な怨恨の発露を見ることも可能だろうし、そこに、グラムシが斥けたレーニン主義の逆立ちしたあり様を確認することもできる。であればこそ、日本の六八年革命においても、滝沢克己や田川建三といったキリスト者あるいはキリスト教研究者が、全共闘運動のシンパサイザーとして存在していたのである。「マチウ書試論」の著者でもある吉本隆明の大衆/知識人という範疇も、この変奏と言える。

しかし、かかるレーニン主義への回帰が、福祉主義的市民社会の縮減というポスト・フォーディズム的認識に規定されたものであったとしたら、事態は違って見えるに相違ない。いうまでもなく、グラムシはポスト・フォーディズムの到来を知るよしもなかった。しかし、六八年とは、現象的に見て大量生産・大量消費のフォーディズム型福祉社会がいまだ隆盛であるかのごとく見えようとも(そのような幻影は、日本では八〇年代の大衆消費社会まで持続した)、それと同時に、「ポスト・アメリカ」=「アフター・リベラリズム」を画した危機の時代であり、それが、日本においても岩田弘の「世界資本主義論」によって理論化されていたことは、すでに前章で見たとおりである。

そこにおいて陣地戦がなされなければならないとしても、それは市民社会の成熟に見合ったところの、戦後民主主義者による平和共存的ヘゲモニー闘争ではありえない。むしろ、そのような戦後民主主義者は、市民社会の縮減という事態を隠蔽することで国家による管理に奉仕する「社民的」ブルジョワ・イデオロギーと見なされたのである。だからこそ、六八年革命におけるニューレフトは、「豊かさ」や「サブカルチャー」といったアメリカニズムによる受動的革命を享受しながらも、しかし、「戦後民主主義批判」というかたちで、アメリカに発する福祉主義的リベラリズムを批判したのであった。それが「反米愛国」という、日本共産党的スローガンと全く異質であることはいうまでもあるまい。

さらにそれが、六八年を「戦後」の延長上に捉え民主主義の成熟の上に位置づけた、小田実や鶴見俊輔らべ平連の思想とは似て非なるものであったことも指摘しておくべきだろう。事実、べ平連の中心的イデオローグは、そのヴェトナム反戦という目標にも規定されて、六八年が「大学問題」であることに、ほとんど無知無関心だったのである。そのことの帰結を端的に示す事件が、ある意味では六八年の帰趨としてあった、一九八九年の東大・中沢新一問題であった。この事件において、「大学解体」の象徴でもある中沢新一の任官を推進しようとしたのが、西部邁や村上泰亮といった「保守派」教官であり、それを阻止したのが、べ平連の近傍にあった見田宗介やかなりトンチンカンな「造反教官」折原浩であった。

「大学解体」とは、戦後民主主義者の生活基盤への攻撃をも意味していただろう。周知のように、ノンセクトによる日本の全共闘運動は、同時に、「ポツダム自治会粉砕」というスローガンのもと、全学連に象徴される旧来の自治会中心的運動を批判することで遂行された。いうまでもなく、戦後に武井昭夫らの努力によって創設された学生自治会は、フーコー的に言えば、規律《ディシプリン》／訓練の場である大学の有力な一装置であり、だからこそ、学生と教師はともに手を携えて進歩的・民主的な運動にのぞみえたのである。「現代の理論」における安東仁兵衛の広範なインテリゲンツィア人脈も、おおむね、このような運動の遺産からえられたものにほかならない。しかし、前章で述べたように、六〇年代の大衆教育社会の爛熟は、かかる規律《ディシプリン》／訓練の基盤を掘り崩していき、六八年においては、すでに自治会の性格は全く違ったものに変貌していたのである。

六〇年安保後、多様に分裂し対立することになる新旧左翼諸セクトは、自らが掌握した自治会に対立するセクト、ノンセクトを——テロルさえ頻繁に行使することで——排除するというヘゲモニー闘争をおこなわざるをえなかった。多額の自治会費も、セクトの有力な収入源であった。しかし、それは同時に、セクトの掌握した自治会が、大学内を監視《コントロール》／管理する装置と化し、実質的には大学権力と相補的な、「他者を排除する」権力と化していくことを意味していた。当時の、「有機的知識人」を自認する戦後民主主義的アカデミシャンが、「大学解体」を掲げるノンセクトを中心としたニューレフトの攻撃対象であったのは、彼らアカデミシャンが、大学のかかる監視《コントロール》／管理体制の上に立ってのみ「良心的」=「進歩的」たりうるという事態に、全く無自覚であったからでもある。日本の六八年学生革命の重要な闘争の一つに、東京教育大学の（廃校による）筑波大学への移転問題があった。今日の大学改革のモデルとなっているのが筑波大学であるのは周知のことだが、それが大学の監視／管理《コントロール》体制の今日的構築の端緒であったことはいうまでもない。大学の筑波化のごとき管理体制は、まさに、ポスト・フォーディズムを先取りするものであったといえよう。六八年において、陣地戦が、平和共存や構造改革のイメージによってではなく、徒党や群れという戦争機械として遂行されなければならなかったゆえんも、ここにある。それゆえ、全共闘運動が全国全共闘連合といったかたちで党派間共闘という実質的な全学連運動に回帰していく六九年から七〇年にかけて、それは、殺人を含む陰惨な党派間の「内ゲバ」の温床となっていく。全共闘運動が党派間共闘に堕していく時、そこに回帰するのは、実質的に大学の監視／管理《コントロール》装置としてしかありえなくなっていた「ポツダム自治会」を掌握するための、党派的運動だからである。内ゲバとは、もはや廃墟と化した大学＝自治会運動の上に自治会運動を再建しようとした時に生起した、六八年に対する反革命的な反動の帰結にほかならない。

内ゲバ問題については、主題的に次章で論じることにしよう。ともかく、グラムシに依拠する今日のカルチュラル・レフトが抱えるアポリアが、この六八年的問題を引きずっていることは明らかだろう。

明らかにポスト・フォーディズム的段階に突入した現代において、大学を中心とするアカデミズムの場が、市民社会の縮減の圧力を受けぬことなどありえない。それは今や、擬似的な規律／訓練《ディシプリン》のための装置としての「ポツダム自治会」さえ必要としていない。しかし、学生にとって、それはすでに六八年以来明らかなことだったのである。もちろん、多くのカルチュラル・レフトは、かつての戦後民主主義的左翼がそうであったようには、大学が政治的圧力とは無縁な理想郷だなどと思っていまい。むしろ、かつてはそうも思えた場が日々縮減していくことに、主観的には批判的なスタンスを取っているつもりだろう。しかしその批判は、大学のみが大量生産・大量消費の（そして高賃金の）フォーディズム的福祉社会（＝学生消費者主義社会）である（べきだ）という、国家管理にとって都合のよいイメージに依拠しており、もはやアンダークラス予備軍と化しつつある学生との潜在的な階級対立を深化させるのみなのである。

今日の学生は、教員との関係を「階級闘争の用語」でさえ語りはしない。それは、大学が「正常化」されたからではさらさらなく、そのような用語で語りうる相互の関係さえ崩壊しているからである。そのなかで教員がカルチュラル・レフトたることとは、かつての戦後民主主義知識人と等しく、今やとうに破産したはずの平和共存的陣地戦の、戯画的担い手になる以外に不可能である（しかし現在、果たしてそれ以上の選択肢はありうるだろうか）。

これが、六八年以降の今日の構造が規定しているアポリアにほかならない。一貫して大学知識人を批判してきた吉本隆明が、その古典的な知識人概念にもかかわらず、「構改派批判」というリアリティーにおいて延命しえてきた理由の一つも、そこにあるといえよう。

5 個体性とシンギュラリティー

しかし、吉本隆明によって定式化された構改派批判が、ある種の決定的な「誤認」にもとづいていることは、繰り返すまでもない。それは、ニューレフトが「反代々木」であることのアイデンティティーを保証する論理としても存在していると思われる。そのことを、第二章でも触れたところの、ニューレフトのヘゲモニー形成にとって決定的に重要な吉本の論文「転向論」に即して瞥見しておこう。

周知のように、吉本「転向論」は、まず、一九三三年に発せられた佐野学、鍋山貞親（獄中の共産党指導者）の転向宣言として名高い「共同被告同志に告ぐる書」をとりあげる。佐野、鍋山の転向は、その後のコミュニストたちが遂行する総転向の嚆矢だが、吉本は、その転向が「権力の圧迫に対する恐怖よりも、大衆的な動向からの孤立感」に原因があったとする。これは、日本的モダニズムに浸されたインテリゲンツィアの宿命であり、小林多喜二や宮本顕治といったコミュニストの非転向が「日本の封建的劣性を回避した」とところでなされたことと実は同型であるとされる。これら、日本的モダニズムの負性に対して優位なものとして吉本が対置するのが、転向小説の白眉として名高い「村の家」の主人公・勉次に見られる、中野重治の立場にほかならない。勉次は転向出獄後、故郷に帰り、父親・孫蔵から、転向したのであれば「文筆なんぞは捨て《（ママ）》べきじゃと思うんじゃ」とたしなめられるが、勉次は「よく分かりますが、やはり書いていきたいと思います」と答える。ここに吉本は「日本的封建制の優位にたいする屈服を対決すべきその実体をつかみとる契機に転化」している中野を見いだすのである。

かかる吉本「転向論」が、転向論の決定的なパラダイム・シフトであったことはいうまでもない。それは、宮本顕治に象徴される当時の日本共産党に対するニューレフトのスタンスを規定したばかりでなく、「大衆的な動向」からいかにして「孤立」せず、かつ、それといかに対決するかというモティーフをも鮮明にしたといえる。

しかし、佐野、鍋山の転向が、吉本の言うように、天皇制打倒を求めるコミンテルンからの離脱を宣言し、「迫り来る社会変化に適応しなければならない」という意識に貫かれていたとしても、それは、「日本の封建性の劣悪な条件、制約にたいする屈服、妥協」や、「日本の封建制の優性遺伝的な因子にたいするシンパッシー」として捉えるのは、あまりにも一面的だと言わねばならない。それは、佐野、鍋山らがそう思ったとしても、まったく異なった面を持っていたはずである。当時の「大衆の動向」とは、戦時「総動員体制」として構築される「社民的」＝福祉主義的リベラリズム政策への期待であり、そのようなフォーディズム的＝受動的革命に天皇制イデオロギーが動員されたからこそ、左翼がそこに吸引されたのではなかったか。それはむしろ「進歩的」なものだったのである。

時あたかも、一九二九年のニューヨーク・ウォール街に発する世界大恐慌の余燼さめやらぬ時代であり、欧米も日本も「自由放任主義の終焉」（ケインズ）への対応を迫られていた。その対応がニューディール政策としてあろうがファシズムとしてあろうが、それは前近代的な「封建制の劣悪な条件にたいする屈服、妥協」とは、まったく反対のものとしてあったはずだ。一九三一年には満州事変が起こり、翌年には満州国が「成立」している。ファシズム政策とともにソ連の社会主義経済を参照してなされることになる満州国の運営が、広義の近代的「リベラリズム」政策であったことは今日明らかであろう。日本における コミュニストの転向も、その文脈に即して捉えられなければなるまい。すなわち、資本主義の高度化としての「受動的革命」へのコミュニストの加担として、である。いうまでもなく、そのような事態はコミュニストにとっても、ある意味では歓迎すべき傾向として捉えられえた。だからこそ、三木清からプロレタリア文学者にいたる多くの者が、戦時体制に積極的に加担することになるのである。佐野、鍋山の転向は、そのことの嚆矢であっただろう。

そのことを踏まえて「村の家」を読み直せば、父親の孫蔵は決して「庶民」（知識人に対立する概念としての）ではなく、彼自身が知識人――それも、「聖職者」イメージに親和的な――なのである。事実、「小役人」のキャリアを積んだ者とされる孫蔵は「何も読んでやいん」と言いながらも、転向コミュニストの「言訳」などには注意をはらっている様子なのだ（松下裕『評伝中野重治』の記述に則しても、中野の父親は、向学心に燃えた役人だった様子である）。グラムシが言うように「すべての人々は知識人である」。それゆえ、父親の「聖職者的」知識人イメージに対抗する中野重治の優位性は、市民社会における「有機的知識人」の位置を確保したところにあり（戦時下における中野重治の問題はさまざまに検討されなければならないにしろ）、宮本顕治らの非転向が批判されなければならないとしたら、それが「聖職者」的知識人たることを護持しつづけたところにある。

市民社会の成熟という六八年的状況を前にして（もちろん、ポスト・フォーディズム的段階への突入という事態は、とりあえず問わずに）、吉本「転向論」は、少なくともこのように読みかえられなければならなかったはずである。このような状況で、吉本隆明からの影響をこうむっていたニューレフトのなかから、一方で、構造改革派的思想を導入しようという動きも見られることになる。平田清明の市民社会論的マルクス主義を吉本の思想と折衷しようとした、ブント叛旗派の神津陽『蒼茫の叛旗』（一九七〇年）が、まず、それである。六九年の赤軍派結成に帰結するブント内論争のなかで書かれた神津のこの本の収録論文は、レーニン主義に純化していくブント内諸党派に対して、それと差異化するためには吉本隆明では足りず（すでに明らかなように、吉本自体がレーニン主義の枠組みに依存している）、「個体的所有の再建」をコミュニズムの核心として掲げる平田清明の市民社会論が摂取されなければならなかったことを示している。

神津は、吉本の「生活者」概念（庶民？　大衆の原像？）が平田清明のいう「個体性」に、谷川雁の情念的「共同体」のイメージが平田の「個体的所有」に媒介された「共同体的所有」に重なりあうものと理解している様子である。しかし、神津も同著で引用する平田清明の「マルクスにおける経済と宗教」（後に『市民社会と社会主義』〔一九六九年〕に所収）が、「諸個人の固有の力をコミューンとして、真に現実化することが課題であって、それを「政治的な力」＝政治的な国家あるいは「政治的な共同体」として疎外しないことこそが、社会革命＝人間解放の課題である」というように、平田市民社会論は、成熟した「西欧的」市民社会における陣地戦をもってコミュニズムを目指そうとする、強いて言えばグラムシ的なものなのである。

実際、平田は『市民社会と社会主義』所収の他の論文では、レーニンのプロレタリアート独裁論の非マルクス主義的性格を批判しているが、その理由も、つまるところ、ロシアの後進性に規定されたものというように尽きる。それゆえ、平田理論は、吉本＝谷川雁のような「東方的」理論と根本的に相容れないといえよう。そのことについて、平田清明は次のように言う。「『資本論』での諸範疇およびそれらの転化過程は、非西欧的地帯においても、多かれ少なかれ有効に妥当する」が、逆に「非西欧的地帯において、ひとは、『資本論』の経済学的範疇を見いだすとき、そこにはおよそ市民的ならざる法・道徳的関係が存在することを、安んじて見うしなう」（「マルクスにおける市民社会の概念について」、『市民社会と社会主義』所収）云々、と。

フランス語版『資本論』と『経済学批判要綱』の研究に発した平田市民社会論は、『経済学と歴史認識』（一九七一年）において学問的な基礎を提供したが、それ以上に、「われわれの国の現代の問題史的状況に直接関わる諸論考」（同書「あとがき」）を収めた『市民社会と社会主義』が、六八年において理論的・実践的インパクトを持ったことは疑いない。学問的研究は他の研究者との論争において相対化されるが、市民社会論の実践的な側面は、きわめて状況的なものだったからである。それは、当時はそう意識されなかったとしても、グラムシが日本の六八年に間接的にもたらしたインパクトであったと言いうる。その力は、八〇年代には衰微したものの、今日再び、「アソシエーショニズム」の参照先として復権されているのかもしれない。

しかし、その「個体的所有の再建」というテーゼは、平田の論述に即せば、市民社会の「本来性」である個体的所有が資本家的領有によって「疎外」されているということであり、端的に疎外論的構成を取らざるをえない。平田によれば、初期マルクスと中・後期のマルクスは疎外論において一貫しているのである（平田理論は、当時、同じくニューレフトに影響力のあった廣松理論とは決定的に異質である）。そこでは、すべての疎外論がそうであるように、「私性」に対する「個体性」という本来性のイデアが、ほとんど内実を欠いた抽象性と化していることも否定できないであろう（ここにおいて、神津陽が吉本隆明、谷川雁の思想と平田のそれを折衷し、前者を導入して具体化しうると信じた理由もあるのだが)。平田のいう個体性とは、「衣食足りて」我欲(=私性)を括弧にいれることが可能となり、「礼節を知った」者のイメージにしか収まらないのである。

このような個体イメージが、六八年的「豊かさ」のなかで一定のリアリティーを持ちえたとしても、同時にその時代がポスト・フォーディズム的な監視/管理社会のトバ口でもあったとすれば、決定的に弱いと言わなければならない。個的=共同体的な「コミューン」は、それ自体としては、徒党の群れとしての戦争機械たりえないと思われるからである。いや、平田コミューン主義は、協同組合主義等を掲げて戦時下統制経済のイデオロギーとなった転向マルクス主義(平田清明の師である高島善哉などもその一人)の変奏でしかないとさえ言えるだろう。「個体性」とは、つまり「滅私」でしかありえないからである。そして、「滅私」としての「個体性」を「公」としての共同体へとつなぐこと(奉公!)は、叛旗派自身もそれを肯ったブントの軍事中心主義を支える、あまりにも古びたイデオロギーに類似する。おそらくそのことを先駆的かつ鋭敏に察知していた柄谷行人は、七一年に書かれた「現代批評の陥穽」(蟻二郎、森常治、柄谷編著『現代批評の構造』所収、後に『柄谷行人初期論文集』にも収録)で、平田清明を援用しながらも、その「個体性」概念を——強引にも——今日の言葉で言えば「シンギュラリティー」と読みかえなければならなかった。そこで個体性概念は、マックス・シュティルナーの「唯一者」と同等視されたのである。柄谷のこのような着想の近傍には、『内部の人間』（一九六七年）等の秋山駿が存在した。初期秋山が「私」という言い方で固執していたものは、つまり、私性でも個体性でもないシンギュラリティーのことであったと思われるが、それゆえにこそ秋山は六九年一月の東大安田講堂「決戦」に対面して、美しいエッセイ「廃墟――それがはじまりである」（「情況」一九六九年三月号）を書きえたのである。これは、秋山による「汚辱に塗れた人々の生」（フーコー）にほかならない。もとより、その秋山が、今日、芸術院会員となっていることと、いかなる関連性があるのかは、まったく不明であるが――。

柄谷のそのエッセイは、ブランショやフーコーの言う「主体の死」への批判として平田清明を援用したものであり、それゆえ個体性に対応する「共同体」について触れるところはないが、確かに、戦争機械としての徒党とは、シンギュラリティーの「群れ」＝「共同体」とも言いえよう。しかし、シンギュラリティーが共同体を構成することは、はたして――どのように――可能なのか。後にジャン＝リュック・ナンシーがバタイユを論じて「無為の共同体」と提示することになるのも、かかる不可能性のプロジェクトにほかなるまい。そのような不可能性は、六八年においては、やはり毛沢東主義＝プロレタリア文化大革命に対する「誤認」としてのみリアリティーを与えられていたのではなかっただろうか。

第一二章　ゾンビをめぐるリンチ殺人から内ゲバという生政治へ

1　歴史的背景と区別

六八年革命が「沈静」するにあたって、いわゆる「内ゲバ」、「リンチ殺人」の果たした否定的な役割は、繰り返し指摘されてきた。セクト、ノンセクトを問わず、多くのアクティヴィストが運動から撤退していったのは、内ゲバに嫌気がさしたからだといわれる。今日、たとえばポストコロニアリズムやカルチュラル・スタディーズといったかたちで、ニューレフトの文化的ヘゲモニーがそれなりに確立しているにもかかわらず、アクティヴィストとなる者が圧倒的に少ないのも、一つにはこれが原因と見なされることがある（しかし、それは本当だろうか）。

一九七〇年八月、革マル派系活動家・海老原俊夫（東京教育大生）を中核派が拉致・殺害したことに直接に端を発する両派の内ゲバは、後に、対革マル「戦争」に社青同解放派＝革労協も加わることで、さらに凄惨の一途をたどり、ニューレフト運動への大衆的な支持を失わせるに多大な貢献をした。この内ゲバでは、本多延嘉（中核派）、中原一（解放派）といった最高指導者をはじめ、各派に膨大な死者・犠牲者を生み出した。『検証　内ゲバ』の著者の一人・小西誠の調査によれば、内ゲバによる死者は一一三人、負傷者は四六〇〇人以上、発生件数は一六九〇件以上と推定されている（革共同両派ならびに解放派以外の内ゲバも若干含む）。この内ゲバの過程については、立花隆がぶ厚いレポート『中核vs革マル』を著しているほか、いくつかの論評やレポート本が刊行されている。中核・革マルの革共同両派ならびに解放派（いわゆる内ゲバ三派）とのあいだの対立は今なお続いているが、ゲバルトによる党派間抗争は、いかなる理由によってかは知らず、現在は一応終息している。巷間流布されている情報（『公安調査庁スパイ工作集――公安調査官・樋口憲一郎の工作日誌』に記された弁護士・三島浩司の証言）によれば、それは革共同両派幹部の会談による秘密裡の停戦合意（？）によるものとされる。しかし、内ゲバ三派は、おおやけにはいまだに「内ゲバの論理」を放棄してはいない。各派の機関紙等は、相変わらず敵対党派の殲滅・打倒を怒号しているのである。

一九七二年二月のいわゆる「連合赤軍事件」においては、翌月、同志間のリンチ殺人が発覚し、一四人の犠牲者[注1]が存在することが明らかになった。六八年以降の党派ラディカリズムの頂点と見なされた浅間山荘銃撃戦に対しては、それなりのシンパシーを感じていたアクティヴィストやインテリゲンツィアたちも、このリンチ殺人発覚を前にしては言葉を失わざるをえなかったのである。リンチを指示した連合赤軍の最高幹部・森恒夫は七三年一月一日に、東京拘置所で自殺した。この問題を中心に、連合赤軍事件に関しては、森とともにリンチを指示したもう一人の最高幹部・永田洋子が手記を著しているのをはじめ、当事者・関係者のみならず、多くの者が今なお論じ、レポートを記し続けている。文学・映画などに素材を提供していることも知られていよう。

これらの内ゲバ／リンチ殺人を解明するについては、ドストエフスキーの『悪霊』——あるいは、その素材となったネチャーエフ事件——をはじめ、カール・シュミットの「友敵理論」、埴谷雄高の「奴は敵だ。敵を殺せ」といった論法、吉本隆明「マチウ書試論」からの「近親憎悪」なる概念、などが援用されることが多い。そこに、カミュ、メルロ＝ポンティ、サルトル、サヴィンコフ、高橋和巳らの名前も付け加えるべきだろう。これらのことから知られるように、内ゲバ殺人は人間存在の、克服しがたい本質的な暗部に根ざした「文学的」事件と見なされたのである。連合赤軍事件ほどではないが、革共同両派・解放派間の内ゲバも、いくつかの演劇や文学作品の素材となっている。

しかし、果たしてそのような見方は正しいか。そう捉えることは、六八年革命をその歴史的文脈から引き離して悪しき文学的「本質主義《エッセンシャリズム》」に回収してしまうことに帰結しはしないだろうか。もちろん、これまた悪しき意味での「社会構成論《ソーシャル・コンストラクショニズム》」は論外であるにしても、それら内ゲバ／リンチ殺人が六八年の帰結であるかぎり、その問題は、まず、六八年の文脈に即してながめられなければならないはずである。

そして、そのように考えるなら、革共同両派（並びに解放派）の内ゲバと、連合赤軍内部のリンチ殺人とは、さしあたり峻別して論じられなければならないだろう。前者については、前章で触れたように、それが全共闘の否定した全学連＝「ポツダム自治会」運動の、党派による「反動的」再構築のなかから出現したという文脈を無視できないのに対して、後者は、とにもかくにも六八年の党派的総括＝赤軍派結成の延長上でなされた運動のなかでおきた事件であったということが、まず踏まえられるべきである。（注2）

そして、連赤のリンチ事件はその後の運動には、ほとんど何の「影響」も及ぼしていないかのようである。それは今や、ジャーナリズムの上でノスタルジックに、あるいは「奇譚」のごときものとして語られるのみである。立松和平の愚かな作品『光の雨』が、盗作問題の結果とはいえ近未来小説として書かれなければならなかったのも、そのためにほかなるまい。これに対して、党派間内ゲバの「反動的」性格それ自体が、八〇年代にいたって大学の管理体制を担ってしまうという「先進的」な側面を併せ持ったことについても、すでに前章で若干触れたとおりである。もちろん、両者はともに、六八年的な「戦争機械」の機能を失調させるという反革命的な役割を担ったという意味では、ある側面を共有しているはずではあるが――。

だとすれば、ここでは論理の展開の都合上両者を峻別し、まずは連赤のリンチ殺人について見た後、三党派間の内ゲバ問題について論ずるという手順を踏んでいくことにしたい。

2　黙示録的革命主義

すでに繰り返し述べてきたように、六八年は、革マル派を除くニューレフト諸党派にとって、今ここに生起しつつある「革命」として把握された。しかもそれは、彼らの党が——レーニン的であろうとローザ的であろうと——予言者的＝「聖職者的」知識人の組織とされたことにも規定されて、黙示録的世界の到来と誤認されることになった。その最先端に位置する赤軍派の指導的理論である塩見孝也（赤軍派議長）の「過渡期世界論」（一九六八年、塩見のペンネーム一向健から、「一向過渡期世界論」と呼ばれた）は、そのレーニン教条主義に徴すまでもなく、「世界革命戦争」という黙示録的世界への過渡期として、六八年を位置づけるものである。

六八年を「革命」と位置づける際に、塩見＝赤軍派においては、揚棄されるべき決定的な論理的「矛盾」、ないしは克服されるべき欠如が存在していた。そして、この矛盾あるいは欠如は多かれ少なかれ、やはりレーニン主義／ローザ主義の影響下にあった他の党派にも共有されていたのである。後論を先取りして言えば、この矛盾＝欠如に依拠する論理は、きわめてヘーゲル主義的かつ「主体性論」的なものである。（注3）

彼ら、とりわけ赤軍派にとって六八年がなぜ世界革命への過渡期であるかといえば、そこにいたる二〇世紀の「客観的」状勢が、ロシア革命に始まり、中国革命、キューバ革命、ヴェトナム革命等々へと続く「戦争と革命の世紀」の現在的帰趨と見なされたからにほかならない。塩見がそこで記すところによれば、「俗物にはかかる時代は奇妙で人類史の破局=末世とみえるかも知れない。だが歴史は根本的に発展し、鉄の法則を貫徹し、ブルジョワジーの資本主義社会を追いつめ、歴史の主人公をプロレタリアートと世界社会主義に明け渡さざるを得ない最終段階に至っている」という。しかし、その革命への傾向は、スターリンの一国社会主義によって——まさに「主体的」に——歪曲・規制されてきた。それを解除する新たな「主体」の創出が必要であり、その主体が「赤軍兵士」（あるいは「革命戦士」）と呼ばれたことはいうまでもない。赤軍兵士こそ、黙示録的な世界革命を担いうる真の主体なのである。

これが矛盾であるというのは、客観的条件を「革命」的と見なしながら、主体的条件がいまだそれに対応しえぬ、不十分な段階にあるとする点である。そもそも、主体的条件が欠如しているのに、どうして、客観的条件が先に熟成してしまったのか。しかし、そのような把握こそ、革命にいたる弁証法を作動させる条件にほかならない。このような弁証法的矛盾は、ニューレフトのほとんどが抱懐していた革命概念の問題にかかわり、それはすなわち、革命を——フランス革命やロシア革命から帰納された——黙示録的なイメージとしてしか捉ええなかった、その限界に起因するだろう。

「銃による殲滅戦」（森恒夫）として表象された黙示録的革命とは、「機動戦／正面攻撃」

（グラムシ）型のものと言ってもよい。ヨハネの黙示録がそう記しているように、それは必ずやってくる。そして、それが今到来しつつあることは、六八年の「客観的」世界状勢にかんがみても、連合赤軍の者たちには確かなことに思われた。しかし、そこで生き残るのは選ばれた者でしかありえず、それは機動戦／正面攻撃を担いうる主体ということになろう。だとすれば、予言者的＝聖職者的前衛は、自らそれにふさわしい主体へとおのれを鍛え、整えなければならない。それがどのような主体かといえば、革命戦争において死を賭しうる者のことであることはいうまでもない。

もちろん、黙示録的革命において救済されるはずなのは、かかる聖職者的前衛のみではなく、それに領導されたプロレタリアート総体でもあるが、彼らはすでにあらかじめ死を賭しうる存在となった者に従ってのみ、革命戦争のさなかにおいて死を賭しうる主体となるのであり、それゆえ前衛なくして黙示録的革命はありえない（注4）。しかし、そのようなあらかじめ死を賭した主体であることを、その前段において証明しなければならないところに、主体をめぐるパラドックスが生じ、いわゆるリンチ殺人が必然化されるのである。

より正確を期せば、赤軍派の理論においては、世界革命戦争という黙示録的世界の前に「前段階武装蜂起」という時点が存在する。前段階武装蜂起をつうじて世界革命戦争が切り開かれるとされるのだが、この段階において、それを担う赤軍兵士がはたして死を賭しうる存在であるかどうかが試されることになろう。しかし、そこにおいても赤軍兵士は死を賭して「銃による殲滅戦」を戦わねばならないのだから、やはり、前段階武装蜂起以前に、彼が死を賭しうる存在であるか否かが試されねばならない。そのテストが「リンチ(殺人)」なのだと言えるだろう。

連合赤軍事件一四人の死者のうち、一二名の人間が森・永田らによる「総括」という名のリンチによって死亡したが、それは「自然死」であると当事者たちにおいて了解されていたことは知られている。後の二人は、逃亡あるいは脱落の咎による「処刑」であった。しかし、「総括」であれ「処刑」であれ、彼ら死んでいく者が、それまでに死を賭した闘いを貫徹してきたか否かが、森・永田らによって問われたことは、いうまでもないだろう。森・永田らは彼らに、警察との衝突の際に必死で抵抗したか、取り調べの時に完全黙秘を貫いたか、粗食に耐ええなかったり、化粧をしたりアクセサリーを身につけたりしているのは、革命戦士としての自覚がたりないのではないか、等々と糾問した。これらの質問は、全て、これまで死を賭して戦ってきたかという問いの代補にほかならない。しかし、目前にあるとはいえ、黙示録的世界はいまだ到来していないのだから、これらは、単に、死を賭することの前段的レッスンの成否を問うているに過ぎないのだ。

それゆえ、リンチという名の、死を賭することのテストが並行して敢行される。それが「総括」とも「援助」とも呼ばれたことは、いかにも意味深長であろう。そのリンチは、決して相手を殺すことが目的ではなく、死を賭しえなかった相手の過去を「総括」し、死を賭しうる主体として再生するための教育的「援助」なのだ。そのような主体たりえずしては、黙示録的革命を生きえないからである。しかしもちろん、その者がはたして死を賭しうる主体であるか否かは、絶対に証明されえない。もし真に死を賭したとすれば、その者は死んでおり、生き残った者は、結果として死を賭しえなかった存在以外の何ものでもないからである。そのような存在がいるとしたら、それはゾンビと呼ばれる者であろう。それゆえに黙示録的革命は現実には存在しえないのだが、そのような絶対的矛盾の極限でなされうる可能な「解決」は、「総括」という名の教育的な主体形成の作業（＝「援助」）が、同時に、「殺人」であること以外にありえないのである。「総括」＝リンチを主導した永田洋子が、その結果を、「思いもかけぬ同志の死」と表現したことは知られているが（一九七二年九月一二日角田弁護士宛書簡、「情況」一九七三年八月号）、その理由もここにある。永田はいまだ死を賭しうる主体たりえぬ同志を、真の主体たらしめようとしただけなのであって、それが現実の死という主体の崩壊に帰結することなど、何ら眼中になかったというべきだろう。永田洋子が無意識であり自覚しえなかったのは、彼女が理想化した主体がゾンビという不可能なそれであったということだった。

もちろん、リンチ殺人によって同志をゾンビ化しようとする教育者は、前提的に自らもゾンビでなければならないはずである。しかし、同志たちがゾンビには生成しえず、「思いもかけぬ」死にいたった時、教育者たちは、自らも実は死を賭したことがなく、ゾンビでもなかったことに思いいたらざるをえない。逮捕された森恒夫が自殺した理由の一端は、一般的な意味での自己処罰であったというよりは、自らも死を賭してみるというところにあっただろうし、今日の永田洋子が「自分が今生きていることへの居心地の悪さ」と「不合理な感じ」に苛まれ、「総括が進めば進む程、十四名の同志たちがいかに素晴らしい人たちであったか理解させられ」ると、いかにも意味深長な題名の著書『私生きてます』で言うのも、そのことにかかわっていよう。ここで永田が言う「総括」とは、もちろんリンチ殺人を意味するものではなく、単に一般的な言葉として用いられたものだ。しかし、その言葉が(正しい意味で、死を賭し死んだ)死者たちに差し向けられ、今なお生きている自分に対照して、死した後において(のみ)彼らを「素晴らしい人たち」と総括していることに、黙示録的思考の、その「あとの祭《ポスト・フェストウム》」におけるありかたを見て、誰しもやりきれぬ感慨を抱かざるをえないはずである。もちろん、永田洋子はいかなる方策を用いようとも、出来る限り生きていてもらいたいと、私は思う。

かかる主体をめぐるパラドックスは、ヘーゲル『精神現象学』において、すでに装塡されていたものであった。『ヘーゲル読解入門』のアレクサンドル・コジェーヴが祖述したごとく、フランス革命に震撼されて書かれた『精神現象学』、とりわけその主体生成論ともいうべき「自己意識」の章は、革命とそれを担う主体との関係が、「主と奴の弁証法」として記されていると読みうる。それによれば、「承認を求める死を賭した闘争」において、死を賭しえたと見なされた者が「主」、賭しえなかった者が「奴」となり、「奴」は「主」への奉仕＝労働において生存を許される。コジェーヴによれば、「主」とは端的に死または神を意味し、人間はすべてその「奴」（としての主体）であり、だからこそ人間の本質は、神への奉仕＝労働なのである。だが、世界は「奴」の労働によって作られるのであって、「主」は何もしない。そのことを「奴」が自覚して不用な神を殺し（その端的な代補が、フランス革命における「王殺し」である）、自分こそが真に世界の「主」であると宣言するのが革命だということになる。コジェーヴによれば、それこそがマルクス主義に言う「必然の王国から自由の王国へ」（『ドイツ・イデオロギー』）ということの意味であり、「歴史の終焉」にほかならない。

しかし、この革命においても、実は解決されていない問題が存在する。「主」と「奴」を分かつ端緒において賭けられていた死を、「奴」は、ついに最後まで賭けることができないのである。なるほど、実は「主」もまた本当は死を賭してはいない。そしてまた、コジェーヴが言うように、「主」が真に死を意味するとすれば、死を殺すことははたして可能なのか、という問題は最後まで残る。

それはともかく、「主」は、「奴」によって死を賭したかのように見なされた者である。「歴史の終焉」の時点においては、そのことが――すなわち、「王様は裸だ」と――端的に暴露されるがゆえに、「王殺し」が遂行されるのであろう。しかし、そこにおいても「奴」

が死を賭しうる主体でないことは明らかだから、彼は決して真の意味で「主」たりえず、「奴」のままなのである。「奴」が「奴」のままであるかぎり、実は「歴史の終焉」はおとずれず、革命は到来しない。その到来が「奴」の労働の帰結として、論理的に必然的であると証明されているにもかかわらず、である。

客観的情勢が革命の到来の必然を告知していながら、主体的な条件がそれを満たさないというこのディレンマが、連合赤軍のものでもあったことは、すでに明らかだろう。改めていうまでもなく、そのような条件を満たす主体とは、ゾンビという存在でしかありえない。もちろん、ゾンビたることは——ただちに後述するように、ある意味では可能であるにしろ——不可能である。しかし、客観的情勢はその不可能を可能にせよと不断に迫っている。その時、「奴」たる主体は神経症的に「リンチ殺人」を反復し、ゾンビと化そうという空しい欲望に身をさらすほかはないだろう。

もちろん、連合赤軍的な「リンチ殺人」がそうそう頻繁に生起するわけではあるまい。しかし、ヘーゲル＝コジェーヴ的な意味での革命の客観的条件がすでに熟成しているという認識が、ある種の普遍的なリアリティーを持っており、「歴史の終焉」という言説が繰り返し立ちあらわれるのも事実だとすれば（最近では、コジェーヴを承けたフランシス・フクヤマのごとく）、そこには常に、主体をその黙示録的＝客観的条件に適合させるべく、ゾンビ化しようという欲望が内包されていると見なさなければなるまい。あるいは、時として「終わりなき日常」(宮台真司)と表現されたこともある連赤以降の「歴史の終焉」(＝革命)の言説とは、すでにわれわれが「まったり」したゾンビであることを主張している以外ではあるまい。近年の宮台が連赤に象徴されるごとき擬似六八年的なものに、ある種のシンパシーを抱いている様子なのも、当然といえば当然であろう。「まったり革命」(宮台真司)と連赤的事態とは、表裏一体の関係にある。

ところで、では、ゾンビとしての主体は、彼ら連合赤軍以前にモデルとして存在しなかったのかといえば、存在したのである。事件をさかのぼる二年ほど前の一九七〇年一一月、市ヶ谷の自衛隊駐屯地に突入して割腹自殺をとげた三島由紀夫が、そのゾンビにほかならない。赤軍派の近傍にあった滝田修(京大パルチザン)が三島事件に接して「先を越された」と愚かな言葉を漏らしたのは知られたエピソードだが、連合赤軍の「兵士」たちもまた、遠いところで三島由紀夫に規定されていたはずであり、それはすなわち、確かにゾンビという主体が存在するという信憑であったと思われる。

周知のように、三島由紀夫は学徒動員先で広島への原爆投下の報に接して「世界の終り」という世界終末意識を覚え、それが「その後の私の文学の唯一の母体をなす」(「私の中のヒロシマ」)とした。それは、遺作『豊饒の海』の末尾における「記憶もなければ何もない」すべてが終わった後の世界の記述にまで貫徹されている。三島にとって戦後とは「歴史の終焉」以後の「まったり革命」の世界であり、それゆえ彼は、それをゾンビとして生きたとも言える。そして、ゾンビであるからこそ、三島は「昭和元禄」とも言われた六〇年代の「サブカル」＝大衆社会状況を批判しながらも、それと随伴する六〇年代の「サブカル」＝カウンターカルチャーへのシンパシーを隠さず、そのパトロンとさえなったのだった。三島の最後がアングラ演劇のパロディーめいたものであったのは、そのためでもあろう。(注5)

かかるゾンビとしての主体のありかたは、六八年を担ったニューレフトのメンタリティーにとっても、直接的か間接的かを問わず、親しいものであった。『彼女たちの連合赤軍』の大塚英志が、永田洋子らに「サブカル」的メンタリティーを見いだすのも、決して奇説ではない。それは、彼女たちが三島とともにゾンビの地平を共有していたことの裏面なのである。

彼らニューレフトの「反代々木」、「反社民」という感性を規定していたものに、大江健三郎の『ヒロシマ・ノート』によって流布されていた、原水禁運動における愚劣な社共組織分裂という事態があり、それを軽蔑・無視することが「反代々木」、「反社民」の証とさえ思われた。事実、六七年までは、それなりに核実験反対運動に取り組んで原水禁大会に介入していたニューレフト諸派は、六八年において、ほとんど反原水爆運動に無関心となる。かつて論議の的であったソ連・中国の核実験問題は関心をひかなくなっていた（被爆者青年同盟の闘いがあったにしろ）。連合赤軍的＝三島的なゾンビは、かかる意味において六八年的なものである。それは、核の傘のもとでは人は全てゾンビであるから、もはや核兵器に反対しても意味がないという「歴史の終焉」の心性のひそかな表現にほかならない。

反核問題が再びニューレフトに導入されるのは、エコロジー運動という文脈において、まず反原発というかたちをとってであり、その運動がそれなりに大衆的な基盤を持つようになるのは、三島事件以降、連合赤軍事件以降のことに過ぎない。すなわち、エコロジカルに「生き延びる」という思想は、ゾンビとしての主体の運動が極限を刻した後にあらわれたといえる。もちろん、それはエコロジー主義がゾンビの思想をこえたことを意味しない。いや、エコロジー主義が不断に帯びざるをえない欺瞞的ないかがわしさは、それがゾンビの黙示録的地平をこええないところによっていると言わねばならないだろう。もとより、連合赤軍事件において、その黙示録的革命の概念が極限的に破産を宣せられているにもかかわらず、である。

3　監視・摘発・管理

以上のように、連合赤軍事件におけるリンチ殺人が、黙示録的革命概念のリミットにおいてなされたのだとしたら、内ゲバ三派の問題はその手前に存在している。いうまでもなく、レーニン主義やローザ主義のセクトである中核派も解放派も、ともに聖職者による黙示録的革命を待望しており、革マル派にしても同様である。彼らが赤軍派と異なるのは、中核派・解放派が赤軍派と同様の意味で六八年を革命の到来と見なしながらも、決定的な遂行時をやや先に措定するという、赤軍派から見れば日和見主義的な判断があったからに過ぎない。革マル派にしても、単に、黙示録の全的な実現を永遠の（？）未来に置いていたという違いしかない。中核派や解放派は、赤軍派のボキャブラリーで言うなら、「前段階武装蜂起」のそのまた前段ほどで試行している心算であり、革マル派も彼方未来にあるであろう黙示録的革命にそなえるべく、「プロレタリア的人間」というゾンビ的主体の個々の育成を、日々おこなっているということになっている。

黙示録的革命がさしあたり今ここにはないという判断を持った黙示録的思想のセクトが遂行する内ゲバが、それ自体としては教育的な意図を持った連赤のリンチ（殺人）とは異なった目論見であることは明らかだろう。それは、いかなる意味でも教育的な意味を持っていない。相手が内ゲバによって改悛し自党派に連なることなど想定されていないからである。

だが、それは埴谷雄高が言う「奴は敵だ。敵を殺せ」の論理でないことにも注意しなければならない。革共同両派の内ゲバの発端をなしたとされる、一九七〇年八月に生起した、中核派による海老原俊夫殺し以前においても、結果的に（幸運にも？）殺人にはいたらぬというだけの内ゲバはいくつも存在した。そのことは、私の経験に徴しても断言できる。海老原殺しにおいても、中核派は殺人を意図したのではなく、結果としてリンチが海老原を死にいたらしめたものと伝えられる。そのことは、海老原の死体が新宿・厚生年金病院の玄関に打ち捨てられていたという一事をもってしても明らかだろう。内ゲバ問題においてまず踏まえられるべきは、それがさしあたり殺人を意図したものではないということなのである。いかに、後に殺人を目的化するようになったとしても、「内ゲバの論理」を解明しようとする時、そのことが忘れられてはなるまい。そして、そのことは内ゲバを、死の体験を目的化した連赤のリンチ殺人よりも多少はマシなものと見なすことでもない。教育的な意図の明らかな連赤リンチ殺人のほうがまだマシであるとさえ言いたくなるほどに、内ゲバが頽廃したものであることが問題なのだ。

革共同両派の内ゲバが猖獗をきわめていた一九七四年、埴谷雄高を中心とした知識人・作家が、両派に内ゲバ停止を求める声明（「内ゲバの即自停止を求める知識人の声明」、通称「革共同両派への提言」）を発表した。[注6] 埴谷は、自身の永久革命論と理論的親近性を持つ革共同（とりわけ黒田寛一＝革マル派）同士の内ゲバに、いてもたってもいられなかったのかもしれぬ。埴谷にとってテロリズムが肯定されるとすれば、たとえばロシア社会革命党のテロリストたちのように、国家権力に対して向けられるものでなければならず、しかもそれは「殺した者は殺されねばならぬ」（「暗殺の美学」）という自己処罰的なナルシシズム美学によって昇化されねばならないはずであった。しかし、埴谷によれば、革共同両派の内ゲバは、その美学を欠いている。それは、党派の掲げる高邁な革命のヴィジョンと、近親憎悪による「見せかけの理論」に分裂しており、後者を否定し前者に就けば解決されるはずのものとされた。

しかし、かくのごときオプティミズムは、「内ゲバの論理」の一端をさえ穿っていない。その理由は、まず何よりも、あらゆるテロリズムをいっしょくたにして思考する非論理性にある。直接には赤軍派のリンチ殺人と革共同両派の内ゲバに刺激されて執筆されたと思しき、戦前のリンチ共産党事件に材を仰いだ『死霊』五章「夢魔の世界」(一九七五年)の下らなさも基本的にはここに由来する(注7)。とりわけ革共同両派の内ゲバが、さしあたり殺人を目的としないものであることを踏まえない時、埴谷のアクチュアリティーは決定的に喪失していると言わざるをえないのである。もちろん、そのようなアクチュアリティーのなさは、単に埴谷のみのことではなく、埴谷に比して誠実であることだけは疑えない「内ゲバの論理はこえられるか」を書いた高橋和巳をはじめ、他の多くの者に対しても言いうることであるにせよ、である(埴谷の「暗殺の美学」や高橋の「内ゲバの論理はこえられるか」は、内ゲバ停止を求める知識人たちの「声明」に随伴したパンフレットにほかならない、三一新書版の埴谷編『内ゲバの論理』に、久野収、鶴見俊輔の論文とともに収録された)。

では、殺人を目的としない内ゲバの「論理」とはなにか。そのことをもっとも端的に見て取れる事例が、七二年一一月、早稲田大学で生起した、いわゆる「川口事件」であると思われる。

川口事件とは、早稲田大学第一文学部学生であった川口大三郎（当時二〇歳）が、中核派のスパイであるとして大学内で革マル派の「自己反省」を求めるリンチを受け、東大病院構内で死体で発見されたものである。それは、中核派による海老原殺しの場合と同様であった。この一事を見ても、革マル派に殺人の意図はなかったことがうかがえる。早稲田大学（とりわけ文学部）は、革マル派が自治会をとおして一元的にヘゲモニーを握るエリアであり、他党派、とりわけ対立する中核派の存在を許さないところである。この当時の大学におけるセクト管理の雰囲気は、主に東大駒場に即してではあるが、西川享「一九七〇年代前半の学生運動と内ゲバ」（いいだもも・蔵田計成編著『検証　内ゲバ　PART2』所収）に活写されている。川口は七二年の四・二八沖縄闘争で初めて中核派のデモに参加、これを契機に中核派のデモや政治集会に参加していたシンパサイザーだったといわれる。

では、殺人を意図しない、しかし、死にいたらしめるかもしれぬまでのリンチは、何を目的としているのか。それは、アウシュヴィッツをはじめとするナチスの強制収容所で流布されていた言葉を用いれば、ひとを「回教徒」と化すことである。ゴダールの映画『ヒア&ゼア・ことよそ』やプリモ・レーヴィの『アウシュヴィッツは終わらない』などに記され、近年はアガンベンの『アウシュヴィッツの残りのもの』においても取り上げられたことで知られるこの言葉に多言は必要としまいが、とりあえず簡単に説明しておこう。それは、収容所のなかで、もはやいかなる意味でも人間的尊厳を放棄し、心身ともに生ける屍となった者の呼称である。それを「回教徒」というのは、その姿・振る舞いが回教徒に似ているところからつけられたとも言われるが、そこには収容所のユダヤ人が自らは（彼ら／彼女らは）もはやユダヤ教徒でさえないという自嘲がこめられている。（注8）

革マル派にとって、その支配するエリアにおける中核派の（あるいは、革マル派以外の）人間は、まさしく「回教徒」としてのみ存在が許されるべき者なのである（もちろんそれは、中核派にとって、あるいは解放派にとっての革マル派も同様である）。革マル派のいう「革命的暴力」という名のリンチは、対立者を「回教徒」と化すための暴力であるという意味で、「革命的」と見なされるのだといえようが、それはすなわち、アウシュヴィッツでの暴力がそうであったであろうように、まず何よりも、あるエリアを「革命的」に監視・管理・統治するための方策なのである。

だからこそ、川口事件が発覚した際に革マル派が発した総括的自己批判が、自セクトを構成するメンバーの「未熟性」を認めるものであったことは、けだし当然である。「革命的暴力」とはあくまで管理・統治の手段なのだから、さしあたり相手を殺してはならないのだ。その意味で、これはミシェル・フーコーの言う「生政治《バイオ・ポリティクス》」の典型的な事例にほかならない。しかし、「回教徒」が生ける屍である限り、生と死の境界はとりあえずのものでしかない。摘発した相手が、「回教徒」として管理・統治されえないと見なされれば、殺人は承認されることになろう。川口殺しが自己批判されなければならなかったのは、川口が生ける屍として管理・統治されうる弱い存在と見なされたからであり、それは、彼が中核派のたかだか初級シンパサイザーに過ぎなかったからである。もし川口が統治・管理されえないほど強力なアクティヴィストだと見なされれば、おそらく、リンチした主体の「未熟性」は問われることがなかったはずである。事実、川口事件の前にも後にもなされた内ゲバ殺人について、革マル派が、かくも深刻にリンチする主体としての「未熟性」を自己批判した例を知らない。

もし、中核派や解放派の「内ゲバの論理」に、革マル派が指摘するごとく、殺人をもハナから肯定してしまう傾向があるとすれば、それは、彼らが内ゲバを「奴は敵だ。敵を殺せ」(スターリン主義に言う「主要打撃論」)式の単なる党派闘争として捉え、本質的には統治の手段であることに無自覚なところに由来する。もちろん、彼らとて拠点大学などの管理・統治の手段として、アウシュヴィッツ的「生政治」を駆使しているにもかかわらず、である。その意味で、革マル派は、もっとも「内ゲバの論理」に通暁した、完成されたセクトだということができよう。

そして、この「内ゲバの論理」=「生政治」の問題のアクチュアリティーは、それが、前章で述べたように、大学当局と実質的に連携した大学管理として機能するばかりでなく、今日の国家的「監視／管理《コントロール》」体制のモデルをも提供しているところにある。周知のように、川口事件を契機に、翌七三年にかけて、早稲田大学では革マル派糾弾の大衆的な運動が生起した。しかし、革マル派はこの糾弾を、川口事件に便乗して野合したセクト／ノンセクトによる攻撃と位置づけ、早稲田から反革マル勢力を一掃し、ふたたび一元支配体制を回復することに成功した。これは学内エリアにおいては「回教徒」以外の存在を許さないとする、川口事件を生んだ「生政治」の強化された反復である。そして、そのようにして回復されたキャンパスの「平和」は、大学当局によって暗黙のうちに承認・依託されることでのみ、維持されるものであることはいうまでもない。それは大学管理の自治会による代補だからである。

「内ゲバの論理」とは、異質な存在を摘発し、監視／管理するという意図を持つが、それがもはや「学生自治」の名によってなされる必要がなくなる時、その「生政治」は完成するだろう。いや、今日の大学管理は、かつて猖獗をきわめたセクト・自治会の「内ゲバの論理」の徹底によって、監視／管理すべき異質な存在がいなくなったという地平でなされている。一般の学生が、内ゲバに嫌気がさして運動から撤退したといわれる事態も、実は、その「生政治」の勝利を意味している以外のことではない。今や、大学が摘発し、監視／管理すべき（あるいは、「回教徒」化すべき）対象は、かつて監視／管理を担った党派であり自治会でさえあるのだ。それは、「内ゲバの論理」が大学当局の手に移ったことを意味している。

学生自治会が、その名のとおり「自治」をおこなう互助的組織だとして、それは国家―

市民社会とのアナロジーで言えば、大学当局が国家に、自治会は市民社会レヴェルに位置づけられようが、大学当局がもはや自治会をも「回教徒」化の対象と見なしているとすれば、それは、市民社会を縮減しようとしていることを意味する。そして、そのような傾向が、市民社会におけるリベラリズム政策＝福祉主義を縮減しつつある、「帝国」＝グローバリズムと呼ばれる時代にそぐうものであることも、これまた言うまでもない。もとより、福祉主義自体が「生政治」の一つのありかたであり、それは「社民」とも呼ばれて、六八年において批判にさらされた当のものであることと同様、自治会についてもまた、その反動的なありようを六八年の全共闘は斥けた。しかし、その自治会が、全共闘ならぬ大学当局によって否定されるという事態は、六八年の課題の反革命的実現であると言わねばならないだろう。それは、全共闘の掲げた革命的かつ普遍的なスローガン「大学解体」が、現在、「大学改革」等によって反革命的に実質化されつつあることとも相即している。

内ゲバは六八年革命がそのなかで生み出した（というよりは、熟成させた）、最悪の反革命にほかならないが、その論理は現代にいたる六八年以降の時代を決定的に規定している。それは、現代におけるアウシュヴィッツ的支配のありようであると同時に、イスラエルによるパレスチナ支配とアナロジーしうるだろう。だとすれば、内ゲバ的「生政治」に対する闘いは、自らが「回教徒」であると肯定することであるほかあるまい。「回教徒」であることを否定するのではなく、「回教徒」となった、ユダヤ人の群れ＝戦争機械として、である（アラブに飛んだ重信房子らの日本赤軍には、確かに、日本の内ゲバ的世界への批判が感得されはした）。しかし、そのような戦争機械のイメージが今なお鮮明な像を結ばぬままであろうことに、われわれはしばらくは耐えねばならないだろう。

第一三章　一九七〇・七・七という「開戦」

1　ならずものこそ素晴らしい

第五章でも紹介しておいたが、荒岱介を委員長とする社学同全国委員会の理論機関誌「理論戦線」八号（一九六九年三月）の巻末に付されている「学習指定文献」——「批判的に摂取するべきもの」——には、廣松渉の二著『マルクス主義の成立過程』、『エンゲルス論』とともに、毛沢東主義に親和的なマルクス主義哲学者・藤本進治の二著『革命の哲学』、『革命の弁証法』が挙げられていた。学生アクティヴィストのための、ブント的バイアスがかかっているとはいえ相対的には公正な、カノン的必読文献というニュアンスを含むこのブックリストで、宇野弘蔵、梯明秀、黒田寛一らの著作が一冊ずつしか挙げられていないのに対して、(注1)藤本のものが二冊挙げられているのは、その理論が廣松とともにブントのバックボーンをなしていたことを意味している。事実、廣松が主に東京の独立社学同（後の情況派、中大・明大系）に影響力を行使したのに対して（しかし、それが「理論的」なものであったというよりは「人脈的」なものであった様子なのは、第五章でも暗示しておいたとおり）、藤本進治は赤軍派に流れる関西ブントに影響力を持つ、関西在住の在野の哲学者であった。廣松と藤本は、ブントがヘゲモニーを握っていた六八年七月の反帝全学連の大会（三派全学連からブントと解放派が分裂したものだが、この大会は再度分裂してブント系のみで開催）に招聘され、講演している。

後に戦旗派を名のる荒のグループは社学同早大支部を中心としていたが、塩見孝也（後に赤軍派議長）が上京してオルガナイズしたグループであり、第二次ブントの分裂過程で赤軍派を批判しながらも、基本的な理論の枠組みは関西ブントから発していた。藤本が学園長をしていた大阪労働者学園には、映画『パルチザン前史』に記録されているごとく、滝田修（竹本信弘）も講師として出講しており、京大パルチザンと関西ブントにまたがった、関西圏での藤本進治の隠然たる力量をうかがわせる。ローザ・ルクセンブルクの研究者でもあった滝田は、そのマッセンストライキ論を、毛沢東の人民戦争論と接合しようとしたわけである。もとより、ローザの『資本蓄積論』には、第三世界論に通底しうるモメントが存在している。「世界革命戦争」を怒号する赤軍派も、その「戦争」のリアリティーを、毛に発する「第三世界論」に傾斜することで獲得しようとした。その際に梃子となったのが、藤本理論であることは疑いない。

しかし、一九〇五年生まれの藤本は、廣松がそうであったようには、スターリン批判以降のニューレフトの成立に密接にかかわったわけでない。一九五五年に脱稿と記されて、藤本の最初期の論文と見られるのは、劉少奇、スターリンを援用した「毛沢東思想の一断面」（『マルクス主義と現代』所収）であるし、六〇年安保の直前に書かれた「マルクス主義とは何か」（一九五九年、同前書所収）においても、『経済学・哲学草稿』に代表される「主体的唯物論の立場は一つの手がかりをあたえるものではあったが、それだけではまだ抽象にすぎなかった」と記されているとおり、ニューレフト創生時のヘーゲル＝初期マルクス主義とは一線を画している。もちろん、この立場が、革共同両派や解放派との差異化をはかろうとする六〇年代の第二次ブントに藤本が迎えられた理由であるのはいうまでもないにしろ、である。

藤本進治は、廣松渉とはまた違ったかたちで（文献学的厳密さを欠きながら）、初期マルクスを相対化し、しかし、ソヴェト・マルクス主義から離反してニューレフト的なものに接近していくという方向をたどったといえる。そこにおいて、当初から維持されたのが毛沢東主義であった。その頃が、滝田修が言ったように、「毛沢東とその政治は既に日共に迎えられた第一期の流入期を終え、一〇・八（六七年の羽田闘争――引用者注）以後の第二期の流入過程を終えようとしている」時代だとすれば、毛沢東主義は「全く新しい形で批判的に摂取されなければならん局面に入った」（「地域パルチザン批判」、『ならずもの暴力宣言』所収）という認識が、一部のニューレフトの気分となっていたのである。

今日なお藤本進治の名前に容易に触れうる書物としては、今やファナティックな「保守反動」の論客として名高い近代日本文学研究者・谷沢永一が、にもかかわらず藤本を「生涯の師」と記す『回想開高健』（一九九二年）くらいであろう（いうまでもなく、これを書いた時点で谷沢はすでに自他ともに「保守反動」を認じていた）。同書によれば、藤本進治は学生時代の谷沢の家庭教師でもあった。そこから類推するに、藤本は谷沢・開高ら戦後関西におけるヤンガー・ジェネレーションの文学者グループとも接点を持った、特異なマルクス主義哲学者であった様子である。事実、藤本の諸著作には、「この書物は、関西大学助教授谷沢永一氏の熱心な勧誘と援助とによって出来たものである。氏の援助がなければ、無精な私は、おそらく、このような形でこの書物を世におくりだすことはできなかったであろう。深く感謝する次第である」という『革命の哲学』（一九六四年）「序文」での献辞をはじめ、何度も谷沢がその刊行にかかわったという記述が見られる。

一九五〇年代から六〇年代にかけての谷沢・開高らのグループが、プレ・ニューレフトたる「怒れる若者たち」の一分枝であったとすれば、後に赤軍派や京大パルチザンの理論的バックボーンともなる藤本進治の毛的マルクス主義は、先進国革命主義を護持するトロツキズムやローザ主義に導かれた日本のニューレフトの主流とは異なった、第三世界論的文脈を形成するものである。

日本の毛沢東主義者には日本共産党内のもの以外に、竹内好のように、スターリン批判以前においてすでに「民族問題」の観点から日本共産党批判を敢行していた者も存在したが、竹内が魯迅研究で出発したジャーナリスティックな文学者であったことからも知られるように、その思想は直接にはマルクス主義と接するものではなかった。もちろん、竹内好は六〇年代のニューレフト形成期においても有力な参照先でありつづけたが、それは、吉本隆明らによる「ナショナルなもの」の再評価の動向に即してのサブテクストのごときものとしてであり、吉本がとにもかくにもマルクス（主義）を標榜したことで、ニューレフト運動にコミットしえたのとは事情が異なっていた。竹内好を吉本的コンテクストから解放して捉えうるようになったのは、後述する津村喬の登場を待たねばならないが、そのことが可能となったのも、津村が藤本進治やアンリ・ルフェーブルらのマルクス主義の文脈で、竹内の民族問題を読んだからにほかならない。

六八年革命が毛沢東主義を導入するためには、それが何らかのかたちでマルクス主義を継承するものと見なされねばならなかったのである。これは、サルトルやアルチュセールに徴すまでもなく、世界的な傾向である。しかし、毛沢東主義者の主流が、日本共産党内にあって教条的なスターリン主義＝毛沢東主義を六〇年代半ばまで護持していたグループであることからも知られるように、それがニューレフトに導入される契機は、日本ではほとんど存在しなかった。スターリン批判をうけてトロツキーやローザの先進国革命主義に就くということは、戦後日本が先進資本主義国の一翼を担うまでに発展したという事態と相即しており、それゆえ、毛沢東主義はスターリン主義とともに「アジア的ディスポティズム」の一変種と見なされたのである。そのなかで藤本進治は、それがニューレフト的なものとして摂取される契機を持った、ほとんど唯一の毛沢東的マルクス主義者だったといえるだろう。

その意味で、トロツキー主義やローザ主義が基本的に「東京」という地方で醸成されたのに対して、毛沢東主義がおおむね「関西」という土壌から立ち上がったことは、留意するに足る事態である。確かに、素朴に考えてさえ、藤本＝谷沢を介して開高健と滝田修を対照させれば、両者は意外なほど相似的であるかに見えるのだ。日本刀を持ったヘルメット姿の学生アクティヴィストが、機動隊に守られた国会議事堂に、ヤクザ映画よろしく一人で立ち向かおうとしている、赤瀬川原平の絵で装丁された滝田の著書『ならずもの暴力宣言』（一九七一年）は、いうまでもなく、毛沢東の「ならずものこそ素晴らしい」というアナーキーな言葉からとられたタイトルにほかならない（この言葉は、藤本進治も時として援用するところのものである）。その「ならずもの」は、また、初期の開高が『日本三文オペラ』（一九五九年）などで描いた大阪生野区猪飼野の朝鮮人部落に跳梁する「アパッチ族」とも通底していると見なせるのである。（注2）

繰り返しておけば、藤本進治の毛沢東主義は、五六年のスターリン批判以降におけるニューレフト生成の文脈とは、ややはずれたところから登場した。『革命の哲学』の「序文」で藤本が言うのは、「この書物の全章節があきらかにしていることは、結局は、中ソ論争

における ソ連側の立場の俗流性である」ということだ。それは、フルシチョフによるスターリン批判の不十分さを指摘している以上に、スターリンを擁護した中国共産党の立場に立つものと見なさねばならない。少なくとも、ニューレフト生成のカノン的文脈からすれば、そう捉えざるをえないであろう。

毛的立場からするソ連共産党批判が、六〇年前後にグラムシ＝トリアッティを奉じてフルシチョフの「平和共存」路線を支持し、後に、一部ニューレフトに合流することになる「構造改革派」と対立することはいうまでもない。しかし、後に詳述するが、藤本進治の著作のいくつかが、「合同出版」や「せりか書房」といった、明らかに構造改革派の近傍にある出版社から出ていることにかんがみても、その毛沢東主義は、単に「機動戦／正面攻撃」を一義とする赤軍派のレーニン主義や滝田的ローザ主義に回収されるものではなく、グラムシ「陣地戦」理論と接合可能なものと潜在的には見なされていたのであり、そこに藤本理論の六八年的性格を見いだすべきなのである。

それこそが、今日フレドリック・ジェイムソンが批判するところの、「世界中の毛沢東主義と中国の文化大革命の経験――それは、いまや東洋の〈強制収容所〉として書き換えられているが――に対して疑義を呈し、これをスターリン主義化しようとする現行のプロパガンダ活動」（「六〇年代を時代分析する」、『のちに生まれる者へ』所収、鈴木聡、篠崎実、後藤和彦訳）へと回収されることを拒む文脈にほかならない。今日のカルチュラル・スタデイーズやポストコロニアリズムが標榜する「グラムシ・ルネッサンス」が政治性を欠いて弱々しいのは、六八年の毛沢東主義の「経験」を払拭してしまおうという、「現行のプロパガンダ活動」に陰に加担してしまっているからにほかなるまい。少なくとも、かなりのウエイトにおいて、そう言えるはずである。しかし、グラムシ的な革命概念の転換と重ねて毛沢東主義を導入しなければならなかった場面にこそ、六八年革命の世界的な「必然性」が存在している。もちろん、両者がその時代に適切な接合をとげなかったことが、歴史的な事実であるにしても、である。

管見の及ぶ範囲で、グラムシと毛沢東が幸福な遭遇をとげたという事実はない。たとえば、元来「ソ連派」であった共労党（いいだもも、戸田徹、笠井潔ら）が、六八年に接して毛沢東主義へと傾斜していった形跡はあるにしろ、それが、ほとんど熱病的かつカリカチュア的なものであったことは、これまで指摘してきたとおりである。

毛沢東主義導入の必然性は、中ソ論争につづいて毛沢東が発動したプロレタリア文化大革命が、実質的に、スターリンの一国社会主義路線を廃棄するものであったがゆえに、ニューレフトがそれに依拠するようになったということとも、やや異なっている。『中国女』のゴダールを含めた欧米ニューレフトが、毛沢東主義をエキゾティックな表象として摂取した「オリエンタリズム」の文脈にも、全的に還元されうるものではない。いや、今日ではオリエンタリズムの一語によって一蹴されてしまうかに見えるかつての西欧の毛沢東的マルクス主義――そして、「オクシデンタリズム」(あるいは「逆オリエンタリズム」)なる言葉によって一蹴される本家の毛沢東主義――とて、その登場の必然性は、今なお隠蔽されてはならないものを内包しているであろう。そのことを、われわれはドゥルーズ/ガタリの、おそらくは毛沢東=「人民戦争論」を参照してなった「戦争機械」の概念によって明示してきたはずである。

では、毛沢東主義はなぜ導入されなければならなかったのか。そのことを、藤本進治に即して、やや詳しく見ておこう。

2　スターリン批判以降の毛沢東

『革命の哲学』の「序文」の冒頭で、藤本進治は、「戦後久しく停滞と混乱をつづけている」ところの、日本のみならず世界的な「マルクス主義運動」の、その「混乱の原因」を、「闘争における主体的原理が見失われている」(傍点引用者)ことに求めている。なるほど、「主体的原理」という問題構成は、世界的にはルカーチの『歴史と階級意識』以来、あるいは、日本においても福本和夫から西田哲学左派をへて戦後主体性論にいたるまで繰り返し論じられてきたものであり、それがスターリン批判以後のニューレフトの党派性となったことも、歴史的な事実である。しかし、初期マルクスの意義は認めながらも、それを一つの「抽象」に過ぎぬとする藤本のまずもっての特異性は、「主体的原理の喪失」という事態を、そうしたカノン的文脈においてではなく、むしろ、中ソ論争という、ニューレフトならほとんど解決済みと見なすような契機をもって思考しようとしたところにある。

藤本の六〇年安保「総括」として書かれたと見なしうる論文が、「理論と実践との結合」を安易に主張してしまうプラグマティズムへの批判であったことからも知られるように、藤本の関心は、一貫して「理論」と「実践」とのあいだの差異にあった。その差異が、マルクス主義者・藤本にとって、最終的にアウフヘーベンされるべきものであろうとも、「マルクス主義は、いまだかつて理論はつねに実践と結合すべきであるなどと主張したことはない」（「日本のプラグマティズム」）ということが重要なのだ。いうまでもなく、毛沢東の『実践論』、『矛盾論』は、藤本の特権的な参照先の一つである。実践において、矛盾と呼ばれるところの差異とどうかかわるかが、藤本の主要な関心事であり、それこそが、毛沢東主義として捉えられたものの核心なのである。かかる差異に対する感性は、柄谷行人の登場以前には、廣松渉も含めた日本のマルクス主義者には存在しないものであり、思想内容は異なれ、同時代的には『マルクスのために』のアルチュセールを想起させさえするものである。

中ソ論争を、日本のニューレフトのカノン的文脈がいまだにそう認識しているように、スターリン主義同士の争いと捉えることは、結果として誤りである。アメリカをはじめとする先進資本主義国に対する、ソ連邦の生産力の優勢的発展を予料することで、「平和共存」をとおして社会主義国のヘゲモニーを拡大していこうとするソ連共産党の立場が、いまだ「史的唯物論」を護持するものであったことは間違いない。それは、トリアッティ＝グラムシに依拠する日本の構造改革派が希望的にそう考えていたのとは異なって、スターリン批判という事態を深刻に受け止めえていないのである。実際、それはスターリン的な生産力理論と一国社会主義論の変奏にすぎない。本書の最初において述べたように、スターリン批判のもたらした衝撃とは、歴史の鉄のごとき「必然」を象徴する「世界精神」の定在としてのスターリンが否定されたのだから、すなわち、史的唯物論はもはや機能しないということなのである。平和共存であろうが何であろうが、それを作動させることは、もはや不可能なのだ。

では、歴史を作動させているものは何か。この時、第七章で論じた奇妙なパラドックスが生じることになる。トロツキーが言うごとく、スターリンが歴史の鉄の必然を「裏切った」というのであれば、スターリンはその鉄をも打ち砕く、きわめて「主体的な」存在（鋼鉄の男！）と見なされなければならないからである。歴史を――たとえ、誤った方向へであるにしろ――動かしているのは、スターリンという「主体」なのだ。スターリン批判につづくソ連共産党の平和共存路線は、その事態の深刻さを全く理解していない。

毛沢東＝中国共産党の立場は、スターリン批判以後の状況にあってもスターリンを評価するのだから、その主体的フォルマリスムに就くということを意味している。毛沢東が

「偉大な」指導者であるのは、それがスターリンにつづく「世界精神」の定在だからではない。そのような存在は、所詮は歴史の傀儡であろう。毛の「偉大さ」は、それが「形式」によって「内容」を規定してきた、革命の「主体」だからなのである。

事実、中国革命の足跡を少しでもたどってみれば、それが史的唯物論に反したフォルマリスム的なものであり、あえて言えば「言語論的転回」の遂行であったことが知られよう。プロレタリア革命の基盤たる近代的産業資本主義構造を欠いた後進国中国において、コミンテルン＝ソ連共産党が期待をかけていたのは、毛沢東の中国共産党ではなく、ブルジョワ政党と見なされた蔣介石＝国民党の側であった。ブルジョワ革命なしに社会主義革命はありえないからであり、それこそが、正しい史的唯物論の立場である。毛沢東は、かかる鉄の必然をなすはずの「内容」を、コミンテルンを裏切りながら、長征をはじめとするさまざまな「形式」＝戦略・戦術を駆使することで覆したフォルマリスト的主体にほかならず、それゆえ「偉大な」と形容されるべき存在――「デミウルゴス的主体」(グロイス)?!――なのである。付言しておけば、ここでは「内容」＝下部構造、「形式」＝上部構造と把握されている(別のコンテクストであれば逆の把握も可能であろうが)。マルクス主義的革命の内実は、何よりも下部構造の変革であろうからである。

いうまでもなく、レーニンからスターリンへと継承される後進国ロシアの革命も、ローザやグラムシのごとく、「マルクスに反する革命」と見なす者はいた。しかし、ロシア革命の成功は、かかる疑義を隠蔽してしまうほどの強度をもって受け止められた。それは、資本主義から社会主義・共産主義への世界史的発展を印すものとして世界を震撼させ、ソヴェト共産党もまた、そのようにふるまったのである。しかし、あらかじめ「マルクスに反する革命」であった中国革命は、その当初からフォルマリスム的デフォルマシオンをこうむったものとして存在していた。毛沢東主義のさまざまに言われる特異性とは、そのようなものにほかならない。中ソ論争における中国の立場は、単に、「アジア的停滞」の表現というよりは、そのフォルマリスムを積極的に肯定しようとするものと見なすべきなのである。

藤本進治は毛沢東主義に就くことによって、フォルマリスムと「主体的原理」という一見すると相反する理論をともに思考する立場を獲得しえたといえる。そのフォルマリスム的側面を、まず、一瞥してみよう。

「弁証法は存在の内的矛盾を着実に追求していく発展の論理である。そこでは、一つの形態から他の形態への移行の論理的過程を追求することが問題である」(『革命の哲学』傍点引用者)と、藤本はいう。いうまでもなく、ここでは『資本論』冒頭の価値形態論(商品論)が参照されているわけだが、藤本にとって、マルクス経由のかかるフォルマリスムが必須であるのは、「これまでプロレタリアートの闘争を指導した人々の誤りに共通にみられることは、プロレタリアートの闘争のすべてにながれこんでいるこの論理的過程をみようともしなかったことである」からなのだ。

したがって、「私的商品所有者という存在形態を外からあたえられ」（傍点引用者）たプロレタリアートは、「資本との外的対立」をとおして、その「内的矛盾を外化し展開していく」が、それは資本によって規定された闘争であるがゆえに、なかば、自然成長的なものにすぎない。その自然成長性を脱するには、プロレタリアート以外の他者との統一戦線が必要となる。この統一戦線のモデルが、藤本にあっては、中国共産党の労農同盟であることはいうまでもないが、「統一戦線のなかで、この存在形態そのものが分裂し解体することによって、プロレタリアートは、はじめて自分の存在形態にしたがうことなしに、これと対決することができるようになった」（傍点原文）というのである。ここにおいても、藤本進治の形式と差異に対する感性が見いだされよう。統一戦線とは、差異を含んだ他者との遭遇の問題であって、他者を自已に同一化することではないというのだ。

いうまでもなく、労働者は、それが即自的な感性的存在であろうが対自的な自覚的存在であろうが、労働者であることで革命的であるわけではない。これは、初期マルクスに依拠した革共同や解放派ら日本のニューレフトが誤認したところであった（その誤認の最たるものが、黒田寛一の「プロレタリア的人間」である）。藤本進治がいうように、問題は労働者たることの「自己否定」なのである。(注4) 実際、今日にいたる六八年革命の継続は、アウトノミア運動や反グローバリズム運動にいたるまで、基本的には労働者の「自己否定」――

それは、労働者の自己同一性を「分裂し解体する」ものとしてあらわれる——をめぐっての試行錯誤だといえる。

マルクス主義者を自認する藤本進治の前提には、もちろん「プロレタリア本隊論」があるにしても、労働者の「自己否定」を他者性の発見に求めたその統一戦線論は、日本の六八年革命が随伴した三里塚闘争を位置づける上で、もっとも有力な思想的参照先たりえた。三里塚から撤退した革マル派に典型的なように、従来のマルクス主義理論からは小ブルジョワ＝農民のエゴイズムに根ざす闘いにすぎないと見なされがちな三里塚闘争が、そこではマルクス主義に準拠して、統一戦線論のなかに収まるからである。

だが、三里塚を「労農同盟」とするその統一戦線論は、日本の現状を安易に中国革命のイメージに重ね合わせることにもなり、短絡的に武装ゲリラ戦を希求するパルチザン主義をも生んだことは否定できない。藤本の直接の影響下にあった赤軍派や滝田修がその傾向をまぬがれなかったことはいうまでもないが、他のニューレフト諸党派にしても、その文脈から離れることは困難であった。しかしそもそも、三里塚農民との統一戦線は、実態として「農学」同盟であり、六八年の革命性が学生革命においてあったことは、本書でも主要に主張してきたことにほかならない。それは、それ自体として労働（者）を「否定」したのである。

それはともかく、プロレタリアートという存在形態の「一つの形態から他の形態への移行の論理的過程」を、資本制における「シニフィアンの論理」(ラカン)と再定義し、藤本進治がそうしたごとく、『資本論』の価値形態論と対照してみよう。藤本にとっての問題は、資本というシニフィアンに絶対的に規定された労働者というシニフィアンの物語《ナラティヴ》を、外との遭遇によってその規定から解放してやることだった。その物語を解読し異化するものが、統一戦線と呼ばれている他者との差異を肯定する装置にほかならない。この意味で藤本理論は、日本の六八年革命の高揚が沈静した後、一時、七〇年代の知的ヘゲモニーを掌握したかに見えた、山口昌男の「トリックスター」論を先取りしている。いわゆる山口理論は、この意味でも、ソフィスティケートされた六八年革命の総括として、ジャーナリズムに迎えられたものだったといえる。(注5)

藤本の統一戦線論で注目されたのが、レーニンの提起した全国政治新聞であり、毛沢東の赤軍という「メディア」であったことは、これまた当然であった。藤本の解釈の独自性は、それが単なる「外部注入」(レーニン)のためのものではないことである。毛の軍隊は、「第一に、宣伝者、教育者、組織者としての赤軍の建設によって、惨酷性という形態をもっていた軍事中心主義を止揚し、プロレタリアートの内的矛盾の展開のための条件を提供することができる」(『革命の哲学』)という意味で、資本制の物語《ナラティヴ》を読み替え、非日常化《オストラネーニエ》する「トリックスター」=フォルマリストの集団なのである。かかる赤軍兵士たちが、レーニン主義の聖職者的知識人であるというよりも、グラムシのいう「有機的知識人」に近いことも、指摘するまでもあるまい。

こう見てくれば、藤本の理論が、日本のニューレフト諸党派をも規定している前衛党信仰（＝聖職者的知識人信仰）からもっとも遠いことは明らかであろう。そのことを、藤本は毛沢東の読解をとおしてなしとげた。それゆえにこそ、藤本進治は日本の六八年革命が持ちえたほとんど唯一のノンセクトの理論である津村喬に受け継がれたのである。にもかかわらず、藤本理論は、レーニン主義を標榜する赤軍派や、やはり聖職者的知識人の党を展望したローザ主義に淵源する滝田修にも摂取された。それらが陰惨な末路をたどったことは誰もが知っており、それは、文化大革命にいたる毛沢東主義の、今なお暴露されつつある「実態」の陰惨さと相即的である。そのことを不問に付すわけにはゆくまい。

ここで、さしあたりその問いに応接しておけば、それは、ニューレフトという、あるいはニューレフトにおけるフォルマリスムの導入が、毛沢東を（ひいては、スターリンを）フォルマリストとして認知することなくしては果たされなかったということにかかわるだろう。

すでに明らかなように、毛沢東によって切り開かれた「第三世界論」は、旧来のマルクス主義からすれば「小さな物語」（リオタール）の一つに過ぎず、一義的な「大きな物語」（同）たる先進国革命が成就すれば第三世界問題もおのずと解決されるものとされていた。いうまでもなく、それは聖職者的知識人の党によって領導される革命にふさわしく、黙示録的イメージでとらえられていたのである。

ところが、第三世界論は先進国革命主義には還元されえない、さまざまな「矛盾」が存在することをつきつける端緒となった。そのことは、黙示録的革命主義の異化をも意味していただろう。フェミニズム、ゲイ、エコロジー、保安処分、障害者、学校、病院、部落、アイヌ、「在日」、人種、サブカルチャー等々のさまざまな「存在形態」＝「小さな物語」が「大きな物語」を圧したのは、基本的には、第三世界論の登場に依拠しているといってよい。その意味で、第三世界論は後進国革命の問題から先進国革命の文脈へと接合され、内在化されたのである。六八年とは、これら相互に差異をもったさまざまな形式が立ち騒ぎはじめた場でもあった。「大きな物語」が支配する時代にあっては、もろもろの存在形態の間の差異は、そのなかで隠蔽されていたのである。藤本進治の統一戦線論は、かかるパラダイム・シフトに即した、きわめてアクチュアルな提言であったといえるだろう。すなわち、それは三里塚闘争を単なる農民運動ではなく、都市論的コンテクストへと置きかえる視点を有していた。

ここにおいては、もはや下部構造という「内容」に対する革命ではなく、フォルマリズム的革命がヘゲモニーを持つほかないことは自明である。にもかかわらず、このフォルマリズムへのヘゲモニー転換は、スターリン批判においてなされた、スターリンのフォルマリストとしての――ひそかな、そして事後的な――再定義なくしては果たされなかったのである。スターリンが（そして、毛沢東が）「世界精神」の傀儡ではなく、世界を詩的に創造する「主体」であると見なす地平において、はじめてフォルマリスムは作動する。それが、六〇年安保を闘った第一次ブントの綱領的宣言の、「全世界を獲得するために！」という謳い文句に継承されていることは、繰り返すまでもない。その意味で、ニューレフトはスターリン批判以降のスターリン主義者であったのだ。

藤本進治が、徹底したスターリン批判を敢行しえず、あいまいにやりすごしたかに見えるのも、おそらくはそのためである。それは、凡百のニューレフトのスターリン批判より、はるかに正鵠を射た応接ではあった。フォルマリストとして再定義されたスターリンは、毛沢東において完成され、巨大な「デミウルゴス的主体」となる（この意味で、フォルマリスト＝毛沢東というイメージも事後的に発見されたものである）。その「デミウルゴス的主体」こそが、第三世界論というフォルマリスム的磁場をきりひらいてくれたのだ。この意味で、さまざまな「小さな物語」は最終審級としての「大きな物語」を破棄できず、黙示録的革命主義は温存される。赤軍派や滝田修は、この最終審級に――それが、果たして直に毛沢東にであったか否かは問わず――不断にひきつけられていたといえよう。すなわち、みずからが「デミウルゴス的主体」となって、黙示録的かつフォルマリスム的な革命を遂行するという不可避的な夢想に、である。その黙示録がいかなるものであったかは、毛沢東についても、滝田修についても、はたまた赤軍派についても、今や触れるまでもあるまい。

かかるディレンマを、藤本進治の毛沢東主義は解決することができないのである。そして、このディレンマをさらに実践的に――戦争機械の作動において――脱構築しようとしたのが、同時代の日本のマルクス主義者として藤本進治を高く評価していた、津村喬にほかならない。

3 六八年の毛沢東主義

「日本文化大革命の戦略問題」という、誇大といえば誇大な、しかしそこで提起されているのが黙示録的革命主義への批判であるという意味でならばパロディー的な表現と見なすべき副題を持つ、津村喬のジャーナリズム上での最初の著作『われらの内なる差別』(一九七〇年二月)は、その「序」と「後記」が強調しているところに従えば、六九年四・二八から同年「一一月決戦」のあいだ、それに対抗して書かれた、おそらくはパンフ、アジビラの類を編集・改稿したものである。

六九年一月の東大安田講堂の火炎瓶と投石での闘争を、国家権力への「敗北」と総括した日本のニューレフト諸党派は、この間、赤軍派をはじめとして「武器」のエスカレートと「軍隊」の建設を怒号し、「機動戦/正面攻撃」への傾斜を鮮明にしていった。この頃、津村は早稲田大学の学生であり、六九年はじめまでは「日中友好協会(正統)早大支部」で活動、同支部の「自覚的解体」の後、六九年四月に東大・日大に遅れて勃発した「第二次早大闘争」にかかわることで、「反戦連合」、「反大学運動早人事務局」などを名のったビラやパンフ類を書いていたという（『魂にふれる革命』「あとがき」参照）。最初期の津村の活動を記録する『われらの内なる差別』と『魂にふれる革命』の二冊は、津村の思想が六八年革命をめぐる論争のなかから生まれてきたことをあかしている。

主に『われらの内なる差別』以前の文章を収めた『魂にふれる革命』に徴すかぎり、津村のもっとも初期のエッセイは、六七年四月に発表された「中国文化大革命への基礎視座」のようである。この時の津村は一八歳（一九四八年生まれ）、このエッセイが、六八年全共闘運動の前哨であった六七年一〇・八羽田闘争以前のものであることにも注意しなければならない。六八年を六〇年安保に比しても決定的な事件と見なすことになる津村は、すでにその前年において、文革を六八年的なものとして受け止めようとしていたといえる。「中国文化大革命への基本的視座」が『魂にふれる革命』に収録されるに際して付された著者自註によれば、この文章発表直後、文革発動中の中国・上海を訪れた津村は、「造反派労働者代表数百人をまえにした『報告』」で、父・高野実がロシア(注6)「十月革命の息子」だと発言しているが、そうであるなら自分は「プロレタリア文化大革命の息子」にほかならないと挨拶したという。

以上の略述からも知られるように、津村喬もまた――ある意味では藤本進治と相即して――日本のニューレフト生成の文脈とは、ややずれたところから登場してきたニューレフトといってよい。それは、スターリン批判を踏まえて黙示録的革命主義＝先進国革命主義に回帰するのではなく、中ソ論争から文化大革命のなかで浮上した「第三世界革命論」のフォルマリスム的性格を背景としたものであった。(注7)津村がしばしば、ほとんどクリシェのごとく援用する中国文化大革命のスローガン「プロレタリアートの上部構造への進駐」は、そのことを端的にあらわすものである。それは「形式」＝上部構造によって「内容」＝下部構造を規定しようとすることを意味している。

事実、津村の参照先の主要な一傾向は、ソシュール『一般言語学講義』（当時の邦題は『言語学原論』）のみならず、ロラン・バルト『神話作用』（後年皇室神話に浸る篠沢秀夫訳！）、『零度のエクリチュール』（当時の邦題は森本和夫訳で『零度の文学』！）、レヴィ＝ストロース「人類学の創始者ルソー」、フーコー『精神疾患と心理学』、フィリップ・ソレルス（当時は毛沢東主義者だった）のいくつかのエッセイ、アンドレ・グリュックスマン（同じく、当時は毛派）の『革命の戦略』、『戦争論』、エンツェンスベルガー『意識産業』、ホルクハイマー『理性の腐蝕』等々、当時ようやく翻訳・紹介されはじめた、フォルマリスムの再評価を中心とする「六八年の思想」（と、その周辺）であり、津村自身が同時代的な一九六八年の思想だったのである。

フランス語の読解力が不十分であるにもかかわらず、津村はすでに一九七〇年には、いまだ邦訳のなかったデリダさえ、宮川淳のデリダ論(注8)を介し、自身の文脈のなかで『グラマトロジーについて』を批判的に論じている（「芸術解体論ノート」、後に『革命への権利』に所収）。デリダの単著が翻訳されたのは、津村がこのエッセイを発表した半年ほど後の同年末の『声と現象』が最初であり、『グラマトロジーについて』が──ある意味では早くも、であろう──『根源の彼方に』の邦題で訳されたのは七二年になってからである。津村が山口昌男に導かれて、その他者性の論理に震撼したというのがレヴィ＝ストロース「人類学の創始者ルソー」であったが（同論文は六八年に刊行された、山口編・平凡社版現代人の思想シリーズ15『未開と文明』に収録された）、「芸術解体論ノート」は、『グラマトロジーについて』におけるデリダのルソー批判・レヴィ＝ストロース批判については、当然のことにしても残念ながら、十分に咀嚼して書かれているとは言いがたい。そのことが、津村をして、レヴィ＝ストロース以上に他者性を同一性に回収する傾きのある山口昌男の「中心と周縁」理論へのシンパシーを生んでいる。しかし、まずもって津村が賞賛されるべきは、そのジャーナリスティックな（というよりは、アクティヴィストとしての）アンテナの高さとフットワークである。

津村がもっとも盛んに援用したアンリ・ルフェーブルにしても、それは、その人間主義的「疎外論」＝初期マルクス主義に寄り添うというよりも（津村がルフェーブルの論敵アルチュセールや廣松渉に対して、誤解も交えて批判的であったのは事実だが）、構造主義言語学を批判的に摂取しようとしたルフェーブルの言う、都市における「日常生活批判」、すなわちフォルマリスム的非日常化《オストラネーニエ》の実践に即してのことであった。もちろん、津村はルフェーブルとともに疎外論を維持している。そのことが、エクリチュールに対するパロールの、「形式」に対する「意味」の優位という姿勢をも護持させることになり、ひいてはそのフォルマリスムを不徹底なものにしているにしても、である。

藤本進治が毛沢東主義のフォルマリスム的性格を触知しながらも、そのことに無自覚であり、基本的には消費社会化した「都市」という場に定位せず、海外の「六八年の思想」にもまったく触手を動かさなかったのに反して、津村がその新しい事態にきわめて自覚的であったことがうかがえる。藤本がレーニン的全国政治新聞や毛沢東の「赤軍」に見いだしたメディア論は、津村にあっては、バルトやマクルーハン、エンツェンスベルガー等を介して、当時創刊され、後に日本の消費文化のモデルとなるファッション情報誌「*an・an*」批判などへと拡大されるのである。ニューレフト内の文化へゲモニーの転換を刻するものとしては、おそらく五〇年代の「花田—吉本論争」以上に(少なく見積もっても同等の)重要な意味を持ちながら、今日ではまったくかえりみられることのない、七〇年代初頭における津村喬と吉本隆明のあいだの論争については後に随時触れるが、その吉本がボードリヤールなどに触れて『マス・イメージ論』等の一種奇怪・独特のメディア論へと屈曲していくのは、それから一〇年以上もたった後のことである。

もちろん、当時の「六八年の思想」とその周辺をめぐる翻訳(そして紹介)状況は概して劣悪であったし、数もきわめて限られていたから、今日の目から見て津村の誤解・誤読と見えるものが散見されるのは、やむをえない。しかしそれは、周囲にある手持ちの貧弱な道具を手当たり次第に活用する、実践的な「ブリコラージュ」（いうまでもなく、『野生の思考』でレヴィ＝ストロースが取り上げ、宮川淳がそれを受けて「引用」としてソフィスティケートした概念）の、六八年的実践であったといえる。（注9）

六九年から七〇年において猖獗をきわめていた「党」と「軍隊」のフェティシズムを、津村は毛沢東を援用することで脱構築し、「戦争」概念を変えようとした。これは、藤本進治にあってはいまだに維持されており、それゆえ赤軍派や滝田修に迎えられた古典的なそれからの、決定的な離陸にほかならない。「差違とはすでに矛盾である」という毛沢東の『矛盾論』を、ソシュールやヤーコブソンとともに援用して、津村は、「戦争は言説《ディスクール》であり、しかも余白の遊戯であるがゆえにかたちの饗宴であるような言説である」（『戦略とスタイル』傍点原文）と言う。ここには、差異を矛盾としてアウフヘーベンすることを決定的に遅らせようとするための、毛沢東のフォルマリスム的読みかえがある。差異（違）とはすでに矛盾としてあらわれる場合が多々あるが、それを差異として生きることの方が重要なのだと、津村は言っているようだ。

それは、津村に倣って再び毛沢東を援用するならば「泳ぎのなかで泳ぎをおぼえること」である。「一九三〇年代のはじめに、彼（毛沢東――引用者注）は〈戦争の遊泳術〉を提唱した。戦争を一冊の書物として読まねばならない、と彼は言い、軍人(書き手)と「一般人」(読み手)の分離をなくさねばならないと要求し、そのためには戦争のなかで戦争を読まねばならないと主張したのである」(『革命への権利』)と津村が言う時、その「戦争」とは、後にドゥルーズ／ガタリが提示した「囲碁」的な戦争機械そのものなのである。囲碁とは「余白の遊戯」にほかならず、「戦争のなかで戦争を読」むことだからである。

このように戦争概念を転換することで津村は、当時のニューレフトがそこに固着していた、党と軍隊に系列化されるところの「将棋」的戦争概念を斥けようとしたのである。

津村の「戦争」は、部落解放同盟が先導していた種々の「差別糾弾闘争」とも、深くかかわるものとなった。それは同時に、「国家による戦争」のヴァリエーションにほかならぬ、「党(ニューレフト諸党派)による戦争」を解体するものとして、「党派に対抗する」戦争の様相を示しもした。当時の毛沢東派をもとらえていた、諸党派の「機動戦／正面攻撃」路線から「陣地戦」への転換を、あるいは、「機動戦／正面攻撃」への「陣地戦」＝「都市ゲリラ」を、津村は毛沢東主義を介してなしとげようとした。それは、グラムシと毛沢東を同時代人として読むことでもあるだろう。このような「戦争」として勃発したのが、七〇年の七・七だといえよう。

もちろん、毛沢東主義を介した第三世界論の導入は、日本においても決定的なアポリアを懐胎してはいた。それは、後述する七〇年前後の入管闘争において在日「台湾独立派」

が視角から排除されてしまったこととして表現されるものである。当時、「労働者国家無条件擁護」的理念の拘束下にあったニューレフトにとって、台湾独立という問題は思考しがたいものであった。日本の左派が台湾独立運動に対して冷淡であった（でしかありえなかった）という歴史性は、今日、小林よしのりの『台湾論』を独立派の金美齢がプロデュースして、一種のスキャンダル化するといった事態を生み出している。台湾独立派は、今や左派に見切りをつけ、保守派を利用するという挙に出ているかのようである。しかし、そのなかでも津村の毛沢東主義は決して台湾人を排除することはなかった（森宣雄著『台湾／日本――連鎖するコロニアリズム』参照）。

津村が登場した文脈を、労農派系あるいは左翼エリーティズムそのものと見なすことも可能である（確かに、一八歳で文革下の、しかも当時は国交のない中国を訪問できるのは、この文脈であろう）。六八年革命の末期にジャーナリズムに登場した津村に対する、既存のアクティヴィストや吉本隆明をはじめとするインテリゲンツィアたちの心理的反発の一端もここに淵源するが、にもかかわらず、藤本進治の毛沢東主義がそうであった以上に津村のそれは六八年革命において決定的であったのである。その実践場面におけるもっとも衝撃的な提起が、最初の著作のタイトルに示されているごとく、「差別論」＝他者論であったことはいうまでもない（注10）。それは、単行本化されて一般の目に触れる以前から、ビラやパンフとしてノンセクトの学生アクティヴィストのあいだに浸透しており、日本の思想史上においても決定的なターニングポイントとなった七・七を、日本人の側から準備したのである。

4 決定的な切断、七・七

『われらの内なる差別』の冒頭「《異邦人》――沈黙と言葉」と題された第一章の第一節は、「《錯乱のバリケード》の向こうで」という小見出しに続いて、六九年四月に、当時の出入国管理法案（入管法）と外国人学校法案に反対して抗議の服毒自殺をとげた在日中国人（台湾人）学生アクティヴィストの記述からはじまっている。ここに、日本の六八年をめぐる決定的なプロブレマティックが集約されているといって過言ではない。

「錯乱のバリケード」とは、津村の記述に準拠して記せば、日大闘争のドキュメントとして名高かった『叛逆のバリケード』（日大文理学部闘争委員会書記局編）のむこうを張って出された、第二次早大闘争のノンセクト系のビラ集である。いうまでもなく、その「錯乱」は「詩人は長期間の、破壊的で計算された錯乱によって見者《ヴォワイヤン》になる」というアルチュール・ランボーの詩句から採られている。本書第一〇章でも紹介した「無秩序、無思想、無セッソウの三ム主義」を標榜した「ナンセンス・ドジカル」（隈本徹）は、その「錯乱」の様相を射たものの一つだった。「反戦連合」を名のったこのグループ（第三章の〔注4〕で記した「反戦連合」と同一の組織だが、そのなかの純粋なノンセクト・グループ）は、津村の評を引けば「超知性主義を伴う、いくぶんともぜいたくなルサンチマン」をともないつつ、

「政治主義者が常に無視してきた自発性や、それに伴う情感や遊びを復権した」ということになる。

同じく「反戦連合」を名のったビラも書いていた津村が、この「反戦連合」内一グループに、ある種のシンパシーを持っていたことは疑いをいれない。「それは児戯に類するものだった。それは悪いことではない」と、津村は言う。すべてのニューレフト諸党派が聖職者的リゴリズムを亢進させ、多くの党派が党権力に収斂する軍事路線を選択しようとしていたこの時期に——「長期間の、破壊的で計算された錯乱」というよりは——あえて瞬時的かつ情動的な小ブル急進主義的「享楽」を掲げたこのグループが、日本における六八年革命の核心を穿とうとするものであったことは間違いない。しかしそれは、「六八年学園闘争のこの面を純粋抽象した」と指摘する津村がおそらく正確に見抜いていたごとく、「この面」、つまり、あえて単純化して言えば、天沢退二郎に代表される「凶区」的な「詩的」ラディカリズムであった。

津村がその詩的ナルシシズム（鏡像的な「児戯」?!）に亀裂を入れるべく、フロイト的に言えば「Fort-Da（いないいない－ばあ）」的なものとして導入したのが、在日外国人という「他者」であった。もちろん、それは六八年早稲田の詩的ラディカリズムがランボーを引用した時においてすでに漠然と念頭にあり、津村も別箇所で援用するところの、「私は他者である」ことを「長期間の」、「計算された」ものとして、具体的・散文的に実践することであった。日本のニューレフトは、ここにおいて「去勢」を遂行されねばならない段階に逢着したと言ってもいい（想像界から象徴界へ!）。しかし、「Fort-Da」も散文的ではあれ「児戯」には違いない。そして、詩的享楽もまた、別種の児戯体験＝「私は他者である」として不可避的に回帰してくるのであってみれば、この両者は不断にからみあい、ダブルバインディングに互いを否定しあうことになろう。後論を先取りして言えば、ここに、六八年革命における津村の画期的な提起の解決不能性＝のりこえ不可能性が刻印されているといえよう。

それはともかく、聖職者集団に純化をはかるニューレフト諸党派が他者性を欠いているのは明らかだとしても、小ブル急進主義的＝詩的ラディカリズムもまた、それが「児戯」を「児戯」としてアイロニカルに肯定しているばかりであるなら、他者性への契機を欠くものでしかありえない。それゆえ、諸党派のごとく、入管法に抗議した在日中国人学生の自殺に「「英雄的同志」などと言葉を投げて、「プロレタリア国際主義」をまるですんだことのように自明に叫ぶ」のは何の応援にもなっていないだろうし、詩的ラディカリズムの方は言葉を持ちえまい。「英雄的同志」とか「プロレタリア国際主義」という言葉が可能なのは、それがアイロニーを欠いたナイーヴな詩的ラディカリズムであるに過ぎないからだ。

自国帝国主義打倒のみが国際主義であるという日本のニューレフトのナルシシズムは、

ここで決定的に批判されている。岩田弘の世界資本主義論は、世界資本主義の「もっとも弱い環」として日本資本主義を位置づけ、その打倒を叫んでいた。これが、科学主義を装ったナルシシズム＝ナショナリズムの物語《ナラテイヴ》に規定されたものであるのは明らかである。また、吉本隆明は『自立の思想的拠点』に収められたエッセイの高名な一節で、「井の中の蛙は、井の外に虚像をもつかぎりは、井の中にあるが、井の外に虚像をもたなければ、井の中にあること自体が、井の外とつながっている」と言って、ナショナリズム＝ナルシシズムを合理化しようとした（しかし、どのようにして「虚像」を持たないことが可能なのか。吉本の思想に即しても、観念は全て「幻想」なのではないか）。その意味では、ニューレフト諸党派も詩的小ブル急進主義も同じ地平にあり、実は、ナルシシズム＝ナショナリズムの一変種なのである。それゆえ、六八年革命は、いまだに、ナショナリズムと他者性という「この問題に答を出しているとは全く思えない」というのが、津村の立場にほかならない。他者は不断にそこにいるではないか、ということである。それは、他者に対する「民族責任論」（今日風に言えば応答責任《リスポンシビリティ》にほかならない）として提起された。

この津村の提起は意外に早く実際の運動場面で検証されることになった。これまで繰り返し触れてきた七〇年七月七日の「盧溝橋事件三十三周年、日帝のアジア再侵略阻止人民集会」において、である。六九年秋、革マル派を除くニューレフト八派は、実質的な党派共闘である「全国全共闘連合」を結成した。これは、山本義隆（東大全共闘）と秋田明大《あけひろ》

(日大全共闘)を議長・副議長に担いだ諸党派が、六九年四・二八以来の「武装」闘争路線延長のために画策したカンパニア組織であり、津村喬がこれに対して批判的だったことはいうまでもない。しかし他方、全国全共闘が各大学のノンセクト・アクティヴィストたちにとっても、辛うじて相互に交通するための場となったことは、否定しがたいメリットでもあった。

その全国全共闘連合が華僑青年闘争委員会との共催で七・七集会を日比谷野外音楽堂でひらくことになったのである。華青闘は、毛沢東主義を掲げた在日中国人学生を中心に、六九年三月に入管法国会上程を契機に結成された組織だが、六八年の前哨の一つとして知られる善隣学生会館闘争(注11)を担ったグループが多く合流していた。ところが、七・七集会前の準備会段階で、華青闘が日本のニューレフトの入管法＝民族問題への取り組みの不十分さと認識の甘さを指摘して退席したのに対して、中核派の代表が「主体的に出ていったんだから、いいじゃないか」と放言した。これに対して、ノンセクト系の実行委員から「差別発言だ!」との糾弾が起こり会議は紛糾、中核派以外の党派代表からも類似の「差別発言」が出るなどして、準備会は一転、ニューレフト諸党派の民族問題＝差別意識への批判が集中した。この糾弾の声をあげたのが、津村の影響下にあった、「東京入管ストライキ実行委員会」のメンバーである。

華青闘は日本のニューレフトを告発して(いわゆる「華青闘告発」)七・七集会の共催か

ら降り、七月七日の日比谷野音は、朝から、津村系ノンセクト、在日中国人・朝鮮人アクティヴィストによる既成ニューレフト糾弾の場と化した。糾弾の声は夜になっても収まらず、四〇〇〇人を集めて予定されていたデモンストレーションは中止された。各党派の幹部が呼び出されて壇上にのぼり、華青闘の告発をうけた──当時、「坊主懺悔的」と揶揄されたところの──自己批判を、会場からの罵声を浴びながら繰り返した。これ以後、ニューレフト諸党派は民族問題＝差別問題への積極的な取り組みを、いやがおうにも開始せざるをえなくなる。

七・七集会は、日本のニューレフトのなかにマイノリティー運動の視点が公然と導入された濫觴であり、運動の決定的なパラダイム転換を印すものとなった。もちろん、各党派はその後も、軍事路線のなかに民族問題や差別問題をご都合主義的に流し込むという以上のことはできなかったが、にもかかわらず、これ以後、ニューレフトの課題は差別問題、民族問題、エコロジー問題、フェミニズム等々の多様な「陣地戦」に、決定的にシフトしたのである。また、それによって諸党派の「機動戦／正面攻撃」路線がリアリティーを持ちえないことも明らかになった。ここにおいて、ニューレフトの党派としての存在理由は、実質的に喪失したのである。また、一九七一年三月には関西部落研（後述）がべ平連の指導的人格であった小田実の長編小説『冷え物』の差別表現を糾弾したことを契機に、べ平連内でも若年層からの年長インテリゲンツィアたちへの批判が激しくなっていく。学生べ平連は七・七以前から入管闘争＝反差別闘争を担った有力部分であったが、ヴェトナム戦争の終結を控えて、彼らの運動もそちらの方にシフトしていくことになる。これらは、六八年革命の世界的傾向に連なる必然的な転換であると同時に、日本のニューレフトが敢行しなければならなかった「去勢」にほかならない。あるいは逆に、六八年革命のアクティヴィストたちが「他者」を見いだし、また自らも「他者」となること、すなわち、社会に刻み込まれた多数多様《マルチチュード》な「襞」として自らが生成変化する「偉大な時」が七・七であったと言えよう。しかしそこには、今なお宙吊りのままに残されているところの、さまざまに問われるべき問題も存在している。

5　マイノリティーへの「報酬配分」

ウォーラーステインは、その最初期の著作『大学闘争の戦略と戦術』において、アメリカ六八年革命のモチベーションを六〇年代公民権運動の文脈のなかに見いだし、それを基本的にマイノリティー各層の「報酬配分」の要求に求めている。「ベトナム戦争は、報酬の世界的配分をめぐる闘争の現実と、工業諸国の同盟の指導者たる合衆国が現世界体制の基本的な枠組みを維持する上で果している役割とを、アメリカ国民のかなりの部分に意識させた」（公文俊平訳）と言うウォーラーステインは、アメリカの六八年が第三世界革命論的なものに導かれていることを、すでに十分に理解している。黒人や女性といった、それまでアメリカのリベラリズム的福祉政策からまともな「報酬配分」にあずかっていなかったマイノリティーたちとその同伴者がヘゲモニーを握り、矛盾がもっとも見やすいかたちであらわれ、なおかつ相対的に解決可能であるかに見える大学という場で、問題を提起したのが六八年だというのだ。

この分析は、その後のウォーラーステインも注目することになる七一年のニクソン・ショックとブレトン・ウッズ体制の崩壊を境にした世界的「不況」局面という状況を勘案すれば異なった側面も見えてくるわけだが、それなりに正鵠を射た見解だと言えよう。すなわち、マイノリティー差別の問題は「報酬配分」というザハリッヒな下部構造的問題に規定されているということである。これは、「華青闘告発」ではもちろんのこと、津村喬の差別論においても、あまり重視されていない視点であった。

津村の著書『われらの内なる差別』というタイトルは、もともとは「差別の構造」とされるはずのもので、著者もそれに同意していたという。「差別の構造」というタイトルは、フォルマリストにふさわしいといえよう。「差別の構造（上部構造にたいする）化」が、現代の問題だと津村は考えていたというからだ。だが、それでは「売れない」という版元営業の判断で「われらの……」になったのだという（『魂にふれる革命』）。このタイトルが津村に対する「「人道主義」という（中略）卑俗なレッテルを準備した」（同）元凶の一つだったといえる。同様に、毛沢東から採られた「魂にふれる革命」というタイトルも、津村の道徳主義というイメージを流布するに寄与した。

吉本隆明の津村に対する批判は主にここに向けられた。あるいは、吉本と心性を共有するニューレフトのセクト、ノンセクトを問わぬかなりの部分も、同様の視点から津村に反発した。もちろん、それは単にフォルマリスムに対する無知である。しかし、フォルマリスムが報酬配分といった下部構造的問題を括弧に入れる傾向にある時、容易に悪しき「人道主義」とリンクしてしまうことがある。それは同時に、表向きは括弧に入れられた報酬配分の要求を、その正当性をこえて（もちろん、マイノリティーの「報酬配分」の要求は基本的に正当なものなのだ）、累進させるのに貢献してしまうことさえあるだろう。部落問題を中心におこなわれた「差別糾弾闘争」は、とりわけそのような危うさを抱えているといえるが、これについては、七・七告発以降の状況を具体的に検証するなかで、後述する。

日本のフェミニズム運動にしても、初期リブ運動が生み出した名著といってよい田中美津『いのちの女たちへ』や、その前哨をなす森崎和江の諸著作に徴しても、経済的視点は希薄だった。それは、女性性《フェミニニティー》を生命主義的に突き出すという傾向を抜きがたく持っていたといえる。その傾向は、第八章でも触れたごとく、七〇年代リブ運動が、単なるスキャンダリストにすぎない原一男の映画『極私的エロス・恋歌1974』（一九七四年）に規定されてしまった時、決定的な隘路に逢着した（注12）。ましてや、八〇年代の日本のフェミニズムは、大衆消費社会を背景にして隆盛したものであり、それ自体として「バブリー」であることをまぬがれなかった。それは、良くも悪くも「衣食足りてフェミニズムを知る」という側面を強く持ち、男女における当時の国民的報酬配分のありかたに規定されていたのである。それゆえ、不況があらわになった九〇年代にはフェミニズムは大衆的な活力を失って、すでに（なお）報酬配分の利益にあずかっているカルチュラル・レフトのアカデミックな言説世界のなかに閉じ込められるか、いまだ残存する消費社会的ジャーナリズムのガジェットと化してしまったのである。

もちろん、ウォーラーステインの視野には合衆国におけるマイノリティー運動の歴史的蓄積があり、日本においては、それが十分ではなかったということも言えはする。しかし、フォルマリズムに逆らって、ここでは、下部構造は上部構造を決定すると教条的にいわねばならない。六八年を契機にして顕在化した日本のマイノリティー運動も、フェミニズムのみならず、報酬配分という問題に潜在的に規定されていくほかはなかったのである。津村が入管闘争と相即して熱心に追求していた「日中友好」にしても、結局、田中角栄によって実現されてしまったことは、それが端的に国際的な報酬配分の問題に規定されていたことをあらわしている。一九八〇年に前後する津村のジャーナリズムからの（表面的な）退場は、依拠していた毛沢東の死や文化大革命の失墜にかかわるというよりは、そのフォルマリズムに深く関係していよう。そして、それ以後の津村が、太極拳や気功といった、より「マイナーな」対抗運動をとおして、この問題に取り組み現在にいたっていることは、

確かに、六八年革命の「持続と転形」のひとつのありかたなのではある。(注13)

さて、ウォーラーステインの分析は、そうは明確に言っていないにしても、合衆国国民、国民間の報酬配分を問題にしているということが重要である。この場合、マイノリティー問題は真の意味では他者問題ではない。報酬配分を国家に対して要求しうるのは、マイノリティーがその国家の国民であることが有利であるほかないからだ。そして、他者問題ではないがゆえに『大学闘争の戦略と戦術』のウォーラーステインは、それが解決可能な問題だと見なしているフシがある。

事実、国民内部の問題であれば、それが解決できるということも可能であろう。建て前上、国民は市民として相互に平等でなければならないというのが、近代国民国家の大前提だからである。原著が刊行されたのと同じ六九年に早くも邦訳されたこの本の翻訳者・公文俊平は、この時すでに「保守派」、「体制派」、「タカ派」、「どうしようもない現実主義者」を自認する存在であり、編集・出版の労を取ったのは、訳者の「畏友」で第一次ブント創設者の一人であった当時の日本評論社第二出版部長・森田実(現・政治評論家)だという(同書「訳者あとがき」)。これらの状況証拠からさえ、その書物でウォーラーステインの提出している分析が、後に日本政府が六八年革命を収束させようとするに際して、その政策に反映させたと考えることが、今日可能である。

それは、すなわち他者問題＝マイノリティー問題を、報酬配分による国民的な同一化のレヴェルに回収するということにほかならない。実際、公文俊平は、後に、村上泰亮、佐藤誠三郎との共同研究『文明としてのイエ社会』（一九七九年）を著して、日本の「イエ」的ナショナル・アイデンティティーの——あえていえば、ポストモダンな——優位性を賞揚することで、中曽根「民活」による八〇年代消費社会の保守派イデオローグとなった存在だからである。これまた周知のように、中曽根康弘は首相在任当時、「日本は単一民族国家」であると、ついついホンネを発言して、多少の批判を受けもしたのであった。それは、国鉄解体にみられるようなネオリベラリズム的な階級再編の裏面としてあった、報酬配分の再編成によってリアリティーを持つ発言でもあっただろう。

すでに述べてきたことからも知られるように、『大学闘争の戦略と戦術』が翻訳・刊行された時点では、日本のニューレフトにマイノリティー問題の提起は公然化していなかった。同書「訳者あとがき」で公文が、日本のニューレフトの未熟性を揶揄しつつ惜しむゆえんも、そこにある。だが、この本が刊行されてから一年もたたぬうちに、日本のニューレフトもまた、七・七告発においてマイノリティー問題に逢着したのである。

しかし繰り返せば、そこには報酬配分の問題としてのマイノリティー問題という視点は希薄であったし、ましてや、それが国民《ネイション》の問題とどうからんでくるかという視点は、きわめて脆弱であったといえる。華青闘が七・七に発したニューレフトへの批判「入管闘争のなかから民族の魂の復権を」(注14)に、「日帝の差別構造を考えるならば、日帝の底辺を支えているのは部落であり、沖縄であり、そしてわれわれ在日朝鮮人、中国人」であると記されているように、華青闘にとっても、被差別部落と沖縄問題と在日朝鮮人・中国人の差別構造における区別は、ほとんど論理化されていない。ましてや、そこには国民の一部であるかもしれない（もちろん、そうでない者もいる）女性という存在は視野に入っていなかった。マイノリティーはマイノリティーであるがゆえに、報酬配分にはあずかりえないのだということしか、そこではじめから前提とされていない様子である。

しかし、国民とその他者性ということでいえば、部落民は日本国籍の取得者であり、沖縄はそのナショナル・アイデンティティーを問われるボーダーに位置しているし、在日外国人は日本国民にとっての他者性を帯びている存在にほかならない。もちろん、かつて植民地時代には「日本国民」であった朝鮮人・台湾人と、そうではなかった大陸系中国人とは、また別個な歴史性を持っているだろう。そして、報酬配分をもっとも要求しやすいポジションにあるのが、明確に現在も日本国民である部落民であることはいうまでもない。

それゆえ、これらマイノリティーの闘いは、さしあたり別個のものたらざるをえないはずである。ところが、ニューレフトのみならず華青闘や津村喬さえその差異を曖昧にしか認識していない時、日本のマイノリティー運動は、良くも悪くも国民内部の報酬配分の問題にひきずられることになる（他方は、日韓条約や田中角栄による日中国交回復のように、政府間交渉に還元される傾向も持つ）。事実、七・七告発以降の日本のマイノリティー運動は、入管闘争から部落問題へと、必然的にシフトしていく。それは、六八年革命における第三世界論が「オリエンタリズム」(サイード)——あるいは、「オクシデンタリズム」という夜郎自大——と呼ばれることになる、ナショナリズムの一変種へと還元されていくことでもあっただろう。

6　反差別闘争のダブルバインド

七・七集会以前のニューレフト諸党派が、ある程度有効にコミットしえていたマイノリティー運動は部落問題であった。戦後の部落解放運動は、全国水平社の伝統の継承を自認する部落解放同盟(一九五五年、部落解放全国委員会を改称)の中央を、共産党が掌握してきた。しかし、六〇年代前半における構造改革派・ソ連派の共産党内分派闘争と相即して、解放同盟内部でも、共産党系(中国派)と反共産党系(ソ連派)との抗争が勃発する。これは中ソ論争を反映したものであり、ヘゲモニーは朝田善之助ら「ソ連派」反共産党グループに帰することになった。解放同盟は、ニューレフトとは別個の文脈にありながら、しかし稀有な力量と伝統を誇る、ほとんど唯一の「反日共系」大衆運動団体となったのである。「ソ連派」朝田らのヘゲモニーが確立したのは、六五年における解放同盟第二〇回全国大会のことであった。ただし、解放同盟内には中国研究会＝毛派グループが存在し、経済闘争中心主義に対しては批判的な距離をもって、ニューレフトとの共闘を模索することになる。このようななかで、ニューレフトのアクティヴィストは、各大学の部落研をつうじて活動をおこなっていた。

このような事態は、六八年におけるニューレフトの理論構成と奇妙なねじれを内包していたことになる。すでに述べてきたように、六八年以降のニューレフトは、むしろ、第三世界論＝毛沢東主義を摂取しようという段階にさえ来ていたのであった。ところが、解放同盟の朝田理論と呼ばれたものは、先進国革命主義の一変種であるソ連「平和共存理論」であり、基本的にはフォルマリスムではなく、経済闘争中心主義であったからである。部落闘争においてソ連派に敗北した共産党は、しかし後に（ただちに）党としては毛沢東主義を放棄することになり、共産党総体としては経済闘争中心主義に復帰するのだが、こと部落問題に関しては、六九年七月に同和対策事業特別措置法（同対法）が公布されて以来、現在にいたるまで、解放同盟の「行政窓口一本化」をめぐる経済闘争（後述）を、政府が与えた「毒まんじゅう」を食べるに等しいと非難してきたのは周知の事実である（同対法は二〇〇二年三月で失効）。

共産党との抗争の過程において解放同盟は部落青年・石川一雄が一九六三年に埼玉県狭山で起こった少女誘拐殺人事件で逮捕されたところの、いわゆる「狭山事件」を、部落民への予断と偏見による冤罪逮捕と見なし、また、その有罪判決を「差別裁判」と捉えることで、無罪獲得運動に取り組んでいた。その過程も、共産党との党派闘争を含んでいた。

しかし、解放同盟の努力にもかかわらず、狭山闘争は盛り上がりに欠ける状況がつづいていた。そのようななかにあって、六九年一一月一四日、関西部落研に属する中核派系の部落青年・沢山保太郎ら五名が、石川一雄に死刑判決を下した浦和地方裁判所を実力占拠するという事件が生起したのである。この事件は、石川一雄のみならず解放同盟中央にも深甚な衝撃を与え、以後、「狭山差別裁判糾弾」の大衆的な取り組みが模索されるようになり、ニューレフトと解放同盟との公然たる共闘関係さえ生まれるきっかけとなった。以後、狭山裁判闘争は大衆的な高揚を演出しうるようになるのである。

沢山らの行動は、中核派が怒号した六九年「一一月決戦」に呼応してなされたものであり、沢山の所属する関西部落研が「帝国主義権力が打倒されねば、部落民は解放されえない」（師岡佑行『戦後部落解放論争史Ⅴ』参照）と主張したところからも知られるように、「華青闘告発」以前のロジックによるものであったといえる。すなわち、党派自らが主導する「機動戦／正面攻撃」にマイノリティー運動を収斂させる発想が、それである。だとすれば、浦和地裁占拠は中核派「一一月決戦」の最大の成果だったといえるかもしれない。

しかし、七・七告発において、中核派に代表されるナルシシズムがナショナリズムにほかならないと批判されるに及び、ニューレフトとマイノリティー運動との関係は奇妙なねじれを生じることになる。それは、日本のマイノリティー運動のヘゲモニーを掌握していたといって過言ではない解放同盟と、それに「反共産党」というところで同伴し、表面的には高揚期を過ぎた全共闘運動を梃子入れしようとするニューレフト諸党派との関係において、端的にあらわれたといってよい。

七・七で開示されたのは、別の言い方をすれば、前衛主義＝代行主義への批判であった。日本帝国主義が打倒されなければ部落も（もちろん、在日も女性も障害者も……）解放されないというナルシスティックな主張は、すなわち、一義的に自国帝国主義打倒を目指す前衛セクトが、そこにおいてマイノリティー運動を指導・代行しているということである。それが反転され、マイノリティーの闘いにニューレフトが依拠するということになったのだ。これは第三世界論の拡大・浸透にほかならない。しかし、それが具体的な場面に移された時、マイノリティーの要求をニューレフトが代行するという、転倒された代行主義の温床となることは否定できなかった。とりわけ、部落解放同盟が部落民への報酬配分を求めることを主要な闘争課題とする団体である時（もちろん、それは正当な要求でもあるわけだが）、その転倒された代行主義は奇妙に空転することを余儀なくされる。

後に金静美《キムチヨンミ》の『水平運動史研究』が実証的に明らかにしたように、戦後の部落解放運動は、朝田善之助が指導してその出発と位置づけられる「オールロマンス闘争」（一九五一年）以来、部落差別と闘うというよりは、経済的な不利益をこうむってきた部落民への新たな報酬配分を不断に行政に要求していくという色彩の強いものであった。そこにおいては、部落差別こそが部落民への経済的不利益をもたらしてきたとして、差別糾弾闘争が随伴したが、それは報酬配分のための闘争に従属するほかはないものである。それゆえ、自らに対する報酬配分のためには、部落の側から在日朝鮮人やアイヌへの排除・差別さえおこなわれた形跡が、歴然と存在している。

解放同盟の、かかる経済主義的傾向は――解放同盟の指導部が「史的唯物論」を護持する「ソ連派」であることからして当然なのだが――七・七に前後する時期においても貫かれていた。繰り返すまでもなく、七〇年前後においては、いわゆる同和対策事業の行政窓口を解放同盟に一本化させようとする「窓口一本化」闘争がそれである。この闘争と並行して遂行された、狭山闘争をはじめとする解放同盟による激烈な反差別闘争（それは、主に日本共産党に向けられた）は、単に「人道主義」的なものというよりは、「窓口一本化」のためのヘゲモニー闘争であったと位置づけるべきであろう。矢田教育差別事件（一九六九年）から八鹿高校事件（一九七四年）にいたるまで、主に関西地方で生起した激越な反差別闘争に、その側面があったことは否定すべくもない。

そのような、共産党とのヘゲモニー闘争を内包した反差別闘争の全国的な展開としては、一九七〇年に起こり以後数年にわたって続けられた、今井正監督の映画『橋のない川』（とりわけ第二部に対する）上映阻止闘争があげられる。この闘争についての疑問はすでに解放同盟の近傍から出ている。灘本昌久「映画『橋のない川』上映阻止は正しかったか」（第九回部落問題全国交流会報告書、一九九三年四月）がそれがである。（注15）この上映阻止闘争は、同作品（第一部は一九六九年、第二部は一九七〇年）が差別映画だとして全国的に戦われたものだが、灘本もいうように、それは「反共産党」というモチベーションのみで提起されたとしか思われないものであったし、それを現場で担った者の多くは、七・七告発以降、マイノリティー運動に目覚めて動員された、ニューレフト系の学生アクティヴィストだったのである。

もちろん、今井正が共産党系の映画監督であるか否かにかかわりなく、その作品が差別的であるかどうかは問われるべきであり、今井作品は、私見の限りでは灘本のいうところとは異なって、観客の「俗情」に扇情的に訴えているところが見受けられる。「凡百の同和映画から見れば、やはりよくできている」ことは確かだとしても、「住井すゑの原作と今井の社会主義リアリズムはマッチしている」と灘本がいうそのところに、原作と映画を貫く「俗情との結託」を見るべきだろう。(注16) 映画『橋のない川』上映阻止闘争が、ある意味で画期的であったゆえんは、「個人的なものは政治的である」という六八年的地平の実践にあった。それは、かつて、島崎藤村『破戒』の差別性を糾弾した全国水平社の「伝統」を受けついでいるともいえるが、六八年においてなされた時、それはまた異なった側面を持ったのである。戦後のいわゆる「政治と文学」論争から吉本隆明の社会主義リアリズム批判にいたるまで、芸術的価値はその政治イデオロギーにかかわらないという議論が、ニューレフトをも侵していた。しかし、ここにいたって、いかなる芸術作品といえども政治性をまぬがれないという六八年的な地平が実践的に開示されたのである。

いうまでもなく、「個人的なものは政治的である」というテーゼはフォルマリスム的物語分析から得られたものであり、解放同盟の差別糾弾闘争の正当性をも保証する。そのことを日本で一貫して主張していたのは津村喬であったが、この地平が、世界的にも、フェミニズムをはじめ多くのマイノリティー運動に共有されていったことも周知であろう。この視点から差別性を指摘されて、今日、ひそかに(?)上映不可能となった柳町光男監督作品『愛について、東京』(一九九三年)のような映画は、その後も存在する。

しかし、『橋のない川』に対して、長期にわたり激しく全国的に展開された上映阻止闘争は、異様といえば明らかに異様であった。灘本もいうように、上映阻止を叫ぶ者のほとんどが、その映画を見ていないのである(そもそも、目標が上映阻止なのだから、これは笑うべき当然の矛盾である)。そのことは、監督の今井正が共産党系の監督であるという一事を抜きにしては捉えられないし、なおかつ、共産党とのあいだの報酬配分をめぐる、「窓口一本化」闘争との相関を踏まえずには理解しがたい事態だろう。(注17)

ここにはさまざまな問題があり、多方面から論じられねばならないが、本書にかかわって言わねばならないことは、「窓口一本化」に象徴される経済闘争と、差別糾弾というポリティカル・コレクトネスを求める闘争とのあいだには、ほとんど解決しがたいディレンマが存在するという一点である。もちろん、今日、俗情的なジャーナリズムが、いわゆる

「同和利権」問題をめぐってそうささやいているように、マイノリティーの報酬配分要求を、それ自体として斥けよというのではない。問題は、同一の日本国民として位置づけられ、他の日本人に対する「他者性のスティグマ」(バリバール)を欠いたマイノリティーたる部落民が抱える、差異を主張することの困難さなのである。「「新人種主義」は存在するか」(ウォーラーステインとの共著『人種・国民・国家』所収)のなかでバリバールが言うように、今日のマイノリティー問題は、「他者性のスティグマ」を介することなく、マイノリティーに対する差別=排除がおこなわれるところにある。黒人がその皮膚の色によって差別されるいわれのないことは、誰もが知っている。にもかかわらず、黒人は差別されてしまうのだ。部落差別問題とは、かかるポストモダン性ともいえる事態を近代初頭以来、先取りしていたのであり、日本の六八年がそこに逢着したのは、ある意味では必然であったといえる。そこにこそニューレフトのマイノリティー運動へのコミットメントが、部落問題に収斂されていく根本的な理由があった。

部落差別が批判されなければならないのは、それが近代国民国家の法に照らしてさえ、何の根拠もないからである。しかし、より詳しく見てみれば、部落民とはいかなる定義も不可能な存在だということが知れる。繰り返していえば、それは他の日本国民に対して、いかなる意味でも差異を持たぬ無徴なのだ。たとえば、それは職業差別だという言い方がある。しかし、部落と呼ばれるもののうちには、一般的な農業に従事していたところも多々存在する。非定住者や芸能者のみが被差別者なわけでもない。さまざまな部落起源があり、それらを共通の定義でくくることは不可能なのだ。

だとすれば、部落民の定義とは、「それが部落民と言われてきたから、部落民なのである」、すなわち「部落民は部落民である」というトートロジーにしか帰結しはしない。(注18) しかも、明治政府のいわゆる解放令(一八七一年)以来、部落民なるものは制度上、存在しないのだ。部落差別糾弾とは、この、差別の根拠を欠いた部落民なる存在を差別してあげつらう者に対して、「部落民は存在しない」と言いつづける批判にほかならないだろう。これは、フェミニズムが「女」なるものは男のヘゲモニーによって表象された、男性支配に都合のよいイメージに過ぎず、それゆえ「女は存在しない」(ラカン)と言うことに等しい。

ところが、部落解放運動は、資本制国民国家における報酬配分の要求のなかでは、この「部落民は存在しない」というテーゼを放棄しなければならない事態に逢着するほかない。われわれ部落民は、部落民であることによって経済的な不利益をこうむってきたのだから、それを補塡せよという要求は、自らを部落民として認める以外にはできない主張だろう。われわれは日本国民であるが、同時に、部落民であるという主張は、全き矛盾のはずである。なぜなら、日本には部落民なるものは存在しないはずだからだ。しかし、経済的要求のためには、その矛盾は隠蔽される。その要求のためには、われわれは部落民であると認めながら、同時に、これまでになされてきて今なおなされている部落差別に対する、「部落民は存在しない」という立場からの批判も随伴されざるをえないという悪循環が生起してしまうのである。

存在しない「無」であるにもかかわらず存在してしまう「何か」、これを「もの《フェティッシュ》」と呼んでおこう。部落民とは、日本の「国民《ネイション》」に穿たれた亀裂としての無であり、なおかつ、その亀裂をふさぐ「もの」でもあり、ラカンの用語を用いれば対象aであるということができよう。それは、近代において「国民」が統一的な全体として成立しようとする時（去勢されようとする時）、その全体化する欲望が向かう「剰余享楽」（ラカン）である。

たとえば、日本が「黒船」という「他者」によって象徴的に去勢され、近代国民国家という「主体」として立ち上がろうとしたとしよう。しかし、その主体は、別段、日本に限ったことではないが、いついかなるかたちでも完全な統一性を保つことは不可能である。外国＝他者からの干渉に対しては不断に妥協が要請されようし、国内では階級対立をはじめさまざまな矛盾が生起するほかはない。ラカンがいうように、主体Sにはつねにスラッシュが入れられており（8）、それを擬似的に解決しうるのは対象aを欲望する「国民」のフェティシズムのみなのである。

部落民という「もの」をフェティシズム的に欲望し享楽することによって、「国民」はその統一性を確信する。なぜなら、両者は同じ国民だが（それゆえ「他者」ではないが）、にもかかわらず、国民に対して差異を示しているように見えるから、消尽＝享楽しつくされなければならないとされるのだ。それは部落民ならざる国民の側の転倒した欲望が生み出したフェティッシュだが、そのフェティシズムなくしては国民的同一性は保ち得ない。国民国家はフェティシズムによって支えられているといえる。

このような意味において、今井監督作品『橋のない川』第二部における伊藤雄之助演じる部落民が「蛇を食べるのが好き」と言うごとき「粗暴な」（享楽的な）キャラクターであることに対して、土方鉄（作家）ら解放同盟が、部落民をそのようなイメージでとらえることが差別的だと見なしたことは、十分に理解できる。確かに、当時の（米騒動の時代の）部落民が置かれていた劣悪な環境からして、そのようなこともあったとして、解放同盟の批判を「いいがかり」だとすることもできようが、しかし、そのような環境にあって「粗暴」たらざるをえなかったのは、別に部落民に限らなかったはずである。その表現は、やはり「差別的」であり、存在しないはずの部落民を「もの」として存在せしめる機制ではある。

しかし、そのような表現を差別だとして糾弾する闘いが、同様に享楽的なものたらざるをえないことも、また必然である。実際、『橋のない川』上映阻止闘争は、きわめて激越に（享楽的に）展開され、だからこそ、その闘争は映画を上映中止に追い込み、作品をほとんど「存在しない」ものと化してしまったのである。「もの」として存在してしまっているものを「存在しない」として否定すること自体が、「もの」を享楽することにほかならないからだ。このディレンマゆえに、解放同盟には不断に享楽の「匂い」がつきまとうほかないのである。その匂いは、ヤクザとのかかわりから、今日頻発する「同和利権」問題にいたるまで、解放同盟にとってはおそらく心ならずもであろうが、しかし、不断につきまとっている。しかも、その匂いこそが、部落民の「もの」性を触知させてしまう当のものとなっているのである。(注19)

以上のような説明から、六八年革命においてニューレフトが部落解放闘争へと収斂されていった理由が、おおよそ明らかになっただろう。七・七「華青闘告発」の核心が、日本のニューレフトのナショナリズムへの批判であったとすれば、部落問題へのシフトは、そのナショナリズムを温存する傾向を内包するものだったのである。しかも、それは六八年的な、「機動戦／正面攻撃」から「陣地戦」へのシフトにも、マイノリティー（の報酬配分）運動へのシフトにも、そぐうもののように見えたのだ。さらに言えば、それはニューレフトの小ブル急進主義的「享楽」への親和性をも満たしてくれたのである。七・七告発や津村喬の提起は、多くの面で実現されたかに見えながら、その肝心のナショナリズム批判という枠組みだけはやりすごされてしまったといえる。それは、つまるところ部落問題が他者性の体験ではなく、語の正しい意味で「内なる差別」の問題であったからなのである。

先に触れたように、津村喬はその最初の著作のタイトルによって「人道主義者」の非難を受けたという。もちろん、津村の主張は、企図としては考えうる限り「人道主義」から遠いところにあった。しかし、こと部落問題に関するかぎり、それは「国民」という主体が、自ら享楽の対象として生み出した「もの《フェティッシュ》」である——いかなる意味でも「他者」ではない——という意味で、まさしく「内なる差別」と呼ぶべきものではないのか。だからこそ、その差別の全き無根拠性には、不断に「疚しさ」という「人道主義」がつきまとう。そして、六八年におけるマイノリティー運動への転換が、部落解放闘争のヘゲモニー下に置かれた時、それは、いやがおうでも「人道主義」の刻印を帯びざるをえなかったのである。今日、小林よしのりが、当初は解放同盟のシンパサイザーとなり、部落問題に「人道主義」的にかかわりながら、今や陳腐な排外主義におちいっているのも、七・七告発以降にさえ温存されたナショナリズム=フェティシズムに起因するといえるだろう。それは、ハート/ネグリが言うところの、他者性=外部性を消去する「帝国」的傾向のなかにあっても消去しえないデッドロックであり、六八年が抱えているアポリアにほかならない。

　かかる事情をラカン的に記述すれば、より普遍的な問題として提示しうると思われる。その高名な「幻想」の図式は$\$\diamond a$として表示された。主体Sは、そこに引かれたスラッシュを埋めるべく対象aを欲望するのだが、われわれのコンテクストにおいて、それは一般的な市民の部落民に対する差別として現象している（その差別が昂じれば、さまざまに享楽的な事態が現出しよう）。

しかし、S̸はその背後に大文字の他者A（神、父、正義）を配しているから、差別がAの意志にかなわぬことは、当然知っている。それゆえ、表向きは正義が執行され、主体に引かれたスラッシュは「疚しい良心」として意識されるのであり、S̸のaに対する欲望が享楽に帰結することは、めったにありえない。それはせいぜい、日常的な差別として偏在するのみである。

しかし、その偏在する差別は、aの立場にいる者（この場合、部落民）にとっては、当然にも不条理なものに映じる。そこで、いわゆる差別糾弾がなされるわけだが、それはa◇S̸と図式化されよう。その時のaの糾弾は、主体の背後にあるはずの他者Aに照らして、主体に引かれたスラッシュ、すなわち「疚しい良心」を突くことに向けられるだろう。

ところが、すでに明らかなように、主体に引かれたスラッシュには、いかなる合理的な理由もない。a◇S̸は主体の裂壊を押しひろげることができるのみなのだ。差別糾弾が必ずや享楽に似てくるゆえんである。

このことが何を意味するかといえば、主体のアイデンティティーを保証しているかに見えた他者A自体にスラッシュが引かれている（A̸）ということにほかならない。このような事態を、ラカンなら「享楽する父」と呼ぶだろうし、別の角度からではあるが、デリダは「正義の決定不可能性」と呼んだ。大文字の他者がAとしてしかありえないということ、それはすなわちフランス革命をめぐる「カントとサド」問題として言われることにほかならない。正義の実現としてのカント的表面の裏には、必ずやサド的暴力が張りついている、ということである。

以上の意味では、津村喬に対する個人誌「試行」誌上でなされた吉本隆明の杜撰な批判(同誌一九七〇年一〇月、一九七一年一〇月刊の各々三一号、三四号における「情況への発言」)も、今日なおかえりみる価値があるとはいえる。それは、七・七告発で批判され尽くしたものの、批判しきれない残余だからである。吉本の津村批判の骨子は、津村が簡潔に(ややカリカチュアライズして)要約しているところに従えば、「差別をいいたてるから差別が存続する」と、「差別を粉砕するためには、『素直』に差別しなければならない」という二つに尽きる(「〈差別研〉のための墓碑銘」、『歴史の奪還』所収)。おそらく、この吉本的観念は、差別問題＝マイノリティー問題を「ウザい」と思っている多くの人間に、いまだひそかに共有されているものだろう。なお、吉本は「試行」三四号の津村批判のなかで、津村は「偉そうなことを書く前に」、「〈部落解放同盟〉の戦争責任を追求することだ」と記している。このことは後に金静美の『水平運動史研究』によって果たされたといえるが、それが吉本的論理(＝非論理)のもとになされたのでないことはいうまでもない。

「差別をいいたてるから差別が存続する」とは、解放同盟のいわゆる「言葉狩り」について言われたものである。「特殊部落」といった言葉をタブー視するから、逆に、差別がなくならないのだ、というのが吉本の立場である。これに対しては、いかようにも反論が可能であろう。たとえば、その言葉がいかなる歴史的・社会的コンテクストで形成されてきたかを言うことによって、である。ところが、津村は(もちろん、そうしたことは随時言ってはいるが)、ある意味では吉本の言うところを認める。「実際には己れの不安について語っているのにそれを世界について語ることと思い込むことによって無限の頽廃に陥ち込んでいく陥穽が、いわゆる差別論議には存在する」というのである。

これは、おそらく当時猖獗をきわめていた、解放同盟とそれに同伴するニューレフトの差別糾弾闘争について言われたものであり、それに対しては吉本の批判もそれなりに意義があると、津村も認めていると見なせよう。しかし、この津村の視点は、同時に吉本への批判たりえていると捉えることが、今日では重要だろう。国民という「主体」にとって、部落民がおのれの欲望が生み出した享楽の対象であるとすれば、それについて——たとえ差別糾弾というかたちであれ、吉本のように、その欺瞞を暴き立てる文脈であれ——語ることは、スラッシュを入れられた主体としての「己れの不安」について語ることだからである。そして、不安な主体として世界に対峙しているわけだから、それは「世界について語る」ことに等しいと見なされる。もちろんその理由は、世界を統べているはずの大文字の他者Aにスラッシュが入っているからにほかならない。

部落問題のみならず第三世界論も、不断にこのような倒錯におちいる危険を孕んでいる。エドワード・サイードが言ったように、オリエントがオクシデントの「己れの不安」についての表象であるとすれば、それについて語ることが、あたかも「世界について語る」ことになるほかないからだ。オリエントもまたオクシデントにとっての「もの《フェティッシュ》」なのである。津村の第三世界論が傑出していたのは、オリエンタリズム的倒錯から、不断に脱出しようとしていたところにある。そのことは、この差別糾弾闘争批判においても見てとれるだろう。果たしてそれが成功したか否かは、時代の規定性を考えれば問うべきではあるまい。

だから、「差別を粉砕するには、「素直」に差別しなければならない」という吉本の享楽的なテーゼも確かに決定的に間違ってはいるが、それが多少は有効に働く場合もあることを認めるべきだろう。それは、「疚しい良心」を問題にしているからである。津村と吉本との論争で、反差別闘争にいかがわしさを感じるノンセクトが相対的に吉本を支持したのは、その論争における「べらんめえ調」ともいわれる享楽的なポーズにもよる。吉本が時としておこなう、第三世界の貧困は指導者の政策の誤りによるなどといった放言は、もちろん、経済学的無知による「素直」な差別でしかなく、いっこうに資本主義の矛盾を解くことに貢献しない。同様に、部落差別がなくならないのは、その指導者の誤りによるというのも、「己れの不安」を隠蔽しようとするものでしかないし、「差別を粉砕する」ことにもなりはしない。にもかかわらず、第三世界の（たとえば、「偉大なる指導者」毛主席の）誤りはあり、部落解放運動の誤りもあるのだから、「「素直」に」それは論理的に批判しなければならないし、時にはその批判が「差別」（というよりは、「侮蔑」であろうか「罵倒」であろうか）という享楽的なかたちをとることもあろう。

これは、一見すると容易なことのように思われる。しかし、吉本隆明のたちまち暴露されてしまう論理的杜撰さと、津村喬の時として「人道主義」と呼ばれもする享楽的なものへの距離のとり方と「疚しさ」への親和性は、両者がいかに接合困難であるかを示している。スラッシュを入れられた主体が生み出した欲望の対象たる「もの」へのフェティシズムは、論理的な享楽という撞着的な方法によって、漸進的にしか解決できないのだ。そのような撞着性を生きるほかないことは、「錯乱のバリケード」における「児戯」に共鳴しながらも、津村がそこに「他者」の論理を導入しようとした時、すでに予料されていたものであったはずである。そしておそらく、それが転倒されて享楽的な論理が生み出された時、「一九六八年の革命」は再び、その持続が現実であることを、われわれの前に示すことになるはずである。それは、一九七〇年七月七日の非同一的な回帰であり、新たな「開戦」にほかなるまい。

そもそも、「錯乱」というランボー的視点は、同時に「私は他者である」というもう一つのランボー的視点と相補的なもののはずではなかったか。そして、六八年とは

「規律《ディシプリン》／訓練」型から「監視《コントロール》／管理」型へと移行しつつあった大学にあって「他者」として闘争することであったのだし、それゆえに、在日や女性等々の「他者」を見いだしえたのである。それは「他者」たちの社交＝群れがおこなった戦争であった。

注

第一章

（注1）　立松和平の小説『光の雨』についての私の批判は、詳しくは「なぜ連合赤軍か――立松和平著『光の雨』を読む」（「週刊読書人」一九九八年九月四日号）を参照。また、同作品を原作にした高橋伴明監督の映画『光の雨』への批判は、「奴隷は主人をのり越えたか」（「映画芸術」二〇〇一年秋号）を参照。

（注2）　岩田弘の門下に当たる五味久寿『グローバルキャピタリズムとアジア資本主義――中国・アジア資本主義の台頭と世界資本主義の再編』（九九年）や、それ以降の五味の、主に雑誌「情況」に掲載されている現状分析は、グローバル資本主義における「ポスト・アメリカ」（ウォーラーステイン）のヘゲモニーを中国が握るであろうとするその視点に、フランクとの類縁性が認められるように思う。

（注3）　一九六三年、浅利慶太は石原慎太郎とともに日生劇場を創設するが、そのベルリン・ドイツ・オペラに続くこけらおとしは、千田是也のプロデュース・演出による花田清輝の戯曲『ものみな歌でおわる』であった。この戯曲もまた、花田の視点からする六〇年安保の「総括」であり、ブント＝全学連的な急進主義への批判を含意していた。その後の浅利＝石原の足跡を考えれば信じがたいことでもあるが、当時の浅利（石原も？）が、とにもかくにも六〇年安保の問題に拘泥してい

たことは確かであろう。しかし、日生劇場は六八年時においては、アンダーグラウンド演劇からの批判の象徴的なターゲットとなっていた。

第二章

（注1）　ただ一人の例外は、「反戦自衛官」として知られる小西誠である。一九六九年秋、新潟県にある航空自衛隊佐渡レーダーサイトにおいて治安出動訓練などに反対し、訓練拒否を呼びかけるビラを撒いて一一月一日に逮捕・起訴（八一年に無罪確定）された小西三曹は、当時刊行されたばかりの『神聖喜劇』第一巻（一九六八年一二月刊）を読むことで、そのモチベーションの一端を得たという。小西が『神聖喜劇』の読者であったことは、『大西巨人文選4　遼遠』（一九九六年刊）所収の鎌田慧との対談において、大西が軽く紹介している（小西はかつて大西を訪れたことがあるらしい）。しかしこのことは、小西の側からは語られずに来ていたが、二〇〇三年二月下旬、小西が主宰する社会批評社のサイトの掲示板において、自身によって記された。

http://www.alpha-net.ne.jp/users2/shakai/top/shakai.htm

（注2）　花田が中野正剛を高く評価する言葉をしばしばもらしているのは事実である（しかも、吉本との論争以降も）。そのことは、近年研究がようやく進められている中野正剛のマルチカルチュラルな植民地政策論（小熊英二『〈日本人〉の境界』参照）と、花田が戦時下に書いたそれ（『花田清輝全集 第一巻』所収）との差異と同一性として考えられねばならないだろう。

第三章

（注1） スターリン批判以来、六八年革命の過程において、ニューレフトの思想形成に与した有力なメディアの一つである書評紙「日本読書新聞」の、六八年前後のフロントページを飾る書き手は、かなりの部分が彼らによって占められていた。七〇年代中期に同紙の編集部に在籍していた者として記憶する伝承によれば、編集部内で彼らは「読書（新聞）ライター」とひそかに呼ばれていた。彼らの他には、秋山駿（文芸評論家）、谷川健一（民俗学者）、内村剛介（ロシア文学者）がそう位置づけられていたはずである。七〇年代に入ってからは、柄谷行人がそこに付け加えられた。柄谷ライターが「〈意識〉と〈自然〉――漱石試論」で群像新人文学賞を受賞したのが六九年である。「読書ライター」という概念が崩壊していくのは、私見によれば、一九七三年、「安岡章太郎論」を雑誌「海」に発表した蓮實重彥が本格的に同紙に登場し、柄谷が「マルクスその可能性の中心」を雑誌「群像」に連載（一九七四年）した後、最初のアメリカ「留学」から帰国する七六年あたりのあいだを契機としている。柄谷行人は最後の「読書ライター」であり、なおかつ、そのコンセプトの最初の破壊者であった。本書の文脈でいえば、これは、五六年／六〇年に由来し、六八年革命にまでなしくずし的にもちこされた、日本浪曼派的問題系が、ニューレフト的文脈のなかで、とりあえず失効したことを意味している。村上一郎の自刃は、一九七五年である。

（注2） 橋川がここで都市インテリゲンツィアの「「故郷喪失」の感情」の例として引いているのは、萩原朔太郎の「郷土望景詩」であり、小林秀雄の「故郷を失つた文学」だが、そこではハイデガーのヘルダーリン論が参照されていると考えられるべきである。

（注3） いうまでもなく、吉本隆明とその周辺の人々が愛用する「情況」というタームは、サルトルの「シチュアシオン」からの転用であるだけではなく、それが「情念」と通底する概念であるが

ゆえに用いられたと言いうる。かかる「情況」概念への直接的な異議申し立ては、六八年革命時において、『日本浪曼派批判序説』を編集した松田政男らによって、「風景」を「情況」概念に対置するかたちで、ナサケ無用の「風景論」として現出した(松田『風景の死滅』参照)。

(注4) 小野田襄二は、中核派政治局学対部長として中核派、ブント、社青同解放派による、いわゆる「三派全学連」結成(一九六六年)に尽力、翌年、ヘルメットとゲバ棒スタイルの登場でニューレフト史上の画期をなす一〇・八羽田闘争に向けて指導するが、その直後、革共同(中核派)のセクト主義(一〇・八の前日、法政大学での、中核派による解放派へのリンチがあった)を批判して脱退。拠点校たる埼玉大や早大での運動組織としては、「反戦連合」を名のった(「連合」であって前衛たる「同盟」や「党」でないことに注意)。「第二次早大闘争」(一九六九年)の当初は、津村喬さえ「反戦連合」を名のっている(津村『われらの内なる差別』、『魂にふれる革命』参照)。小野田と津村のあいだには、直接的な接触はなかったと考えられる。雑誌「遠くまで行くんだ……」の名前は、吉本隆明の詩「恋唄」から採ったとも、六〇年安保をブントの近傍にある演劇人としてかかわった福田善之の六〇年安保の総括とも見なせる戯曲「遠くまで行くんだ」(一九六一年、観世栄夫演出)から採ったともいわれている(いうまでもなく、後者は前者を踏まえている)。しかし、小野田の中核派脱退にあたって、思想的なバックボーンの一つとなったのは、後述の新木の一文からもうかがえるように、吉本以上に、桶谷秀昭であった。

(注5) 吉本がその論争で、花田を「転向ファシスト」と批判する場合、その「ファシズム」は、花田が戦時下にその周辺にあった中野正剛を典型に、「社会ファシズム」と規定されており、吉本はそれに対する概念として「農本ファシズム」を提出する。吉本にあっては、「農本ファシズム」

のみが批判的な摂取・考察に値するのだが、そのようなかたちで吉本は、ファシズムを単純に悪の隠喩とする戦後的パラダイムに異議をとなえてはいるのである。繰り返すまでもなく、花田から吉本へのヘゲモニー転換が、先に論じた、桶谷、村上一郎らの農本主義（ひいては、保田與重郎）評価を生んだ。ここで注意しておかなければならないのは、吉本におけるこの種の論考の集大成が「日本のナショナリズム」（一九六四年）と題されていたところからも知られるように、その評価されるべき農本主義は「日本」のものであって、「アジア」ではないということである。竹内好に対する吉本らの評価の両価性も、ここにかかわる。評価されるべきは、その「日本」主義的側面であって、竹内の毛沢東を評価するごとき「アジア」主義は端的に斥けられる。

第四章

（注1）当時、吉本隆明の著作はおおむね版元が小出版社のため高価で、地方では入手が困難な傾きがあった。それゆえ、吉本の著作が講談社という大手出版社から、それも相対的に廉価な若者向け「文学全集」の一冊として刊行されたということは、意外に大きな意味を持っている。吉本のみのことならず、「われらの文学」シリーズの刊行は、数年後にひかえた六八年革命の担い手たるベビーブーマーを中核とした世代――当時は高校生からせいぜい大学の一、二年生であった――の教養形成にあずかって、大きな力となったといえよう。それは、第一回配本で「幻の名作」と言われていた埴谷雄高『死霊』を復刊したことで名高い學藝書林版「現代文学の発見」シリーズ（六七年刊行開始）よりも、はるかに潜在的かつ大衆的な影響力があったと言える。二〇〇二年に同じ版元から復刊されたこのシリーズは、編集委員に平野謙から大岡昇平にいたる戦後派文学者が名前を連

ねていることからも知られるように、「現代文学」という概念が、基本的には昭和文学＝戦後文学という旧来のパースペクティヴに収まっており、六八年的な問題意識には乏しいのである。
（注2）六〇年代、三島由紀夫から村上一郎、桶谷秀昭といった「左」右のあいだでは、二・二六事件を論じることが流行であり、六八年の学生たちにも相応の影響を与えた。これは、その青年将校たちのロマン主義的情念に対する「共感」と同時に、その無頭的組織への親和性もはたらいていたと見なすべきである（これらの点については、本書第三章ならびに第一一章を参照）。なお、八木沢＝「民学同」の組織論は、六〇年安保以後のブント解体過程でなされた、社学同再建の動き（前衛党たるブントの再建でないところに注意）を先取りしている面がある。六一年七月には、社学同再建を謳った、柄谷行人執筆といわれる通称「駒場アピール」が発せられ、同年一二月には社学同全国事務局機関誌「SECT 6」が創刊される。再建社学同の思想には、党建設を至上命題とする革共同に対抗して、アナーキズム的色彩が濃く、吉本隆明や『工作者宣言』の詩人・谷川雁の影響も見られる。また、八木沢＝「民学同」を六八年とアナロジーすれば、後述する長崎浩のアジテーター論＝結社論や、滝田修が提唱した「京大パルチザン」を想起させるところもある。滝田は当時、京大助手でローザ・ルクセンブルクの研究家であった。滝田には『ならずもの暴力宣言』の著書があり、その活動は映画『パルチザン前史』（土本典昭監督）によって知られた。五〇年代日本のニューレフト創生期においては、ブント、革共同ともに、《党》建設を大前提とするレーニン主義的組織論の範疇にあり、それに対抗するローザ主義は、いまだ射程に入っていなかった。ローザ主義がニューレフトに導入されるのは、六〇年代に入ってからのことである。
（注3）かかる大江への批判が、六八年革命を契機にして一般化したマイノリティー問題（差別論）

を楯にした事後的なものでありえないのは、一九五七年に大西巨人がすでに「ハンセン病問題——その歴史と現実、その文学との関係」を書いていることからも知られる。なお、大西は『われらの時代』についての長文の書評「大江健三郎先生作『われらの時代』」を、同書刊行直後に書いている。それについてここで詳論する余裕はないが、そこで大西が主人公・靖男を「心情のアナーキスト」と呼び、そのような存在を「主人公として肯定的に描きつつ一篇を仕立て上げたこと（そういう表現活動）において、大江先生は「心情のファシスト」なのである」と言っていることは、今なお（今こそ）分析として決定的に正しい。これを、「党員文学者」（当時）の教条的批判と読んではならないのである。ただ、大西とわれわれの視点が異なるのは、ニューレフトの生成過程において、アナーキズムやファシズムの問題系（それをわれわれは一九三〇年代問題とも呼んでいる）が必然的に導入される契機に、より内在したいという点にある。

（注4） ルカーチとハイデガーを同列に踏まえる長崎浩にとって、後に世界的なスキャンダルとなるハイデガー＝ナチ党問題は、全くといっていいほど顧慮されていない。もちろん、長崎がそのことに無知だったとは考えにくいが、ハイデガーの思想を「左翼的」と見なす当時の世界的な風潮（そのような文脈には、廣松渉でさえ無縁でなかった）に従順だったとは言えよう。

（注5） ほぼ同様のコンテクストにある沖縄論の先駆として、ある意味では吉本のそれ以上に一部の学生アクティヴィストに秘かに参照された書物として、森秀人の『甘蔗伐採期の思想』（一九六三年）がある。なお、森のこの書物は、山口昌男が後に高く評価した。いうまでもなく、それは山口の「中心と周縁」理論が第三世界論と親近性を持っているからである。また、沖縄人の側からは新川明『反国家の兇区』（一九七一年）が書かれた。

（注6）　以下に記述する戸田徹にかんすることがらは、おおむね笠井潔の『テロルの現象学』についても妥当するであろう。

（注7）　この意味で、『われらの時代』の天皇暗殺のモティーフは、深沢七郎の「風流夢譚」のそれとは全く異なる。深沢作品にあっては、それがフロイトさえ援用された「夢」譚であることからも知られるように、天皇暗殺は「エス」においてすでにおこなわれているというところに要諦があり、パラノイア的願望とは全く関係がない。つまり「風流夢譚」は、渡部直己的に言えば、大江よりもはるかに「不敬」である。われわれは、この不敬性にかろうじて拮抗しうる作品としては、中上健次の『地の果て 至上の時』くらいしか知らない。

第五章

（注1）　廣松版が河出書房新社より刊行されたのは一九七四年であり、しかもこの本は研究者向けの高価なものであった。その後、いくつかの版元からは廣松版に近いものが（他の研究成果をも踏まえ）刊行され、アドラツキー版は廃されるようになった。しかし、アドラツキー版を最後まで護持していた岩波文庫が、廣松渉編訳、小林昌人補訳による版を刊行したのは、ようやく二〇〇二年一〇月にいたってからである。

（注2）　今日、ジュディス・バトラーから上野千鶴子まで、マイノリティー問題を重視するフェミニズムやカルチュラル・スタディーズの論者には、「社会構成論」（上野にならえば「社会構築主義」）を標榜している者が多々見受けられる。しかし、その多元主義にもかかわらず、社会構成論が「全体主義」への傾斜をまぬがれがたいことは、以上の論点からも明らかであろう。

（注3）東京オリンピックの記録映画は市川崑が監督し、そのモダニズム的映像は鮮烈な印象を「国民」に与えたが、これと相即して忘れてならないのが、三波春夫が歌って「国民的に」大ヒットしたキッチュな「東京五輪音頭」である。三波はそれ以前、地方農村からのディアスポラ的出稼ぎ労働者を歌った「チャンチキおけさ」のヒット曲で知られた。オリンピックに際して東京の風景を一新するために動員されたのが、出稼ぎ労働者たちにほかならない。以後、東京は『反解釈』のスーザン・ソンタグも着目する、キッチュなモダン都市（ポストモダン都市？）の相貌を見せていく。

（注4）大学における産学協同を疑う者が誰もいない様子の現在、このスローガンはいかにもアナクロニックに映る。しかしそれは、今日の不況下の大学が労働力商品再生産工場（就職予備校！）の役割さえ果たしえなくなっているからである。大学は今やジャンク＝ルンペンプロレタリアの生産工場と化しているといってよい（とりわけ、文学部！）。ところで、六八年において維持された産学協同反対のスローガンは正しかったのかと、今日問うことは許されよう。それは、産学協同反対＝労働力商品再生産工場批判が、大学をとにもかくにもアッパーミドルを――すなわち、国民＝市民を――生産するナショナリズム的制度であることを肯定し、前提としているからである。産学協同に汚染されず、労働力商品に還元されない「人間」とは、理念としての国民＝市民以外ではあるまい。フランス五月革命をシニカルに分析したブルデュー『ホモ・アカデミクス』の唯一の意義は、それが失業不安に起因することを明らかにした点にあるが、日本の六八年革命もまた、潜在的には失業問題でなかったのか。四半世紀後の六八年の学生たちへのアンケート集『全共闘白書』は、その企図・内容ともに愚劣この上ない代物といえるが、かつてのアクティヴィストたちの現在の職

業・年収の回答からうかがえるのは、六八年の大学が生み出した、国民＝市民から脱落しつつある膨大なジャンク的ロウアークラスの存在である。事実、日本の六八年は塾・予備校教師、校正者、ライター、エディター等の、「日本的雇用」に包摂されない膨大な「フリーター」を生み出した。たとえ、彼らが八〇年代のバブル期に、つかの間、資本主義からの剰余利得を得ていたとしても、彼らがジャンク的ロウアークラスであることには変わりない。

（注5）　廣松理論は「協働性 zusammenwirklichkeit」を人間存在の基底に置くという意味で、むしろ、「労働」疎外論（物象化論）的でさえある。

（注6）　たとえば、松田政男「転形期の構図」（『風景の死滅』所収）を参照。なお、この廣松論文を単行本に収録する際に付されたイントロダクションには、「ブントと構改派」のみならず、社青同解放派などとの「理論的対立」も「止揚されつつある」とする廣松自身の記述さえ見られる。

（注7）　七〇年代半ば頃、廣松は著者との私的な会話において、「全共闘によって、日本の学問が一〇年は遅れた」と言って、著者を驚かせた。もちろん、廣松の含意は六八年世代が一般に不勉強であることを歎いたものであった（そして、それ自体は、少なくとも著者に照らせば、今なお、まったく正しい批判である）。しかし、私はその時の驚きを、いまだに忘れることができない。では、六八年の「気分」を図らずも表象していた、あの疎外論批判とは何だったのかという思いを禁じえないからである。

第六章

（注1）　ここから、蓮實重彦が七〇年代中期に公然と提唱することになる「表層批評」を想起して

も、おおむね間違いではない。あるいは後述するごとく、宮川淳と津村喬が遭遇すべきであったとすれば、そのありうべき遭遇は、蓮實において、ある意味ではポストコロニアルな書『反＝日本語論』としてなされることになるだろう。

（注2） 幾つかの痕跡がないわけではない。宮川淳は一九七一年に東大駒場の第一回自主ゼミに呼ばれて、ロラン・バルト『モードの体系』を講義・講読している。招請したのは、当時、学生だった小林康夫（現・東大教授）であった（小林「宮川淳と美術批評の彼方 あるいは「鳥・焰・愛」」、「SAP Journal」二号参照）。この自主ゼミは、全共闘のなかから生まれた「反大学」運動の流れを、学校当局が汲んだものである。小林康夫は当時、津村喬の近辺にもあり、雑誌「構造」（当時存在した総会屋系新左翼総合誌）の七〇年一二月号で、デリダに依拠してルソーの『言語起源論』の書評「悪魔に憑かれた叫び声」を書いている。また、入沢康夫は、小田久郎（思潮社社長）が三島由紀夫事件とともに大岡信の「時代におどらされるな」という言葉を付して懐古するように、「入沢康翁というペンネームを使って、『朝日ジャーナル』に過激な詩を書いたり」していた（『戦後詩壇私史』）。

（注3） 『天沢退二郎詩集』が刊行された当時の状況を素描すれば、以下のとおりである。前年の一〇・八羽田闘争に続いて、この年も、佐世保エンタープライズ寄港阻止闘争（一月）を皮切りに、三里塚闘争を中心に、ニューレフト諸派はさまざまな闘争を歴戦した。しかし、決定的に注目すべきは、五月から六月にかけての日大・東大闘争の爆発的な高揚である。そこにおいて、諸党派には包摂されない「ノンセクト」が圧倒的なマスとして登場したのであった。

（注4） 六〇年代末から七〇年初頭にかけて、ブランショ（というよりは天沢＝「凶区」）と吉本隆

明（というよりは、北川透）を二重の中心とする批評や、ブランショばりの（あるいは、ヌーヴォーロマンばりの？）小説を、「現代詩手帖」、「現代の眼」、「犯罪」（倉橋健一編集）等の雑誌に発表していた加藤典洋は、当時を回想して、「学生の頃、小林（秀雄――引用者注）の初期批評などに大きく影響を受けながら、街頭で石などを投げていた」（「現在の感想」、「新潮」二〇〇一年四月臨時増刊号）と書いている。これが、あまりにもありうべき、小林秀雄に対する当時の応接ぶりであることはいうまでもあるまい。

（注5）　山本陽子の詩業は、現在『山本陽子全集』（漉林書林）としてまとめられている。拙稿の山本陽子論「不眠者の間隙」（『詩的モダニティの舞台』）も参照。石原吉郎についても同書所収の「コミュニケーションとしての『飢え』」参照。中島一夫「媒介と責任――石原吉郎のコミュニズム」（「新潮」二〇〇〇年一一月号）も参照。

（注6）　スターリン批判以降のナショナリズム再評価の動きとも連動し、また、戦前からの日本資本主義論争の延長として、六八年革命時は「国家論」が盛んに問題となった時代でもある。しかし、マルクス主義の側からするそれは、おおむね社会構成論の域を出るものではなく、三島のフェティシズム的国家論に拮抗するものは皆無といってよい。そのことは、社会構成論からもっとも遠い、吉本隆明の国家論である『共同幻想論』にさえ言える。端的に言って、吉本の幻想概念は、一方では、真実によって除去されるべき「共同幻想」という側面と、「個人幻想」や「対幻想」といった言葉にあらわれているごとく、通常の意味での「観念」、「意識」といった除去されうべくもない概念とに引き裂かれていることからも知られるように、それ自体がフェティシズム的に「誤認」された概念なのである。

（注7）「風流夢譚」の（やや）詳しい分析としては、拙著『「帝国」の文学』の「プロローグ」を参照。

第七章

（注1）ついに設立されたナショナル・シアター＝新国立劇場（一九九七年）以降においても、演劇人の戦争責任問題は、ポストコロニアル批評の隆盛にもかかわらず、いまだ十分になされているとは言いがたい。そのことを端的に象徴する作品が、そのこけらおとしとして上演された井上ひさし作の、新劇人・丸山定夫を一主要登場人物として、その戦争責任を免罪する『紙屋町さくらホテル』にほかならない。詳しくは、拙稿「井上ひさしと天皇制」（拙著『小ブル急進主義批評宣言』）参照。

（注2）日本美術がフェノロサ、岡倉天心によって、その概念を文学に先行して構築していったことは周知のとおりである。フェノロサらの運動は、坪内逍遙にも大きな影響を及ぼした。音楽については、そのナショナリティーの構築が、やや遅れたものと見られる。細川周平の「西洋音楽の日本化・大衆化」（「ミュージック・マガジン」一九八九年四月号―九四年四月号）を参照。

（注3）鴻英良がベンヤミンの『ドイツ悲劇の根源』に即して言うように、ナショナル・シアターが国会＝国民国家に先行する神話的＝「法措定的暴力」の場であるとすれば（「「帝国」からの《悲劇》の誕生」、「ユリイカ」二〇〇二年一二月号）、国会開設に回収されてしまった日本の初期演劇運動の挫折という問題は、六八年の「革命」においても、ある種の反復が見いだされる。それが、アングラが「超」あるいは「反」近代的なムーヴメントとしてあらわれた理由でもある。また、国

会は立法機関ではあるけれども、法を基礎づける神話的暴力を脱神話化した、むしろ世俗的な「法維持的暴力」の装置であるがゆえに、擬似的なナショナル・シアターにとどまる。ここにおいて、神話的＝「法措定的暴力」は、国会開設の詔勅と帝国憲法発布をなした天皇に帰すことになる。なお、ナショナル・シアターをめぐる本書の論点は、鴻英良からの示唆と彼との議論に負っている。

（注4） トロツキー主義には「労働者国家無条件擁護」のスローガンもある。スターリン主義によって堕落させられているとはいえ、ソ連邦をはじめとする労働者国家は擁護されねばならず、それは補足的第二革命によってアウフヘーベンされねばならない、というものだ。これは、現実的な条件を無視する黙示録的革命主義の傾向への歯止めのようにも見えるが、同時に、黙示録的革命主義とスターリン主義の、より空想的なアマルガムにおちいる契機をも内包している。そうしなければ、ロシア革命という歴史性が水泡に帰するかも知れないからだ。そのことは、北朝鮮へと飛んだブントの末裔たる赤軍派の帰趨を見ても知られる。二〇〇二年九月の日朝首脳会談において金正日が日本人拉致を認めたことは、「労働者国家無条件擁護」というニューレフトが何らかのかたちでおおむね維持してきた水準を決定的に崩落せしめたという意味で、きわめて重要な契機となったと言わねばならない。いうまでもなく、北朝鮮＝金正日が拉致をやっていないなどと信じる者は、それまでも、まあ存在しなかった。にもかかわらず、トロツキー主義を継承するニューレフトの「労働者国家擁護」というモティーフは、金正日が拉致を否認し続けることなしには維持されえなかったのである。

（注5） 一九七〇年の第二次ブント分派闘争の際、その一分派は「悪魔の第三次ブント」建設を謳った。その分派の指導者・荒岱介は「第二の青春」で知られる戦後文学の指導的批評家・荒正人の

甥であり、自身も認めるごとく、小説家志望であったという。荒岱介著『破天荒伝』参照。

(注6) しかし、グロイスの言うこととは異なって、私見によればスターリンはスターリン批判によって、「デミウルゴス的主体」かつフォルマリストになったのであって、ア・プリオリにそうだったわけではない。

(注7) つかのデビューからは、やや後年のことに属するが、久保は、大笹吉雄、森秀男、菅孝行、扇田昭彦との座談会「歴史がふり向くとき――一九七六年の演劇界」(「新劇」一九七七年一月号)において、つかについて、「彼の場合の笑いにはこれまでになかった独自な軽さがある。しかし、その軽さには、同時に、実は非常な悪意みたいなものがあって、しかもその悪意は絶対に観客にはわからせないような悪意で、つまり観客が笑えば笑うほど、作者としては『ざま見ろ』というような構造になっているのじゃないか」と、きわめて意味深長な言葉によって、高い評価を与えている。本章の目論見の一つは久保の言うこの「構造」を分析するところにある。

第八章

(注1) 第四章で触れたように、江藤淳は一九六五年に刊行を開始された文学全集(シリーズ)『われらの文学』の、大江健三郎と並ぶ編集責任者であり、六八年の世代にとって親和的であったばかりでなく、吉本隆明が高く評価する批評家として、「批判的に摂取すべき」存在と見なされていた。吉本の江藤への高い評価は、雑誌「文藝」一九六六年一月号の二人の対談「文学と思想」における、「江藤さんと僕とは(中略)グルリと一まわりばかり違って一致している」という発言で頂点に達していた。

（注２）　大島渚が、もっともライヴァル視していたのは寺山修司であったという証言もある。九〇年代にニューヨークを訪れた時に大島に接した北野圭介の教示による。

第九章

（注１）　現在の長沼は日本近代文学研究者として知られるが、六〇年代後半、「長いあお」という同人誌で資本論の商品論を言語論として読むことを模索していた。津村＝長沼の言語論の目論見は、「国＝語」批判、すなわちナショナル・ランゲージとナショナリズムの批判にあり、今日の同種のポストコロニアル研究に先駆するばかりでなく、その理論的試行性と実践性において、はるかに高いところをめがけていたと言いうる。

（注２）　一九二四年における宇野と福本との遭遇の、その後の反復と見なされるものは、他にもいくつか挙げられるが、最も著名なものとしては、戦後主体性論を代表する哲学者・梅本克己の『マルクス主義における思想と科学』（一九六四年）における宇野への批判と、それへの宇野の応援がある。しかし、六〇年安保闘争の「理論と実践」の場にかかわって、その遭遇を最も大がかりに組織・反復してみせ、ニューレフトの抱えるそのプロブレマティックを顕在化させたという意味では、黒田の『宇野経済学方法論批判』の方が――時期的にも――先駆している。なお、黒田はその著書で、梯と並置して、梅本の名前をあげてもいる。

（注３）　黒田にあっては、宇野経済学は単に「科学」主義ではない。宇野が『資本論』の論理的矛盾を「自分流に」批判するところに、その「主体的（理解）主義」を見いだしている。それゆえ、宇野理論のさらなる「主体的な」改作が必要であり、可能とされるわけだ。

（注４）「梱包というのは、ただキャンバスを紙と紐で包んだもので、その日会場に行ってから瞬時にできた。千円札というのはふだん使っている千円札を畳一枚ほどの大きさに拡大したもので、これは瞬時にはできず、何カ月も前から徹夜徹夜の連続だった。点の一つ、線の一つにも気をつけながら虫眼鏡でのぞく細かい作業に、しまいには胃痙攣になって倒れたりした。なぜそんなことをしたのだろうか。美しい山や海ならともかく、千円札を描くなどというおよそ不毛な作業に精魂つくして」（『反芸術アンパン』）

（注５）ハイデガー的に「存在」を神の贈与と見なすなら、同様に、貨幣も神の贈与だが、それは同時に、「存在」＝貨幣が神によって垂れ流された糞尿であると言ってもよい。もちろん、それはエスの解釈にもかかわってくる。

（注６）拙著『小説的強度』第四章「疚しさと価値形成」を参照。

第一一章

（注１）花田清輝が北を目してホームランもどきの「物凄いファウルをかっとばした男」（「ロマン主義者──北一輝」一九五五年）と評したことは知られている。久野収は『現代日本論』（戦後日本思想大系15）に収められた高畠通敏との対談（一九七四年）のなかで、北一輝に見られる天皇（制）論を、人民戦線派・中井正一や「天皇機関説」美濃部達吉のそれと並べて、高く評価している。

（注２）六八年革命の衝撃を受け止め一九三〇年代問題を再検討しようという動向のなかから、アドルノやベンヤミンらフランクフルト学派の翻訳・紹介が本格的に開始されるが、それは、戦時下

にフランクフルト学派を読んでいたという久野収に典型的な人民戦線的傾向を継承するというよりは、ファシズムの「可能性の中心」に賭けるという心性を隠しえないものであった。これは、六〇年代に登場したヘゲモニー的な思潮が、北や保田の復権を促す保守的革命主義であったことにも規定されている。一九六八年に創刊された雑誌「情況」(第一次)でフランクフルト学派の紹介を開始していた清水多吉は、その成果たる翻訳論集『30年代の危機と哲学』(一九七六年)にハイデガーの「ドイツ大学の自己主張」を収める際、それがファシズム擁護の講演というよりは、無縁でさえあることを強調しなければならなかった。いうまでもなく、これは「ヒューマニズム書簡」に代表される戦後ハイデガーのアメリカニズムとボリシェヴィズムへの批判(同時に、マルクスへの一定の評価)に規定されたものであり、ハイデガーを「左翼」(それも、ニューレフト的なもの)とさえ見なそうとする当時の世界的な風潮と相即している(六八年の象徴的な思想家マルクーゼはかつてハイデガーの助手であった)。「ヒューマニズム書簡」のハイデガーは、マルクス主義を「われわれの時代の乗り越え不可能な哲学」(『方法の問題』平井啓之訳)とするサルトルを斥けながらも、マルクスの「疎外」概念が故郷喪失という「歴史の本質的な次元にまで立ち入っていること」を認め、それと「実りある対話」(佐々木一義訳)を希求するかのごとき言辞を述べているが、このようなハイデガーを丸ごと肯うことは、潜在的にはファシズムの「可能性の中心」を穿とうとするモチベーションを反映していると見なすべきである。事実、清水を中心として運営されていた、雑誌「情況」近傍の研究グループ「寺小屋教室」には、七〇年代から八〇年代にかけて日本ファシズムの淵源にかかわる思想講座がいくつも開設されていた。

(注3) いうまでもなく、末松太平は思想的には「右」であるが、その誠実な革命主義には「左」

から親炙する者も多かった。私的な会話によるが、七〇年七・七集会を組織した華僑青年闘争委員会のある指導者（もちろん在日華僑である）は、当時、何度か末松を訪れたことがあるという。ちなみに、『私の昭和史』の版元のみすず書房は膨大な『現代史資料』を刊行中であり、同書もその文脈で出版されたと見なしうるが、同時に、同社はE・H・カーやドイッチャーのロシア革命もののみならず、六〇年代末からはレヴィ＝ストロース、ロラン・バルトなどの「六八年の思想」を準備する著作の刊行も開始している。みすず書房の本は、その装丁が白を基調としていることから、黒を基調とした装丁のバタイユやブランショの（あるいは埴谷雄高の）著作の版元・現代思潮社の「クロ難解」に対して、当時、「シロ難解」と呼ばれた（赤瀬川原平の命名による）。

（注4）　斎藤史の第一歌集『魚歌』（一九四〇年）に収められた、二・二六にかかわる高名な作品に、「春を断《き》る白い弾道に飛び乗つて手など振つたがつひにかへらぬ」、「濁流だ濁流だと叫び流れゆく末は泥土か夜明けか知らぬ」などがある。斎藤は二・二六事件で死刑になった栗原安秀中尉の幼なじみでもあった。また、第一次早大闘争（六六年「二月」！）を歌った福島の歌集冒頭に置かれた作品「樽見、君の肩に雪ふれ　眠らざる視界はるけく火群ゆらぐを」が、遠く二・二六事件のイメージに重なっているのは見やすい。三枝の歌集では、連合赤軍「兵士」が「志士」のイメージで歌われており、六七年一〇・八の死者・山崎博昭（京大生）の「鞭」に使嗾された佐々木の詩集では、ロシア革命時に権力中枢・冬宮に進攻するボリシェヴィキが、また、阿久根の詩集では秦の始皇帝を襲ったテロリスト荊軻が特権的なイメージとして記されている。

（注5）　もちろん、ローザ、トロツキーを斥けて、レーニンのみが陣地戦の重要性を認識していたとするグラムシの視点は、レーニン死後のコミンテルンのヘゲモニーが、スターリンに帰していた

当時の状況にも規定されていると見なすべきである。後述するように、グラムシがレーニン主義に対して批判的な視座を有していたことは明らかである。

（注6）六〇年代初頭、日本共産党は多くの知識人・有力党員を次々に「除名」した。アトランダムに挙げても、春日庄次郎、山田六左衛門、志賀義雄、神山茂夫、中野重治、佐多稲子、野間宏、花田清輝、大西巨人、安部公房、武井昭夫、いいだもも等々と膨大な数に及ぶ。彼らのすべてが「ソ連派」あるいは構改派であったわけではないが、ともかく、これら有力党員・知識人の排除によって、日共の思想的・文化的ヘゲモニーが決定的に失われた。しかし、彼らを排除することで、日共は社会民主主義的なポピュリズム路線（後述するように、それ自体ある意味では構改派的な）を採用することが可能となったのである。

（注7）吉本隆明は構改派・佐藤昇と丸山真男、梅本克己との座談本『現代日本の革新思想』（一九六五年）に対して、六九年、東大闘争における丸山の応援にからめて激しい批判を書いた（「収拾の論理と思想の論理」、後に「収拾の論理」と改題して『情況』所収）。それは直接には、丸山がアカデミズムの立場から在野の吉本を揶揄する言辞を、吉本の名前を挙げずに弄したからでもあるが、同時に、吉本にとってソフト・スターリニズムとしての構改派の汚染が、六〇年安保後に、確実に広まっていると見えたからである。

（注8）吉本とほぼ同様の国家論を記して当時の学生アクティヴィストが参照したものとして、滝村隆一の『革命とコンミューン』（一九六九年）がある。この本に収められた論文の多くは、吉本の個人誌「試行」に掲載されたものだが、滝村は同時に「現代の理論」への寄稿者でもあり、主に構改派系アクティヴィスト（統社同＝フロント系）に参照され、構改派がグラムシ主義を放棄する

のに寄与したものと推測される。

第一二章

(注1) 日本共産党神奈川県委員会革命左派(京浜安保共闘)が赤軍派と合同する以前の死者二人も含む。

(注2) リンチ殺人を、戦前共産党のいわゆる「リンチ共産党事件」とのアナロジーで捉え、連合赤軍を構成した赤軍派がスターリン批判以来、ニューレフトの系譜にあるのに対して、もう一派の革命左派はスターリン主義=毛沢東主義の亜流であることをもって、この無原則な野合が旧左翼への回帰の淵源と見なす向きもあるが、ナイーヴな「反スターリン主義」である。連赤のリンチ殺人も、後述するように、否定的な意味ででではあれ決定的に六八年的な相貌を持っていると言わねばならない。

(注3) ここで「主体性論」というのは、ヘーゲルあるいはルカーチ、さらには西田哲学に淵源する戦後主体性論的マルクス主義のみを指すのではなく、金日成の「主体思想《チュチェ》」までを射程に入れている。チュチェ思想の成立が、日本の戦後主体性論と等しく、西田哲学に遡及して捉えられなければならないというのは今後の研究課題だが、それはともかく、ハイジャックで北朝鮮に渡った赤軍派の一派が、さまざまな制約があったとはいえ、金日成=チュチェ思想に帰依することになったことは、すでに塩見理論によって予料されていたと言いうる。

(注4) 連合赤軍事件を批判的に総括するというモチベーションによって書かれた、『テロルの現象学』の笠井潔は、「革命とはいわば奇跡の実現であり、蜂起する民衆が「主観的な自己の死の覚悟」

などとはまったく無関係に易々と〈死〉を超えてしまう」と言っている。これはしかし、「火事場の馬鹿力」という俚言の詩的な言いかえ以上のものではあるまい。赤軍派＝連合赤軍も、その奇跡たる革命が「客観的」に到来するであろうことを信じていたのだから、その時、自らが「主体的」にそれに応接しようとする志向を斥けることはできないであろう。

（注5）三島について詳しくは、拙著『複製の廃墟』所収の二つの三島論「死刑囚の不死」、「複製技術時代のナルシス」を参照。

（注6）『検証 内ゲバ』で小西誠も指摘しているように、この「声明」＝「提言」は革マル派からの要請によって、高知聰が「『背後で協力』して仕掛けた」ものと思われる。その高知は、革共同両派の内ゲバが開始された一九七〇年、革マル派の側に立って、その「革命的暴力」を肯定するパンフレットの実質的な編集に当たったという（高知『孤独な探求者の歩み――〈評伝〉若き黒田寛一』参照）。高知はスターリン批判に接して早くから反スターリン主義の運動に加わった一人だが、その関係から埴谷雄高とも親しい関係にあった。

（注7）「夢魔の世界」が発表された時、江藤淳は文芸時評において、その思弁のリアリティーのなさを批判したが、それは全く正しい感性である。

（注8）いうまでもなく、この自嘲的な呼称はユダヤ人によるイスラームへの侮蔑を前提にしており、アウシュヴィッツの帰結としてのイスラエル建国と、今日にいたるパレスチナ問題をも暗示している。

第一三章

（注1）　ブント叛旗派（三上治、神津陽）の思想的かつ「人格的」バックボーンたる吉本隆明さえ、このリストには『共同幻想論』一冊しか入っていない。なお、ここに岩田弘『世界資本主義』が入っていないのは、すでに岩田＝マルクス主義戦線派がブントから除名されていたからである。

（注2）　開高の『日本三文オペラ』が上梓されてから五年後、小松左京が『日本アパッチ族』を書いている（『日本三文オペラ』は一九五九年、『日本アパッチ族』は一九六四年）。開高の『日本三文オペラ』は、猪飼野の詩人・金時鐘に導かれた取材によってなった作品と言われているが、以後、猪飼野が金時鐘の名とともに、日本の「第三世界」＝「ポストコロニアル」文学の特権的な参照先となっているのは、周知のことであろう。この系譜を継承しているのが、梁石日であることはいうまでもない。しかし、梁のそのポストコロニアル的相貌は、たとえば、小説「無人警察」に端を発した、筒井康隆の、いわゆるテンカン差別問題で、筒井の「断筆祭」に彼が参加する作家である時、疑問符をつけざるをえない。なお、藤本進治が次のように記しているところを参照せよ――「たとえ、最初、アナーキーとみえようとも、大衆の噴出する闘争力のみが、このアナーキーを克服する力なのである。指導が、その思いあがりから、このアナーキーを押さえるとき、闘争は停滞し混乱する。指導が依拠し従属しなければならぬのは、自分の空疎な理論や方針ではなくて、大衆の無法ともみえる力の噴出である。これをとめてはならない。『ならずものはすばらしい』のである。ならずものにさえなれぬものがどうして革命をやれよう」（「統一戦線と階級形成」、『根拠への闘争』所収）。

（注3）　「日本のプラグマティズム」（一九六三年）は現代思潮社から刊行されていた梅本克己編『講座戦後日本の思想　第一巻』「哲学」に収録されたものである（後に、『マルクス主義と現代』に

再録)。そこで藤本は、鶴見俊輔や久野収ら「思想の科学」系や、その近傍にある当時の構造改革派グループの「実践」概念を、マルクスやレーニンに依拠して批判している。なお、同講座版元の現代思潮社が、ニューレフト系知識人による六〇年安保闘争総括の書『民主主義の神話』の版元であり、梅本克己も執筆者の一人であることを、改めて確認しておく。

(注4) 最首悟(当時東大助手)らによって流布され、日本の六八年革命におけるクリシェであった「自己否定」は、しかし、おおむねこのような意味には用いられなかった。それは、聖職者的インテリゲンツィアの自己意識(=「疚しい良心」)のナルシスティックな発露にすぎない。それゆえ、それはまったく論じるに足りないものである。藤本進治のごとくそれを用いたのは、津村喬を除けば、わずかに、廣松渉くらいであったはずである。もちろん、それは労働の廃棄を掲げる『ドイツ・イデオロギー』に依拠している。

(注5) 関西弁で、良くも悪くも「無責任」なアジテーションをおこなう「ならずもの」滝田修がトリックスター的存在であったことは周知の事実であり、そのことによって、滝田は七〇年前後の時代のジャーナリズムにおける小さな寵児でもあった。当時「朝日ジャーナル」記者であり、少年時代は山口昌男の教え子でもあった川本三郎が滝田にシンパシーを覚え、埼玉県朝霞の自衛隊駐屯地で赤衛軍を名のるグループが自衛官を殺害するという「赤衛軍事件」(一九七一年八月)にまきこまれたのも故なしとしない(『マイ・バック・ページ』等参照)。山口昌男は、六〇年代のエッセイのなかで、しばしば、紅衛兵や学生運動のトリックスター性について触れている(『人類学的思考』所収のいくつかのエッセイを参照)。

(注6) 津村喬(本名・高野威)の父・高野実は、戦前からの社会運動家で、「地域ぐるみ闘争」で

知られる元・総評事務局長（五一年総評第二回大会で選出）。なお、母親・倭文子《しずこ》は猪俣津南雄の妻であったが、猪俣の死後、高野と再婚した。倭文子は戦中の中央公論社の編集者。津村が「猪俣津南雄研究会」を組織して、猪俣再評価を試みたことは、第八章でも触れた。なお、津村との私的な会話によれば、戦後、津村らが生活していた世田谷の家には、荒畑寒村や山花貞夫（元・社会党委員長）が同居していたという。また、これも別の私的な情報によるが、「だめ連」ぺぺ長谷川の祖父・塚原徹は、旧制中学時代から、猪俣とは俳句をつうじての生涯の盟友であった。テレビ等で著名な高野孟（政治ジャーナリスト）は津村の実兄。

（注7）日本の六八年革命における津村喬の活動を、フランス五月革命を準備したギー・ドゥボールらのシチュアシオニストとアナロジーする捉え方も存在する（上野俊哉『シチュアシオン――ポップの政治学』）。この視点は、第七章で紹介した佐伯隆幸『現代演劇の起源』にも近い。周知のように、ドゥボールは津村が不断に参照するアンリ・ルフェーブルの協働者であり（一九六三年に決裂）、ゴダールの有力な参照先であったが、津村は毛沢東主義者時代のゴダールについて、積極的に何度も論じている。しかし本書では、当時の津村の政治的核心が、上野・佐伯らのほとんど論じ（え）ない、毛沢東主義と「差別論」にあったことにかんがみ、「フォルマリスト」という別途の文脈を採用した。ドゥボールは毛沢東主義に対して否定的であり、なおかつ、当時の津村がシチュアシオニストを知っていた形跡はない。ドゥボールになぞらえる時に発生する（ドゥボールの劇的な生涯に寄り添った）ロマンティックな「詩的」イメージが、津村の散文性にそぐわないということもある。フォルマリスムは確かに「詩的言語の革命」（クリステヴァ）であったが、「散文の理論」（シクロフスキー）でもあったはずだからだ。私見によれば、ドゥボールらシチュアシオニストに

近いのは、むしろ本文でも触れた早大反戦連合の「ナンセンス・ドジカル」グループの方だったと思われる。なお、上野の文脈に即せば、津村はシチュアシオニストであったばかりでなく、カルチュラル・スタディーズやポストコロニアリズムの先駆者とも見なされうる。確かにそう捉えることも可能だが、津村は、それらを標榜する今日のカルチュラル・レフトとはくらべものにならないくらい優秀な思想家でありアクティヴィストであった。
(注8) 宮川淳を介してデリダを紹介したのは、当時、東大駒場の学生で、津村とも親交のあった小林康夫と推測される。第六章の(注2)参照。
(注9) 七〇年代半ば、私が編集者として山口昌男を訪れた折、林達夫が津村を高く評価している旨を、山口が羨望をもって告げたことを記憶している。それは津村と林が知的ブリコルールとして相即的であることと同時に、二人の政治へのコミットメントのスタンスも含む評価だったはずである(林達夫は一九三〇年代、コミュニズム運動の近傍にあった)。当時、平凡社から『林達夫著作集』全六巻が、加藤周一、久野収、鶴見俊輔、大江健三郎、中村雄二郎、山口らの解説陣を得て刊行されており、山口は林を「近代日本が生んだ類い稀な知的「かぶき者」」(「林達夫のフォークロア的世界」)として、自身の知的系譜の起源に位置づけ賞揚していた。七〇年代初頭における林達夫の復権は、六八年における聖職者的知識人から有機的知識人へのパラダイム・シフトに即しつつ、六八年革命の「高揚」が収束した後の、ジャーナリズムにおける総括的回収作業の一つであったと見なせる。
(注10) たとえば、九〇年代に筒井康隆「無人警察」の差別表現が問題となった時も、あるいは、近年の「従軍慰安婦」問題に際しても、論者たちが津村喬を想起する場面は、私を除けばほとんど

見られなかった。主に後者を担うカルチュラル・レフトが、しきりに――デリダにならってであろう――「記憶」を云々するにもかかわらず、である。それは、単に「反戦」的心性に裏打ちされたものに過ぎず、「戦争」として位置づけられていないからである。現在、津村喬は、いわゆるジャーナリズムの場面からは退場し、「六八年の思想」からも距離を置いているように見える。津村の「退場」は、一九八〇年をほぼ境にしており、いわゆるニューアカデミズムの登場と前後するが、この事態には象徴的な意味が読み取れるはずだ。津村が、一般的なジャーナリズムで発言した、ほとんど最後の文章は、すでに津村が太極拳や気功の実践者となっていた時代の、「〈逃走〉する者の〈知〉――全共闘世代から浅田彰氏へ」(「中央公論」一九八四年九月号)であり、それは浅田の「速度へのこだわり」に対して「ゆっくり走ること」の快楽を対置しており、今日読んでも興味深い対立を示している。その後の津村は、気功や太極拳の実践的指導者・オルガナイザーとして知られている。その他、食や健康に関する著作も多い。本書で論じることはできないが、これは、津村の初期から潜在する最大のモチベーションが「身体論」であったことともかかわって、そこに一貫した文脈を見いだすことができよう。しかも、津村の実践的な身体論は、七〇年代にようやく本格的な翻訳・紹介が始まったメルロ＝ポンティ的なものではなく、そのフォルマリスムに徴せば、クリステヴァや中沢新一の問題構成、あるいはさらに、『性の歴史』(とりわけ『Ⅱ 快楽の活用』、『Ⅲ 自己への配慮』)にいたるフーコーの、より近傍にあるものと見なしうる。これらの著作が翻訳された時にはすでに狭義のジャーナリズム批評家を廃していた津村は、それらに接して発言することはなかった。なお、津村とオウム真理教・麻原の気功の師が同じことをもって二人を同一視する向きもあるが、津村の気功は神秘主義を斥けることを旨としており、事実、オウム事件に際しては、目立たぬメディアに批判をいくつか書いている。また、これは私的な情報にもとづくが、オウム事件に際してもっとも突っ込んだルポルタージュを敢行していた『麻原彰晃を信じる人々』の大泉実成は、津村を訪問して長編インタヴュー（対談？）を試みた。しかし、これは残念ながら活字化されていない。

（注11） 善隣学生会館は当時、在日華僑学生の寮であり、なおかつ、そこには日中友好協会が置かれていた。ところが、日本共産党が反中国派に転ずるに及んで、日中友好協会の中国派は会館から出て、日共系の協会が残った。ここに、毛沢東派の華僑寮生と日本共産党との闘争が勃発した。六七年初頭のことである。この闘争は、文化大革命を模しておこなわれた。

（注12） 原一男が最悪のスキャンダリストに過ぎないことは、原の映画『全身小説家』に「出演」した鈴木郁子の「内視鏡型カメラと我がターヘルアナトミア的自浄作用」（「映画芸術」一九九四年秋号）や「協力者であった一伝習生の告発手記」（「創」一九九五年三月号）によって完璧に暴露されている。『極私的エロス・恋歌１９７４』のみならず、障害者運動をもプロパガンダした『さようならＣＰ』（一九七二年）も、鈴木の視点から再検討される必要があろう。なお、原は鈴木の批判にいっさい答えていない。

（注13） 一九七八年、津村は長崎浩、黒木龍思（笠井潔）、神津陽、小野田襄二、花崎皋平、池田浩士ら六八年に（も）かかわったイデオローグたちとともに、論集『全共闘 解体と現在』を刊行した。そのなかの津村の論文タイトルが、「全共闘 持続と転形」である。また津村は一九八〇年にも、同名の論集を編集刊行している。

（注14） 華青闘の実質的な機関紙「底流」創刊号に掲載された。これは、今日「京都犬《ママ》学政治《ママ》経済

研究会情宣局」のウェブサイトで読むことが可能である。
http://seikeiken.hypermart.net/jousen/kaseitou.html
（注15） この論文は灘本昌久のウェブサイト上で読める。
http://www.kyoto-su.ac.jp/nadamoto/work/199304.htm
（注16） 住井すゑに対する批判は、彼女の晩年に、隠蔽されてきた戦時下戦争協力が暴露されるに及んで、その角度から提出された（櫻本富雄「住井すゑにみる「反戦」の虚構」、「論座」一九九五年八月号など。拙著『「超」言葉狩り論争』も参照）。しかし、『橋のない川』自体への批判的分析は、いまだ十分におこなわれていない。
（注17） 『橋のない川』上映阻止闘争が実は「窓口一本化」のタメにする闘争だったのではないかという疑惑の傍証として、その映画が今日、ヴィデオで公然と販売されているにもかかわらず（二〇〇一年七月、ほるぷ労組＝大映から発売）（現在は紀伊國屋書店からDVDが発売されている――後注）、解放同盟がそれに対して何のリアクションもおこしていないという事実がある。少なくともかつての上映阻止闘争のようなものは起こっていない。また、柳町『愛について、東京』のヴィデオも公然と流布している。
（注18） この部落民の定義が、第九章で触れた、「だれかがそれを芸術だと言えば、それが芸術だ」（ジャッド）という、ポストモダン的な芸術の定義と相似的であることに注意せよ。
（注19） この享楽の「匂い」にもっとも卑しく反応しているのが、「2ちゃんねる」の「人権」板に見られる差別的な書き込みである。

付論　戦後－天皇制－民主主義をめぐる闘争——八・一五革命vs.一九六八年革命

はじめに

「全共闘（全学共闘会議）」運動と呼称された日本の「一九六八年」が、「戦後民主主義」批判を掲げたことは知られている。だが、近年、日本の「六八年」がアカデミックな研究対象となる時、そのことは、おおむね括弧に入れられ、「ベ平連（ベトナムに平和を！　市民連合）」に代表される市民運動によって特徴づけられることになっている。小熊英二『1968（上下）』（二〇〇九年）、そして、二〇一七年一〇月一一日から一二月一〇日に国立歴史民俗博物館で開催された展示会「「1968年」——無数の問いの噴出の時代」が代表的なものである。確かに、「難死の思想」で知られるベ平連の代表・小田実は戦後民主主義の延長上に市民運動のイデオローグを演じた。市民運動と戦後民主主義は、二〇一一年三・一一以降の反原発運動や二〇一五年の安保法制反対運動のイデオロギー的な担保となっていると言ってよいだろう。

しかし、そのような視点からは、世界的な学園闘争の一環としてあった日本の全共闘の問題は問えない。日本の全共闘運動も、世界の「六八年」と同じく、ヴェトナム反戦運動を背景とし、労働運動や市民運動、地域住民闘争と「共闘」した。ベ平連が全共闘運動内でも重要な役割を担ったことは否定できないが、しかし、それが学園闘争を遂行したわけではない。はたして、学生は「市民」だったのだろうか。市民運動という視点では、「六八年」＝全共闘の主要な主張であった「戦後民主主義批判」の問題が解けないのである。このことは、今や、ある思想的な難関に逢着している。

それは、二〇一一年の三・一一以降、二〇一五年の反安保法制運動以降に並行して改めて顕在化してきた、戦後天皇制の問題とかかわっている。誰もが触知しているように、「新しい社会運動」とも呼称される現代の市民運動とともにクローズアップされてきたのは、今の天皇夫妻の「プロ市民」的相貌である。天皇夫妻は東日本大震災の被災地を訪問し、原発に反対であるかのような発言さえした。アジア太平洋の「大東亜戦」戦地を歴訪し、現地住民を含む戦争犠牲者に対して戦争責任を謝罪するかのごときメッセージを発した。そのような文脈のなかで、二〇一六年七月一三日に「生前退位」の「お言葉」が表明された後、左派をも自認していたはずのリベラル派からは「天皇主義者宣言」（内田樹）が続出している。天皇夫妻こそ、「ファッショ的」な安倍（晋二）政権に対する最後の砦であり、戦後民主主義の「象徴」であるかのように見なす市民主義が、それにほかならない。そのような時、改めて「六八年」における戦後民主主義批判の意義を問うてみることは、意味のないことではないだろう。

全学連運動と全共闘運動

時間軸に沿って見るならば、一九六七年における、三派全学連の一〇・八羽田闘争に始まり、王子や佐世保に続く学生運動の高揚をうけ、一九六八年の日大、東大をはじめとする大学で全共闘運動が勃興してきたとされている。それは間違いない事実だろう。新左翼が初めてヘルメットとゲバ棒で「武装」して街頭に登場し、「暴力の復権」とさえ言われた一〇・八羽田闘争とそれ以後の街頭「武装」闘争なくして、全国の大学を席巻した全共闘によるバリケード封鎖はありえなかった。しかし、六七年と六八年のあいだには、決定的な断絶があったのだ。それは、前者が戦後民主主義の枠を維持しながら遂行された闘争だったのに対して、後者が明確に、その枠を解体しようとしたからである。そのことは、全共闘が「ポツダム自治会粉砕」というスローガンを掲げたところに、端的に表現されている。

全学連は全日本学生自治会総連合の略称であり、各大学の学生自治会の連合体を意味している。それは、一九四八年に、日本共産党のヘゲモニー下に結成され、戦後「民主化」闘争の最左派を担った。一九六〇年の安保闘争の先端にも急進的な全学連の運動があった。それは、誕生したばかりの新左翼系学生共産主義者グループ・共産主義者同盟（第一次ブント）の指揮下にあった。この時、全学連は単一組織である。しかし、六〇年安保闘争の

「敗北」後、その総括をめぐって第一次ブントは分裂し、それとともに、ブントや他のセクト各派はそれぞれに「全学連」を名のるようになった。三派全学連は中核派、社青同解放派、ブント（第二次）という新左翼各派の全学連の連合体である。

しかし、ここでの問題は、あくまでそれが学生自治会の連合体であったところにある。各大学の自治会は、学生たちの投票によって代議員を選び、その代議員から委員長などの執行部が選ばれるという代議制民主主義がタテマエとなっていた。自治会を掌握しようとする政治党派（セクト）が学生大衆の意思を表象し代行しうるという信憑である。それゆえ、自治会の掌握がセクトにとっての死活問題だった。自治会を掌握すれば、セクトは自治会の名において学生を領導し、デモにも動員できる（表象＝代行の成就）。多額の自治会費もセクトの活動費として合法的に使用することができる。そのことは同時に、自治会を掌握したセクトが、他のセクトであるとノンセクトであるとを問わず反対派を排除する傾向としてあらわれる。反対派は、学生の意思を表象しえなかったと見なされるからである。三派全学連は、このように日常的には対立し排除しあう諸セクト同士の危うい均衡の上に立っていた。

つまり、自治会とは代議制民主主義が結果的にもたらす「独裁」という帰結を如実に示してしまうものだったのである。まさに、民主主義と独裁のパラドックスにほかならない。それは、単に「奴は敵である。敵を殺せ」―（埴谷雄高）ということではない。民主主義が必然的にはらむパラドックスである。このことは、実は六七年の一〇・八前夜の一〇月七日、法政大学における中核派の社青同解放派に対するリンチ事件において、矛盾として深く懐胎されていた。三派全学連のヘゲモニー掌握を狙っていた中核派は、解放派の有力活動家を法政大学の一室に拉致し、最高幹部の指揮のもと、凄惨なリンチをおこなった。この事件については、すでに蔵田計成『安保全学連』（一九六九年）に簡単な記述があるが、近年では、小野田襄二『革命的左翼という擬制』（二〇〇八年）、水谷保孝・岸宏一『革共同政治局の敗北』（二〇一五年）に詳細に記されている。

重要なことは、このようなテロ・リンチにもかかわらず（いや、そのことをも糧として、と言うべきだろうか）、一〇・八羽田闘争は遂行され、新左翼運動が高揚に向かったということなのだが、それについては順次述べる。まず指摘しておかなければならないのは、この一〇月七日の事件を契機に、中核派中枢から離脱者が出ているということである。政治局員として三派全学連の創設に献身した小野田襄二である。小野田は自ら志向した新左翼運動の精華であるはずの一〇・八羽田闘争を見ずに、逆に、そこに新左翼の危機を見たと言える。事実、中核派離脱後の小野田たちのグループの政治思想は、「反独裁」のアナーキーと言うべき方向を志向するものだった。

一九六八年に始まる全共闘運動は、基本的に、反独裁のアナーキーを志向するところに、その特徴があった。それは、諸セクトに系列化された自治会の「民主的」運動が、「独裁」

に帰結することへの対抗的な姿勢である。戦後日本の大学に誕生した自治会は、ポツダム宣言受諾によってもたらされた戦後民主主義の産物に過ぎず、それゆえ、粉砕の対象と見なされたのである。しかし、全共闘運動のなかでも、諸セクトとそれに系列化された全学連のヘゲモニーは、ある程度は貫徹されていた。一九六九年一月の東大安田講堂攻防戦を担ったのは主に諸セクトであったし、一九六九年九月に結成された全国全共闘連合も、実質的には諸セクトの連合体であった。良し悪しという問題ではない。廣松渉も言うように、全共闘運動にいたる過程には、六〇年代における諸党派の地道な自治会活動という素地があったが（『現代革命論の模索』一九七〇年）、それは、その後も同様であった。

現在の大学においては、学生運動がほぼ壊滅している。それは、全共闘の掲げた「ポツダム自治会粉砕」が、実際に受動的かつ反革命的なかたちで成就しているからにほかならない。戦後の学生自治会は、タテマエ上は、戦後民主主義がもたらした、「教授会の自治」を中心とした「大学の自治」の不可分な一機関として存在していた。つまり、自治会は大学統治機関の一つだったのである。自治会を一政治セクトが独占することは、大学当局の統治にとっても、とりあえずは都合のよいことだった。学生内の混乱が抑制されるからである。しかし、「六八年」の全共闘運動は、「教授会の自治」の欺瞞を告発し、「ポツダム自治会粉砕」を掲げることで、セクトによる学内統治のリミットをこえてしまった。以後、大学当局は自治会の解体に舵を切り、今や全国の大学に公認自治会は存在しないか、存在してもまったく形骸化しているのが実情である。

このようななかで、現在、キャンパスにおいて集会を開くことはおろか、ビラやタテカンを出すことさえ不可能となっている。二〇一五年の反安保法制の運動において、SEALDsに象徴される「学生運動」が話題となった。しかしそれは、学内でビラ一枚も撒けぬ運動だったという意味で、学生運動とは言いがたいものであり、運動の終息後には――良くも悪くも？――雲散霧消を余儀なくされた。このような持続不可能性は、それが自治会という「場所」を欠いたものだったからである。「場所」に根差した学生運動は、少なくとも首都圏では、二〇〇一年夏の早稲田大学サークル部室移転反対闘争と東大駒場寮廃寮反対闘争の高揚をターニングポイントとして収束した。ツイッターやメールのネット空間では、「場所」の代替はできない。「土地」に依拠しないパルティザンが存在不可能なように、学内に場を持った自治会（あるいは、サークルでもよい）なくして、学生運動は、ほとんど存在不可能なのだ。これが、「ポツダム自治会粉砕」という全共闘運動のスローガンが「現実化」した、現在の「ポスト自治空間」の様相である。後にも参照するカール・シュミットが言うように、「ノモス」をつかさどるのは「土地」だからである（『大地のノモス』、『パルチザンの理論』）。

それはともかく、一〇・八前夜に現出していた、自治会運動のヘゲモニーをめぐるセクト間のテロという出来事は、「前衛」党と、その内外の反対派とのあいだの――レーニン以来というべきか——古典的な問題と言える。周知のように、日本の新左翼も、一九五六年のスターリン批判を契機に、スターリンの反対派だったトロツキーの再評価をもって出発した。スターリン主義的前衛党（共産党）に対する民主主義的「言論の自由」を、まずは主張したのである。しかし、スターリン的「独裁」に代わることを目指した新たな党（セクト）にしたところで、そこでも党内反対派は必ず出現し、それはついには——「党内民主主義」の名においてであれ——排除されなければならないのだ。

六〇年安保の「敗北」は、共産党に代わる真の前衛党の創出という黒田寛一の方向と、アナーキーな反独裁の運動（小ブルジョワ急進主義）で当面は行くしかないという吉本隆明の方向に分岐した。その後の運動は、その間で揺れるしかなかった。市民主義は、その小ブルジョワ運動の右派的転回に過ぎない。それは、資本主義的「市民」社会の「市民《ブルジョワ》」によってのみ可能な方向である。主に、イタリア共産党経由の構造改革派（グラムシ派）によって担われることになる。[注1]

全共闘運動は、自治会に採用されている代議制民主主義に対して、直接民主主義を対置したものだと、しばしば言われる。しかし、直接民主主義が、その頂点において反独裁のアナーキーから、拍手喝采の全員一致という「独裁」に反転することは、よく知られた事実である。直接民主主義は、全員が全員を表象＝代行しうるという、不可能な夢想である。全共闘が採用した、大学当局に対する「大衆団交」なるものも、極限的に全員一致の独裁を目指していることは疑いない。そのことに全共闘は十分に自覚的たりえなかった。丸山真男が、全共闘の「暴挙」にナチス以上のものを認めたのも、ある意味では正しかったのである。しかも、拍手喝采の全員一致は、所詮は祝祭的な一過性に過ぎず、その「独裁」を持続的に保障しうるのは、前衛党による独裁以外ではない。その実現したありさまは、中国全人代以上のものを、われわれはいまだ知らない。「ポツダム自治会粉砕」を掲げた全共闘における反独裁のアナーキーは、自治会によって大衆的な意思を表象することの不可能という場面において、つまり民主主義批判として機能している場面においてのみ、有効だったと言えよう。

「王殺し」という擬制

「ポツダム自治会粉砕」というスローガンに表現されているところの、日本の「六八年」が批判対象とする戦後民主主義とは、敗戦と占領政策によって構築された戦後憲法体制を含意している。そして、戦後憲法の正当性を論理的に担保したのが、丸山真男と宮沢俊義によって提唱された、いわゆる「八月革命説(八・一五革命説)」にほかならない。天皇主権を謳っていた明治憲法が、国民主権の戦後憲法に転換したことを、丸山や宮沢は、一九四五年の八月一五日に「革命」があったというロジックによって正当化した。言うまでもなく、その「革命」はフランス大革命を参照している概念である。(注2)

知られているように、東大全共闘の思想上の第一の「敵」は、丸山真男であった。東大全共闘は、戦後民主主義の代表的なイデオローグであった丸山に対して、表では民主主義をプロパガンダしながら、実際は大学当局に加担しているではないか、という批判を加えた。丸山自身が問題にしていた、存在と当為のあいだの矛盾である。このロジックは、八月革命説に対しても適用されるものだろう。八月一五日に革命などはなく、単に敗戦があっただけなのは、常識として誰もが知っているからである。それゆえ、そこで得られた国民主権や、それによってもたらされた「焼け跡闇市」の祝祭的な雰囲気などさえ、占領軍によって「配給された」（河上徹太郎）ものに過ぎず、戦後民主主義は欺瞞以外ではないということである。それは、いわゆる「ポツダム民主主義」にほかならない、と。

これは常識的で当然の批判である。にもかかわらず、八月革命説が戦後民主主義＝戦後憲法体制を擁護するもっとも有力な学説として流布してきたのは、なぜか。ここではあえて、八月革命のリアリティーの側面に沿いながら論じよう。その場合、問題となるのは、むしろ、戦後憲法学の権威として君臨しつづけた宮沢の方である。八月革命のアイディアは、丸山によってインスパイアされた宮沢が積極的に展開したものと言われる。

敗戦後、占領軍の示唆によって開始された新憲法論議においては、当初は、丸山も宮沢も明治憲法の多少の変更と運用をもって足りると考えていた。しかし、一九四六年三月六日に発表された「憲法改正草案要綱」（実質的に占領軍のもの）に接するにおよんで、もはや旧憲法の運用では立ちいかないと認識され、八月革命説が案出されたわけである。

ポツダム宣言の受諾に際して、天皇や重臣層の最大の関心事は、天皇制が護持されるか否かであった。アメリカは戦時下からすでに占領政策のありかたを研究しており、日本国民の心性——マッカーサーは、日本人の精神年齢は一二歳の幼児と言った——にかんがみて、天皇制の存続を容認していた。しかし、天皇主権から国民主権への転換を合理化するには、「革命」という契機の擬制が不可避であった。八月革命説が参照するフランス革命にならえば、八月一五日には「王殺し」が行われていなければならないはずである。その王殺しを敢行する主体は「国民」であり、その国民が憲法制定権力＝主体として立ち上がることになる。しかも、その殺されたはずの王が国民の「象徴」として存在しつづけるという事態をも合理化するのが、八月革命説の要諦である。宮沢も丸山も「王殺し」という言葉は慎重に避けているが、その論理は王殺しという概念に支えられていなければならないはずである。

宮沢の師であり、ドイツの法学者ゲオルク・イェリネック流の国家法人説から天皇機関説を唱えていた美濃部達吉は、当初は、八月革命説に反対していた。国家が法人であり、その最重要「機関」が天皇であるとすれば、天皇主権を否定することは、国家という法人格の破壊だからである。「大正デモクラシー」の代表的イデオローグであった美濃部は、また、まごうかたなき尊皇のひとであった。

では、弟子の宮沢は、どのようなロジックを用いて八月革命というフィクションを導入したのか。イェリネックを批判したハンス・ケルゼンを援用することによって、それは可能になったと思われる。宮沢は戦前からケルゼンの徒として知られていた。

今日の八月革命研究においては、宮沢のそれは「ケルゼンとシュミットの野合」と評されている（石川健治「八月革命・七〇年後——宮澤俊義の8・15」、「法律時報」二〇一五年六月）。石川によれば、宮沢は、敗戦という「例外状況」（カール・シュミット）において「決断」した国民が「主体」として立ち上がってきた、と考えたというのだ（もちろん、戦後憲法の成立以降も、一九五二年のサンフランシスコ講和条約発効までは、主権は占領軍にあったわけだが）。

宮沢が読んだケルゼンやシュミットの主著の手拓本を精査しながら、石川は、この「野合」は「理論的には不純である」とも結論づけている。石川の実証に論駁するほどの実証の用意はないが、しかし、八月革命説はケルゼンのみで容易に整合性を持ちうる論理であると思われる。シュミットからの影響という面で言えば、むしろ、民主主義を「永久革命」と把握し、その決断主義的契機を八月一五日に見出した丸山に色濃い（しかし、その丸山がシュミット的なロジックによって反駁されることは、次節で見る）。そもそも、「例外状況」とは、シュミットがケルゼンを批判する際に用いる概念である。宮沢が「不純」に気づかなかったとは考えにくい。

八月革命説をケルゼン理論に適合させるには、八月一五日において国民による「全員一致の王殺し」が遂行されたと見なすことが肝要である。つまり、「神」であり「王」であった不敗を誇る天皇が、敗戦によって殺され、しかも、殺害された王は、殺した者たちの悔恨によってトーテムと化したという、フロイト的ロジックである。フロイトに従えば、王殺しの後に、共同体内に「平和」が訪れるのである（「トーテムとタブー」）。

　王を殺した主体は、実際は米国連合軍以外ではないが、不敗であるはずの王＝神（天皇）を敗北に追い込んだのは、戦争を戦った臣民たる国民なのだから、王殺しの主体は臣民＝国民だとも言いうるわけである。「一億総懺悔」（東久邇《ひがしくに》稔彦《なるひこ》）や「悔恨協同体」（丸山真男）といった日本の戦後的心性は、王殺しの後の懺悔であり悔恨と考えるべきだろう。丸山の悔恨協同体という概念は、戦争を阻止できなかったリベラルな知識人界の戦後における心性を指している。だが、丸山は同時に、非転向であった戦前共産党指導者に対しても、戦争を阻止できなかったことの「政治的指導の次元」での戦争責任があるとした（『後衛の位置から』一九八二年、『戦中と戦後の間』一九七六年）。そういう批判は可能である。しかし、それは同時に、丸山の言う悔恨協同体論が一億総懺悔のヴァリエーションであることをも証してしまうのである。一億総懺悔は、「一億玉砕」という戦時下スローガンの、ある種の「実現」である。一億が玉砕すれば天皇は敗北するほかないからである。

　江藤淳が拘泥し批判した「無条件降伏」という神話（『一九四六年憲法――その拘束』一

九八〇年、など）は、その裏面に、王殺しというもうひとつの神話を刻印している。そして、降伏し殺された王は「象徴」という名のトーテムとして、つまり、もたらされた「平和」の象徴として存続しつづけるわけである。このようなロジックは、すぐ後に証明するようにケルゼンのものなのだが、言うまでもなく、その前提には、フロイトの論文「トーテムとタブー」がある。(注3)

一九二〇年代ウィーンのケルゼンがフロイトに師事し、そのゼミナールに出席していたことは知られている（上山安敏『フロイトとユング』一九六九年、など）。ケルゼンにとっての主要な関心は、フロイトが王殺しを論じた「トーテムとタブー」であった。フロイトもまた、自身を摂取したケルゼンの議論について、その新カント派的な「純粋法学」の側面には留保をつけながらも、賛意のコメントをしている（「集団心理学と自我の問題」）。ケルゼンの著作の中でももっともポピュラーな『民主主義の本質と価値』は、次のように記している。

《……民主主義のイデオロギーにおいて、規範的服従者である民衆は、権威の衣装をまとい、権威の役柄（Charakter）を演ずるのである。その権威は、委譲不可能なもの、本体ではなくその機能のみが委譲可能なものであり、被選挙人に常に新たに委譲されるべきものである。国民主権論という議論も、洗練され、精神化されてはいるが、トーテミズムの仮面である。》（長尾龍一訳）

この文章の末尾にはケルゼン自身による注が付され、論文「神と国家」への参照が求められている。「神と国家」には、フロイトの「トーテムとタブー」が明示されている。もちろん、ケルゼンのこの引用部分は、平時日常の国民主権＝トーテミズムについて述べているわけだから、「神と国家」に照らせば、フロイトよりもデュルケーム『宗教生活の基本形態』——やはり「神と国家」で論じられている——の論に近いと言えるかもしれない。しかし、宮沢の八月革命説は、そこにフロイト的な王殺しの革命を読み取ったところで展開されていると見なさなければならない。戦後日本の国民主権は「革命」によってもたらされたと主張しているからである。

ここで言うケルゼンの国民主権＝トーテミズム説は、そのまま、『憲法の原理』（一九六七年）などにまとめられている。「新憲法の定める天皇制には、賛意を表している」という宮沢説を敷衍しておく。戦後憲法では明治憲法における天皇の「統治権の総攬者」たる地位（天皇主権）が否定された。つまり、ケルゼンの言う「機能」の側面が国民に「委譲」された。しかし、そこにおいて明治憲法では隠されていた、「国家主権」——これは天皇主権や国民主権という概念の上位にある——における「国家の象徴たる役割」が残る。それが天皇の「本体」であり、「象徴」という名のトーテムのことである。ケルゼン的に言えば、「その権威は、委譲不可能なもの、本体ではなくその機能のみが委譲可能なもの」だからである。これを分かりやすく宮沢流に言えば、悪名高い天皇ロボット論になるが、それは天皇制否定でも何でもない。逆に、戦後天皇制を擁護するものなのである。ロボットとは「本体」のことであり、それ以外の「機能」を担うのが国民だということだ。大東亜戦争開戦時には快哉を叫んだということもあり、戦後の宮沢は、江藤淳から「転向者」と揶揄されたが、以上のような意味では、宮沢は変わらず勤皇家なのである。

拙著(共著)『アナキスト民俗学』で論じたことだが、かかる天皇制トーテミズム論を、戦後憲法制定過程に並行して理論化したのが、『先祖の話』(一九四六年)などにおける柳田国男である。そもそも、トーテミズムとは祖先崇拝のことにほかならない。柳田は、最後の枢密顧問官として戦後憲法の誕生に関与したが、戦前から宮沢とは親交があった。また、柳田はフレイザーに親炙して王殺しの問題にひそかに拘泥する民俗学者でもあった。しかし、このあたりについては、本稿では省筆する。

フロイトが見出した「全員一致の王殺し」における「全員」という主体が、シュミット的な決断主義的主体とは似て非なるものであることも、いちおう指摘しておくべきだろう。フロイトの王殺しも確かにフランス革命を参照しているようには見えるが、同時に、その論の参照先が人類学や民俗学から採られていることからも明らかなように、フロイトにおいて王殺しは原初の一撃であり、なおかつ歴史貫通的に、今なお——つまり、エディプス・コンプレクスとして——作動しているものなのである。シュミット的な決断の主体は、歴史貫通的なものではありえない。「例外状況」においてのみ出現するものである。

宮沢の八月革命説は、繰り返しさまざまな批判にさらされてきた。しかしそれらの多くは、宮沢のロジックが天皇制を護持するためのものであることを見逃しているか、主題化しえていない。ケルゼンをうけた宮沢の国民主権論においては、戦後の平和と民主主義は天皇制と不可分の、相互補完的な関係にある。戦後憲法に即して言えば、一条（から八条までの天皇条項）と九条（平和条項）とは、セットとして捉えられている。その「平和」は、トーテム化した「象徴」のもとでのみ、可能だからである。そこでこそ、「戦後天皇制民主主義」が成立しているのだ。九条を戦後日本の不抜のアイデンティティーと見なす現代の「天皇主義者」も、宮沢俊義のケルゼン的ロジックを反復しているに過ぎない。

丸山真男は、宮沢とは異なり、天皇制を「無責任の体系」として批判した。しかしそれは、つまるところ「論理と心理」の問題として論じられており、制度としての天皇制には届いていなかった。つまり、戦後民主主義が戦後天皇制と相補的であることに思考が及ばなかったのである。

今日、宮沢八月革命説へのもっともブリリアントな批判は、『ほんとうの憲法』（二〇一七年）などの篠田《しのだ》英朗《ひであき》によって主張されているものだろう。ここで、篠田の論を、逐一、紹介検討する余裕はないが、本稿の文脈で端的にまとめれば、ジョン・ロック由来の英米法の概念に貫かれているポツダム宣言-戦後憲法（英文）を、宮沢を筆頭とする戦後憲法学の主流は、ドイツ法学の側から「誤読」し、「誤訳」してきた、というものだ。改めて指摘するまでもなく、美濃部－宮沢はイェリネック－ケルゼンのドイツ法学の系譜にある。その象徴的な出来事が、「人民」と訳すべき「people」を「国民」と「誤訳」してきたことにあらわれていると、篠田は言う。また、篠田によれば、戦後日本国憲法は米国＝連合軍のヘゲモニーによる国際法秩序に従属するものであり（いわゆるパックス・アメリカーナ）、そのことを無視している宮沢八月革命説は、一国平和主義以外の何ものでもない、という。

占領軍作成の英文における「人民《ピープル》」と日本語文における「国民《ネイション》」の差異から生ずる問題については、以前から戒能通孝《かいのうみちたか》らによって指摘され、論議があった。しかし、その差異を明確に英米法とドイツ法の差異として論じたのは、篠田が最初であろう。篠田の説は鋭利で当然の批判である。確かに、米国占領軍によって書かれた戦後憲法が、ドイツ法の概念を採用しているはずもない。しかし、篠田も言うように、天皇を「日本「人民」の象徴」と表現することには無理がある。「国民」の象徴とすることによって、戦後憲法は初めて可能なのである。その意味で、戦後憲法の天皇条項自体をロック以来の英米法で解釈することは不可能であろう。宮沢八月革命説は、あえてする「誤読」の上に成り立っていた。そこにおいて、戦後日本の一国主義的「平和」も擬制されたのである。もちろん、天皇条項自体が、その欺瞞の表現なのだ。では、日本の「六八年」が告発した戦後民主主義の欺瞞は、はたして「戦後天皇制」にまで届いていただろうか。

三島由紀夫vs.全共闘

「六八年」にいたる新左翼諸党派を中心にした運動にしろ、べ平連の運動にしろ、それらは大なり小なり、戦後日本の一国平和主義の体制に批判を向けていた。ヴェトナム戦争においては、米軍基地の存在をはじめ、日本の戦争加担が明白であった。沖縄の「返還」は日程に上っていたが、それに対する反対運動も展開されていた。

先にも触れたように、一九六七年の一〇・八羽田闘争は、佐藤栄作首相のヴェトナム訪問阻止を掲げていたし、騒乱罪が適用された一九六八年の一〇・二一（国際反戦デー）新宿は、米タン（米軍用燃料タンク）輸送阻止がスローガンであった。三島由紀夫は、一九六八年のこの事件に接して、翌年の一〇・二一での自衛隊治安出動を待望し、そこにおいて私兵「楯の会」の決起を模索したという。いわゆる「例外状況」におけるヘゲモニー主体の創出である。しかし、三島の「反革命」クーデター計画が、知られるように天皇主義的なものであったのに対して、新左翼には天皇制についての思考が希薄だった。

一九五六年のスターリン批判を契機にして誕生した日本の新左翼は、当然、日本のスターリニスト党たる日本共産党への対抗的なイデオロギーを必要としたが、その場合の大きな分岐点が、天皇制の評価であった。共産党のイデオロギーとは、戦前から継承された「講座派」と呼ばれる理論である。

野呂栄太郎、山田盛太郎《もりたろう》、平野義太郎など当時の有力なマルクス主義理論家によって担われた講座派について詳述する余裕はないが、彼らは、明治維新を——フランス革命に較べて、ということだが——不徹底なブルジョワ革命と位置づけ、日本の近代には「(半)封建的」な遺制が強く残存しているとしたことが、ここでは問題になる。そのことを刻すのが天皇制だというのだ。天皇制とは、近代化されていない後進的な農村を基盤とした封建的遺制なのである。このような把握から、目指すべき日本革命の戦略戦術も導出される。まずは、日本の封建的遺制を一掃するブルジョワ民主主義革命が遂行されなければならない。すなわち、天皇制打倒が焦眉の課題となる。しかる後に、社会主義革命が遂行されうる。いわゆる二段階革命論である。もちろん、コミンテルン(ソ連共産党)の方針に沿ったものであった。この講座派イデオロギーは、戦後の日本共産党にも維持されていた(いる)。講座派に反対して、明治維新を不徹底ながら基本的にブルジョワ革命と見なしたのが、山川均、向坂逸郎、猪俣津南雄らの「労農派」である。この場合、天皇制問題は後景に退くことになる。労農派イデオロギーは、戦後は社会党(現・社民党)に受け継がれ、日本の社会民主主義の理論的背景となった。

新左翼は、共産党の二段階革命論に対して、一段階の社会主義革命論を対置した。日本の革命はブルジョワ民主主義革命ではなく、世界革命に転化する社会主義革命だという主張である。ところが、というべきか必然的にというべきか、ここで天皇制廃棄という問題は後景に退き、脱落していく。ブント（第一次）の綱領的文書に天皇制という文言はなく、当時のブントは、むしろ、そのことを誇ったのである（市田良彦・石井暎禧『聞書き〈ブント〉一代』二〇一〇年、における石井の発言参照）。社会主義革命を遂行すれば、おのずから天皇制は廃絶されるということであろう。これは、実質的に労農派イデオロギーへの転換であった。以後、さまざまな新左翼イデオローグのなかには天皇制を論じる者もいないではないが、新左翼の戦略戦術が、共産党のそれのように天皇制を前景化することはなかったと言ってよい。少なくとも、最後に触れる一九七〇年の夏までは――。

「六八年」の新左翼に、吉本隆明の――古代天皇制を論じたと覚しき――『共同幻想論』が読まれたという事実を反証としてあげる向きもあろう。確かに、『共同幻想論』はブント（第二次）の必読文献にあげられていた。しかし、それは、古代史もののファンタジーなのであって、『共同幻想論』から天皇制を廃絶しようとする戦略戦術が出てくるはずもない。つまり、新左翼の労農派的な一段階革命論への転換は、共産党に対抗的な過激化のようでいて、労農派がそうであったように、思想的な「社民化」だったのである。もはや過激な方針など出すべくもない現在の状況のなかで、新左翼の末裔が社会民主主義化し、かつての吉本の追随者も含めて、ついには「天皇主義者宣言」を発するまでにいたっているのは、ここに由来する。

もちろん、新左翼が天皇制を問わないことには、状況的な理由があった。「一九五五年体制」が成立し、「もはや戦後ではない」と言われ、日本経済が高度成長に向かっていく当時、大衆社会化した都会の住人である学生にとって、「封建的遺制」など、もはやリアリティーを欠くものだったのである。実際、皇太子と正田美智子の結婚でわきおこったミッチーブーム（一九五九年）と相即して、「大衆天皇制」（松下圭一）の議論が出現していた。この傾向は、一九六〇年代にいたって、さらに亢進していく。(注4)
日本の「六八年」が天皇制問題と出会うのは、安田講堂の攻防も終わった一九六九年の五月一二日、東大駒場で開催された三島由紀夫と東大全共闘との討論会においてであった。そこでは三島が天皇について多くを語り学生と討論しているが、三島が、「つまり天皇と諸君が一言いってくれれば、私は喜んで手をつなぐのに」云々という言葉を発したことは、あまりにも有名である（『討論　三島由紀夫vs.東大全共闘』一九六九年）。
この発言は、現在にいたるまで、一九七〇年一一月のクーデター（?）未遂に帰結していく三島の過激性が、全共闘のそれに共鳴したものと見なされてきた。つまり、左右のイデオロギーをこえてラディカリズムは通底するという見方である。そのこと自体は、それほど間違ってはいないだろう。ただ、そこに留まってしまっては、単なる通俗的なロマン主義の見解を出ないのである。
問題は、「文化概念としての天皇」と概括される三島の天皇主義が、いかなるものだったかということである。その「文化防衛論」（一九六八年）をとおして、本稿に必要なところを見ておこう。「文化防衛論」は、きわめて難渋な文章で、それをトータルに見通すことは容易ではないが、ここで論じるのは、アナルコ・ファシズムとも言うべき、その政治性についてである。[注5]

三島はそこで、ナチス・ドイツやソ連邦によって代表される「左右の全体主義」に対して「文化の全体性」を擁護する。「全体主義の本質は「全体」の独占を本質とする」からだ。かくして持ち出されるのが、「言論の自由」にほかならない。「言論の自由は文化の全体性を支える技術的要件であると共に、政治的な要件である」。この意味で、三島は単なる「ファシスト」とは言えないのである（もちろん、後述するように、三島は、やはりファシストなのだが）。かと言って、三島がリベラリストであるわけではない。

おそらくこの背景には、三島の「風流夢譚」体験がある。知られているように、深沢七郎の「風流夢譚」（一九六〇年）は、六〇年安保の騒擾のなかで天皇家のひとびとが人民（大衆？　愚民？）に次々に斬首されるという、そのアナーキーな「不敬」の話であるところから、右翼のテロさえ惹起した。雑誌掲載の推薦者と噂された三島も、右翼につけねらわれ、身を隠さなければならなかった。推薦者かどうかの真偽は不明だが、三島は、「風流夢譚」との釣り合いをとるために、自身の作品「憂国」を同じ雑誌に掲載するよう提案したと言われる。後の「英霊の聲」（一九六六年）では、「などてすめろぎは人間《ひと》となりたまひし」という昭和天皇への呪詛で知られているが、両者は似たような意味でやはり「不敬」である。ここでとりあえず言いうるのは、三島の言う「言論の自由」が、「風流夢譚」と「憂国」の「不敬」をともに許容しようとするものだ、ということだ。それが、「文化の全体性」を保証する「文化概念としての天皇」のありかたのはずである。

しかし、言うまでもないが、「言論」は言論のみで留まるというわけではない。それが何らかの行為遂行へとひとを使嗾することも避けられない。三島は、そのことも知悉していた。それをも許容するのが「文化概念としての天皇」であり、それは「宮廷の文化的精華」であるところの——崇高かつ月並みの美学たる——「みやび」と呼ばれる。「みやび」の伝統は「テロリズムの形態をさえとった」。それが「政治的無秩序さえ容認するにいたることは、あたかも最深のエロティシズムが、一方では古来の神権政治に、他方ではアナーキズムに接近するのと照応している」のである。つまり、「全体主義」の独裁に反対する、反独裁のアナーキーとしての「みやび」による天皇独裁にほかならない。カール・シュミットがバクーニンを評した言葉を援用すれば、「反-神学の神学」であり「反-独裁の独裁」である（『政治神学』）。

それゆえ、三島は戦前の天皇制にも戦後の天皇制にも否定的だった。三島が二・二六の青年将校を断罪した昭和天皇に批判的だったことは知られており、そのことは「憂国」のみならず「文化防衛論」にも記されている。しかし、ここでの問題は、三島が戦後天皇制について抱いていた批判である。三島は、一九六〇年代末における社共連合政権構想の隆盛ぶりを（も）目して、「代議制民主主義を通じて平和裡に、「天皇制下の共産政体」さえ成立しかねない」ことを危惧した。これは、戦前の治安維持法下において、「天皇の国体を、私有財産制度ならびに資本主義そのものと同義にしてしまった」ことの反転であると、三島は考える。幸か不幸か、今なお「天皇制下の共産主義」（共産党の言う「民主連合政権」）は成立していないが、天皇制を民主主義と「同義」にしてしまい、天皇制を護持することが民主主義を守ることだと主張するのが、現在のリベラリズムであることは、すでに見てきたとおりだ。そして、それは八月革命説と戦後憲法体制によって、あらかじめ装塡されていたことなのである。

このように見てきて初めて、三島が、東大全共闘を前にして「天皇と諸君が言ってくれれば」云々と発言した意味が理解できる。全共闘の戦後民主主義批判は、反独裁のアナーキーを現出させた。さしあたり、例外状況の創出と言えよう。すでに三島は、東大安田講堂の攻防で、丸山真男の研究室が蹂躙されたことに快哉を叫んでいた。このような全面的な肯定は、同時代の左派ジャーナリズムでも誰も言いえなかったことである。しかし、反独裁のアナーキーは、同時に、独裁を志向しなければならない。それも、三島が言う意味で「全体主義」に陥らない、「反‐独裁の独裁」というパラドックスにおいて、である。三島は、そのパラドックスをこえる答えを持っていると信じていた。それが「みやび」であり「文化概念としての天皇」だというわけである。三島の発言は、このように解してのみ理解できるだろう。

『政治神学』の冒頭で、カール・シュミットは「主権者とは、例外状況において決定をくだす者を言う」と宣言する。そして、その場合の主権者とは、「独裁者」でもなければならない。国民主権においては、多数の人間で構成されるその主権は、例外状況にあっては決断を下せないからである。これは、シュミットの独創ではない。『法の哲学』のヘーゲルにおいて、すでに主張されていたことである。ヘーゲルがプロイセン流の立憲君主制を理想とした理由の一つも、そこにあった。ヘーゲルの君主は、もはや決断の理性的な理由が見出せない時に、理性をこえて決断を下す無能の王である。三島の「みやび」＝天皇も、これである。ヘーゲルが「歴史の終焉」において、かかる君主を措定したのだとしたら、一九四五年の原爆投下において世界の終わりを見た三島も、同様のものとして「みやび」＝天皇を導出したと言える。

『政治神学』は、ケルゼン批判の書でもある。シュミットによれば、以上に述べたような意味で「ケルゼンは主権概念を無視する」理論なのである。三島の戦後民主主義批判もまた、主権概念を無視しているケルゼン流八月革命説に対して、「六八年」における例外状況を参照することによって、「独裁」問題を提起したと言えるだろう。つまり、三島が東大全共闘を前に「天皇と諸君が一言言ってくれれば」というのは、「独裁」という意味だったのである。

東大全共闘は三島が天皇という「名辞」を発したことに対して、「観念に名辞をつけた時から、観念の堕落が始まる」と論駁するが、「観念に名前がつかなきゃ、観念は観念じゃない」と、三島は正当にも答えている。しかし、三島の「みやび」＝天皇独裁論に対して、応接しうる名辞はあった。言うまでもなく、「プロレタリアート独裁」である。おそらく、そう言えなかったところに、全共闘による戦後民主主義批判のリミットがあった。すでに論じてきたように、「六八年」における反独裁のアナーキーへの志向は、パラドキシカルな「反－独裁の独裁」へと、思考を進めることができなかった。それに対して、三島は、とにもかくにも「反－独裁の独裁」というパラドックスに「天皇」という回答をしえたと言える。

ここでは、プロレタリアート独裁が、どのようなものとして概念化できるかという問題に応接することはできない。その後の歴史に照らしても明らかなように、一九七〇年代にいたれば、ユーロ・コミュニズムの勃興とともに、「プロ独」放棄が各国共産党の世界的な傾向となる。日本共産党も同様に、それを「プロレタリアート執政」と呼びかえることになった。新左翼とて五十歩百歩である。(注6)

ここで言っておきたいのは、三島の言う「みやび」が、果たして「反独裁の独裁」として可能かどうか、ということにほかならない。それは、「憂国」と「風流夢譚」の差異にかかわっている。言うまでもないが、三島の言う「みやび」は、「政治の芸術化」（ベンヤミン）でありファシズム的なものであって、「憂国」の不敬は、そこに吸収されうる。だが、「風流夢譚」は逆に「芸術の政治化」（ベンヤミン）ではなかったか。三島もまた、ベンヤミンと同様、「オリジナルとコピーの弁別を持たぬ」複製技術時代への応接を考えていた。それを「みやび」として吸収しうるとも思っていたわけである。（注5）

しかし、金井美恵子の卓抜な「風流夢譚」論が明らかにしているように（『金井美恵子エッセイ・コレクション3』）、「風流夢譚」は「短歌について書かれた小説である」。「風流夢譚」では、天皇家のひとびとが次々に辞世の歌を詠み、それをめぐる解釈を通じて、その愚劣さ俗悪さが暴かれる。つまり、短歌という――崇高であり月並みでもあると自負する――「みやび」を異化してパロディー化し政治化した作品なのである。それは、俗悪な短歌による素晴らしいミュージカルである。三島は、「風流夢譚」を「言論の自由」の名において肯定しようとは試みたかもしれないが（それはそれで立派なことだ）、基本的に無理なのだ。「風流夢譚」が、地下出版やネットでは読めるにしろ、今なお刊行されえないことが、そのことを証明している。ベンヤミンのファシズム批判がブレヒトの影響下に書かれたことを踏まえて言えば、「風流夢譚」はブレヒト的に「反独裁」を志向しながら、やはりブレヒト的に「プロレタリアート独裁」へと向かうものとして読まれなければならない（これについては、拙稿「金井美恵子のレーニン主義」、「早稲田文学」二〇一八年春号を参照）。

最後に、日本の「六八年」から「反独裁」のアナーキーという主題が消失していく過程を略述しておこう。それは、三島が東大全共闘との討論に臨んだ一年二カ月後に生起した。一九七〇年の七・七華青闘（華僑青年闘争委員会）告発の衝撃である。幾つかの拙著拙稿で繰り返し主張してきたので再説は控えるが、華青闘告発は、日本の新左翼が主題化してきた、反独裁のアナーキーをとおしての主権の奪取という方針をしりぞけた。新左翼イデオロギーは日本のみを念頭においた一国主義であり、在日中国人や朝鮮人などマイノリティーの問題の括弧入れであり、新左翼は日本人の差別主義をまぬがれていない、それは、日本人のナルシシズム＝ナショナリズムに過ぎない、という在日の毛沢東主義者からの批判である。日本の新左翼はインターナショナリズムを掲げて戦後民主主義の一国主義を批判してきたが、そこにも一国主義が懐胎されていた、というわけだ。(注7)

これは、当然にも発せられるべき批判であった。以後、日本の新左翼はマイノリティー運動のほうにシフトし、それは新左翼といった範疇をこえて共有されていく。いわゆるPC（ポリティカル・コレクトネス）である。PCが、今や一般化しつつも、「ポリコレ」と呼ばれてレイシズムから忌避されている状況は、ここに由来する。

華青闘告発によって、日本の新左翼は、はじめて天皇制を主題化する契機を得た。「天皇の戦争責任」という問題である。その戦争責任追及は、戦後憲法の一国平和主義の拡大解釈以上の論理ではありえなかった。昭和天皇はついに戦争責任に言及することを避けた。それには諸々の理由があろうが、ここでは問わない。しかし、現天皇を見れば明らかなように、天皇は戦後憲法の枠内において、戦争責任を口にすることができる。

しかし、ここで指摘しておきたいのは、そのことではない。華青闘告発が、戦後思想史上の決定的に重要な出来事であるにもかかわらず、そこで「反独裁の独裁」という問題が消えた時、つまり、例外状況における「主権」が、もはや問われない時、市民主義的な国民主権論が回帰してくるほかないからである。新左翼が、その出発から内包していた「社民」化の露呈でもある。華青闘告発に接した多くの「日本人」左翼が、その論理に屈しながら、内心、強く反発したのも故なしとしない。それは、彼ら／彼女らが批判してきた戦後民主主義の回帰でもあったからである。現天皇が戦争責任を口にできるのも、このかぎりにおいてである。今日、ふたたび「天皇制戦後民主主義」が高唱されるのも、ここに淵源している。

注

（注1） 六〇年安保総括論集である『民主主義の神話』（一九六〇年）所収の、黒田寛一「党物神崇拝の崩壊」と吉本隆明「擬制の終焉」を参照。二人は六〇年安保で共闘していたのである。しかし、吉本自身も、前衛党の不可避性を承知してはいた。だからこそ、一九六〇年代の吉本は、市民主義者や構造改革派を批判していたのである。詳しくは拙著『吉本隆明の時代』（二〇〇八年）を参照。前衛党という問題を棄却するがゆえに、市民運動をなし崩し的に肯定しうる。後の吉本自身の『わが「転向」』（一九九五年）を含めて、である。しかし、現代において前衛党が不可能なのも、また事実である。

（注2） 八月革命説や戦後憲法の成立過程については、膨大な研究が積み重ねられている。本稿で、その一端にさえ触れることは難しいし、私の能力をこえているが、おおむね丸山－宮沢のラインに沿って粗々論じる。参照先についても、最小限にとどめた。

（注3） 敗戦における王殺しという問題については、柳田国男の祖先崇拝イデオロギーを主題として、拙著（木藤亮太との共著）『アナキスト民俗学――尊皇の官僚・柳田国男』（二〇一七年）で詳述した。参照を求めておく。なお、フロイトを援用したその論点には、安藤礼二や池田信夫から「牽強付会」、「意味不明」といった評がなされたが、本稿で明らかなように、それは「純粋法学の権威」ケルゼン説と符合するのである。

（注4）　もちろん、新左翼が天皇制を問題にしなかったというのは、一面的な評であると承知している。六〇年安保の「敗北」と前後して（あるいは、それ以前から）、共産党的な「インターナショナリズム」（海外思想追随程度の意味）に対抗して、ナショナリズム再評価が、新左翼系の評論家たちによって開始され、戦前の右翼思想家もクローズアップされていた。『共同幻想論』もその文脈に位置づけられる。それらに全く意義がなかったわけではないが、おおむね、大衆社会状況に対する反動的リアクションと位置づけられる。一九七〇年代以降、彼らの多くが実際に保守的・右派的ナショナリストに転向していった。

（注5）　私はかつて、「文化防衛論」における「オリジナルとコピーの弁別を持たぬ」日本文化という発想を、ベンヤミン的な複製技術の論理として論じた（拙著『複製の廃墟』一九八六年）。その後、そうした見方は、大塚英志や磯崎新によって、むしろ一般化した。しかし、やや自己批判的に言えば、それは三島の政治性を脱色してしまう「ポストモダニズム」に帰結しかねない。もちろん、伊勢神宮に託した三島の日本文化論はフィクションであり、実証的な批判はある（井上章一『伊勢神宮』二〇〇九年、など）。

（注6）　共産主義者におけるプロ独放棄とその帰趨については、市田良彦・王寺賢太編著『〈ポスト68年〉と私たち』二〇一七年、所収の王寺「《non-lieu》一歩手前――一九六〇～一九七〇年代日本のアルチュセール受容」が詳細かつ問題提起的で、参照されるべきである。

（注7）　この意味で、華青闘告発は、戦後憲法の一国主義が、イェリネック－ケルゼン－シュミットのドイツ法学によってもたらされたとして、英米法＝国際法の優位を指摘した、前掲・篠田英朗の批判に似ていなくもない。もちろん、政治的な立場は別にして、である。

「1968年の革命」関連年表

	全共闘・ニューレフト	文化・思想	政治・社会
一九五六 昭和31年	6・9 全学連第九回大会（委員・香山健一）日共と一線を画す新方針を確認 11・23 反戦学同（後のブント＝社学同）第一回全国大会	前年の芥川賞受賞作、石原慎太郎「太陽の季節」をめぐり、さまざまな論争おこる 2 「週刊新潮」創刊 5 埴谷雄高「永久革命者の悲哀」 7 映画『狂った果実』（中平康） 9 吉本隆明、武井昭夫『文学者の戦争責任』 11 深沢七郎「楢山節考」 三浦つとむ『日本語とはどういう言語か』 12 丸山真男『現代政治の思想と行動 上』（下巻は翌年三月）	2・24 ソ連共産党第二〇回大会秘密会議で、フルシチョフ第一書記スターリン批判の演説 3・28 プラウダ、初のスターリン批判掲載 5・1 水俣市に奇病発生との報道 5・21 売春防止法成立 7・26 エジプトのナセル大統領、スエズ運河国有化を宣言 10・19 「日ソ共同宣言」モスクワで発表 10・23 ブダペストで反ソ暴動（ハンガリー事件） 10・29 イスラエル軍、エジプト侵入。英仏イ対エジプトの第二次中東戦争の開始 12・18 国連総会全員一致で日本加盟を承認
一九五七 昭和32年	1・27 日本トロツキスト連盟（後の革命的共産主義者同盟＝革共同）結成	1 中村光夫「二葉亭四迷伝」連載開始（翌年六月まで） 映画『流血の記録・砂川』（亀	1・29 南極観測隊オングル島に上陸「昭和基地」と命名 1・30 「ジラード事件」相馬ヶ

4・27 沖縄・砂川全国学生総決起集会

井文夫）

3 最高裁、「チャタレイ裁判」（伊藤整訳『チャタレイ夫人の恋人』の猥褻性をめぐる）の上告棄却、訳者・出版者に罰金刑。

7 花田清輝「ヤンガー・ゼネレーションへ」（吉本隆明と論争に発展）

映画『幕末太陽伝』（川島雄三）

8 大江健三郎「死者の奢り」

開高健「パニック」

原演習場で砲弾破片を拾う農婦を米兵ジラードが射殺

2・25 岸信介内閣成立

5・15 英国、太平洋のクリスマス島で初の水爆実験

6・21 岸首相とアイゼンハワー米大統領「日米共同声明」発表

8・10 英国ウィンズケールの軍事用原子炉で火災事故。放射性ガスの大量放出

8・22 ソ連、大陸間弾道弾（ICBM）実験に成功

8・27 東海村の日本原研で日本初の原子炉臨界に達する

9・9 アイゼンハワー米大統領、黒人の投票権を保証する公民権法に署名

10・1 日本、国連安保理非常任理事国当選

10・4 ソ連、世界初の人工衛星スプートニク一号を打ち上げ

12・22 勤務評定問題をめぐって日教組非常事態宣言

年	学生運動	文化	社会
			12・26 第一回アジア＝アフリカ人民連帯会議カイロで開催
一九五八 昭和33年	6・1 日共中央と全学連系学生党員が党本部で衝突 10・28 警職法阻止全国学生総決起集会。労・学四万五〇〇〇人が四谷外堀公園に結集、デモ 12・10 共産主義者同盟（ブント）結成（書記長・島成郎）	1 大江健三郎「飼育」（後に芥川賞受賞） 4 新しい絵画・世界展／アンフォルメルと具体 5 井上光晴「ガダルカナル戦詩集」 10 大藪春彦『野獣死すべし』 11 吉岡実詩集『僧侶』 江藤淳、石原慎太郎、大江健三郎ら「若い日本の会」結成。警職法改正反対を声明 12 谷川雁『原点が存在する』 吉本隆明「転向論」 「女性自身」創刊	2・8 日劇で第一回ウエスタン・カーニバル 4・1 売春防止法施行 5・13 アルジェリアで仏植民者と仏軍による反乱。6・1、ドゴール、仏大統領に 8・23 中国軍、台湾の金門島を砲撃 9・5 日教組、総評全国闘争 10・4 安保条約改定交渉開始 10・8 「警職法改正案」国会に提出 11・27 皇太子妃、正田美智子に決定
一九五九 昭和34年	1・1 全学連意見書「日本共産党の危機と学生運動」 4・28 全学連、安保条約改定阻止・岸内閣打倒統一行動。清水谷公園に一〇〇〇人参加 6・5 全学連第一四回大会学生一〇〇〇人結集して開催。	1 思想の科学研究会編『共同研究転向 上巻』 江藤淳「作家は行動する」 3 「朝日ジャーナル」「少年マガジン」「少年サンデー」創刊 4 「週刊現代」「週刊文春」創刊 5 土方巽、舞踏公演「禁色No.1」	1・1 新国民健康保険法施行 キューバでカストロ率いる革命軍、バチスタ政権を打倒 3・30 「砂川事件」で東京地裁伊達裁判長、被告全員無罪判決 3・28 安保条約改定阻止国民会

	ブント路線を採択し、共産同執行部（唐牛健太郎委員長）選出 8・26 革共同第二次分裂。革共同全国委結成 10・30 全学連、安保阻止統一行動 全国ストに九〇校、三五万人参加、約一万五〇〇〇人日比谷野音で集会デモ	6 「現代詩手帖」創刊 7 大江健三郎『われらの時代』 映画『東海道四谷怪談』（中川信夫） 8 石原慎太郎「ファンキー・ジャンプ」 11 安岡章太郎『海辺の光景』 竹内好「近代の超克」 12 白土三平『忍者武芸帳』刊行開始	議成立 4・10 皇太子結婚。「天皇制反対」の青年が夫妻の馬車に乗りかかった 8・29 三池鉱山が四五八〇人の希望退職者募集の合理化案提示。「三池闘争」の発端 9・26 伊勢湾台風、東海地方で大災害 9・30 フルシチョフ首相中国訪問、毛沢東と会談、中ソの意見対立激化 11・2 熊本県水俣の住民が新日本窒素に抗議。警官隊と衝突 12・16 最高裁、「砂川事件」伊達判決を破棄、差し戻し
一九六〇 昭和35年	1・25 三池労組無期限全面スト突入 5・20 全学連、首相官邸に突入 5・26 安保改定阻止国民会議抗議デモ。空前の国会包囲デモ 6・15 全学連、二万人国会包囲デモ。先頭部隊国会南通	1 倉橋由美子「パルタイ」 江藤淳「小林秀雄」の連載開始（翌年まで） 2 橋川文三『日本浪曼派批判序説』 「SFマガジン」創刊 3 第一二回読売アンデパンダン展（工藤哲也、菊畑茂久馬、	1・19 ワシントンで「日米安全保障条約（改定）」付帯条約が調印 1・24 民主社会党結成大会、委員長西尾末弘 3・24 社会党臨時大会で浅沼稲次郎が委員長に選任 4・18 韓国のソウルで反政府学

用門に突入。機動隊に東大生樺美智子虐殺さる
6・18 労・学・市民三三万人が徹夜で国会包囲。翌一九日、安保条約自然成立
7・29 ブント第五回大会。ブント解体へ

篠原有司男ら）
4 澁澤龍彦訳『悪徳の栄え・続』猥褻文書として押収される（「サド裁判」へ）
花田清輝「『慷慨談』の流行」
第一回ネオ・ダダイズム・オルガナイザース展（篠原有司男、赤瀬川原平、荒川修作ら）
6 庄野潤三「静物」
映画『青春残酷物語』（大島渚）
7 DANCE EXPERIENCEの会（大野一雄、土方巽ら）
劇団四季公演『血は立ったまま眠っている』（寺山修司作・浅利慶太演出）
9 島尾敏雄「死の棘」の連作始まる
水木しげる『鬼太郎夜話・第一巻』
10 大西巨人「神聖喜劇」の連載始まる
谷川雁、吉本隆明、黒田寛一、埴谷雄高ら『民主主義の神

生デモ、学生革命の開始。二七日、李承晩大統領辞任、5・28亡命
5・1 米のスパイ機ソ連領内で撃墜され、パイロット捕虜となる
5・20 自民党単独で安保改定を可決
5・24 チリ津波、チリ沖の地震による津波の被害、三陸地方に大被害
6・10 「ハガチー事件」アイゼンハワーの新聞係秘書ハガチー来日。日共系デモに包囲され、ヘリで脱出
6・19 安保「自然承認」となる
7・11 コンゴ、カタンガで分離独立宣言、コンゴ動乱の開始
7・19 池田勇人内閣成立 厚生大臣に初の女性大臣が就任
9・10 カラーテレビ本放送開始
10・12 浅沼委員長、演説中に元愛国党員山口二矢により刺殺される

		話』 映画『日本の夜と霧』（大島渚）上映中止 12 深沢七郎「風流夢譚」（右翼少年による「嶋中事件」に発展）	12・20 南ベトナム民族解放戦線設立 12・27 閣議、国民所得倍増計画を決定
一九六一 昭和36年	3・7 革命的戦旗派、革共同全国委に合流 4・5 全学連第二七回中央委員会。革共同＝マル学同の指導権確立 7・7 全学連主流派総決起集会。社学同、革共同関西派、社青同三派は反マル学同で一致（通称つるや連合） 7・8 全学連第一七回大会（委員長・北小路敏） 7・11 社学同再建のアピール（通称・駒場アピール） 10・26 都学連（社学連）政防法粉砕闘争 12・5 社学同全国事務局機関誌「SECT 6」創刊	1 三島由紀夫「憂国」 2 大江健三郎「セヴンティーン」（この作品の掲載につき「文学界」が右翼に謝罪） 小田実『何でも見てやろう』 3 黒田寛一『社会観の探究』 三島由紀夫『宴のあと』プライバシー裁判。元外相有田八郎が「プライバシーを侵害された」と東京地裁に提訴 4 大岡信『抒情の批判』 7 竹内好『不服従の遺産』 8 第四回現代音楽祭（ジョン・ケージ、一柳慧ら） 9 石川淳「おまへの敵はおまへだ」（戯曲） 吉本隆明、谷川雁、村上一郎による雑誌「試行」創刊（六三年六月より吉本単独編集） 10 山口瞳「江分利満氏の優雅な	1・3 米・キューバと国交断絶 2・1 「嶋中事件」深沢七郎の「風流夢譚」に怒った元日本愛国党員、小森一孝が中央公論社社長嶋中宅に押しかけ、女中を刺殺、夫人も重傷 4・12 世界最初の宇宙飛行士ガガーリンが地球を一周して生還 4・17 米CIA組織の亡命キューバ人部隊、キューバ、ビッグス湾に侵攻、撃退される 4・22 アルジェリアで仏軍反乱、二六日鎮圧される 5・13 「政治的暴力行為防止法（政防法）案」自民・民社共同で国会に上程 5・16 韓国に軍事クーデター

		11 生活」連載開始 「瘋癲老人日記」連載開始	6・3 政防法、自民・民社両党衆議院で強行可決 8・13 東独政府、東西ベルリンの境界線を封鎖（ベルリンの壁） 10・2 大鵬・柏戸、横綱に 11・25 ソ連、アルバニアと国交断絶 12・12 「三無事件」発覚、共産主義革命に対抗するクーデター未遂事件
一九六二 昭和37年	4・27 全学連、米ソ核実験再開反対日米英国際学生統一行動に二九〇〇人参加 5・2 統社同＝フロント結成 7・1 参院選。黒田寛一革共同議長、二万三〇〇〇票 9・15 第一次社学同再建全国大会 11・1 社学同・社青同・構改派、大学管理制度改悪反対統一行動二五〇〇人が抗議デモ 11・30 全学連、大学管理制度改悪阻止統一行動。東京で六〇〇〇人が抗議デモ	2 日本共産党が野間宏、安部公房、杉浦明平ら党員文学者を除名 宇野弘蔵『経済学方法論』 劇団自由舞台公演『象』（別役実作・鈴木忠志演出） 4 高橋悠治ピアノリサイタル 日本アート・シアター・ギルド（ATG）発足 映画『座頭市物語』（三隅研次） 俳優座系五劇団合同『真田風雲録』（福田善之作、千田是也演出） 6 安部公房『砂の女』	2・8 米国防総省サイゴンに援護軍司令部を設置。本格介入の開始 3・1 テレビ受信契約一〇〇〇万突破（普及率四八・五％） 3・23 米軍による戦略村作戦、ベトナムで始まる 4・26 全日本労働総同盟組合会議結成 5・17 障害児多出のため、大日本製薬サリドマイド系睡眠薬の出荷を停止 8・4 マリリン・モンロー死去 8・6 第八回原水爆禁止大会

	銀杏並木集会	映画『秋津温泉』（吉田喜重） 7 映画『おとし穴』（勅使河原宏） 8 北川透らの詩誌「あんかるわ」創刊（六三年六月より北川単独編集） 佐々木基一「「戦後文学」は幻影だった」 10 入沢康夫詩集『ランゲルハンス氏の島』 11 高橋和巳『悲の器』 12 黒田喜夫詩集『地中の武器』	社会党ボイコットで分裂 8・12 堀江謙一、日本人として初めて小型ヨットで太平洋を横断 10・22 ケネディ米大統領キューバにソ連ミサイル基地建設中と発表、キューバ海上封鎖を声明
一九六三 昭和38年	1・19 都学連再建大会。社学同・社青同・構改派らの都内一三大学自治会参加 2・24 唐牛安保全学連委員長が、右翼実力者・田中清玄（元・日共幹部）から資金援助を受けていたことが暴露される 4・1 革共同第三次分裂（中核派と革マル派） 5・31 全学連、社学同・構改派の四派原潜寄港阻止・日韓会談粉砕の統一行動に一五〇〇人参加	1 フジテレビ「鉄腕アトム」放映開始 2 赤瀬川原平個展「あいまいな海について」（模型千円札登場） 3 鮎川信夫詩集『橋上の人』 森崎和江『非所有の所有』 4 森秀人『甘蔗伐採期の思想』 映画『野獣の青春』（鈴木清順） 5 大江健三郎「性的人間」 6 映画『真田風雲録』（加藤泰） 8 犯罪者同盟の「赤い風船あるいは牝狼の夜」押収さる	1・9 米大使ライシャワー、外相大平正芳に原子力潜水艦の日本寄港申し入れ 1・26 米原子力潜水艦寄港問題で、日本政府「原則的に同意」を表明 5・1 「狭山事件」埼玉県狭山市で女子高生が誘拐される。捜査本部は被差別部落民への集中捜査を開始、部落解放同盟が抗議 5・25 アフリカ統一機構（OAU）設立 7・25 米ソ、部分的核実験停止

年	学生運動	文化	社会・世界
	7・5 全学連二〇回大会。革マル派指導権確立 11・29 マル学同中核派・社学同・社青同・構改派ら日韓会談粉砕・原潜寄港阻止統一行動に一二〇〇〇人参加。革マル派は別個に集会、一〇〇〇人参加	9 林房雄「大東亜戦争肯定論」 10 「美術手帖」創刊 11 野坂昭如「エロ事師たち」 柴田翔「されどわれらが日々――」 ぶどうの会『明治の柩』(宮本研作、竹内敏晴演出) 12 石原吉郎詩集『サンチョ・パンサの帰郷』	条約仮調印、8・5正式調印、10・10発効 8・28 米ワシントンで公民権デモに二〇万人 9・5 「草加次郎事件」連続爆発事件、東京の地下鉄で爆発 10・26 東海村の日本原研で原子力による発電試験に成功 11・22 米ケネディ大統領暗殺 12・8 力道山(本名金信洛)、刺され、15日死亡
一九六四 昭和39年	2・12 東京社学同、マル戦派とML派に分裂 3・21 共産同マル戦派結成 3・25 新三派連合確立(社学同・社青同・中核派) 9・3 米原潜寄港阻止横須賀集会。全学連も参加し労・学一万二〇〇〇人がデモ 11・3 米原潜佐世保入港反対でデモ隊・警官隊と衝突 11・18 都学連再建準備大会	1 赤瀬川原平が模型千円札事件で警視庁に出頭要請を受ける 2 瓜生良介らが「発見の会」結成 3 小松左京『日本アパッチ族』 岡田隆彦詩集『史乃命』 4 天沢退二郎、渡辺武信、菅谷規矩雄ら詩誌「凶区」創刊 「平凡パンチ」創刊 5 「映像芸術の会」設立 平岡正明『韃靼人宣言』 7 岩田弘『世界資本主義』 堀川正美詩集『太平洋』 「ガロ」創刊	4・1 日本、IMF八条国移行 4・28 日本、OECDに正式加盟 5・28 パレスチナ解放機構(PLO)設立 7・2 ジョンソン米大統領、新公民権法に署名 8・4 米国防総省、八月二日に米艦が攻撃を受けたとして(トンキン湾事件)、北ベトナム軍事基地を空爆 8・10 社会党・共産党など一三七団体、ベトナム戦争反

発見の会・演劇座合同『新版四谷怪談』（広末保作、瓜生良介演出）

8 大江健三郎『個人的な体験』

9 「近代文学」終刊

江藤淳「アメリカと私」連載開始

10 藤本進治『革命の哲学』

日本共産党が、中野重治、神山茂夫を除名

サルトル、ノーベル文学賞を辞退

ハイレッドセンターによるイベント「首都圏清掃整理促進運動」

11 開高健ベトナムに赴く（翌年二月に帰国）

12 磯田光一『殉教の美学』

白土三平「カムイ伝」連載開始

対集会

8・11 閣議、南ベトナムへ五〇万ドル相当の緊急援助決定

10・1 東海道新幹線開業（東京—大阪四時間）

10・10 第一八回オリンピック東京大会開催（—二四日）

10・15 ソ連でフルシチョフ第一書記兼首相解任

10・16 中国、原爆実験に成功

11・12 米原潜佐世保に初寄港

一九六五 昭和40年

1・30 慶応大学で授業料値上げ反対全学無期限スト

3・30 社青同解放派結成

4・7 都学連再建準備会、アメリカのベトナム侵略戦争に抗議し、米大使館へ四

1 中野重治「甲乙丙丁」連載開始（六九年まで）

3 山田宗睦『危険な思想家』

4 映画「網走番外地」（石井輝男）——この年「昭和残侠伝」シリーズも始まり、前年

2・3 佐藤首相、「建国記念日は二月一一日が適当」と表明

2・7 アメリカの北ベトナム爆撃開始

2・10 衆院予算委で自衛隊制服

〇〇人がデモ
4・24 小田実らの呼びかけの「ベトナムに平和を! 市民連合」(ベ平連)初のデモ行進
7・8 三派(中核派・社学同・解放派)都学連結成
7・31 社学同再建全国大会、統一派・関西派の合同なる
8・14 ベ平連主催の「戦争と平和を考える徹夜集会」、テレビ放送打ち切りで問題化
8・30 ベトナム戦争反対・日韓条約批准阻止のための青年委員会(反戦青年委員会)結成
10・15 反戦青年委員会結成後初の全国青年総決起行動。都学連二六〇〇人をはじめ一万七〇〇〇人が国会へジグザグデモ
10・29 日韓条約批准粉砕全国統一行動。都学連七五〇〇人が国会へデモ

始まった「日本侠客伝」シリーズと併せ東映ヤクザ映画の全盛を迎える
5 吉本隆明『言語にとって美とはなにか 第一巻』(第二巻は一〇月)
6 映画『壁の中の秘事』(若松孝二)
映画『黒い雪』(武智鉄二)
映画『留学生チュアスイリン』(土本典昭)
小林秀雄「本居宣長」連載開始(七六年まで)
7 小島信夫「抱擁家族」
8 梅崎春生「幻化」
寺山修司歌集『田園に死す』
9 三島由紀夫「春の雪」(『豊饒の海』第一部)の連載開始
10 映画『鎖陰』(鎖陰製作委員会)
11 高橋和巳『憂鬱なる党派』
大江健三郎・江藤淳責任編集「われらの文学」シリーズ(講談社)刊行開始
開高健らニューヨーク・タイムズ第一面にベトナム反戦広

組による臨戦時の強硬体制「三矢作戦」の存在が暴露される
2・20 日韓基本条約仮調印
2・21 マルコムX暗殺される
6・12 家永三郎、教科書検定を違憲として国に賠償請求
6・22 日韓基本条約調印
7・30 米北爆に対し野党四党が政府に抗議
8・11 米、ロサンゼルス、ワッツ地区で黒人暴動
9・1 インド・パキスタン戦争
10・21 朝永振一郎にノーベル物理学賞授与と発表
11・10 上海の「文匯報」、姚文元「『海瑞罷官』を評す」を掲載。文化大革命の発端
11・12 日韓条約諸案件、衆院本会議で議長職権により強行可決
11・27 米ワシントンで反戦平和行進デモ
12・10 日本、国連安保理事会非常任理事国となる

		一九六六 昭和41年
		1・18 早大学費値上げ反対闘争。全学ストへ 1・24 東大医学部自治会、インターン配置問題をめぐって卒業試験ボイコット闘争 3・21 インターン制度に反対する各大学医学部新卒者代表、青年医師連合会を結成 6・24 青医連・医学連、インターン制廃止統一行動 6・28 三里塚芝山連合空港反対同盟結成 9・1 第二次ブント再建、マル戦派・統一派が合流 10・2 成田空港反対同盟（三里塚・芝山連合新東京国際
告を掲載	12 長田弘詩集『われら新鮮な旅人』 『ペルソナ展』（粟津潔、木村恒久、横尾忠則、宇野亞喜良ら） 映画『ユンボギの日記』（大島渚）	1 吉行淳之介「星と月は天の穴」 真継伸彦『光る声』 野間宏『青年の環』（改定決定版）の刊行開始 2 中央公論社「世界の名著」シリーズ刊行開始、第一回配本『ニーチェ』 3 遠藤周作『沈黙』 4 いいだもも『神の鼻の黒い穴』 唐十郎主宰・状況劇場『腰巻お仙・百個の恥丘』（於・戸山ハイツ） 映画『憂国』（三島由紀夫製作・監督） 映画『沓掛時次郎・遊侠一匹』（加藤泰）
12・11 日韓条約、国会で成立		1・25 米政府、北爆の無期限停止危険と各国にメッセージ 2・4 全日空ボーイング727、羽田沖に墜落、一三三人全員死亡 5・16 中国共産党、中央文化革命小組設立。文化大革命正式に始まる 5・30 米原潜、横須賀に初入港 6・30 ザ・ビートルズ、日本武道館で公演 7・4 新国際空港、千葉県富里案から三里塚案変更に閣議決定 8・2 総評大会、ベトナム反戦闘争強化決議 8・8 日本原子力発電東海発電

空港反対同盟）結成後初の総決起集会

10・19 ベトナム反戦直接行動委員会（松田政男ら、アナキスト系）、武器生産の中止を要求して田無の日特金属工業へ突入

11・12 共労党結成

11・30 明大全学闘委、学費値上げ阻止のため、理事会との大衆団交に四〇〇〇人集結

12・9 中大自治会、学生会館の学生管理・処分撤回を要求して全学スト

12・17 中核派・社学同・社青同解放派によって三派全学連結成

「トマト性愛因心微学指南図絵」（大野一雄、土方巽、大野慶人、笠井叡、石井満隆）紀伊國屋ホール

5 内村剛介『呪縛の構造』

早稲田小劇場旗上げ公演『門』（別役実作、鈴木忠志演出）

梶原一騎作、川崎のぼる画「巨人の星」連載開始

6 三島由紀夫「英霊の声」

五木寛之「さらば、モスクワ愚連隊」

8 笠井叡舞踏会「処女離祭他瑠」

9 サルトル、ボーヴォワール、来日

10 映画『赤い天使』（増村保造）

11 吉本隆明「共同幻想論」連載開始（翌年四月まで）

自由劇場旗上げ公演『イスメネ・地下鉄』（観世栄夫演出・佐藤信作）

映画『けんかえれじい』（鈴木清順）

12 山下洋輔リサイタル

所、原発としては初の商用運転開始

8・18 北京天安門広場で紅衛兵一〇〇万人集会

9・22 防衛庁、南ベトナムへ軍事視察団派遣

10・21 総評、ベトナム反戦統一ストに五四単産一八六万人参加と発表、日教組授業放棄

11・24 アジア開発銀行創立総会（総裁渡部武）

一九六七
昭和42年

1・20 明大学費値上げ大衆団交に一万五〇〇〇人結集
1・24 日本共産党が中国共産党と国内の「毛沢東一派」を名ざしで批判する
2・26 砂川基地拡張阻止青年総決起集会に労・学一五〇〇人が集会とデモ
3・2 善隣会館で日中友好協会をめぐり、日共と中国人留学生が衝突、ML派らが中国人支援（善隣会館闘争）
5・26 全学連砂川基地でデモをおこなう
5・28 米軍砂川基地拡張予定地で、共産党系・三派系・革マル派系の各反対集会開催。江ノ島ゲート前で機動隊と衝突
6・30 全学連、佐藤訪韓阻止闘争で三〇〇人が機動隊と衝突
9・14 佐藤首相東南アジア出発阻止デモで機動隊と衝突
10・7 法政大学において中核派、

1 大江健三郎「万延元年のフットボール」連載開始（七月まで）
大岡昇平「レイテ戦記」連載開始（六九年七月まで）
秋山駿『内部の人間』
2 川端康成、石川淳、安部公房、三島由紀夫が中国文化大革命に抗議し声明
桶谷秀昭『土着と情況』
「COM」創刊、「火の鳥」（手塚治虫）連載開始
3 鈴木志郎康詩集『罐製同棲又は陥穽への闘争』
宮川淳『鏡・空間・イマージュ』
石子順造『マンガ芸術論』
4 寺山修司主宰・天井桟敷公演『青森県のせむし男』
「天才バカボン」（赤塚不二夫）連載開始
6 江藤淳『成熟と喪失』
映画『殺しの烙印』（鈴木清順）
8 藤枝静男『空気頭』
金井美恵子『愛の生活』

1・6 米海兵隊、南ベトナムのメコンデルタに初侵入
4・15 ニューヨークで四〇万人のベトナム反戦集会
6・5 第三次中東戦争始まる
6・17 中国で初の水爆実験
6・30 佐藤首相訪韓
7・1 資本の自由化開始
7・1 欧州共同体（EC）設立
8・3 公害対策基本法公布
8・8 新宿駅構内で米軍ジェット燃料タンク車の炎上
10・8 ボリビア政府軍ゲバラを逮捕、射殺
11・15 日米共同声明（小笠原返還一年以内、沖縄返還時期明示せず）
12・19 『世界経済白書』、国民総生産で日本三位と発表

年			
	解放派をリンチ 10・8 佐藤首相訪ベトナム阻止羽田現地闘争。三派全学連と機動隊の衝突で京大生山崎博昭死亡 10・10 空港公団、機動隊二〇〇〇人を動員して三里塚空港杭打ちを実施。反対同盟一〇〇〇人が阻止行動 10・21 ベトナム反戦統一行動全国四四都道府県で一四〇万人参加 11・3 全学連、三里塚闘争に初めて組織的に参加 11・11 エスペランティスト由比忠之進、北爆支持の佐藤首相に抗議して、官邸前で焼身自殺 11・12 第二次羽田闘争、三派全学連三〇〇〇人空港付近で機動隊と激突	状況劇場紅テント新宿花園神社公演開始 「週刊漫画アクション」創刊 モンキー・パンチ「ルパン三世」連載開始 9 金石範『鴉の死』 10 鶴見俊輔『限界芸術論』 三派全学連の羽田闘争の評価をめぐって、黒田喜夫と月村敏行が「日本読書新聞」紙上で論争 映画『圧殺の森』（小川紳介） 菅孝行『死せる「芸術」＝「新劇」に寄す』 11 シリーズ『現代文学の発見』（学藝書林）刊行開始（第一回配本分に埴谷雄高『死霊』含む） 佐々木マキ「天国で見る夢」	
一九六八 昭和43年	1・15 佐世保エンタープライズ寄港阻止闘争。全学連一五〇〇人平瀬橋上で機動隊と衝突。以後一週間現地で激闘	1 高森朝雄作、ちばてつや画「あしたのジョー」連載開始 現代詩文庫（思潮社）発刊 映画『博奕打ち 総長賭博』（山下耕作）	1・19 米空母エンタープライズ佐世保入港 1・30 南ベトナム全土で、南ベトナム解放民族戦線・北ベトナム軍の大攻撃（テ

2・16 中大学費値上げ反対闘争、大学側白紙撤回

2・26 三里塚・芝山連合新東京国際空港反対同盟と三派系全学連、警官隊と衝突

3・10 三里塚闘争、反対同盟一三〇〇人を中心に全国から労・学・農・市民一万人参加。三派全学連二〇〇〇人は機動隊と衝突

4・3 マル戦派、ブントから分裂（過渡期世界論〔一向健＝塩見孝也〕をめぐって）

5・31 日大生が（三万人）大衆団交要求デモ

6・15 東大医学部学生、安田講堂占拠。機動隊による占拠学生排除

6・17 東大・機動隊を導入して安田講堂占拠の医学生排除　全学部スト突入　東大—日大闘争激化

7・7〜14 三派全学連、中核派全学連と、社学同、ML派、社青同解放派、第四

2 大江健三郎「狩猟で暮したわれらの先祖」連載開始（八月まで）

入沢康夫『詩の構造についての覚え書』

4 藤枝静男「欣求浄土」

開高健『輝ける闇』

入沢康夫詩集『わが出雲・わが鎮魂』

「月刊ビッグコミック」創刊

5 唐十郎『腰巻お仙』

6 大庭みな子「三匹の蟹」

河野多恵子「不意の声」

廣松渉『マルクス主義の成立過程』

蓮實重彦「フローベールと文学の変貌」

つげ義春「ねじ式」

「情況」創刊

7 三島由紀夫「文化防衛論」

石原慎太郎、今東光、自民党より参議院選に出馬、当選。

シネクラブ研究会、鈴木清順問題でデモ

「少年ジャンプ」創刊、永井豪「ハレンチ学園」連載開始

ト攻勢）

2・20 金嬉老、静岡県清水市で二人射殺。翌日、寸又峡に籠城、朝鮮人差別を訴える

2・26 佐藤首相沖縄返還困難と発言

3・16 南ベトナム、ソンミ地区ミライ集落で米陸単による虐殺事件

4・4 米黒人運動指導者キング牧師暗殺

4・5 小笠原返還協定調印

4・9 チェコ共産党、言論宗教の自由を認める（プラハの春）

5・3 仏パリ大学ナンテール分校で学生と警官隊衝突（五月革命）

6・2 米空軍機、九州大構内に墜落

6・26 小笠原諸島復帰

8・6 文部省、学園紛争校に私大補助金認めぬと発表

8・8 和田寿郎札幌医大教授、日本初の心臓移植手術

インターの反中核派連合による反帝全学連に分裂

7・23 東大全共闘、安田講堂を占拠

9・30 日大全共闘、両国講堂で大学側と大衆団交。大学側全理事退陣確認書に署名、翌日の佐藤首相の大衆団交批判発言で理事者側退陣署名を撤回

10・8 羽田闘争一周年集会後、各派全学連など米軍燃料タンク車阻止のため新宿駅占拠

10・21 国際反戦デー闘争。各派入り乱れ新宿・防衛庁・国会等でデモ。機動隊と激突し騒乱罪適用される

東大全共闘、全学部無期限スト突入

11・24 三里塚空港粉砕・ボーリング実力阻止全国総決起大会。労・農・学八〇〇〇人実力デモ

8 武田泰淳「わが子キリスト」

林静一「赤とんぼ」

9 『緋牡丹博徒』(藤純子主演)シリーズ開始

10 川端康成、ノーベル文学賞を受賞。

「季刊フィルム」(山田宏一ら)、「シネマ69」(手島修三、山根貞男、上野昂志、波多野哲朗、蓮實重彥ら)創刊

映画『日本解放戦線・三里塚の夏』(小川紳介)

「フィルム・アート・フェスティバル東京一九六八」草月ホール

11 古井由吉「先導獣の話」

天沢退二郎『紙の鏡』

長崎浩「叛乱論」

「プロヴォーグ」創刊(高梨豊、中平卓馬、森山大道、多木浩二、岡田隆彦ら)

12 三島由紀夫「わが友ヒットラー」(戯曲)

平野謙「文芸時評」を辞退

大西巨人『神聖喜劇』第一章分(上・下)刊行

8・20 ソ連・ポーランドなど五カ国、チェコに侵入

8・29 日韓閣僚会議閉幕

9・26 政府、水俣病と阿賀野川水銀中毒を公害病と正式認定

10・11 東京プリンスホテルでガードマン射殺。同一四日京都、二六日函館、一一月五日名古屋で連続射殺事件。翌年四月、永山則夫逮捕

11・10 琉球政府首席、初の公選で革新首席(屋良朝苗)誕生

12・10 東京、府中市で現金輸送車の三億円、白バイ警官に変装した男に奪われる。七五年一二月一〇日、時効成立

一九六九
昭和44年

1・9 東大全共闘、教育学部奪還闘争。民青と衝突
1・18 安田講堂攻防戦。二日の激闘の末全面的に封鎖解除。神田では解放区闘争(安田講堂に革マル派が残らなかったことにより、以後は、革マル派は全共闘から排除される)
1・29 全国各地の大学で闘争激化
東工大無期限スト突入。
横浜国大全学部スト突入
1・30 京大教養学部スト突入
1・31 阪大教養無期限スト
3・25 早大反戦連合、卒業式粉砕闘争。早大革マル派の一元支配に亀裂入る
4・15 「水俣病を告発する会」発足
4・28 沖縄デー闘争、都内各所で機動隊と衝突
5・19 早大文学部学生大会にて、スト権確立をめぐり革マル派(自治会)と全都動員の反革マル全共闘系が

1 野間宏、堀田善衛、野坂昭如ら六一一人の文化人、東大全共闘支持の声明
滝田ゆう「寺島町奇譚」連載開始
2 石牟礼道子『苦海浄土』
後藤明生「笑い地獄」
小田実ら、日大闘争支持を呼び掛け
3 埴谷雄高「象徴のなかの時計台」
吉本隆明「情況」連載開始(翌年まで)
赤塚不二夫「もーれつア太郎」にニャロメ登場
4 岩成達也詩集『レオナルドの船に関する断片補足』
宮谷一彦「ライク・ア・ローリング・ストーン」
5 庄司薫「赤頭巾ちゃん気をつけて」(第六一回芥川賞)
高橋和巳「わが解体」連載開始
6 柄谷行人「〈意識〉と〈自然〉——漱石試論」
映画『ねじ式映画・私は女

2・17 衆議院予算委、ファントム(次期主力戦闘機)追及めぐり審議中断
3・2 中ソ国境地帯で両国軍衝突
3・10 佐藤首相、沖縄返還は核抜き本土並み返還で交渉と「白紙論」に変化答弁
5・9 大学問題で与野党党首会談、首相は立法最小限、野党三党首は立法化反対
5・24 大学運営臨時措置法案(大学法案)、国会提出
6・8 南ベトナム共和国臨時革命政府樹立
7・2 東京都公害防止条例公布
7・10 同和対策事業特別措置法公布施行
7・20 米宇宙船アポロ一一号初めて月面に着陸
8・3 大学法案、強行成立(一七日施行)
8・9 シャロン・テート家虐殺事件。犯人は狂信的宗教集団マンソン・ファミリー

衝突（三田誠広「僕って何」の素材）
5・20 立命館大「わだつみ像」を全共闘が破壊
5・29 高橋和巳、折原浩、天沢退二郎、安東次男ら「全共闘を支持する大学教師二〇〇人、大学を告発する」集会
6・8 ASPAC粉砕伊東現地闘争、各派学生一万二〇〇〇人が伊東駅前に集結。
6・29 ベ平連の新宿フォークゲリラ集会で群衆と機動隊衝突
8・28 ブント第九回全国大会、赤軍派系一三人を除名。赤軍派結成
9・5 全国全共闘連合結成大会（議長・山本義隆〔東大〕、副議長・秋田明大〔日大〕）。日比谷野音にて革マル派を除く全国の学生三万四〇〇〇人が集結
9・20 京大全共闘時計台闘争
10・10 安保粉砕・佐藤訪米阻止

優』（岩佐寿弥）
7 劇団駒場『空間都市』（芥正彦演出、於・東京体育館）
雑誌「海」創刊
中江俊夫詩集『語彙集』
8 映画「男はつらいよ」（山田洋次）シリーズ開始
9 現代人劇場『真情あふるる軽薄さ』（清水邦夫作、蜷川幸雄演出、於・新宿文化）
廣松渉『マルクス主義の地平』
真崎守「はみだし野郎の子守唄」
10 武田泰淳「富士」連載開始（七一年六月まで）
最高裁『悪徳の栄え（続）』に有罪判決
清水昶詩集『少年』
平田清明『市民社会と社会主義』
林静一「花ちる街」
福島泰樹『バリケード・一九六六年二月』
「フィルム・アート・フェスティバル東京一九六九」反対

8・15 米ニューヨーク州ウッドストックで四〇万人のロック・フェスティバル
9・1 リビアでカダフィ大佐によるクーデター
11・21 佐藤・ニクソン共同声明、沖縄核抜き七二年返還・本土並み確定

	大統一集会に一〇万人参加。全国各地でも集会とデモ 10・21 国際反戦デー。各地でゲリラ闘争展開 11・1 航空自衛隊佐渡レーダーサイトで反戦ビラを撒いた小西誠三曹、逮捕（八一年無罪確定） 11・5 赤軍派、山梨県大菩薩峠で首相官邸襲撃の軍事訓練中、五三人が一斉逮捕 11・16 佐藤訪米阻止闘争。蒲田駅付近で機動隊と激突、約二〇〇〇人の逮捕者を出す	派の行動により開幕後一時間で中止 映画『パルチザン前史』（土本典昭） 11 井上光晴、大江健三郎ら、ソルジェニーツィンのソ連作家同盟からの除名に抗議 映画『略称 連続射殺魔』（足立正生他）（公開は七五年）	
一九七〇 昭和45年	3・31 赤軍派九人、日航機「よど号」ハイジャックで北朝鮮入り。 4・28 沖縄デー。各地でデモ、十余万人参加 6・14〜23 反安保六月闘争（全国全共闘・全国反戦・ベ平連など）約一七〇〇人逮捕 7・7 華僑青年同盟・華青闘、	1 石川淳、朝日新聞の文芸時評を担当。従来の文芸誌掲載作品批評中心の方式から転換 林静一「赤色エレジー」 沼正三『家畜人ヤプー』 2 津村喬『われらの内なる差別』 「季刊同時代演劇」創刊 3 小田実、開高健、柴田翔、真継伸彦、雑誌「人間として」	2・3 核拡散防止条約調印決定で政府声明、平和利用権の確保強調 2・11 日本初の人工衛星「おおすみ」打ち上げ 3・14 日本万国博覧会（9・13）。七七カ国参加、入場者延べ六四二一万八七七〇人 4・24 中国で初の人工衛星「中

新左翼の差別問題への取り組みの差別性を告発。これより、新左翼各派の反差別闘争への取り組み本格化

8・4 革マル派海老原俊夫（東京教育大生）、法政大で中核派の集団リンチで死亡。内ゲバ戦争の犠牲第一号

9・30〜10・2 三里塚第一次強制測量、反対同盟・支援学生、公団側と激闘

10・8 羽田闘争三周年。入管闘争

10・12 宇井純ら東大で公開自主講座開設

11・14 東京・渋谷で初のウーマン・リブ大会。討論集会「性差別への告発」

12・18 京浜安保共闘、拳銃奪取のため東京・上赤塚交番を襲撃、一人が警官に射殺され、二人が重傷

を創刊

高橋和巳、京都大学助教授を辞職

吉増剛造詩集『黄金詩篇』

神津陽『蒼氓の叛旗』

映画『エロス＋虐殺』（吉田喜重）

寺山修司主宰による力石徹（「あしたのジョー」）追悼集会

多木浩二、中平卓馬編『まずたしからしさの世界をすてろ』

4 古山高麗雄「プレオー8の夜明け」（第六三回芥川賞）

千円札裁判、最高裁で上告棄却、赤瀬川原平有罪確定

5 古井由吉「男たちの円居」

佐々木幹郎詩集『死者の鞭』

早稲田小劇場『劇的なるものをめぐってⅡ』（鈴木忠志構成・演出）

谷岡ヤスジ「メッタメタガキ道講座」連載開始

6 大江健三郎、小田切秀雄ら韓国での国際ペン大会と台湾で

国一号」打ち上げ

6・23 日米安保条約、自動延長

6・24 日米繊維交渉決裂

9・6 ヨーロッパでアラブ・ゲリラによる連続ハイジャック

10・20 初の『防衛白書』、自力と米の核で専守防衛強調

12・20 沖縄・コザで、米兵の交通事故から群集五〇〇〇人が反米暴動

のアジア作家会議参加に反対して、ペンクラブを脱退
阿部知二ら、韓国の作家金芝河が長編風刺詩「五賊」により逮捕されたことに抗議声明
支路遺耕治詩集『増補　疾走の終り』
8 古井由吉「杳子」（第六四回芥川賞）
金時鐘詩集『新潟』
9 映画『昭和残侠伝　死んで貰います』（マキノ雅弘）
映画『煉獄エロイカ』（吉田喜重）
10 小川国夫「試みの岸」
筒井康隆『脱走と追跡のサンバ』
演劇センター68／70黒色テント公演開始。『翼を燃やす天使たちの舞踏』（佐藤信、山元清多、斎藤憐、加藤直作、佐藤信演出）
批評戦線「映画批評」（松田政男編集長）創刊
11 三島由紀夫、「豊饒の海」の連載完結、楯の会会員と市ヶ

		谷・陸上自衛隊東部方面総監部でクーデターを呼びかけ、割腹自殺 中平卓馬写真集『来たるべき言葉のために』	
一九七一 昭和46年	1・25 赤軍派・日共革左京浜安保共闘共同政治集会（千代田公会堂） 1・31 三里塚強制収用阻止・友納糾弾集会に二〇〇〇人集結（千葉本町公園） 2・17 京浜安保共闘、栃木県・真岡市の銃砲店を襲い、銃、弾薬を奪取 2・22 千葉県・公団、三里塚第一次強制代執行 2〜 赤軍派中央委員重信房子、奥平剛士とパレスチナ入り、PFLPと連携、当初アラブ赤軍と呼んだ、のちの日本赤軍を結成 3・25 三里塚現地、機動隊四〇〇〇人全関東から動員。地下壕に全面攻撃 4・28 沖縄闘争、赤軍派・京浜安保・関西ブント、武装	1 野間宏『青年の環』（全五巻）完結 3 後藤明生「疑問符で終る話」 映画『水俣』（土本典昭） 滝田修『ならずもの暴力宣言』 山口昌男『人類学的思考』 永山則夫『無知の涙』 安部慎一「美代子阿佐谷気分」 赤瀬川原平が「朝日ジャーナル」三月一九日号掲載の『櫻画報』に「アカイ、アカイ、アサヒ」と書いたことをもって同号回収事件に発展、連載中止 5 高橋和巳死去 映画『三里塚 第二砦の人々』（小川紳介） 6 小林美代子「髪の花」 7 李恢成「砧をうつ女」	1・3 政府、中国政策転換の検討 3・2 沖縄返還協定交渉、協定中に核兵器撤去問題明記せずと日米外交当局合意 3・26 多摩ニュータウンの入居始まる 5・14 大久保清、女性連続殺害容疑で逮捕 6・13 米「ニューヨーク・タイムズ」国防総省のベトナム秘密報告書を暴露掲載 6・17 「沖縄返還」協定調印（東京とワシントンのテレビ調印式） 7・1 環境庁発足 7・9 米大統領補佐官キッシンジャー、周恩来と会談 7・20 日本マクドナルド、一号店を銀座三越内に開店 8・16 〝ドル・ショック〟で東

蜂起集会

5・30 沖縄返還協定調印阻止闘争各地で集会、デモ

6・15 全国全共闘・全国反戦、明治公園で沖縄返還協定阻止の集会。中核と反帝学評が内ゲバ、全国全共闘分裂

6・17 沖縄返還共闘阻止闘争。明治公園で鉄パイプ爆弾爆発、機動隊三〇人重軽傷、七三二人逮捕

6・23 日本共産党、「プロレタリア独裁」の訳語を「プロレタリアート・ディクタツーラ」に改訂と発表

7・15 赤軍派と京浜安保共闘、連合赤軍を結成

8・22 赤衛軍、埼玉県の陸上自衛隊朝霞基地に侵入、自衛官を殺害、腕章などを盗む。この事件に関連して、後に、「朝日ジャーナル」記者・川本三郎らが逮捕さる

9・16 成田空港建設第二次強制

---

8 上野昻志『沈黙の弾機』

9 荒川洋治詩集『娼婦論』

津村喬『戦略とスタイル』

森万紀子「黄色い娼婦」

『保田與重郎選集』（講談社）刊行開始

10 大江健三郎「みずから我が涙をぬぐいたまう日」

サルトルら成田（三里塚）闘争支持のアピール

佐多稲子、野間宏ら、成田空港建設の反対声明

11 日活ロマンポルノ・シリーズ開始（『団地妻 昼下りの情事』など）

12 半村良『石の血脈』

金井美恵子「岸辺のない海」連載開始（七三年四月まで）

大映倒産

京の株式市場は史上最大の暴落

8・28 円が変動為替相場制に移行

9・8 中共副首席林彪によるクーデター事件失敗に終る

9・27 天皇、ヨーロッパ歴訪

10・25 中国の国連復帰決定

12・24 日中覚書貿易交渉妥結

12・30 自民党、衆議院で沖縄関係国内法案単独可決、成立。

	代執行、東峰十字路にて、反対派学生集団と機動隊の衝突で機動隊員三人が死亡。逮捕者三七五人 11・10 沖縄闘争・中核派渋谷大暴動。各地で集会、デモ 11・19 沖縄批准反対闘争激化、新左翼各派日比谷公園などで集会、警官隊と激しく衝突。同公園内のレストラン松本楼全焼、警備員一人がショック死。（約一八〇〇人逮捕） 12・18 土田・警視庁警務部長宅に小包爆弾、夫人死亡 12・24 新宿追分派出所でツリー爆弾爆破、警官等一二人負傷		
一九七二 昭和47年	2・17 群馬県妙義山アジト付近で連合赤軍最高幹部森恒夫、永田洋子逮捕 2・19 長野県軽井沢の浅間山荘に連合赤軍坂口弘ら五人が、管理人夫人を人質にして立て籠もり、銃撃戦を展開。十日にわたる攻	1 金子光晴「ねむれ巴里」連載開始（翌年四月まで） 2 豊崎光一「砂の顔」 3 「ベルサイユのばら」（池田理代子）連載開始 4 丸谷才一『たった一人の反乱』 川端康成自殺	1・3 日米繊維協定調印（政府間協定、対米輸出規制） 1・7 日米首脳会談、沖縄返還は五月一五日と共同声明（サンクレメンテ） 1・24 元陸軍軍曹横井庄一（五六）グアム島で現地人に保護される（二月二日帰

防の後、全員を逮捕、人
質を救出。この間警官二
名が死亡、二三人負傷。
日本で初めて政治闘争の
さい銃が使用される

3・7 連合赤軍のリンチ事件発
覚。京浜安保共闘時代の
二人を含め、犠牲者は計
一四人にのぼる

4・21 総評・全青協の集会をめ
ぐって革マル派六〇〇人
と反帝学評二〇〇人が内
ゲバ

5・15 沖縄施政権返還協定粉砕
闘争に全国で二〇万人参
加

5・30 日本赤軍の三人が、イス
ラエル・テルアビブ空港
内で自動小銃乱射と手投
弾で、二六人を殺害、八
〇人以上の負傷者を出す。
奥平剛士と安田安之はそ
の場で射殺、逮捕された
岡本公三は軍事法廷にて
終身刑の判決を受ける

7・15 北熊本自衛隊沖縄派兵阻

田中美津『いのちの女たちへ』
シリーズ『マルクス・コメン
タール』（現代の理論社）刊
行開始
鶴見俊輔、小田実ら、韓国の
詩人金芝河の無条件即時釈放、
自由な活動の保障を求める

6 有吉佐和子『恍惚の人』

7 永井荷風作とされる「四畳半
襖の下張」を掲載した雑誌
「面白半分」が摘発さる
山上たつひこ「喜劇新思想大
系」連載開始
情報誌「ぴあ」創刊

9 麿赤児主宰大駱駝艦旗上げ公
演『天賦典式』

10 中上健次「灰色のコカコー
ラ」
『現代短歌大系』（三一書房）
刊行開始
映画『一条さゆり 濡れた欲
情』（神代辰巳）

11 清水昶、藤井貞和、佐々木幹
郎、鈴村和成ら雑誌「白鯨」
創刊

12 石原吉郎『望郷と海』

国）

2・10 政府、北ベトナムと初接
触

2・21 ニクソン、中国訪問、米
中和解

2・27 米中共同声明（米は台湾
を中国の一部として認め、
米兵引揚げ確約）

5・15 沖縄返還協定発効、沖縄
県発足

5・21 呉海上保安部「入出港
届」で、広島の米軍弾薬
庫から南ベトナムへ弾薬
輸送判明（ベトナム基地
化問題となる）

5・26 ニクソン米大統領、モス
クワでブレジネフ書記長
とともに第一次戦略兵器
制限条約に調印

6・11 田中角栄通産相、政権構
想の中心「日本列島改造
論」発表

6・17 ウォーターゲート事件発
覚

7・7 第一次田中角栄内閣成立

9・5 ミュンヘン五輪選手村を

	止闘争 10・23 北海道旭川市常盤公園内『風雪の群像』、北大文学部アイヌ文化資料室で爆弾爆破 11・9 中核派とみなされた川口大三郎（早大文学部）が革マル派によって殺害され、東大付属病院前に死体を放置		パレスチナ・ゲリラ占拠。人質・ゲリラ、銃撃戦により五人死亡 9・23 フィリピンのマルコス大統領、戒厳令を布告。アキノ自由党代表ら逮捕 9・29 日中共同声明調印（七九番目の中国承認国） 10・17 韓国朴正煕大統領全土に非常戒厳令を布告。国会を解散 12・28 パレスチナ・ゲリラ、タイのイスラエル大使館を襲撃、岡本らの釈放を要求するも、二九日にこの要求を放棄
一九七三 昭和48年	1・1 連合赤軍最高指導者森恒夫、東京拘置所内で首吊り自殺	1 「現代思想」創刊 映画『仁義なき戦い』（深作欣二） 劇団暫『戦争で死ねなかったお父さんのために』（つかこうへい作・演出、於・早稲田小劇場）	1・27 パリにて、ベトナム三勢力とアメリカにより、和平協定調印 3・29 米軍、ベトナムから完全撤退

＊「政治・社会」については、『戦後史大事典』（三省堂）を参考に作成した。

あとがき

「革命」という言葉がサブタイトルを含めて三つも記されている著書を刊行することに、幾分の恥じらいを覚えないではないが、「一九六八年」が果たして「革命それ自体」であったか「革命的」な事件であったかは後世の判断にゆだねるとして、それがまぎれもなく決定的なターニングポイントであったということには、今ますます確信を持っている。それは、これまでに書かれてきた「革命運動回想」の類の多くが、その渦中にあって指導的な位置にあったひとびとによって書かれてきたのに対し、一九六八年にかかわる本書が、その時代の、まったくもって凡庸な無名のアクティヴィストたる者によって書かれてしまったことにも明らかである。もちろん、六八年とはその時代を生きた者のみの占有物ではなく、後に生まれたすべての者にも（もちろん、先行する世代にも）共有されるべき出来事だから、私は本書の著者であることをほとんど主張しえないのかもしれない。終わりに際して幾分か感傷的になることを許してもらえば、本書を書きながら、私は、六八年を直接・間接に協働した――すでに故人さえ存在する――今は疎遠となった者も多い友人たちの顔を想起することがしばしばだった。もし許してもらえるのなら、本書をそのひとびとに捧げたい。しかし繰り返すが、本書は未来のために書かれている。

最低限ながら、いくつかの謝辞を記すことを許されたい。それが、本書の「複数性」にふさわしいと思うからである。

本書が書かれるにあたっては幾つかの助走があった。そのなかでももっとも大きなものに、西部邁氏主幹の雑誌「発言者」に連載された「全共闘という愚行」(一九九八年四月号—二〇〇〇年三月号)がある。本書でも多少言及した名著『六〇年安保——センチメンタル・ジャーニー』の著者であり、今や「保守」を標榜する西部氏の好意あふれる慫慂と、氏との快活な議論(主に酒場での)がなければ、私は六八年についてまとまったものを書き始めることができなかったであろう。「発言者」の原稿は、私の力量の不足から一冊にまとめることがなかったが、その内容は本書に全面的に包摂されている。

太田出版代表取締役の高瀬幸途氏には、本書の基になる「早稲田文学」連載時に、毎回メールにて懇切的確な批評をいただいた。印刷史研究家として著名だが、六八年革命についても驚くべき該博な知識を持ち研究していることでも知られる府川充男氏と、パンクチュエーションの研究家であるが、やはりラディカルな思想家・アクティヴィストでもある前田年昭氏には、ゲラの段階で読んでいただき、主に六八年の事実問題についての貴重なアドヴァイスをいただいた。お二人は、かつての「文字コード問題」において、「文学者」

なる存在を徹底的に嘲笑された方々でもある。本書は、その嘲笑に応えるべく書かれているという側面も存在する。本文と年表の資料探索については、かつての私の「教え子」で、今は『昭和の劇——映画脚本家　笠原和夫』などの恐るべき編集者となった高橋賢氏と、「ヴェンダースの友人」(然り、その真に百科全書的な知識でヴィム・ヴェンダースを震撼させた) 山本均氏の多大な協力をえた。なお、本書所収の年表の原型は、私がかつて雑誌「海燕」(一九九三年八月号) の求めに応じて、永瀬唯氏の全面的な協力のもと作成したものである。また、本書執筆に伴走するようにして、私を使った(!) ヴィデオ・ドキュメンタリー『LEFT　ALONE』を撮ってしまった映画監督の井土紀州氏ならびにスタッフの方々にも感謝する。

雑誌掲載にあたっては、「現代詩手帖」編集部の佐藤一郎氏(当時)、「演劇人」編集長の山村武善氏、「舞台芸術」編集長の鴻英良氏、そして「早稲田文学」編集室の市川真人氏の、筆舌に尽くせぬお世話になった。単行本化に際しては、私がつたない教師であった日本ジャーナリスト専門学校時代の「教え子」であり(ながら)、きわめて有能な編集者となっ(てしまっ)た作品社の青木誠也氏の手をわずらわせた。

これら多くの友人の目を通過し、手をへたことが本書の幸福である。この方々のほとんどが、「一九六八年」をわがこととして生きてこられたことを思うと、多少の感慨を覚える。なお、本書は初出に大幅な加筆改稿をほどこした。

しかし、彼らのみではなく、多くのひとびとの目をとおして上梓されるにもかかわらず、本書の記述には、事実問題をふくめた幾多の「誤認」や不十分な点があるであろうことは、予測される。その責任は、すべて私が負わなければならないことも当然である。大方の叱責をお願いしたい。なお、本書は近畿大学学内研究助成金（刊行助成）をえている。

二〇〇三年四月二〇日

絓　秀実

文庫版あとがき

一五年前に刊行された本書（本編）が、今なおアクチュアリティーを持ちうるのかという危惧は、当然にもあった。刊行当時は、いったい一九六八年に何があったというのかという反応、あるいは、本書が言う六八年の「勝利」というのはブラジルの「勝ち組」と同様の妄想に過ぎないと応接されることも、しばしばだった。一九六八年という呼称は、すでに世界的な共通了解であり、また、私が勝利という言葉をカッコつきで使っているにもかかわらず、である。しかし、この一五年ほどの間、一九六八年にかかわる多くの証言や研究が出たし、当時の資料などの復刻も多くなされてきた。政治的社会的状況も変化した。それらに即応して、六八年に対する視点や関心も変化してきたと言える。そのようなところから、文庫化に際しては、やや長めの付論を書き下ろした。それは、現在の諸状勢にかんがみて六八年を再見し、併せて、改めて六八年の視点から現在を論じた試みである。ところが、付論を書き終えて本編を再読してみると、驚いたことに、この一五年間で私が獲得しえたと思った「新たな」思考の、少なくともその萌芽のようなものは、そこですでに書かれているのである。新たな付論に意義がないとは思わない。そこには問題提起的と自負しないでもない新たな発見もある。だが、私のこの進歩のなさは、どういうことなのか。もちろん、私は進歩派ではないし、「ブレのなさ」を誇るべきなのかもしれないが、このことには、ちょっとメゲてしまった。

もう一つ記す。

本書本編を書き継いでいた当時、私は、早稲田大学の非常勤講師として、同大学のサークル部室移転反対闘争に巻き込まれ、それに続く、そのことに抗議した学生たちのビラまき不当逮捕の反対運動に、ヨタヨタと一〇年以上も随伴することとなった。これは、一九六八年において争われた大学という「自治空間」への闘争と、その「ポスト自治空間」への帰趨において闘う（然り、単に「学生の自治を守れ」ということではない、反対のヴェクトルをも含む）、少なくとも首都圏では最後の闘争であった。それについては、簡単に付論にも記した。思い返してみれば、本書本編は、その矛盾に満ちた運動のなかで、それに携わる決して少なくない活動家・学生たちとの討論を背景に書かれたのである。本編を一五年ぶりに再読して、そのことを痛切に知った。本編の「あとがき」に彼ら／彼女らへの謝辞がないのは、当時、あまりにもそれが身近だったからだろう。ここに改めて謝意を表する。本編を再読して、その文体がかなり情動的なことにやや冷汗をかいたが——かなり抑制して書いたつもりなのに——それも、本書の主題が六八年であることとともに、一五年前の私の置かれた状況をも反映しているのだろう。

王寺賢太氏は、私が畏敬する、六八年についても深く思考している、優れた若い研究者である。王寺氏が、現在、六八年の帰趨に直面し、苦闘しておられる事態に対して私は何もできないが、その王寺氏に過分とも言える懇切詳細な「解説」を書いていただいたことは、本書にとっての誇りである。

本書は、湯原法史氏（元・筑摩書房）の提案により可能となった。湯原氏には、付論にかかわる重要な示唆もいただいた。また、ちくま学芸文庫編集長の北村善洋氏には、文庫化にあたって、随時、適切な配慮をいただいたことで、作業を気持ちよく遂行することができた。ともに感謝する。

二〇一八年四月

絓　秀実

解説　戦後民主主義の「革命的な」批判のために

王寺賢太

「六八年革命」vs.「リベラリズム」

絓秀実の『革命的な、あまりに革命的な――「1968年の革命」史論』は、二〇〇三年の刊行後、ただちに日本における「六八年」の運動史と理論・思想史に関する必読文献となった書物である。絓は本書で、日本では「全共闘」の名とともに知られてきた学生運動・ニューレフト（＝非共産党系左翼）運動高揚の一時期を「六八年」の名の下に総称し、同時期の「西側」先進資本主義諸国における学生・大衆の反乱や知的刷新、あるいは中国における社会主義内部の革新運動としての「文化大革命」とも共鳴する世界的現象の一環として位置づける。いまや私たちにとっては馴染み深くもあるこのような理解を日本で最初に示し、流通させたのは、なによりも本書をはじめとする絓秀実の一連の六八年論であった。このちくま学芸文庫版は、絓自身の最近の関心に基づく付論とともに、刊行後一五年を経た今も古びることのない本書の今日的射程をよく伝える一冊となっている。

著者はこの書物が「その時代の、まったくもって凡庸な無名のアクティヴィストたる者」によって書かれたことを強調している（あとがき）。「作者」の権威を忌避し、「マイナー」であることに拘泥する、絓らしい慎みと恥じらいの現れだが、本書は六八年の革命的沸騰の渦中から後世に届けられた政治的・理論的なルポルタージュであるばかりではなく、一九七〇年代末以来まずは文芸批評の領域で、次いで九〇年代以来、社会・政治批評の領域にも戦線を拡大しながら、旺盛な執筆活動を展開してきた六八年世代のこの先鋭的な批評家の、まぎれもない主著でもある。事実、絓特有の批評的アプローチと「六八年革命」とは、この本のなかで相互に規定しあいながらかたく結びついている。

本書を特徴づけるのは、まずそのポレミカルな意志だろう。七〇年代初頭生まれの私の世代にとって、「全共闘」前後の学生運動とニューレフトの高揚は、長いあいだ、東大安田講堂の「落城」や連合赤軍のリンチ殺人といった「敗北」や「内ゲバ」のイメージと結びつけられて記憶されてきた。「全共闘世代」と言えば、ノスタルジックかつナルシスティックに自分たちの学生運動経験を語る、一群の中年男たちが思い浮かべられるのが常だったのだ。八〇年代、「現代思想」の若きスターとして登場した浅田彰が、フランスでは「六八年の思想」と呼ばれた構造主義・ポスト構造主義を日本に導入する際に、ドゥルーズ＝ガタリ由来の「逃走」をスローガンに掲げたのも、かつての「闘争」に疲れた中年男たちに対して「闘争」を仕掛けるためだった。そもそも、悲惨さや陰惨さのイメージがまつわりついた日本の六八年と、「ゼネスト」や「言葉の沸騰」といった晴れやかな大衆運動のイメージとともに語られるフランスの六八年五月に、どんな共通項があるというのか？　本書は日本の六八年を覆ってきたそれら一連の否定的イメージを払拭し、六八年を世界的規模で生起した「革命」として描き出す。曰く、「六八年革命」は「今なお持続する世界革命」であり、そのことはただちに、この「革命」が「勝利」し続けていることを意味する。――このポレミカルな断言にこそ、本書の核心的テーゼがある。

しかし、六八年が一つの革命であるとしたら、それはいったい何に対する革命なのか。この問いに対して、絓は端的に「リベラリズム」に対する革命、日本の文脈で言えば「戦後民主主義」に対する革命である、と答える。ここで「リベラリズム」とは、第一次世界大戦とロシア革命以来、アメリカ合衆国で採用された広義の福祉国家政策を指し、「豊かな社会」の建設を目指して社会主義国家ソ連と覇権を争った資本主義国家の戦略と位置づけられる（ウォーラーステイン）。日本の「戦後民主主義」は一九四〇年代の戦時経済に端を発し、第二次世界大戦後、占領軍が全面展開した「リベラル」な体制であり、兵站地域となった先進資本主義国で継続される戦時体制にほかならない（絓はニューレフトにおけるヴェトナム反戦の意義を、この認識をもたらした点に認める）。国民個々の生を全体的に管理し、覇権争いに向けて駆動する、資本制国民国家における総動員体制である。

この「リベラリズム」下の「豊かな社会」＝「大衆社会」のなかで、学生をはじめとする小ブルジョワは、「思考が現実的な下部構造に規定されない自由」とともに「現実の社会から追放されてあるという自由」を強いられる。そのとき、いわば何者かにならなければならないが何者にもなることができない、浮遊する小ブルの群れが出現するのだ。絓によれば、日本の六八年は、戦後の新設大学増設とともに現れた「大衆教育社会」が早くも飽和し、もはやアッパー・ミドルへの参入を保障されなくなった学生たちが、自らの「ジャンク化」を意識せざるをえなくなった時点で起こった革命だった。そこで学生が先行世代の国民＝市民のモデルとしての教師に対して挑んだ「階級闘争」は、行き詰まりを見せ始めた「リベラリズム」に対する闘争であり、同時に「アフター・リベラリズム」の時代にも継続する「生の管理」に対する先駆的な闘争でもあったというのである。「規律型権力」から「管理型権力」への移行の時代（フーコー／ドゥルーズ）、その両者を貫いて支配し続ける「生権力」に対する闘争、と言ってもよい。

　以上のような理解に立つからこそ、絓は本書で、丸山真男以下の「戦後民主主義者」や、フルシチョフの平和共存路線の延長線上に社会主義への漸進的改革の道を探る「構造改革派」、あるいは戦後憲法の平和主義の枠内にとどまる「べ平連」の反戦市民運動を、「六八年革命」のメインストリームから斥ける。「戦後民主主義」を戦時体制の一変種とみなすその見地からは、それに対する闘争を仕掛けるニューレフトが、暴力と軍事主義への危険な傾斜を孕んだ由縁も理解されるだろう。とはいえその危険はまず、「戦後民主主義」そのもののうちに見出されねばならない。絓にとって、「中核vs.革マル」に象徴される「内ゲバ」の一側面は、学生自治会にキャンパス内統治を部分的に移譲し、異分子の排除と監視にあたらせる「戦後民主主義」的「生政治」の一環にほかならないからだ。

こうした六八年の政治経済的背景の分析は、高度成長期の急速な工業化からその後の脱工業化の時代への転換点を同時期に見る、今日の通説とも呼応する。それはまた六八年当時、資本蓄積の拠点が「生産」（産業資本主義）から「交換・流通」（商業・金融・情報資本主義 etc.）へと移行しつつあったことを含意するだろう。絓が七一年のドル・ショック（金・ドル兌換停止）の意義を強調するのも、資本制商品生産・流通を「労働」や「金」といった実体に依拠して組織するのを止めつつあった時代の現象としてである。さらに、同じ七一年のニクソン・ショック（米中国交樹立）は、六〇年代後半以来のヴェトナム反戦運動の高揚とも相俟って、世界資本主義がすでに一つのヘゲモニー国家を中心に組織されるのを止めつつあったことを告げている。六八年とともに開かれるのは、依拠すべき実体もなく、中心と周縁も一義的には決定しえない、脱中心化された歴史の時空間なのだ。それは同時に、マルクスの「労働価値説」が次第に信憑性を失い、「労働者本隊論」に基づく正統派マルクス主義の革命運動が根拠を掘り崩されてゆく時空間でもある。

とはいえ、本書で絓が幾度も強調するように、一九五六年のスターリン批判に世界的な端緒をもつニューレフト運動は、そもそもこの正統派マルクス主義の失墜から出発した運動だった。ニューレフトにとってスターリン批判は、史的唯物論が示す「歴史の必然」にしたがってプロレタリア革命運動を先導してきたはずの共産党の政治的・理論的な正統性を揺るがすものだったからである。「歴史の必然」が信憑を失い、史的唯物論という「学知」も、プロレタリアート前衛の「党」も再審されるなかで、いかにあらためて革命的でありうるのか。あるいはまた、社会学的に確固たる実在性をもつ労働者階級に依拠することなく、大衆社会のなかを浮遊する小ブルたちが、いかなる革命を果たしうるのか――この困難な問いに直面したからこそ、ニューレフト諸潮流は、多くの試行錯誤を重ねつつ、六八年において交錯する豊かな理論的・実践的革新の一時期を経過することになったのだ。

けれども、本書に繰り返し回帰するこの困難の認識を踏まえるなら、「六八年革命」は「勝利」し続けているという断言が、それとは裏腹にアイロニカルな屈折を帯びていることも明らかだろう。「六八年革命」が「勝利」し続けているとは、その勝利がけっして一度きりの決定的なものではありえず、困難に送り返されてはそのつど反復されるほかないことを意味するからである。そのことはまた、「六八年革命」が「リベラリズム」＝「戦後民主主義」を最終的に「打倒」してしまうことなく、いわばその「リベラリズム」＝「戦後民主主義」に寄生しつつ、そこから身を翻し、その体制を内側から掘り崩すようなかたちでしか存在しえないことを示唆しているのかもしれないのだが。

「六八年革命」の歴史的展望

時系列に沿った網羅的な歴史叙述の形式をとってはいないとしても、絓は本書で、圧倒的な歴史的・実証的博捜に基づき、およそ一九五六年のスターリン批判から一九七〇年七月七日の華青闘告発へと至る、ニューレフトの勃興、分岐、抗争、そして転回までの運動史を丹念に跡づけている。そこで焦点を当てられるのは、六〇年安保闘争を牽引した「全学連」以来のブント系諸党派と、「中核vs.革マル」に分裂する革共同系（トロツキスト）だけではない。ローザ主義を奉ずる社青同解放派や、毛沢東の「第三世界主義」に触発された関西ブント、さらには早稲田大学全共闘から生まれた「ナンセンス・ドジカル」といった小集団も同じように脚光を浴びる。そればかりか、花田清輝、武井昭夫、大西巨人ら、ある意味で六八年に先行する共産党内の異端的知識人が、スターリン批判の余波で周縁化されていった経緯にも、さらには共産党内外で大きな影響力を持ち、「ベ平連」の反戦市民運動と協働したグラムシ主義の講改派諸潮流についても、この六八年論の外郭で周到な検討がなされている。本書の功績の一つは、いまや公安警察的な視線の下に悪魔化され、たかだか「共産趣味」的な興味を惹くばかりのこれらニューレフト諸潮流を歴史的に位置づけ、その政治的かつ理論的・思想的な意義を示す点にある。

その際、絓は今日ではほとんど無名とも言える「マイナー」なアクティヴィストたちを掘り起こし、しばしば裏話的なディティールに立ち入ることもいとわない。このアプローチによって、本書があらためて発見させてくれた六八年のアクターも少なくない。その筆頭が、いちはやくメディア論と差別論を導入してニューレフト運動に転回をもたらした毛沢東主義者・津村喬だが、ほかにも保田與重郎流のロマンティック・アイロニーに依拠して「少女」論を展開した新木正人、宇野経済学批判に立脚する独自の世界資本主義論から、ドル・ショック後の資本主義の変質を予見した岩田弘らの名を挙げることもできる。本書の叙述に三島・吉本・大江といった五〇年代来の「メジャー」な文学者たちや、六八年当時の「カウンターカルチャー」(現代詩・アングラ演劇・ドキュメンタリー映画・現代美術)の担い手たちも召還されていることを考えあわせれば、この六八年論は一面で、中村光夫の『明治文学史』や平野謙の『昭和文学史』の批判的続篇とも呼ぶべき性格をもそなえている。その際、件の批判性が、元号によって歴史の時空間を区切ることも、近代の国民統合の主要メディアたる「小説」を中心に国民的文学史を描き出すことも峻拒する、本書の構えそのものにおいて現れていることは言うまでもない。

歴史叙述としてみた場合、「六八年」をメルクマールとする本書が、「四五年」に出発点を求める戦後民主主義のマスター・ナラティヴとは明確に一線を画していることは見やすいだろう。それとともに見逃せないのは、「六八年」を「三〇年代」に提起された問題をあらためて取り上げ、「三〇年代」を反復する時代とみなす独特の把握である。この三〇年代は、絓が文芸批評家としての仕事でかねてから参照し続けてきた時代でもある。日本で言えば、大衆社会の最初の現れを背景にマルクス主義がつかのまの流行を見せたあと、国家権力による弾圧を契機に「転向」問題が浮上し、他方で日本浪曼派の勃興を承けて、京都学派の哲学者たちをも巻き込みながら「近代の超克」が思想課題として提起された時代、そして結果的に「ファシズム」への道を開いた時代である。それは西欧においても、ハイデガー、ブランショ、バタイユといった六八年にとって重要な参照項となる書き手が登場し、「反近代」を標榜した時代であった。

絓によれば、戦後民主主義に対する革命としての六八年は、「戦後」によって抑圧されたこの三〇年代の思考の回帰でもあったのだ。戦後民主主義の時代が世界的には米ソ平和共存の時代であった以上、そこで回帰するのはなにより「ファシズム」であるだろう。すなわち、ナショナリズムと軍事主義に依拠する反資本主義・反国家主義運動、あるいはマルクス主義に対抗する保守革命運動としての「ファシズム」である。実際、スターリン批判後の日本浪曼派再評価、二・二六事件の青年将校の群れと「ノンセクト」的な「国家に抗する戦争機械」の類比、史的唯物論とマルクス経済学の峻別を説いた宇野弘蔵のインパクトなどに即して、絓は六八年と三〇年代の通底性を説得的に説いている。そのときニューレフトは、いわゆる五五年体制から離脱し、その左右共存体制そのものに反する闘争の担い手として位置づけられる。本書のなかで、戦後民主主義的な左右の方向感覚が通用しないのもそのためだ。ただし、六八年が資本制国民国家の一体制に対する革命であるかぎり、そして絓があくまで資本主義批判としてのマルクス主義を手放そうとしないかぎり、それがどれほどファシズムとその暴力に近接しようと、最終的にそれと袂を分かつことも また確かである。だからこそ、戦後民主主義の時代における三〇年代のゾンビとも言うべき三島由紀夫は、本書が繰り返し立ち返る負の参照項となり、六八年に対するもっとも強力な「(反)革命」と名指されることにもなる。

以上、本書が示す日本のニューレフト史叙述の諸特徴を瞥見してきたが、注意しておかねばならないのは、この歴史叙述が政治的上部構造を経済的下部構造の反映とみなす基底還元論とも、言説や行為をその発話主体・行為主体の政治的ポジションから説明するコンテクスト主義とも近接しながら、そのいずれからも距離を保っていることだ。戦後民主主義下の「大衆社会」で、ニューレフトの学生たちは「思考が現実的な下部構造に規定されない自由」と「現実の社会から追放されてあるという自由」を強いられる以上、そのような還元主義はあらかじめ失効を宣告されている。絓が六八年において交錯する言説や行為の一つ一つを、どこかよそに存在する実体の「反映」や「表現」として片づけることなく、むしろそのような実体——六八年の「時代精神」?——からズレる各々の「物質性」に立ち止まり、そこから丹念にシンギュラリティーを読み解くのもそのせいだ。

九〇年代以降の一連の著作で政治性を顕示する前、絓秀実はもっぱら蓮實重彥流の「表層批評」——テクストの言葉の配列そのものに注視するフォルマリスト的読解——に棹さす文芸批評家として知られたが、そのアプローチは本書でもあちこちに刻印を残している。取り上げる対象に一面的な裁断を下さず、あくまでその両義性とジレンマを説き明かそうとする姿勢もそこから派生するのだし、絓の著作にきわめて特徴的な、アクロバティックにもみえる諸々の対比も、この微細な読解によってはじめて可能になる（長崎浩の叛乱論と大江健三郎の保守革命主義、廣松渉の物象化論と入沢康夫の表現概念批判、あるいは宇野弘蔵の価値形態論と赤瀬川原平の「模型」千円札の対比など）。こうした差異と類似の読解に基づいて、絓はさまざまな言説や行為の交錯する時空間として六八年を描き出すのだ。「六八年の革命」はそのとき、いかなる個体を特権化することも、いかなる歴史過程を中心化することもなく、ただ自らを主体と「誤認」する複数のエージェントの営為が、相互の交錯において事後的に現出させる「一つ」の事態として提示される。ただし、それは単なる「テクストの戯れ」のユートピアではなく、ニューレフト諸潮流のヘゲモニー争いや、より巨視的な政治経済的構造によって「重層的決定」（アルチュセール）を蒙る時空間なのである。

誤解を避けるために言っておけば、絓の文芸批評家としてのアプローチがどれほど際立っているとしても、本書は六八年を文学史や文化史の枠に収める書物でもなければ、六八年の随伴現象としてカウンターカルチャーを視野に収める書物でもない。本書の特色はむしろ、六八年の痕跡として、文学や芸術の領域に現れた一連の言説や行為にフェティシスト的に拘泥しながら、そこに今なお実践的に反復さるべき革命的な政治と理論・思想を読みとろうとする点にこそあるからだ。その政治性については、六八年が「リベラリズム」＝「戦後民主主義」に対する革命であること、それが正統派マルクス主義の革命運動の失墜後の困難と共にあること、そして戦後民主主義的、あるいはファシスト的な暴力とも危うい近接関係を持つことを指摘しておいた。絓において、言説や行為の物質性への注視は、戦後民主主義に対する闘争においてある種必然的に招き寄せられる暴力に近接しつつ、そこから身を翻すための独自の作風をなしてもいる（たとえば大江健三郎の「黙示録的革命主義」からの「遁走」や、天沢退二郎の「〈書くこと〉の暴力」についての議論を参照せよ）。では本書で、「六八年革命」の理論的・思想的核心はどこに求められるのか。絓にとって特権的な参照項であるブランショをはじめ、フーコー・ドゥルーズ・デリダ以下、フランスの「六八年の思想」をも旺盛に取り込み、それをいわば使い尽くしながら、現代の文学と政治についてきわめて先鋭的な批評を展開してきたところに絓の仕事の本領があり、その本領は本書でも遺憾なく発揮されている。だとすれば、「六八年革命」の理論的・思想的核心を探ることは、本書における絓の達成をその突端において見きわめることにもなるはずだ。

疎外論批判からフェティシズム批判へ

「六八年の革命」が今なお持続的であるという以上、その理論的・思想的核心も希薄に遍在するものでしかありえないだろうが、私はそれを戦後民主主義のフェティシズム（呪物崇拝）に対するフェティシスト的闘争、とでも呼べる境位に見出せると考えている。戦後民主主義がリベラルな資本制国民国家の一体制であるなら、そのフェティッシュ（呪物）とは、「国民統合の象徴」としての「天皇」（そして「天皇」と相同的に差別の対象とされる「部落民」）と、資本制商品生産・流通の空間を束ねる「貨幣」にほかなるまい。実際、本書において「天皇」というフェティッシュは、とりわけ三島由紀夫という「（反）革命」の形象とともに論じられている。他方、「貨幣」というフェティッシュが主題化されるのは、赤瀬川原平の「模型」千円札が取り上げられる際である。この両者は、とりわけ最終章で、津村喬が導入した差別問題に即して再論されているとみなせるが、絓の六八年論でフェティシズムがいかなる布置において理論的・思想的問題となるかについては、いささか説明が必要だろう。

六八年当時のマルクス主義に関しては、フランスではアルチュセール、日本では廣松渉がほぼ同時期に提唱した、初期マルクスに依拠する疎外論的マルクス主義の批判がつとに知られてきた。アルチュセールにおいては「構造主義的マルクス主義」、廣松においては「物象化論」（これを絓はフェティシズム批判の一変種とみなす）に至るその共通の地平は、

「人間の類的本質」の解放を求める立場から、「人間」を「社会的諸関係の総体」において捉え、この「社会的諸関係の総体」の批判と変革に向かう立場への移行にある。絓はそれを端的に「本質主義」から「社会構成主義」への移行とも言い換えている。この疎外論批判はまた、しばしば「六八年の思想」と名指されるフランスの構造主義・ポスト構造主義の諸潮流の通奏低音ともみなされてきた。

すでに明らかなように、私がこれまで示してきた本書の政治的立場も歴史叙述も、おおよそこの疎外論批判に棹差すものだ。実際、マルクスの「労働価値説」や共産党的な「労働者本隊論」の退潮を承けて生起するとされるニューレフト理解にも、歴史を「重層的に決定」された個々の言説や行為の読解から出発して描き出そうとする歴史叙述上の姿勢にも共通するのは、政治や歴史をなんらかの「実体」＝「主体」の「表現」とみなす疎外論に対する批判にほかならない（この「実体」を「人間」なり、その「類的本質」なりに求めるのが人間主義である）。廣松が示したように、ヘーゲル＝マルクスにおける「疎外」とは、この「実体」＝「主体」の「化体」・「表現」・「再現」・「表象」を指示する概念だった。だからこそ、本書において疎外論批判は政治的代表制・代行性の批判にまで拡張される。そこからは、戦後民主主義や共産党のみならず、ニューレフトの一切の前衛党主義に対する批判も生ずるだろう。本書がニューレフト諸党派のすぐれた歴史書でありながら、六八年のシンギュラリティーをむしろ「ノンセクト」のアクティヴィストたちの群れに見てとるのもそれゆえである。

だが、本書の特色はむしろ、絓が「六八年の思想」を疎外論批判によって総括してしまわない点にこそある。そもそも六八年において、構造主義・ポスト構造主義の思潮はフランスにおいても必ずしもヘゲモニックではなかったし（ゴダールの『中国女』で焼き払われるアルチュセールの『マルクスのために』を見よ）、日本においては当時、サルトルの実存主義をはじめ、ルカーチやマルクーゼらの疎外論的マルクス主義が広く人口に膾炙していたこともよく知られている。浅田彰がフランスの「六八年の思想」を日本で流布させた際に「全共闘世代」に公然と敵対したのも、そのようなコンテクストを踏まえてのことだった。本書でも六八年当時の疎外論の諸ヴァージョンは、スターリン批判後のニューレフトにおいて、単にマルクス主義にはとどまらない影響力を持ったことが強調されている。共産党の正統性に対する疑義は、マルクス主義が依拠すべき「実体」とみなしてきた下部構造（あるいは「主体」としての労働者階級）と、その「実体」を「表象＝代行」する「党」の能力を再審に付しただけに、当初より本来的で真正な「実体」、より精緻で強力な「表象＝代行」能力の探求を促したからである。ニューレフト勃興期のその動向はさらに、「大衆社会」状況の進行とともに都市小ブルの「故郷喪失」が深化するなかで、失われた「故郷」の再発見と回復を目指す「保守的革命主義」の傾きを帯びたとみなされる。

絓はこの観点から、日本浪曼派再評価を伴いながら展開したナショナリズム再考と、疎外論的マルクス主義に依拠する前衛党再創設の試みを、スターリン批判後の同じコンテクストに立脚するものと位置づけている。その際、ニューレフトを覆った疎外論的マルクス主義は、革命の成就を無限の未来に投影し、「プロレタリア的人間」によって構成される党の建設に邁進した革マル派を除けば、安保ブント以降、もっぱら今ここにおける革命の享楽を目指す行動主義に結びつく。この行動主義の延長線上に、「世界革命戦争」の殲滅戦のなかでの革命の成就を予言し、「前段階蜂起」のための「革命戦士」の主体形成に賭けた赤軍派の「黙示録的革命主義」も現れるのだ。この観点から、連合赤軍の「内ゲバ」の暴力は、スターリンという主体によって捻じ曲げられたプロレタリア革命運動の進行方向を撓《た》め直し、来たるべき革命戦争に命を賭けることのできる主体を形成するための「教育的」手段として理解される。絓の疎外論批判の立場は、「人間」の解放を目指して出発しながら陰惨な「内ゲバ」をもたらした、この疎外革命論の帰結を踏まえて選択されているのである。その立場が、「党」や「聖職者的知識人」といった超越的主体を温存し、その「表象=代行」機能に革命運動の成否を託す、一切の前衛党主義への批判と結びついていることは繰り返すまでもない。

ただし本書が刺激的なのは、疎外論批判がそう簡単には成し遂げられず、疎外論批判もまたなんらかの「表象=代行」主体を温存せずにはいないという認識ゆえである。実際、廣松渉の疎外論批判を「本質主義」から「社会構成主義」への移行を画すものとみなす絓は、その批判が廣松自身において、「大ブント構想」に見られる前衛党再建の呼びかけとも、大学人として「学知」に拠り所を求める個人的選択とも矛盾なく共存するものだったことを指摘する。それが示唆するのは、廣松の疎外論批判が「社会的諸関係の総体」を「表象＝代行」するなんらかの主体を前提とすること、あるいはそれなしにありえないことなのだ。絓はさらに、その「社会構成主義」が、「社会的諸関係の総体」について正確な認識を持ちさえすれば資本制国民国家の桎梏をのりこえることが可能であるとみなすような、素朴な啓蒙主義に帰着するのではないかとまで問い詰める。それと同様の機制は、「ジェンダー論」や「カルチュラル・スタディーズ」など、「社会構成主義」に立脚する今日の「カルチュラル・レフト」にも見出されるだろう。本書でフェティシズムが問題となるのは、この疎外論批判への再批判の延長線上に、絓が「社会的諸関係の総体」の組織そのものを可能にする、特異な残余に照準を合わせるからだ。「表象」の主体は「社会的諸関係の総体」のなかではじめて可能になる以上、この残余をそれとして「対象化」し、「表象」することはできないのである。

絓はこのフェティシズム批判において、言語（シニフィアンの連鎖）とのかかわりで主体の形成を説くラカン派の精神分析理論を参照している。その要点はまず、主体は象徴秩序（「大文字の他者」）に参入することで「もの」の世界（原初的な母との合一）から隔てられ、「去勢」されることなしに主体たりえないという点にある（主体化＝従属化、主体の分割）。ただしこの象徴秩序は、ある閉じた全体構造のなかに主体を固定的に位置づけることはできない。単純に言って、言語には事物を完全に表象し、意味づけてしまうことはできないからだ。言い換えれば、象徴体系はそのうちに亀裂を孕んでおり、その亀裂を介して「現実界」が垣間見られる。表象不可能で意味以前の次元にある「現実界」は、主体にとってはおぞましい「もの」として現れるだろう。したがって主体を安定させ、象徴秩序を維持するためには、「現実界」に覆いをかけ、象徴秩序の亀裂を差し留めねばならない。ここに登場するのが、欲望の原因対象としての「もの」＝「対象a」（ラカン）であり、「フェティッシュ」である。「フェティッシュ」となる「もの」は、「現実界」に接するかぎりではおぞましいが、属性にかかわらない任意の「もの」であってよく、それが象徴秩序の亀裂を差し留める機能を果たすのは、欲望の原因対象となることによってにすぎない。だからこそ、「フェティッシュ」はひとたび欲望の原因であることをやめれば、あらためてなにものでもない単なる「もの」として露呈される。絓が「フェティッシュ」のこの「もの」性を強調するために、マルクスやフロイト、ラカンに倣って、それを「糞尿」と呼ぶのもそのせいだ。こうしてフェティッシュが「糞尿」として現れるときには同時に、象徴秩序が揺らぎ、「現実界」に触れる主体の一貫性も崩落するだろう。

以上の図式を社会秩序一般に適用すれば、国民国家においても資本主義においても、均質な要素（商品、国民＝市民）から構成される秩序の内部は、この秩序の亀裂を差し留め、

「現実界」から秩序を守るフェティッシュによって保証されると言える。その観点から、絓が戦後民主主義のフェティッシュとして同定するのが、「天皇」や「部落民」であり、あるいはまた「貨幣」なのだ。「天皇」にせよ、「部落民」にせよ、それ自体としては何者でもない単なる人間であり、「貨幣」もそれ自体としては単なる金属片や紙片にすぎない。それに意味を与えているのは、それぞれのフェティッシュを欲望の原因対象として組織される国民国家日本や資本制商品生産・流通のなかで、その象徴秩序にしたがって動き回る主体の当の欲望なのだ。本書で、戦後民主主義に対する「六八年革命」がこれら一連のフェティッシュに対する闘争において極まり、主体のありかたそのものを問題にするのは、このような文脈においてである。その際、絓のフェティシズム批判はフェティッシュから欲望を切断し、意味を剝ぎ取って、その「もの」＝「糞尿」性を露呈させることを目指すだろう。その地点で、主体は「現実界」に触れて自己を崩落させるのと引き替えに、秩序によって隔てられていた「もの」を「享楽」することになる。しかしそれはまた、自と他の区分を抹消し、「暴力」を噴出させる事態とも踵を接するのだ。

この前提に立って、絓はまず三島の天皇論を論じている（第六章）。そこで最初に認められるのは、東大全共闘に対して「天皇と諸君が一言言ってくれれば、私は喜んで諸君と手をつなぐ」と宣言した三島が、六八年的な疎外論批判に対して持つ理論的優位である。曰く、三島は主体が従属化によって本源的疎外を蒙る存在であることを理解していた。だからこそ、彼は従属化の対象として「天皇」を持ち出すのだが、その「万世一系」の「天皇」は「オリジナルとコピーの弁別を持たぬ」ものとされ、それ自体なにものでもないがゆえにかえって欲望の原因対象となるフェティッシュとして、自覚的かつアイロニカルに選択されている。三島にとっては、「天皇」こそが国民国家日本の秩序を維持する要であり、自他を弁別し、主体を主体として構成するフェティッシュなのだ。三島はその選択によって、スターリン主義と戦後民主主義に共通する「全体主義」――「生の管理」と画一化――に抗して文化的多元性を擁護することも、一切の疎外の克服を目指してニューレフトがのめり込んでいった「全体主義」的暴力を回避することもできた。絓にとって、三島の擬似クーデターは、「全体主義」的暴力にどれほど「似ている」としても、あくまでも「似ている」ことが示す、その暴力との距離において評価されるべきものなのである。

このきわめて高い三島評価にもかかわらず、絓にとってなお三島が六八年最大の反革命であるとしたら、それはなにより、三島が「糞尿」たるフェティッシュを美学化・崇高化し、それによって文化的多元性のなかに走る亀裂も、個々の主体がうちに抱え込んだ分割も埋め合わせ、一つのまったき「文化的全体性」のなかに包摂しようとするからだ。六八年は、このファシスト的な「政治の美学化」、国民の芸術作品化にこそ抗さねばならない。しかし絓がこの三島天皇論に対置しうるのは、本書ではさしあたり、三島と同じように「民衆的下層」の実体化を回避しつつ、「少女」という「マイナー」なフェティッシュを提起した新木正人のロマンティック・アイロニーや、「天皇」と「国民」の双方を「糞尿」として露呈させ、「現実界」での享楽を垣間見せる深沢七郎の『風流夢譚』にとどまる。この文庫版の付論にもみられるように、絓が近年、天皇制と三島についてたびたび再論するのも、「リベラル」が天皇の護憲主義に期待をかける現今の政治状況への批判のためばかりではなく、「天皇」という国民国家日本のフェティッシュに対する闘争が、絓にとって未決の問題であり続けているからにちがいない。

一方、赤瀬川原平の「模型」千円札とともに議論の俎上に上るのは、資本制経済を組織する「貨幣」というフェティッシュである（第九章）。その際、絓はまず「芸術」という商品のフェティッシュ性に注意を促している。近代資本主義において、商品はすぐれてフェティシズム的対象だが、一般に商品の交換価値については、そこに投入された「抽象的人間労働」の量によって計られるという擬制が成立している。しかし、「芸術」という商品では、個々の労働の質的差異が考慮されるがゆえにこの擬制が成立せず、そのために芸術＝商品は資本制経済を構造化するフェティッシュとして機能するという。これに対して現代芸術は、なにものであろうと芸術作品になりうることを示すことによって、そのフェティッシュを「糞尿」、ジャンクとして露呈させた。しかも赤瀬川が芸術作品として差し出すのは、「模型」千円札――資本制経済最大のフェティッシュであり、「糞尿」（マルクス／フロイト）の最たるものである「貨幣」の模型なのだ。赤瀬川は「貨幣」に「似ている」「模型」千円札を現代芸術作品として示すことで、フェティッシュからフェティッシュ性を二重に剝ぎ取り、そこに単なる「糞尿」を、あるいは「現実界」を露呈させる。絓によれば、赤瀬川の革命性はそこにあり、その射程はさらに等価交換が成り立ちえない「労働力商品」の特殊性を露わにするところにまで及んでいる。ジャンクな芸術＝商品としての「模型」千円札は、労働力の対価が労働時間によって決定されることなく、究極的に恣意的でしかないことを示すからだ。その結果、赤瀬川において、あらゆる労働者は潜在的に芸術家——それぞれ質的に異なるシンギュラーな労働者——として現れるというのである。

フェティッシュに「正面攻撃」を仕掛け、秩序を「打倒」するのではなく、むしろフェティッシュにフェティシスト的に接近しながら、「似ていること」によってそこから隔たりつつフェティッシュの「もの」性を露わにし、象徴秩序を内側から崩落させるこの戦略は、主体の「表現」であるどころか、「私とは他者である」というランボーの詩句のごとく、主体が他者と化し、自らのうちに隔たりを迎え入れる脱主体化の戦略でもある。これこそが、絓が疎外革命論とも疎外論批判ともたもとを分かちながら提起する六八年の革命戦略なのだ。それがほかならぬ模造貨幣に即して説かれていることを踏まえれば、そこにはもっぱら商品の流通面において組織され、その流通を攪乱する六八年的な闘争のあり方も伺えようし、本書においてなぜジャンク化した芸術としてのカウンターカルチャーが重視されるかも理解されよう。ただし、六八年を「芸術的抵抗」の範疇にくくって片づけるような身振りは本書とはあくまで無縁である。また、カウンターカルチャー的な模造のつかのまの「勝利」によって、資本制経済を決定的に崩落させることができると信じられているわけでもない。本書最終章で、津村喬が六八年にもたらした転回を詳述する際に、絓があらためてフェティシズム批判に立ち返るのも、あくまでも六八年を「アクティヴィズム」において評価しようとする姿勢の現れなのだ。

本書における津村再評価は、この毛沢東主義者がいちはやくフランスの「六八年の思想」とも呼応しながら展開した、フォルマリスト的かつ「都市ゲリラ」的なメディア論・大衆文化批判と、七〇年の華青闘告発に同伴してなされた日本のニューレフトに対する批判の両者に焦点を当てるものだった。このニューレフト批判が、それまで自国帝国主義打倒を特権的課題としてきたニューレフト諸党派のエスノセントリズムを撃ち、「差別」や「他者」といった問題を導入して、マイノリティ問題（民族差別・フェミニズム）やエコロジー問題といった「陣地戦」（グラムシ）への方向転換を画したものとされることも旧聞に属するだろう。本書ではその時点で、ニューレフトの前衛党主義は失効したとさえみなされるのだが、しかも津村による批判は他方で、前衛党主義とは一線を画して「詩的ラディカリズム」を追求し、アイロニカルな「児戯」に耽っていた、ノンセクトのアクティヴィストたちにも及んでいたという。いずれの場合も、津村はニューレフトのナルシシズムに、「天皇」を戴く国民国家の内外で差別の対象とされる、小文字の「他者」を突きつけることによって「去勢」をもたらしたのだ。しかし絓によれば、津村後のニューレフトにおける差別問題の焦点化は、国民国家の枠外でこの「他者」と関係することの困難を教えるものでもあったのである。

津村や華青闘が差別問題を提起したときには、女性が視野に入っていなかったのみならず、被差別部落、沖縄、在日朝鮮人・中国人といった一連のマイノリティが国民国家に対して持つ関係も種別化されていなかった。しかし、国民国家の枠内で下部構造に注目するかぎり、マイノリティ問題は「報酬配分」の問題に帰着しうる。実際、合衆国での公民権運動の高まり以降、「リベラル」な支配層はこの方向でマイノリティ問題の解消を図りつつあった。これに対して、日本のニューレフトは概して差別問題と下部構造の連関に無自覚であり、まただからこそ、津村らの問題提起が当初から孕んでいたポストコロニアリズム批判を周縁化し、国民国家における政治闘争のなかで部落差別を争点化するに至った。そのときニューレフトが逢着するのが、「部落民」というフェティッシュにまつわる「ダブル・バインド」にほかならない。

ことは、ニューレフトが与した解放同盟と共産党とのあいだで長く激しく争われた、「報酬配分」の窓口一本化をめぐる抗争、それ自体「表象＝代行」主義を温存する抗争にはとどまらない。「部落民」は国民国家の枠内で、そのものとしては存在しない（国民はみな平等な権利を保障されている）にもかかわらず、存在する（差別は存在する）「もの」であり、まさにそのようなものとして爾余の国民の統一性を保証するフェティッシュである、と絓は断定する。明言されているわけではないものの、ここで「天皇」と「部落民」とは国民国家の存立を保証する相同的なフェティッシュとみなされている。けれども部落差別に対する闘争は、まさに「部落民」というフェティッシュを解消しようとするかぎりで、ある意味「存在しない」はずのものを「存在する」ものとして言い立てざるをえない。「報酬配分」の要求を掲げる以上、これは不可避的な「ダブル・バインド」だろう。だがまた、この「報酬配分」が――「同和利権」への批判といったかたちで――「部落民」以外の国民の嫉妬を掻き立て、「部落民」というフェティッシュも、部落差別そのものも温存してしまうこともすでに周知のことだ。

それ以上に問題なのは、ニューレフトによる部落差別の争点化が、「部落民」というフェティッシュを逆説的に温存することによって、国民の統一性と国民国家の秩序の維持に貢献してしまったことにある。そもそも、福祉国家の枠内で「報酬配分」――「貨幣」というフェティッシュ――の要求を通じて戦われてきた部落差別に対する闘争は、戦後民主主義の「リベラリズム」そのものを問題化する道をあらかじめ閉ざすものでもあった。しかし、「部落民」が資本制国民国家日本のフェティッシュの一つである以上、部落差別に対する闘争は、「天皇」と「貨幣」というフェティッシュを戴く戦後民主主義に対する闘争でなくてはならなかったはずなのだ。だが絓の論において、この部落差別にまつわる「ダブル・バインド」はさらに、津村が導入した小文字の「他者」を、「天皇」や「貨幣」といったフェティッシュの下に置くことも、普遍主義的な道徳の下に置くことも、ましてやその小文字の「他者」そのものをフェティッシュ化することもなしに、(闘争の)主体と共同体を構成し、維持することが可能なのか、という難問をも示唆している。実際、つかこうへいが六八年のアングラ演劇から一線を画しつつ、ひそかに在日朝鮮人差別の問題を導入しながら、文化産業上の流行作家として身を立てるほかなかった経緯を語る際にも(第七章)、本書の末尾で、津村・吉本論争に即して、津村の差別批判が「疚しい良心」につきまとわれざるをえない所以を説く際にも、絓が念頭に置いているのは、「六八年革命」のもっとも良質でもっとも先鋭的なフェティシズム批判が、そのリミットにおいて逢着せざるをえなかった、そんな難問なのである。

「六八年革命」は「勝利」し続けている、という肯定的な断言に導かれて書き継がれた本書はこうして、戦後民主主義批判をフェティシズム批判にまで先鋭化させた果てに、六八年が現在の私たちに残し続けている問いを指し示す。「しかし、シンギュラリティーが共同体を構成することは、はたして――どのように――可能なのか」。いかなるフェティッシュからも身を隔て、したがっていかなる秩序にも完全に従属することなく、なお自己のうちに間隙を受け容れ、自己と他者のあいだの間隙をも埋めることのない共同体、もはや輪郭も定まらず、「一つ」のものであるかどうかさえ確かではないそんな共同体が、はたして——どのように——可能なのか。狷介な論争家として知られるこの六八年世代の批評家が、本書の突端で私たちに指し示すのは、そうしたあくまで繊細で、ほとんどナイーヴとさえ形容できる問いなのだ。なるほど、それはあらかじめ「不可能性のプロジェクト」と名指されてはいるだろう。戦後民主主義のただなかから、絓秀実が資本制商品流通の空間に依拠し、国民国家内部の日本語の流通面に積極的に介入して書き継いできた批評が求めてきたのも、その「不可能性のプロジェクト」にほかなるまい。しかし、どこまでも雑多で飛躍に満ち、それと同時に驚くほど凝縮されたこの書物は、戦後民主主義に対して闘争を挑んだ諸々の戦争機械、諸々の徒党を、まさに「シンギュラリティーの群れ」として見事に描き切っているではないか——「六八年」という、それ自体はなんの意味も持たない数字、世界的であるがゆえにいっそう無定形な出来事の年号に、フェティシスト的に拘泥することによって。任意であるがゆえにつねに回帰しうるそのフェティッシュは、今も私たちに「革命」の反復を呼びかけている。

（おうじ・けんた　東京大学大学院人文社会系研究科准教授）

【む】

【め】

【も】

【や】

【へ】

【ほ】

【ま】

【み】

【ひ】

【ふ】

【な】

【に】

【ね】

【の】

【は】

【し】

【す】

【せ】

【そ】

【か】

【き】

【く】

人名索引

【あ】

【い】

【初出一覧】

第Ⅰ部　ニューレフトの誕生

第1章　「歴史の必然」からの自由がもたらされた時　「早稲田文学」2000年11月号

第2章　文化的ヘゲモニー闘争の「勝利」とアポリア　「早稲田文学」2001年1月号

第3章　「実存的ロマンティシズム」とニューレフトの創生　「早稲田文学」2001年3月号

第4章　大江健三郎における保守的革命主義の帰趨　「早稲田文学」2001年5月号

第5章　廣松渉による「疎外革命論批判」の深度と射程　「早稲田文学」2001年7月号

第Ⅱ部　カウンターカルチャーと理論的実践

第6章　詩的言語の革命と反革命　「現代詩手帖」2001年7月号

第7章　アンダーグラウンド演劇のアポリア　「演劇人」8号（2001年10月）と「舞台芸術」1号（2002年6月）を併せて全面改稿

第8章　小説から映画へのエコロジー的転回　「舞台芸術」2号（2002年11月）

第9章　宇野経済学と「模型」千円札　「早稲田文学」2001年9月号

第Ⅲ部　生成変化する「マルチチュード」

第10章　世界資本主義論から第三世界論へ　「早稲田文学」2002年1月号

第11章　戦争機械／陣地戦／コミューン　「早稲田文学」2002年3月号

第12章　ゾンビをめぐるリンチ殺人から内ゲバという生政治へ　「早稲田文学」2002年5月号

第13章　一九七〇・七・七という「開戦」「早稲田文学」2002年7月号

＊初出時のタイトルを若干変更したものがある

本書は、二〇〇三年五月三十日、作品社より刊行された。
文庫化にあたっては、増補・改訂を行った。

ちくま学芸文庫

増補《ぞうほ》 革命的《かくめいてき》な、あまりに革命的《かくめいてき》な
「1968年《ねん》の革命《かくめい》」史論《しろん》

二〇一八年五月 十 日 第一刷発行
二〇二二年五月二十五日 第二刷発行

著 者 絓 秀実（すが・ひでみ）
発行者 喜入冬子
発行所 株式会社 筑摩書房
東京都台東区蔵前二―五―三 〒一一一―八七五五
電話番号 〇三―五六八七―二六〇一（代表）
装幀者 安野光雅
印刷所 明和印刷株式会社
製本所 株式会社積信堂

ISBN978-4-480-09864-1 C0195